ZMMS Spektrum

Band 5

Hans-Peter Willumeit/Harald Kolrep (Hrsg.)
unter Mitarbeit von Matthias Rötting

Wohin führen
Unterstützungssysteme?

Entscheidungshilfe und Assistenz
in Mensch-Maschine-Systemen

2. Berliner Werkstatt
Mensch-Maschine-Systeme
Berlin
7. bis 9. Oktober 1997

Pro Universitate Verlag

Die Deutsche Bibliothek – CIP-Einheitsaufnahme

Wohin führen Unterstützungssysteme? : Entscheidungshilfe und Assistenz in Mensch-Maschine-Systemen. 2. Berliner Werkstatt. Mensch-Maschine-Systeme. Berlin 7. bis 9. Oktober 1997 / Hans-Peter Willumeit; Harald Kolrep (Hrsg.); unter Mitarbeit von Matthias Rötting. – 1. Aufl. – Sinzheim : Pro Universitate Verl., 1998 (ZMMS Spektrum, Bd. 5)
ISBN 3-932490-28-2
ISSN 0949 -734X

1. Auflage 1998
© Pro Universitate Verlag Sinzheim 1998. Printed in Germany. Alle Rechte, auch die des Nachdrucks von Auszügen, der photomechanischen Wiedergabe und der Übersetzung, vorbehalten.

Gesamtherstellung: timeprint Schnelldruck GmbH, Pforzheim

Inhalt

VORWORT

Der vorliegende Band faßt die Diskussionen und Ergebnissen der 2. Berliner Werkstatt Mensch-Maschine-Systeme zusammen, die mit dem Titel „Wohin führen Unterstützungssysteme? - Entscheidungshilfe und Assistenz in Mensch-Maschine-Systemen" vom 7. bis 9. Oktober in Berlin vom Zentrum Mensch-Maschine-Systeme der Technischen Universität Berlin durchgeführt wurde.

Das Zentrum Mensch-Maschine-Systeme hat im Jahr 1995 seine Arbeit aufgenommen und erfüllt seitdem in zweifacher Hinsicht eine verbindende Funktion. Zum einen verbindet es innerhalb und außerhalb der Technischen Universität unterschiedliche Disziplinen, um die Thematik Mensch-Maschine-Systeme zu bearbeiten und die Forschung in diesem Gebiet voran zu bringen. Das Zentrum Mensch-Maschine-Systeme versteht es dabei als seine Aufgabe, die Forschungsgebiete praxisbezogen zu definieren. Die zweite Verbindungslinie liegt in der Zusammenarbeit und im Erfahrungsaustausch von universitärer Forschung mit industrieller Praxis.

Das Thema der Tagung konnte in dieser Hinsicht kaum von größerer Aktualität sein. Der Trend, Komponenten des menschlichen Problemlösens und Entscheidens in automatisch arbeitende Systeme zu integrieren und Operateure davon zu entlasten, setzt sich in der industriellen Prozeßführung und Fertigung, im Straßen-, Schienen- und Luftverkehr aber auch in Dienstleistungsbereichen ungebrochen fort. Neue Techniken der Modellierung von Wissen und menschlicher Informationsverarbeitung haben der Automatisierung und Unterstützung zusätzlichen Schub verliehen.

Wir strebten bei der Tagung keine Definitionsdebatte an. Vielmehr wurde zum Zwecke der Verständigung darüber, welches der Gegenstand der Debatten während der Tagung sein sollte, in einem Einführungsvortrag das Themenfeld Automatisierung und Unterstützung im Sinne einer Begriffsabgrenzung umrissen, ohne daß damit der Anspruch erhoben werden sollte, eine konsensfähige Definition von Automatisierung oder Unterstützung geben zu wollen. Das Bedürfnis nach Definitionen blieb allerdings ungemindert. Mit den definitorischen Fragen waren zwingend verbunden die konzeptionellen Fragen, die sich immer damit auseinandersetzten, auf welche Weise und hinsichtlich welchen Kriteriums Unterstützung in Mensch-Maschine-Systemen optimiert werden sollte.

Sieht man wie Timpe (in diesem Band, S. 1) die wesentliche Aufgabe von Unterstützung in der Erhöhung der Effektivität bei der Aufgabenbewältigung, so ist zunächst zu der allseits bekannten, aber immer wieder virulenten Frage der Aufgabenverteilung nichts ausgesagt. Betrachtet man weiter den Begriff Unterstützungssysteme als synonym zu Hilfesysteme und Assistenzsysteme, so wird dieser Eindruck noch verstärkt. Doch ist diese Abgrenzung gleichzeitig mit der Auffassung verbunden, daß eine Unterstützung und eben keine Ersetzung des Menschen in Mensch-Maschine-Systemen angestrebt werden sollte, zumindest solange, wie die Verantwortung für fehlerfreies Arbeiten des Mensch-Maschine-Systems beim Operateur liegt.

Neben diesen Themen eher grundsätzlicher Natur wurden in den Vorträgen und Arbeitskreisen branchenspezifische Problemstellungen und methodische Fragen behandelt. Deutlich wurde dabei, daß die mit Unterstützung verbundenen Fragen von Sicherheit und Verantwortung beispielsweise in der Fahrzeugindustrie anders behandelt werden müssen als etwa in der Chemieanlagentechnik oder der Luftfahrt, da neben der Sicherheit weitere Argumente für die Marktfähigkeit von Produkten entscheidend sind, diese aber zwischen den Branchen differieren können. So sind z. B. die für Designentscheidungen zur Verfügung stehende Zeit oder der Zeitrahmen zum Eingreifen des Operateurs in den Branchen unterschiedlich.

Das Bedürfnis nach Diskussionen in den Arbeitskreisen und nach den Vorträgen zeigten, daß die nun zum zweiten Mal gewählte Form der Werkstatt einen geeigneten Rahmen bot, für das Gesamtanliegen, den Austausch von Erfahrungen, Standpunkten und Resultaten zwischen Industrie und Hochschule zu fördern. Für Werkstattbeiträge war im Programm mehr Zeit als üblich vorgesehen, so daß sich an die Vorträge ausführliche und intensive Diskussionen anschließen konnten. Die thematischen Schwerpunkte der Werkstatt waren gleichzeitig die Themen von Arbeitskreisen, in denen die Diskussionen vertieft werden konnten. Die Leiter der Arbeitskreise nahmen dankenswerterweise die Mühe auf sich, die Protokolle dieser Runden zusammen mit ihren Eingangsstellungnahmen zu einem geschlossenen Text weiterzuentwickeln, so daß die Gegenstände und Ergebnisse im vorliegenden Band nachvollziehbar werden.

Wie bereits anläßlich der 1. Berliner Werkstatt wurde auch in diesem Jahr der beste Beitrag eines Jungwissenschaftlers prämiert. Die Zugehörigkeit zur Gruppe der jungen Wissenschaftler mußte nach Augenschein geprüft werden. Die Auswahl des besten Beitrages fiel weniger schwer. Als besten Beitrag wählte die Jury den Vortrag von Dipl.-Ing. A. Fay aus Braunschweig, mit dem Titel „Wissensbasierte Asisstenzsysteme für das Störungsmanagement im Schienenverkehr". Die Reaktion der Tagungsteilnehmer bei der Bekanntgabe dieser Entscheidung zeigte, daß nicht nur die Jury die besondere Qualität dieses Beitrages in Inhalt und Vortragsstil erkannte.

An dieser Stelle möchten wir den zahlreichen Helferinnen und Helfern danken, die den reibungslosen Ablauf der Tagung ermöglicht haben. Der Abteilung Wissenstransfer der Technischen Universität Berlin danken wir für die gute und effektive Zusammenarbeit. Besonderer Dank gilt den Mitarbeiterinnen und Mitarbeitern des Zentrums Mensch-Maschine-Systeme, die die Diskussion in den Arbeitskreisen unterstützt und deren Zusammenfassung erarbeitet haben. Dank gilt auch dem wissenschaftlichen Leitungsgremium des Zentrum Mensch-Maschine-Systeme und seinem Sprecher, Prof. Dr. Klaus-Peter Timpe. Sie waren gleichzeitig Programmkommitee der Tagung und haben sie von Anfang an mit konzipiert und unterstützt.

Sie alle haben dazu beigetragen, daß mit der 2. Berliner Werkstatt der vor zwei Jahren begonnene Austausch von Informationen und Erfahrungen zwischen Hochschule und Industrie fortgesetzt werden konnte. Ein großer Gewinn wäre es, wenn der Dialog innerhalb und zwischen den Arbeitsgruppen auch außerhalb des Tagungszyklus zu spezifischen Fragestellungen aufgegriffen und weiterverfolgt würde.

Berlin, im Dezember 1997

Hans-Peter Willumeit & Harald Kolrep

1 UNTERSTÜTZUNGSSYTEME ALS INTERDISZIPLINÄRE HERAUSFORDERUNG - EINFÜHRUNG IN DIE TAGUNG „WOHIN FÜHREN UNTERSTÜTZUNGSSYSTEME?"

Klaus-Peter Timpe

Technische Universität Berlin, Zentrum Mensch-Maschine-Systeme

1.1 Vorbemerkung

Die Beantwortung der Frage „Wohin führen Unterstützungssysteme?" ist zum einen davon abhängig, was man unter Unterstützungssystemen verstehen will, zum anderen aber auch davon, welche Konnotation man dem Verb „führen" gibt. „Führen" kann sowohl mit lokaler Bedeutung aufgefaßt werden, etwa in dem Sinne, daß Unterstützungssysteme zu einem bestimmten Ort oder in eine bestimmte Richtung führen. Dann wären ein Kompaß oder GPS ein Unterstützungssystem. Die andere Interpretation erschließt den kausalen Aspekt, etwa in dem Sinne, daß der Einsatz eines Unterstützungssystems auch zur Dequalifizierung des Mitarbeiters führen kann, wie in der Literatur berichtet wird (z. B. Coy, Cory & Kopp, 1993). Natürlich besteht zwischen diesen - und anderen - Konnotationen ein Zusammenhang. Bei der Entwicklung von Hilfesystemen sollten immer alle Aspekte berücksichtigt werden, wobei die Verantwortung für die „Führungsfunktion" der Unterstützungssysteme in jedem Fall beim Menschen verbleiben muß - am Ende eines Entwicklungsprozesses ist also immer die Frage „Wohin führen Unterstützungssysteme?" zu beantworten.

Hauptanliegen der nachfolgenden Ausführungen ist es zu begründen, daß die Suche nach einer zufriedenstellenden Antwort auf diese Frage nur in einer engen Zusammenarbeit von Human- und Ingenieurwissenschaften zu finden ist, also in interdisziplinärem Vorgehen. Technische Probleme oder Lösungen für spezielle Anforderungen dagegen werden in den nachfolgenden Einzelbeiträgen vorgestellt.

1.2 Unterstützung durch Automatisierung

1.2.1 Zum Begriff „Unterstützungssystem"

Bei der Erfüllung von Arbeitsaufgaben nutzt der Mensch häufig die Unterstützung von anderen Personen, meist die der unmittelbaren Mitarbeiter, oder sucht in speziellen Nachschlagewerken, Handbüchern u. ä. Hilfe. Das ist als Arbeitsprinzip allgemein akzeptiert und damit wirksam. Die wesentliche Aufgabe dieser Unterstützung besteht in einer Effizienzerhöhung bei der Aufgabenbewältigung, wobei der Hilfesuchende Prozeßkontrolle behält und auch den Zeitpunkt bestimmt, zu dem er den Rat oder die Tat des Mitarbeiters benötigt. Jeder kennt diese Form der Hilfestellung und es lag nahe, die Möglichkeiten der informationsverarbeitenden Technologien hinsichtlich der Realisierung solcher Hilfen zu prüfen.

Der Hilfebegriff wird in den Ingenieurwissenschaften sehr breit gefaßt, er reicht von der Unterstützung von Aufmerksamkeitsfunktionen oder der Erleichterung von Vorstellungsprozessen durch räumliche Modelle im Konstruktionsprozeß bis hin zu Diagnoseempfehlungen bei der Störungsursachensuche. Abbildung 1 zeigt Beispiele für diese Möglichkeiten.

Funktion	Beispiele
Wahrnehmung	Prediktoranzeigen, aufgabenbezogene Informationsdarstellung, multimodale bzw. ökologische Schnittstellen
(Senso)motorik	Kraftverstärkung
Problemlösen *Arbeitsgedächtnis* *Langzeitgedächtnis*	automatisierte Inferenzen, Hinweise auf Inkonsistenzen, wissensbasierte Systeme, Auralisation bzw. Visualisierung von Information, Checklisten, Ablage von Faktenwissen, adaptierbare Informationsdarbietung, Glossar, Lexikon, Fallsammlung
Entscheiden	Zielstrukturierung, Alternativenbewertung Gewichtung
Aktivierung	Optische, akustische oder haptische Signale (Mehrfachkodierung)

Abb. 1:   Beispiele für Unterstützung in technischen Systemen (in Anlehnung an Kraiss, 1990)

Die technisch realisierten Unterstützungssysteme - und nur solche werden nachfolgend betrachtet - dienen dazu, die Erreichung solcher von einem MMS intendierten Ziele wie Umweltverträglichkeit, Effektivität, Verläßlichkeit, Kompetenzförderung, Qualität und Leistung mit zugeordneten Teilzielen wie z. B. geringe Kosten, hohe Anlagenverfügbarkeit, umfassende Wissensorganisation, wirksamer Personaleinsatz usw. unter Beachtung der Präferenzen unterschiedlicher Zielträger (Nutzer, Betreibergesellschaft oder Organisation usw.) optimal und effizient verwirklichen zu helfen. Das geschieht dadurch, daß der in einem MMS Tätige (nachfolgend vereinfacht Operateur genannt) speziell dort Hilfe erhalten kann, wo potentiell Begrenzungen in seinen Ressourcen bei der Informationsaufnahme, -verarbeitung und -ausgabe im Verlaufe der Aufgabenerfüllung auftreten können.

Anders ausgedrückt: Ein Unterstützungssystem dient nicht dem eigenständigen Entscheiden, autonomen Festlegen von Diagnosen oder als Kommandogeber für Routen sondern es soll dazu beitragen, Vorschläge zur Störungsdiagnose, Empfehlungen zur Entscheidungsfindung, Hinweise auf Gefährdungen oder Möglichkeiten zur Reduzierung von Fehlbeanspruchungen u. ä. zur Verfügung zu stellen. Allgemein ist nachdrücklich zu fordern, auch beim Einsatz von Hilfesystemen ein an den Bedürfnissen des Operateurs orientiertes technisches Entwurfskonzept zu verwirklichen, also Unterstützung und nicht Ersetzung des Menschen in den Mittelpunkt zu stellen, jedenfalls so lange, wie er die Verantwortung für die Aufgabenerfüllung trägt. Den nachfolgenden Ausführungen liegt primär auch dieses zentrale Anliegen humanwissenschaftlicher Systemgestaltung im Sinne des „human centered automation" (Billings, 1997) zu Grunde, die technischen Realisierungen konkreter Systeme dagegen werden in den folgenden Einzeldarstellungen demonstriert.

Als Gegenstandsbestimmung soll im Unterschied zu den zahlreichen Definitionen spezieller Systeme (siehe z. B. Kraiss, 1990; Johannsen, 1993 oder Geiser, 1997) eine allgemeine Beschreibung dienen, die entsprechend der Unterstützungsbedürfnisse jeweils modifiziert werden kann:

Ein Unterstützungssystem ist ein informationsverarbeitendes technisches Gebilde, das die Aufgabenerfüllung eines Operateurs in einem MMS (bzw. eines anderen technischen Systems) dadurch fördert, daß es bestimmte, für die Zielerreichung notwendige, Teilaufgaben innerhalb seiner Gesamtaufgabe übernimmt und/oder ausführt. Synonym wird Unterstützungssystem auch mit solchen Begriffen wie Hilfesystem oder Assistenzsystem verwendet.

1.2.2   Unterstützung vs. Automatisierung

Häufig findet man in der Literatur die Auffassung von *„unterstützen"* auch im Sinne der Automatisierungstechnik.

Reister (1997) schreibt z. B. über „... Assistenzsysteme zur Fahrzeugführung, die vielfältige Funktionen von der Information bis zur Automatisierung umfassen können ..." (S.179) und wenig später unter der Überschrift *Fahrerassistenz im Schienenverkehr...*". Die Entwicklung von Assistenzsystemen im Schienenverkehr verfolgt die Strategie, vorhandene halb- oder vollautomatische Systeme kontinuierlich weiter zu entwickeln..." (S. 181).

Der Begriff „Unterstützungssystem" sollte jedoch von dem des „Automatisierungssystem" abgegrenzt werden. Diese Grenze zwischen Automatisierung und verschiedenen Formen der Unterstützung kann nicht richtig oder falsch gezogen werden, sondern nur zweckmäßig oder unzweckmäßig. Sie ist darüber hinaus fließend, da sie immer auf die jeweils betrachtete Hauptaufgabe zu beziehen ist. Sollten also ein ABS, die Getriebesynchronisation, die Bordansage der Zeit, ein FMS oder eine Radarabstandswarnung bereits als Unterstützungssystem gekennzeichnet werden?

Zur Beantwortung dieser Frage sei darauf hingewiesen, daß diese konkreten und willkürlich herausgegriffenen Beispiele das wesentliche Merkmal aufweisen, entweder direkt oder indirekt mit dem Operateur zu interagieren. Ohne diese Problematik hier zu vertiefen sei festgehalten, daß der Begriff „Automatisierungssystem" nachfolgend für jene Systeme gebraucht wird, die autonom vom Operateur wirken bzw. deren Funktion von ihm ausgelöst wird, um dann autonom zu wirken - jedoch sind solche Festlegungen immer in Hinblick auf die zu erfüllende Hauptaufgabe einzuordnen. Ein Unterstützungssystem ist also zwischen den Polen „manuelles System" und „automatisiertes System" im MMS integriert (s. Abb. 2). Mit dieser Sichtweise könnten auch verschiedene Integrationsstufen eines Unterstützungssystems in das MMS durch den Grad der Übernahme von Funktionen durch den Menschen (im Sinne Sheridan´, 1988) gekennzeichnet werden. In dem Werkstattgespräch zur Evaluationsproblematik bei Unterstützungssystemen (s. S. 339 in diesem Band) wurde dieser Aspekt vertieft.

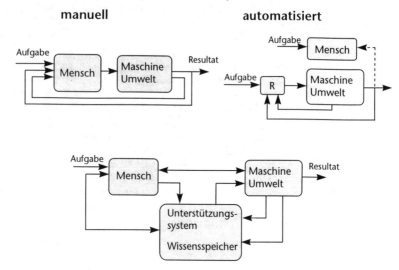

Abb. 2:   Das Unterstützungssystem zwischen manuellem und automati-siertem MMS (erweitert n. Bubb, 1993)

Es sei angemerkt, daß hier weder eine Definitionsdiskussion noch eine Debatte um Automatisierungsstrategien angestrengt werden soll. Um jedoch eindeutig zu bleiben, sollten Unterstützungssystem und Automatisierungssystem begrifflich getrennt werden, wenngleich Grenzfälle immer auftreten werden.

1.2.3 Unterstützungssysteme und „human centered automation"

Die Funktion eines Unterstützungssystems vergleicht Reister (1997) mit der eines Stabes bei der Aufgabenerfüllung. In Abhängigkeit von der Gesamt-zielstellung sind sehr unterschiedliche Anforderungsbereiche auszufüllen. Daten- bzw. Situationserfassung und -bewertung, Bestimmung der zielfüh-renden Sollwerte und deren Vergleich mit den Handlungen (bei Transportsy-stemen z. B. mit Hilfe sog. Fahrermodelle) sowie Informationen über Abwei-chungen und Auslösung von korrigierenden Operationen kennzeichnen po-tentielle Leistungsbereiche heutiger Unterstützungssysteme. Wissen über Nutzer, zu erfüllende Aufgaben und den aktuellen Zustand müssen häufig im Unterstützungssystem implementiert sein (s. Abb. 3).

Dem Grundsatz der Verantwortlichkeit des Operateurs für alle System-reaktionen verpflichtet, muß das Unterstützungssystem den gleichen Krite-rien wie die Gestaltung des Gesamtsystems genügen:

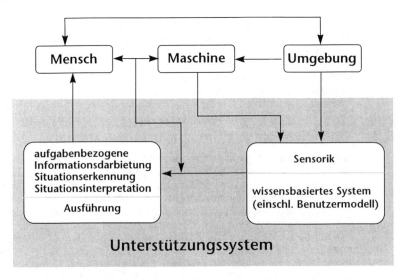

Abb. 3:   *Wesentliche Komponenten eines Unterstützungssystems*

- Wesentlich ist, daß der Operateur immer in den Regelkreis Mensch-Maschine eingebettet ist, metaphorisch gesagt also „in the loop" arbeitet, womit ein Ansatz zur Überwindung der Bainbridge´schen Ironien der Automatisierung gegeben ist. Nur dadurch sind die Voraussetzungen gegeben, daß bei einem Ausfall des Hilfesystems das „fail-safe-Prinzip" erhalten bleibt und der Operateur jederzeit eine Situation beurteilen kann. Voraussetzung dafür ist, zu sichern, daß der Operateur die Inferenzen eines Unterstützungssystems nachvollziehen kann.
- Darüber hinaus soll er die Kontrolle über die Systemführung behalten, d. h. immer die Möglichkeit haben, seine Handlungen gegenüber rein technischen Operationen zu majorisieren. Dies hört sich trivial an, leider belegen aber Beispiele, wo dies durch die Auslegung der technischen Komponenten mit tragischen Folgen verhindert wurde.
- Zweckmäßigerweise werden höchstens jene Teilfunktionen automatisiert, die von den technischen Systemkomponenten besser als vom Operateur ausgeführt werden können. Dies darf jedoch nicht im Sinne der Fitts´schen MABA-MABA-Listen, sondern nur in Hinblick auf die Erfüllung der Gesamtaufgabe (s. a. Abschnitt 1.5) erfolgen. Natürlich sind diese automatisierten Teilsysteme auch wieder der vorausgesetzten holistischen Sichtweise unterzuordnen.

Die weitere Untersetzung dieser konzeptionellen Richtlinien hinsichtlich der Kriterien für die Analyse, Gestaltung und Bewertung von MMS ist nicht Gegenstand der folgenden Betrachtungen, ihre Erfüllung wird hier vorausgesetzt (siehe z. B. Timpe & Kolrep, 1998).

Wenden wir das Gesagte pars pro toto auf unsere Beispiele an:

*Das **ABS** ist danach ein Unterstützungssystem, welches die vom Menschen schlechter ausführbare Teiltätigkeit des „Stotterbremsen" besser ausführt und damit zum Gesamtziel „Sicherheit" einen Beitrag leistet. Es ist an-*

*dererseits eine Automatisierungskomponente, die die Teiltätigkeit „Stotterbremsen" automatisiert. Ein **FMS** ist ebenfalls ein Unterstützungssystem, welches den Piloten bei Aufgaben der Navigation und Flugzeugsteuerung berät, wobei (beispielsweise) Daten der Flugwegeplanung wissensbasiert „automatisiert" verknüpft werden. Damit trägt das FMS insgesamt zur Erreichung solcher Ziele wie Wirtschaftlichkeit oder Sicherheit im Gesamtsystem bei.*

1.3 Klassifikation von Unterstützungssystemen

Zweifellos ist die o. g. Top-down Gegenstandsbestimmung hinreichend allgemein, um die bekannten, realisierten Typen von Unterstützungssystemen einordnen zu können. Um diese Gegenstandsbeschreibung aber auf konkrete Unterstützungsbedürfnisse beziehen zu können, muß sie präzisiert werden. Hieraus ergeben sich dann unterschiedliche Typen von Unterstützungssystemen mit entsprechend modifizierbaren Bewertungskriterien. So sind für die Beurteilung eines aktiven Bremspedals andere Maßstäbe anzulegen als an die Bewertung eines Diagnose-Hilfesystems in der Produktionstechnik oder eines Beratungssystem für die Werkstoffauswahl im Konstruktionsbüro. Es gehört sicher auch zu den Herausforderungen, übergeordnete Bewertungskriterien zu finden und diese dann domänenspezifisch anzupassen, also ein Zielsystem für die Bewertung von Unterstützungssystemen aufzubauen.

Im Zentrum der Entwicklung von Unterstützungssystemen soll die Hilfe für die Tätigkeit des Menschen zur Erreichung der mit einem MMS intendierten Zielstellung stehen. Diese Unterstützung kann in zwei Präzisierungsebenen beschrieben werden: Unterstützung bei der

- Aufgabenerfüllung und den
- Handlungskomponenten bzw. Funktionen, die bei der Aufgabenerfüllung beansprucht werden.

1.3.1 Aufgabenorientierte Klassifikation von Unterstützungssystemen als vorwiegend ingenieurwissenschaftlicher Ansatz

Hier ist die Ausgangsprämisse, daß alle Teilaufgaben unterstützbar sind, die der Erfüllung der Zielstellungen eines MMS dienen. Sind die Aufgaben in einem MMS bekannt und beschreibbar, kann daraus eine Klassifikation der möglichen Unterstützungssysteme entsprechend der Aufgaben abgeleitet werden. Für die Klassifikation der Unterstützungssysteme wird damit eine Aufgabenbeschreibung im MMS benötigt.

Eine solche Klassifikation birgt jedoch praktische Probleme, z. B.:

- Nicht alle Arbeitsaufgaben in einem MMS können vom Entwickler vorhergesehen werden.
- Selbst wenn alle Aufgaben prospektiv bekannt wären, bleibt ein grundsätzliches Problem. MMS müßten nämlich bereits aufgabenorientiert nach dem Prinzip einer „Tätigkeitsprojektierung" entwickelt werden, um den Einsatz eines Unterstützungssystems planen zu können. Das ist derzeit kaum zu realisieren.

So werden innerhalb dieses Ansatzes in der MMS - Literatur häufig nur drei oder vier Aufgaben formuliert (Navigation, Steuerung und Stabilisierung sowie Management [Billings, 1997]), die zwar für eine Klassifikation geeignet sind, aber für eine differenzierte Ordnung zu allgemein sind, auch wenn zahlreiche Stufen bei der Aufgabenbearbeitung unterschieden werden (s. z. B. Romahn, 1997 oder Eurocontrol, 1996).

Deshalb wird hier ein tiefer greifender Klassifikationsansatz vorgeschlagen. Er ist ebenfalls an den Aufgaben im MMS orientiert, rückt aber die Teilfunktionen bei der Aufgabenerfüllung, die im MMS potentiell unterstützbar sind, in den Vordergrund.

1.3.2 Funktionsorientierte Klassifikation von Unterstützungssystemen

Es wird davon ausgegangen, daß jene Funktionen im menschlichen Informationsverarbeitungsprozeß, die bei der Erfüllung einer Aufgabenstellung potentiell beansprucht werden, auch unterstützbar sind. Für eine Klassifikation der Unterstützungssysteme wird bei diesem Ansatz also eine Beschreibung der Funktionen - im Sinne der kognitionswissenschaftlichen Begriffsbestimmung - bei der Aufgabenerfüllung benötigt. Kann diese Voraussetzung erfüllt werden, erhält man ein wesentlich feineres Klassifikationsraster als bei der aufgabenbezogenen Systematik. M. a. W.: Der Entwickler ist gezwungen, sich differenzierter mit nachbarwissenschaftlichen Arbeitsergebnissen auseinander zu setzen als bei der gröberen Aufgabenorientierung. Diese geforderte Funktionsbeschreibung liegt in den Humanwissenschaften in Form sehr ausgereifter (valider) Konzepte über die Informationszirkulation in der Tätigkeit vor (s. Abb. 4).

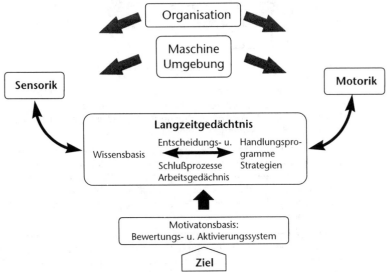

Abb. 4:   *Vereinfachtes Modell der Informationszirkulation im MMS (nach Klix, 1971)*

In der Psychologie beispielsweise besteht hohe Übereinstimmung darüber, daß die in Abb. 4 differenzierten Teilprozesse in der Informationszirkulation als Basisprozesse gelten - hier gemeint als die gesuchten Funktionen der menschlichen Informationsaufnahme, -verarbeitung und -ausgabe, - wenngleich es zu den einzelnen Hauptkomponenten durchaus unterschiedliche Auffassungen gibt. Insbesondere sei darauf hingewiesen, daß jede Handlung in einen organisationalen Kontext zu stellen ist. Leider berücksichtigen die meisten sog. „Modelle" der Informationsverarbeitung des Menschen jedoch lediglich die individuellen Komponenten des Handlungsvollzuges. Bei einer späteren Implementierung entsprechender Komponenten sind Akzeptanzprobleme voraussehbar.

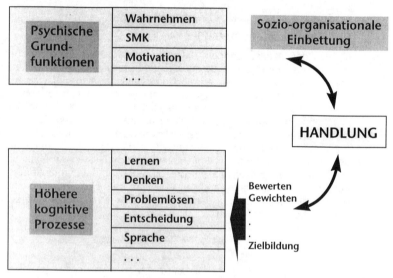

Abb. 5:   Psychische Grundfunktionen bei der Informationszirkulation

Es sei angemerkt, daß die in der Mensch-Maschine-Systemtechnik sehr beliebte Systematik von Rasmussen hier nicht aufgegriffen wurde, obwohl dies prinzipiell möglich wäre. Zu eingeschränkt ist die Übertragung dieses Ansatzes auf die skizzierte Problematik.

Werden vom Systementwickler oder in einem Reengineeringprozeß nun Aufgaben im einzelnen festgelegt, werden diese immer aus einer zielabhängigen Kombination der in Abb. 5 aufgeführten Komponenten bestehen. Das gilt natürlich auch dann, wenn die Aufgaben nicht bewußt geschaffen werden, sondern als Restprodukt technischer Systemlösungen unsystematisch entstehen.

Die Vorteile dieses funktionsorientierten Ansatzes gegenüber einer eher aufgabenorientierten Betrachtung liegen in ihrer Invarianz gegenüber den unterschiedlichen Arbeitsanforderungen und Typen von MMS und damit auch in ihrer Adaptivität auf Grund ihres modulartigen Aufbaues.

Nachdem damit alle Unterstützungsmöglichkeiten für die individuelle Tätigkeit des Menschen in einer pragmatisch verwertbaren Tiefe im MMS erfaßt sind, liegt das prinzipielle Raster für die Ordnung der Unterstützungssysteme zur Förderung dieser individuellen Tätigkeitskomponenten vor. Je nach gewünschtem Detailierungsgrad können die aufgeführten Teilprozesse anforderungsgerecht zugeschnitten werden. So liegen Unterstützungssysteme für Entscheidungsprozesse, Diagnoseanforderungen, Wahrnehmungsleistungen, sensomotorische Koordinationsanforderungen, Planen oder gar Zielfindung vor (s. Abb. 1).

Einem systemtechnischen Ansatz folgend ist dieses Klassifikationsschema nun erweiterbar. Ein morphologischer Kasten für Unterstützungssysteme kann beispielsweise die Dimensionen „Einsatzbranche" und „Technische Realisierung" u. ä. enthalten. Abb. 6 illustriert diese Erweiterungsmöglichkeiten für die während der Tagung zu besprechenden Teilbereiche.

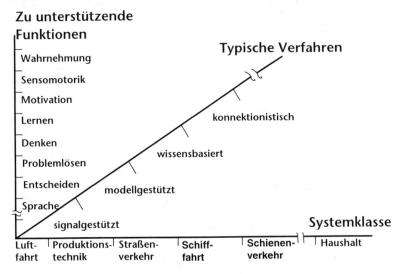

Abb. 6:   *Morphologischer Kasten für Unterstützungssysteme*

Ob alle Kombinationen sinnvoll oder möglich sind, kann nur im Einzelfall erörtert werden. Interessantes Nebenergebnis bei der Einordnung aller auf dieser Tagung vorgestellten Systeme ist, daß es offensichtlich keine einheitliche Terminologie der Bezeichnungen für die unterschiedlichen Systeme gibt. Auch eine erwartete „Branchenterminologie" scheint nicht zu existieren. Tendenzen im Sprachgebrauch weisen darauf hin, bei wissensbasierten Unterstützungssystemen häufiger von *Assistenzsystemen* zu sprechen und kontextfreie Systeme als *Hilfesysteme* zu bezeichnen.

1.3.3 Schlußfolgerungen

Nicht nur rhetorisch bleibt die Frage danach, welche Schlußfolgerungen aus dieser Darstellung zu ziehen sind. Aus einem unmittelbaren ingenieurwissenschaftlichen Anliegen heraus seien drei Folgerungen aus dem dargelegten Ansatz abgeleitet:

- Die ausgereifte Entscheidung über den Einsatz eines Hilfesystems setzt den *interdisziplinären* Dialog voraus. Denn: Aussagen über Unterstützungssysteme sind immer mit einer Angabe darüber, was unterstützt werden soll, zu verbinden. Eine solche Angabe muß auf die beanspruchten Teilsysteme im dargelegten Sinne Bezug nehmen, die ohne eine genaue Aufgabenanalyse nicht bestimmt werden können und sie muß damit letztendlich den humanwissenschaftlichen Erkenntnisstand integrieren. Auch ist das Ziel der angestrebten Unterstützung plausibel zu machen. Sind es allein Marktinteressen, Sicherheitserfordernisse, ingenieurtechnische Innovationen oder alles zusammen, die ein neues System bedingen?

- Die strukturelle Einbindung von Unterstützungssystemen im MMS ist nicht selbstverständlich und a priori als direkte Schnittstelle zwischen Mensch und Maschine auszulegen, wenngleich dies ein häufiger Fall seien dürfte. Denkbar ist auch eine Struktur im off-line-Betrieb, die eine Hilfesystemnutzung im Sinne eines Beratungssystems oder einer zusätzlich wählbaren Unterstützung nahelegt.

- Schließlich sollte die o. g. These untermauert werden, daß die erfolgreiche Entwicklung von Unterstützungssystemen letztendlich nur unter Berücksichtigung der sozialen und organisationalen Einbettung der menschlichen Arbeitstätigkeit möglich ist, ein Sachverhalt, der bislang m. E. zu wenig beachtet wurde.

Zusammenfassend ergibt sich der Nutzen der vorgeschlagenen Sichtweise aus der damit inaugurierten Möglichkeit einer gezielteren Einsatzplanung solcher Systeme und den Möglichkeiten disziplinübergreifender Gestaltung.

Vor allem die letzte Aussage, wenn auch nicht ausschließlich, führt direkt zu einem weiteren Diskussionsschwerpunkt der Tagung, nämlich auf die Frage nach den Anforderungen, die ein Unterstützungssystem bei seinem Einsatz im MMS konkret zu erfüllen hat.

1.4 Anforderungen an Unterstützungssysteme

1.4.1 Prinzipien der Anforderungsbestimmung

Für die Ableitung der Anforderungen an ein Unterstützungssystem ist immer von dem Systemzweck auszugehen. Das bedeutet, wie bereits dargelegt, sich frühzeitig Klarheit über die Zielkriterien bzw. das angestrebte Zielsystem des MMS zu verschaffen, um die entsprechenden Bewertungskriterien festlegen zu können. Denn ein wissensbasiertes Diagnosesystem, beispielsweise, wird entsprechend seiner Zielstellung anders zu bewerten sein als ein „aktives Lenkrad" zur Spurhaltung. Lediglich um die Vielfalt möglicher Ziele und realisierter Unterstützungsfunktionen zu zeigen, ist in Abb. 7 ein Ausschnitt heutiger Systementwicklungen zusammengestellt, die während der Tagung eine Rolle spielen.

Um diese Thematik für die anschließenden Werkstattgespräche zu untersetzen, sollen nachfolgend einige allgemeine, vorwiegend *ingenieurwissenschaftliche* Anforderungen mit ihren Konsequenzen exemplarisch skizziert und durch einige spezielle, vorwiegend *humanwissenschaftliche* Anforderungen ergänzt werden.

	Ziele	Beispiele
Straßenverkehr	Sicherheit, minimaler Kraftstoffverbrauch	Antischlupfregelung, Warnsysteme, Navigation, haptische Rückmeldungen, GPS, ACC
Schiffsverkehr	hohe Sicherheit, hohe Produktivität, minimale Kosten	
Schienenverkehr	hohe Leistung, hohe Effizienz, hohe Sicherheit, geringe Betriebskosten, gute Interoperabilität	Längsführung, Manövrieren, AFB, SIFA, automatische Fahrtablaufplanung
Luftverkehr	hohe Verläßlichkeit, Produktivitätserhöhung, Entlastung von Routine	FMS, CASSY
Produktionstechnik	hohe Wirtschaftlichkeit, maximale Verfügbarkeit, optimaler Materialeinsatz	Diagnosesysteme, EHS

Abb. 7:   Beispiele gegenwärtiger Unterstützungssysteme

1.4.2   Allgemeine und vorwiegend ingenieurwissenschaftlich orientierte Anforderungen

Ein Mensch Maschine System wird immer als Ganzes in seiner realen Umwelt betrachtet

Gemeint ist hiermit, daß die Unterstützung immer von Menschen benötigt wird, deren Tätigkeit in eine Organisation eingebettet ist. Das bedeutet u. a., daß

- Personen, aber auch andere technische Systeme im realen Arbeitsprozeß untereinander kommunikativ und informationell verbunden sind. Für die Systementwicklung heißt dies, die sozio-organisatorischen Komponenten der erforderlichen Hilfe auszuweisen. Diese situative Einbettung hat außerordentliche Bedeutung für die Zielerreichung und sollte bei entsprechenden Softwareentwicklungen beachtet werden. Ein möglicher Schritt in diese Richtung kann die Entwicklung eines wissensbasierten Entscheidungshilfesystems mit multiperspektivischer Nutzungsform sein. Als Ansatz ist in eigenen Untersuchungen eine Multiagentensystem-Architektur mit einer losen Kopplung der Agenten vorgesehen. (Abbildung 8).

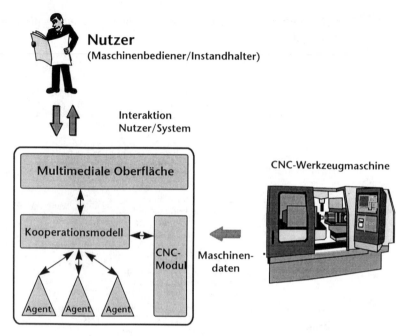

Abb. 8:   *Architektur eines Multiagentensystems zur Diagnose an CNC -
Maschinen*

Jeder Agent in diesem System verfügt über eine eigene Wissensbasis, die die Sichtweise des Agenten auf das Wissensgebiet der Diagnose
repräsentiert. Die Integration der einzelnen Komponenten des Systems
wird durch ein zu entwickelndes Kooperationsmodell gesteuert. Aufgabe
dieses Modells ist es, die Kommunikation zwischen den Agenten sowie
zwischen dem Nutzer und den Agenten zu gewährleisten und das Verhalten der Agenten bei konkurrierenden Ansichten zu koordinieren. Darüber hinaus sind die Steuerungsdaten der zu diagnostizierenden CNC-
Maschine zu integrieren. Das System soll eine multimediale Oberfläche,
die die unterschiedlichen Sichtweisen der Agenten dem Nutzer transparent darstellt, enthalten.

System und Umwelt werden dynamisch gesehen

Hilfesysteme sind nicht dem Arbeitsplatz „hinzuzufügen", ganz im Gegenteil:
Es ist davon auszugehen, daß der Einsatz eines Hilfesystems am speziellen
Arbeitsplatz sowohl die Aufgabe als auch den Arbeitsplatz verändert, damit
also auch die Rolle des Menschen im System. Das bedeutet:

• Nur aus einer differenzierten Analyse der jeweils konkreten *Arbeitsauf-
gabe* kann ihre wirksame Unterstützung mit informationstechnischen
Mitteln erfolgen. Spätestens hier wird ein auch ein sehr aufwendiges,
interdisziplinäres Vorgehen zwingend. Während der Informatiker die
formalen Komponenten der Implementierung realisiert, müssen die für
die Arbeitsstrukturierung und -gestaltung wesentlichen Sachverhalte

(z. B. Wissenserfassung, Organisation oder Schnittstellengestaltung) von „human factors"-Spezialisten bearbeitet werden. Beispiel: „Aktive Lenkung" oder „aktives Gaspedal" dienen der Fahrerunterstützung bezgl. sicherer Kolonnenfahrt oder der Spurhaltung. Die technische Realisierung erbrachte z. B. geringere Abstandsfehler. Wie sieht es jedoch mit der Fahrer-Anpassung an diese neuen Komponenten aus? Muß die Wilde'sche Risikohomöostase-Theorie weiter präzisiert werden oder wird das individuelle „Austesten" der mit der neuen Technik erreichbaren Grenzsituationen zu einem neuen Forschungsfeld (Nirschl & Kopf, 1997)?

Die Konsequenzen des Unterstützungseinsatzes sind immer prospektiv abzuschätzen

Die Entwicklung eines Hilfesystems soll kein einmaliger Prozeß sein, der mit der Inbetriebnahme des Systems abgeschlossen ist. Vielmehr ist davon auszugehen, daß Hilfesysteme immer in den aktuellen wie zukünftigen Systemgrenzen zu sehen sind. Die möglichen unterschiedlichen Entwicklungen, sowohl die aktuellen als auch die zukünftigen, sind allerdings niemals vollständig vorherzusehen. Das bedeutet (in Anlehnung an Strube, 1996):

- Für die Entwicklung eines Hilfesystems sollte ein inkrementeller Ansatz gewählt werden. Prototyping und Evaluation in sich wiederholenden Stufen führen zu immer besseren Systemlösungen, deren Endstufe nicht prinzipiell vorgegeben werden kann. Es ist heute selbstverständlich, daß dieser Entwicklungsprozeß immer mit allen vom Einsatz eines Systems Betroffenen erfolgt. Damit ist nicht allein die Nutzung der Kompetenz der Nutzer gemeint. Der Rahmen des gewählten systemtechnischen Ansatzes greift viel weiter. Im Mittelpunkt hat die Berücksichtigung der *Auswirkungen* des Systemeinsatzes auf die Nutzer zu stehen. Es ist daher unbedingt zu fordern, mit der Konzeption eines Hilfesystems auch die Konsequenzen seines Einsatzes für Personalentwicklung oder Verantwortung und Autonomie im Arbeitsprozeß mit zu bewerten. Humanwissenschaftliche Kriterien des Technikeinsatzes sind bezgl. möglicher Folgen auch hinsichtlich zukünftiger Entwicklungen anderer Systemkomponenten oder softwaretechnischer Entwicklungen abzuschätzen.

Dies gilt nicht nur für die große Klasse der wissensbasierten Systeme: Ein Automatikgetriebe automatisiert die Gangwahl vollständig. Die Kompetenz eines Fahrers jedoch, die Gangwahl zu kontrollieren, wird durch das Unterstützungssystem reduziert. Offen dürfte es sein, wie sich dieser Kompetenzverlust auf die übergeordneten Hauptaufgaben im System Fahrer - Fahrzeug auswirkt. Interessant ist jedenfalls, daß in einigen europäischen Staaten jemand, der seinen Führerschein auf Fahrzeugen mit Automatikgetriebe abgelegt hat, kein Wagen mit Schaltgetriebe führen darf. Oder, ein anderes Beispiel: Die Einführung des FMS mit der Konsequenz des häufigen „out of the loop" des Piloten, letztendlich also fehlender „situation awareness", kann dazu führen, daß die technische Assistenz genau dann abgeschaltet wird, wo sie zusätzliche Sicherheit bringen könnte (Reister, 1997), nämlich in unfallträchtigen Situationen. Zukünftige Flugführungshilfe muß daher mit dem Ziel hoher Verläßlichkeit des Gesamtsystems die technischen Entwicklungen der mit ihr vernetzten Systeme prospektiv berücksichtigen (Giesa & Timpe, 1997).

1.4.3 Spezielle, vorwiegend humanwissenschaftliche Anforderungen

Anforderungen an die „Situationsbezogenheit" des Unterstützungssystems

Wesentlicher Mangel oder sogar Fehler zurückliegender Entwicklungen sog. Expertensysteme und damit möglicherweise Hauptgrund ihrer wirtschaftlichen Erfolglosigkeit ist vielen Autoren zufolge die Vernachlässigung der „Situiertheit" des Wissens (Strube, 1996). Gemeint ist damit, daß das Hauptentwicklungsfeld für Wissen (im hier betrachteten Fall) der Arbeitsplatz und seine organisatorische Einbettung ist. Arbeitsplatzspezifisches Wissen bzw. Erfahrung entsteht erst durch Interaktion am Arbeitsplatz mit allen ihren organisationalen Vernetzungen. Für die Entwicklung von Unterstützungssystemen ist in diesem Sachverhalt die Forderung begründet, arbeitsplatzspezifisches Wissen an die sozio-technischen Entwicklungen innerhalb der Organisation immer wieder anzupassen. Dies ist mit starren Informatik-Rahmenprogrammen kaum erreichbar. Einen praktikablen Ausweg aus dieser Situation besteht z. B. in der Vernetzung aller Komponenten tätigkeitsspezifischer Unterstützungsmöglichkeiten in *einem* System, wie beispielsweise Konradt & Zimolong (1996) demonstrieren (s. Abb. 9). Begrenzt wird ein solches Vorhaben jedoch durch den vorher oft nicht abzuschätzenden Aufwand bzgl. der benötigten und zur Verfügung stehenden personellen und investiven Ressourcen.

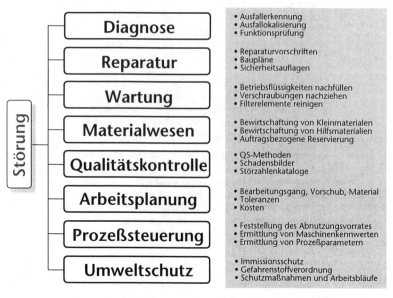

Abb. 9:   *Informationsbedarf in der integrierten Instandhaltung (n. Konradt & Zimolong, 1996)*

Anforderungen an die Adaptivität

Wissen als aktiven Prozeß in Hilfesystemen zu integrieren bedeutet neben der Beachtung der „Situiertheit" auch solche Prozesse wie Lernen und Vergessen im Systementwurf zu berücksichtigen. Dies bezieht sich nicht nur auf die Arbeitspersonen, sondern auch auf Veränderungen im technischen System, die natürlich auch zu Korrekturen im Hilfesystem führen müssen. In kaum exakt zu definierenden zeitlichen Abständen sind daher Systemevaluationen erforderlich. Technische Veränderungen mit den entsprechenden korrespondierenden Handlungskonsequenzen und Wissensveränderungen müssen im Hilfesystem integriert werden. Noch 1990 konnte man beispielsweise unter dem Titel „Expertensysteme: Teuer ist vor allem die Pflege" lesen (Mertens, 1990):

"... Solange sich das zu Grunde liegende Wissen laufend ändert, etwa weil in ganz kurzem Abstand neue Subventionen erfunden werden, neue Geldanlageformen erfunden oder Methoden der Motorendiagnose fortentwickelt werden, kann man die dazugehörigen Expertensysteme nicht auf dem alten Stand lassen. Auswege sind allenfalls im modularen Aufbau der Wissensbasisen zu suchen. Ich will aber nicht verschweigen, daß hier noch Grundlagenarbeit zu leisten ist. Wichtig ist, den Pflegeaufwand auch unter pessimistischen Annahmen in die Wirtschaftlichkeits- sowie Projektkosten-Rechnung einzubringen".

Die Dynamik des Wissens und der Wissensverarbeitung, zu der die kognitionswissenschaftliche Forschung wesentliches erbracht hat, muß also stärker in den Blick der Hilfesystementwicklung gelangen. Das Hauptaugenmerk sollte auf die Möglichkeiten der Erweiterbarkeit und Veränderbarkeit des Wissens in systematischer Weise gelegt werden. Nur dann ist zu erwarten, das Hilfesysteme auch in einer ökologisch relevanten Weise entstehen. Dies aber ist die Voraussetzung ihres sinnvollen Einsatzes! Gegenwärtig kaum zu lösendes Problem hierbei ist der außerordentliche Aufwand, der bei dieser Zielstellung getrieben werden muß. Dieser sehr kostenintensive Sachverhalt wurde in dem dazu durchgeführten Arbeitskreis (s. S. 349 in diesem Band) weiter ausgelotet.

Anforderungen an die Kompetenzförderlichkeit

Die Bedeutung des Begriffs „Kompetenzförderlichkeit" beschränkt sich in der VDI-Richtlinie 5005 „Softwareergonomie in der Bürokommunikation" auf die Erlernbarkeit und Beherrschbarkeit des Systems durch den Benutzer (Ziegler, 1993). Für die hier angestrebte interdisziplinäre, systemtechnische Sicht reicht diese Bestimmung jedoch nicht aus.

Unterstützungssysteme sollten immer auch der Kompetenzförderung im Sinne der weiteren Qualifikation des Mitarbeiters dienen - natürlich bezogen auf die im MMS zu erfüllenden Hauptaufgaben. Im Prozeß der Bewertung realisierter Unterstützungssysteme wird dieses Anforderung gegenwärtig wenig hinterfragt, ein Sachverhalt der in den folgenden Werkstattgesprächen ebenfalls aufgegriffen wurde.

Anforderungen an die Interface-Gestaltung

Jedes Hilfesystem ist immer im Zusammenhang mit weiteren, bereits installierten Tools zu nutzen. Daher wirft die Gestaltung des Interfaces sowohl unter den Aspekt der „Unterstützungsfunktion" als auch in Verbindung mit diesen Tools zahlreiche, spezielle Probleme für den Nutzer auf. Den software-ergonomischen Anforderungen sind somit hohes Augenmerk zu schenken ist. Gute Lösungen entstehen jetzt kaum noch „auf Zuruf", sondern setzen intensive Gestaltungsarbeit voraus und erfordern dann auch neue Schulungskonzepte (s. Strube, 1996).

1.4.4 Systemklassifikation und Anforderungscharakteristik

Die bisherigen Ausführungen sollen mit einem Gedanken zum Nutzen der dargelegten Klassifikation und Anforderungscharakteristik für den interdisziplinären Systementwicklungsprozeß zusammengefaßt werden. In Form einer These sei behauptet, daß der Wert der Systemklassifikation darin besteht, alle in beliebigen Tätigkeiten beanspruchten Funktionen der menschlichen Informationsverarbeitung im Sinne eines Kataloges zur Verfügung zu haben. Eines Kataloges, der es ermöglicht, in nahezu beliebiger Schärfe Details über die Funktionen nachzuschlagen. Für die unterschiedlichsten Systemanforderungen haben z. B. Boff & Lincoln (1988) eine besonders umfassende Zusammenstellung erarbeitet.

Die Anforderungscharakteristik dagegen gestattet, ausgehend vom definierten Systemzweck, Wünschbares für die Tätigkeit zu benennen. Bezieht man beide Sachverhalte aufeinander, so wird der Blick geöffnet für

- gezieltere Einsatzvorbereitung der Unterstützungssysteme und die
- Möglichkeiten, ihre interdisziplinäre Gestaltung systematisch voran zu treiben.

Diese Behauptung kann an dieser Stelle nur exemplarisch belegt werden:

Bei der Entwicklung des Unterstützungssystems „Profet" (Gaßner, 1996) wurde im Konzept zunächst ein umfassender Wissenskörper für das Erfahrungswissen „Störungen am Revolverkopf" mit Hilfe ausgefeilter psychologischer Wissenserhebungsmethoden erarbeitet. Die Implementierung dieses Wissenskörpers machte jedoch aufwendige Nacherhebungen notwendig, um die in diesem Prozeß durch die Informatikerin festgestellte Wissenslücken auszufüllen. Die vorherige Abstimmung einer mehr informatikorientierten mit der mehr wissenspsychologischen Sichtweise wäre nicht nur effizienter, sondern ein Beitrag zu der hier angemahnten disziplinübergreifenden Sichtweise gewesen (Nicht zu erörtern sind hier die Gründe für das suboptimale Vorgehen).

1.5 Ausgewählte Probleme der Entwicklung von Unterstützungssystemen am Beispiel wissensbasierter Systeme

Es sollte gezeigt werden, daß die Entwicklung von Hilfesystemen grundsätzlich interdisziplinär zu sehen ist, um unterschiedliche Sichtweisen und Kom-

ponenten mit verschiedenem Gewicht berücksichtigen zu können. So werden in Abhängigkeit von der Klarheit der Ziele und Präzision der Anforde-
rungsbeschreibung informationstechnische, organisationale, betriebswissen-
schaftliche oder humanwissenschaftliche Aspekte im Vordergrund stehen.
Auf diesen Zielgenerierungsvorgang mit den zugehörigen Anforderungser-
mittlungen wird hier nicht eingegangen, sondern in Anlehnung an Strube
(1996) sollen abschließend einige wesentliche Schritte dargestellt werden,
die für den Entwicklungsprozeß aus dem gewählten interdisziplinären Be-
trachtungswinkel erwachsen (Abb. 10). Dabei kann wiederum nur exemplarisch vorgegangen werden. Ausgewählt wurde der Bereich der mehr kognitiv
auszulegenden Unterstützungssysteme. Zu leisten wäre die Entwicklung einer ähnlichen Heuristik für beispielsweise mehr sensomotorisch orientierte
Hilfen.

Abb. 10: *Heuristik für die Entwicklung von Unterstützungssystemen (in Anlehnung an Strube, 1996). Die notwendigen und zahlreichen Itera-
tionsschleifen wurden aus Gründen der besseren Übersicht nicht
eingezeichnet.*

- Ausgangspunkt jeder Hilfesystementwicklung sollte ein Realisierbar-
  keitsstudie (Feasibilitystudie) sein. Im Sinne eines parallel-iterativen Ansatzes sind bereits in diesem Stadium die späteren Nutzer und am aktuellen Arbeitsplatz Tätigen hier mit einzubeziehen. Damit wird nicht nur
  der Boden für spätere Arbeitsplatzveränderungen durch Einführung der

neuen Technik mit vorbereitet, sondern Wissen für die Hilfesysteminte-
gration bereitgestellt, das dem Systementwickler nicht offenkundig ist.

- An der Ermittlung des Unterstützungsbedarfs sind alle im System Tätigen zu beteiligen. Die organisationale Einbindung sollte auch am betroffenen Arbeitsplatz analysiert werden. Erst nach einem solchen aufgabenbezogenen Informationsaustausch zwischen den verschiedenen
Beteiligten kann die erforderliche Funktionalität des Unterstützungssystems endgültig festgelegt werden und es sind die Konsequenzen für ar-
beitsorganisatorische Lösungen zu bedenken.

- Schließlich sind so früh wie möglich die Folgen der Einführung eines
Hilfesystems für das Arbeitssystem zu prüfen. Dazu gehören Aussagen
über die Erfüllung der humanwissenschaftlichen Kriterien der neuen Arbeitsaufgaben, die Notwendigkeit spezieller Weiterbildungsmaßnahmen
oder mögliche Probleme der Vernetzung des Hilfesystems mit den bestehenden Systemen (Interfaceentwicklung).

- Die Entwicklung des eigentlichen Hilfesystems sollte nicht nach dem
Grundsatz der zu erreichenden Vollständigkeit erfolgen, sondern schrittweise. Die Implementierung ausgewählter, wesentlicher Komponenten,
die schrittweise zur vollen Funktionalität ausgebaut werden hat den
Vorteil, den Prototypen effektiv testen zu können und um neue Funktionen bedarfsgerecht erweitern zu können. Mit einem solchen „nach oben
offen"-Konzept ist außerdem dem unschlagbaren Argument vorgebeugt,
niemals alles im voraus bedenken zu können.

- Wesentlich ist in dieser Phase die Evaluierung des zu Grunde liegenden
Wissensmodells mit dem Sachverstand „vor Ort". Seine Prüfung auf
Vollständigkeit und Konsistenz ist für den Erfolg der weiteren Entwick-
lungsarbeit entscheidend. Die Methoden der Wissenspsychologie stellen
entsprechendes Rüstzeug zur Verfügung. Allerdings ist es kaum möglich, einen allgemeinverbindlichen Rahmen für die genannten Kriterien
vorzugeben. Bei Konsistenzprüfungen z. B. wurden gute Erfahrungen mit
dem Konsensprinzip gemacht, welches natürlich vorher mit Betroffenen
zu vereinbaren ist (Timpe & Rothe, 1997). Erst nach einer derartigen
Wissensevaluierung kann der Prototyp implementiert werden.

- Nach Entwicklung und Evaluation des Wissensmodells kann sich das
Redesign des Arbeitsplatzes im weitesten Sinne anschließen. Darauf
wird hier nicht eingegangen, sondern es soll auf einen letzten, wesentlichen Aspekt hingewiesen werden,

- die Rolle der Dokumentation. Auch die Dokumentation sollte flexibel und
„nach oben offen" angelegt sein, der Nutzer also die Möglichkeit haben,
Veränderungen im System oder in der Wissensbasis einzutragen, Ergänzungen in der Wissensbasis fest zu halten oder Notizen zu fixieren.
Damit sind die praktisch außerordentlich schwierigen Sachverhalte der
Datenpflege angesprochen, denen auf Grund ihrer Bedeutung ein spezielles Werkstattgespräch gewidmet ist.

1.6 Ausblick

An dieser Stelle sollen die einführenden Bemerkungen in den Tagungsband
abgebrochen werden. Neben zahlreichen Einzelfragen bzgl. realisierter Unterstützungssysteme werden in den nachfolgenden Texten auch die mehr
konzeptionellen Aspekte erörtert. Daher war es auch ein Anliegen dieser

Einführung zu zeigen, daß die Entwicklung und Gestaltung von Unterstützungssystemen einer interdisziplinären Herausforderung gleichkommt.

Interdisziplinär, weil noch häufig eine einzelwissenschaftliche Sichtweise dominiert, und erst im „Nachgang" versucht wird, mit nachbarwissenschaftlichen Methoden die Akzeptanz des entwickelten Systems nachzuweisen. Akzeptanz aber entsteht nur durch eine parallel-iterative Systemgestaltung, bei der in *jeder* Systemlebensphase - und nicht erst in der Betriebsphase! - eine Bewertung und Abstimmung verschiedener Lösungen mit Hilfe von Methoden und Kriterien unterschiedlicher Disziplinen und Zielträger erfolgen sollte. Diese Methoden und Kriterien befinden sich allerdings in einer stetigen Entwicklung, praktische Beispiele werden in den einzelnen Tagungsbeiträgen vorgestellt.

Herausforderung, weil das skizzierte interdisziplinäre Vorgehen bzgl. seiner Praktikabilität neue Anforderungen an die Entwickler stellt. Dazu zählt die Zielstellung, eine anforderungsgerechte Funktionsverteilung zwischen Mensch und Maschine zu erreichen genauso, wie eine Unterstützung seiner Handlungen derart, daß der Operateur aktiver Beherrscher des Gesamtsystems bleibt. Zu diesen und anderen sehr komplexen wie gleichermaßen schwierigen Fragen geben die Tagungsbeiträge in Form der Arbeitskreise auch den intensiven Informationsaustausch zwischen den Ingenieurwissenschaften und Humanwissenschaften wieder.

1.7   Literatur:

Billings, C.E (1997). *Aviation Automation: The Search for a Human-Centered Approach.* Mahwah, New Jersey: Lawrence Erlbaum Associates.

Boff, K.R. & Lincoln, J. (1988). *Engineering data compendium.* Wright-Patterson Air Force Base, Ohio.

Bubb, H. (1993). Systemergonomische Gestaltung. In H. Schmidtke (Hrsg.). *Ergonomie,* S. 407. München, Wien: Carl Hanser Verlag.

Coy, W., Cory, P. & Kopp, I. (Hrsg., 1993). *Menschengerechte Software als Wettbewerbsfaktor.* Teubner-Verlag. Stuttgart.

Eurocontrol (1996). Model for task and job description of air traffic controllers. Bureau GS.4, Brüssel.

Gaßner, K. (1996). Ein Entscheidungshilfesystem zur Störungsdiagnose. In D. Gude, A. Seeber & B. Zimolong (Hrsg.). *Maschinenführer in der flexiblen Fertigung,* S. 142-153. Fortschritt-Berichte VDI, Nr. 388.

Geiser, G. (1997). Informationstechnische Arbeitsgestaltung. In H. Luczak & W. Volpert (Hrsg.). *Handbuch der Arbeitswissenschaft,* S. 589-594. Stuttgart: Schäffer-Poeschel Verlag.

Giesa, H.-G. & Timpe, K.-P. (1997). Ein konzeptioneller Ansatz zur Untersuchung der Verläßlichkeit in einem kooperativen Air Traffic Management. In K.-P. Gärtner (Hrsg.). *Menschliche Zuverlässigkeit in automatisierten Systemen,* S. 41-52. DGLR-Bericht 97-02.

Johannsen, G. (1993). *Mensch-Maschine-Systeme.* Berlin, Heidelberg: Springer.

Klix, F. (1971). *Information und Verhalten.* Bern: Huber.

Konradt, U. & Zimolong, B. (1994). Diagnose-Informationssystem - Ein Werkzeug zur Unterstützung der dezentralen Instandhaltung. ZWF, Heft 5, S. 244-246.

Konradt, U., Majonica, B., Engel, J. & Zimolong, B. (1996). Jetzt helfen wir uns selbst! Entwicklung eines flexiblen Diagnosesystems. In B. Zimolong (Hrsg.). *Kooperationsnetze, flexible Fertigungsstrukturen und Gruppen-arbeit,* S. 248-276. Opladen: Leske + Budrich.

Kraiss, K.-F. (1990). Entscheidungshilfen in hochautomatisierten Systemen, In: C. Hoyos & B. Zimolong (Hrsg.). *Ingenieurpsychologie.* Göttingen, Toronto, Zürich: Verlag für Psychologie.

Kraiss, K.-F. (1994). *Entwicklungsperspektiven für Mensch-Maschine-Schnittstellen.* ITG Fachbericht 129, S. 61-80, VDE- Verlag.

Mertens, P. (1990). Expertensysteme - teuer ist vor allem die Pflege. Computerwoche 24, S. 16

Nirschl, G. & Kopf, M. (1997). Untersuchung des Zusammenwirkens zwischen dem Fahrer und einem ACC-System in Grenzsituationen. VDI Berichte 1317 „Der Mensch im Verkehr". VDI Verlag.

Reister, D. (1997). Wird die Fahrzeugführung später an Automaten delegiert? Informatik-Forum, S. 179 - 183.

Romahn, S. (1997). Wissensbasierte Unterstützung bei der Benutzung komplexer technischer Systeme. Aachen: Shaker Verlag.

Sheridan, T.B. (1988). Trustworthiness of command and control systems. In Man-Machine Systems: Analysis, Design and Evaluation, preprints of the IFAC/IFIP/IEA/IFORS Conference, Oulu, Finland, 14-16 June 1988, 151-155.

Strube, G. (1996). Knowledge-based systems from a socio-cognitive perspective. Behaviour & information technology, vol. 15, p. 276 - 288

Timpe, K.-P. & Kolrep, H. (Hrsg., in Vorbereitung). *Mensch-Maschine-Systemtechnik.* Berlin: Springer.

Timpe, K.-P. & Rothe, H.-J. (1997). Wissenspsychologische Beiträge zur rechnergestützten Störungsdiagnose. ZWF 92 (5), S. 243-245.

Ziegler, J. (1993). Benutzergerechte Software-Gestaltung im VDI-Gemeinschaftsausschuß Bürokommunikation - VDI 5005 „Software-Ergonomie in der Bürokommunikation". In: W. Coy, P. Gorny, I. Kopp & C. Skarpelis (Hrsg.). *Menschengerechte Software als Wettbewerbsfaktor,* S.140-151. Stuttgart: Teubner

Danksagung

Der Autor dankt allen Kollegen und Mitarbeitern des ZMMS für ihre anregenden Diskussionen und kritischen Hinweise zum Thema „Unterstützungssysteme". Ohne den interessanten Gedankenaustausch mit den Projektmitarbeitern Yorck Hauß, Matthias Rötting, Hans Giesa und allen anderen wäre der Text in vorliegender Form nicht entstanden. Sollten jedoch Auffassungen in einem anderen Sinn als im „Talk im Zentrum" gemeint aufgegriffen worden sein, so liegt die Verantwortung hierfür natürlich beim Autor, der sich damit eine weiterführende Auseinandersetzung mit dem Thema e rhofft.

2 ENTSCHEIDUNGSHILFESYSTEME IM VERGLEICH

Sebastian E. Schmid

Technische Universität Berlin, Zentrum Mensch-Maschine-Systeme

2.1 Einleitung

Entscheidungshilfesysteme sind Computerprogramme, die den Entscheider bei der Bewertung und Auswahl von Entscheidungsalternativen unterstützen. Mit ihnen lassen sich komplexe Entscheidungsprobleme bearbeiten, bei denen der Mensch ohne Rechnerunterstützung nur noch bedingt in der Lage ist, alle zur Verfügung stehenden Informationen in angemessener Form zu berücksichtigen und darauf aufbauend eine rationale Entscheidung zu fällen. Mit dem Einsatz von Entscheidungshilfeprogrammen kann die Entscheidungsqualität erhöht werden, wodurch sich teure Fehlentscheidungen vermeiden lassen. Darüber hinaus ermöglichen es die Systeme, den Entscheidungsprozeß zu dokumentieren und dadurch die Entscheidung transparent werden zu lassen.

Entscheidungshilfesysteme werden vor allem bei betrieblichen Entscheidungsproblemen eingesetzt, wie zum Beispiel in der Unternehmensplanung für die Bewertung von Standorten und Investitionsvorhaben oder in der Forschung und Entwicklung zur Beurteilung von Forschungsvorhaben, Technologien und Entwurfsalternativen.

Im folgenden wird an Hand von zwölf Programmen, die einen Querschnitt durch das Marktangebot repräsentieren (siehe Tabelle 1), dargestellt, in welcher Form Entscheidungshilfesysteme unterstützend wirken und bei welchen Entscheidungsproblemen sie eingesetzt werden können. Die untersuchten Systeme dienen der Bearbeitung stationärer Entscheidungen, das heißt von Entscheidungen, die nicht als Teil eines dynamischen Prozesses zeitgebunden unter einem unmittelbarem Handlungsdruck getroffen werden müssen. Die Systeme richten sich zudem nur an den einzelnen Entscheider und nicht an eine Gruppe von Entscheidern.

Tabelle 1: Entscheidungshilfesysteme

Criterium DP 2.0	DPL Advanced 3.2	Sure Fire 1.0
InfoHarvest Inc.	*ADA Decision Systems*	*Beacon Rock Inc.*
DATA 3.0	Entscheidungsfinder 1.0	Which & Why 3.12
TreeAge Software Inc.	*DATA Becker*	*Arlington Inc.*
Decide Right 1.0	Expert Choice	WinGHOST
Avantos Inc.	*Expert Choice Inc.*	*TU Berlin*
Decision Pro 2.1	Logical Decisions 4.1	Ziele & Bewertung 3.0
Vanguard Software Inc.	*Logical Decisions Inc.*	*ibo Software GmbH*

2.2   Bedarf an Entscheidungshilfe

Grundsätzlich lassen sich Entscheidungsprobleme durch die folgenden drei Eigenschaften charakterisieren:

1. *Anzahl der Entscheidungskriterien:*
   Wird in einer Entscheidungssituation nur ein einziges Entscheidungsziel beziehungsweise -kriterium zur Auswahl der Alternativen herangezogen, so spricht man von einer *Einfachzielentscheidung.* Dieser Typ liegt beispielsweise vor, wenn zur Beurteilung eines Investitionsvorhabens allein die Kosten der Entscheidungsalternativen als Entscheidungskriterium herangezogen werden. Hingegen spricht man von *Mehrfachzielentscheidungen,* wenn mehrere Entscheidungskriterien berücksichtigt werden. Dies ist zum Beispiel bei der Bewertung von Mensch-Maschine-Systemen nach monetären, technischen und sozio-technischen Kriterien der Fall.

2. *Gewißheit über die Konsequenzen der Entscheidung:*
   Stehen die Konsequenzen, das heißt die Eigenschaften der Entscheidungsalternativen fest, liegt eine *Entscheidung unter Sicherheit* vor. Ein Beispiel hierfür ist der Kauf eines Zulieferteils, dessen Preis festliegt und dessen technische Merkmale vom Hersteller garantiert werden. Sind die Konsequenzen jedoch ungewiß, spricht man von einer *Entscheidung unter Unsicherheit.* In diesem Fall müssen pro Alternative und Entscheidungskriterium die möglichen Konsequenzen und ihre Eintrittswahrscheinlichkeiten abgeschätzt werden. Die Personalwahl ist ein Beispiel für ein solches Entscheidungsproblem, da nicht im voraus bekannt ist, ob der neue Mitarbeiter die in ihn gesetzten Erwartungen erfüllen wird.

3. *Anzahl der zeitlich aufeinanderfolgenden Entscheidungen:*
   Ein *mehrstufiges* Entscheidungsproblem besteht aus mehreren zeitlich aufeinander folgenden Entscheidungen, wobei nachfolgende Entscheidungen in Abhängigkeit von den als unsicher angesehenen Konsequenzen der vorausgegangenen Entscheidungen getroffen werden. Ein Beispiel hierfür ist der Fall eines Unternehmens, dessen Leitung überlegt, ob es eine Marktstudie durchführen lassen soll, um in Abhängigkeit von ihrem Ergebnis über die Entwicklung eines neuen Produktes zu entscheiden. Besteht das Entscheidungsproblem indes aus einer einzigen Entscheidung, so spricht man von einem *einstufigen* Entscheidungsproblem.

Die einfachsten Entscheidungen sind einstufige Entscheidungen unter Sicherheit, bei denen nur ein einziges oder nur eine kleine Anzahl von Entscheidungskriterien berücksichtigt werden muß. Hier erübrigt sich in der Regel der Einsatz eines Entscheidungshilfesystems. Bei einer größeren Anzahl an Entscheidungszielen steigen hingegen die Anforderungen an die kognitiven Fähigkeiten des Entscheiders. Er muß in der Lage sein, die häufig schlecht vergleichbaren, miteinander konkurrierenden Ziele im Hinblick auf ihre Bedeutung abzuwägen und dies bei der Bewertung der Alternativen in konsistenter Weise zu berücksichtigen. Noch höhere Anforderungen stellen Entscheidungen unter Unsicherheit und insbesondere mehrstufige Entscheidungen, da es in diesen Fällen immer schwieriger wird, die möglichen Konsequenzen der Entscheidung und ihre Eintrittswahrscheinlichkeiten abzuschätzen und bei der Bewertung der Alternativen zu bedenken. Dies ist

selbst dann der Fall, wenn die Anzahl der Entscheidungskriterien gering ist.
Hier entsteht ein Bedarf an Entscheidungshilfe (vgl. Zimolong & Rohrmann,
1988)

2.3 Funktionen von Entscheidungshilfesystemen

Entscheidungshilfesysteme dienen vor allem dazu, die Komplexität des Entscheidungsproblems in einzelne, leichter zu beurteilende Aspekte aufzulösen, die schließlich wieder zu einer Gesamtbewertung zusammengefügt
werden können (vgl. Zimolong & Rohrmann, 1988). Der Entscheidungsprozeß wird hierfür in mehrere elementare Aufgaben zerlegt, für deren Bearbeitung die Systeme zum Teil sehr unterschiedliche Funktionen, das heißt also
Methoden und Werkzeuge zur Verfügung stellen.

Eine Auswahl der wichtigsten Methoden und graphischen Werkzeuge
wurde in Tabelle 2 den einzelnen Aufgaben innerhalb eines Entscheidungsprozesses gegenübergestellt. Eine detaillierte Darstellung der Funktionalität
der untersuchten Systeme findet sich in Nabe (1997) beziehungsweise Nabe
& Schmid (1997).

Tabelle 2: Unterstützte Tätigkeiten

Aufgaben innerhalb eines Entschei- dungsprozesses	Bereitgestellte Methoden und graphische Werkzeuge
Problemstrukturierung und Definition von Entscheidungszielen und -kriterien	• Brainstorming • Zielhierarchien (Abbildung 1) • Entscheidungsbäume • Einflußdiagramme (Abbildung 2)
Gewichtung der Ziele und Entschei- dungskriterien entsprechend ihrer Bedeutung	• Direkte Gewichtung durch Zuord- nung von Gewichtsfaktoren • Paarweiser Vergleich (Abbildung 3) • Trade-offs
Bewertung der Entscheidungsalter- nativen, d. h. der mit ihnen verbun- denen Konsequenzen bezüglich der einzelnen Entscheidungskriterien	• Direkte Bewertung durch Zuord- nung von Nutzwerten • Paarweiser Vergleich • Nutzenfunktion (Abbildung 4)
Gesamtbewertung der Alternativen durch Zusammenfassung der ge- wichteten Einzelbewertungen (Wert- synthese, Ranking der Alternativen)	• Balkendiagramme (Abbildung 5) • Risikoprofile
Sensitivitätsanalyse	• Anzeige kritischer Werte, bei de- nen ein Strategiewechsel auftritt (Abbildung 6)
Dokumentation des Entscheidungs- prozesses	• Export von Text und Graphiken • Automatische Berichterstellung

2.4 Entscheidungshilfeverfahren

Die Systeme unterscheiden sich nicht nur in den Funktionen, die sie für die
Bearbeitung der einzelnen Aufgaben innerhalb eines Entscheidungsprozes-

ses zur Verfügung stellen, sondern auch in den ihnen zugrundeliegenden Entscheidungshilfeverfahren. Die untersuchten Systeme basieren auf drei unterschiedlichen Verfahren der präskriptiven Entscheidungstheorie, nämlich dem Scoring-Verfahren, dem Analytic Hierarchy Process (AHP) und der Entscheidungsanalyse (Multi-Attribute Utility Analysis), die im folgenden kurz vorgestellt werden sollen.

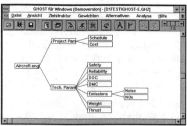

Abb. 1: Zielhierarchie (WinGHOST)

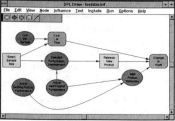

Abb. 2: Einflußdiagramm (DPL)

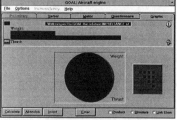

Abb. 3: Paarweiser Vergleich (Expert Choice)

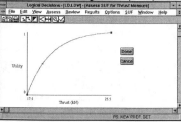

Abb. 4: Zielfunktion (Logical Decisions)

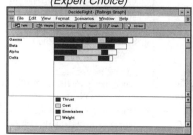

Abb. 5: Ranking (Decide Right)

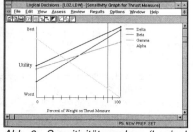

Abb. 6: Sensitivitätsanalyse (Logical Decisions)

2.4.1 Das Scoring-Verfahren

Ein Großteil der untersuchten Entscheidungshilfesysteme ermöglicht die Bewertung der Alternativen mit Hilfe eines Scoring-Verfahrens, bei dem die Entscheidungsalternativen durch den Entscheider direkt entweder quantitativ durch die Vergabe von Nutzwerten (z. B. auf einer 10-Punkte-Skala) oder qualitativ durch die Zuordnung von Schulnoten bezüglich der einzelnen Entscheidungskriterien bewertet werden. Die Gewichtung der Kriterien wird ebenfalls direkt durch die Vergabe von Gewichtungsfaktoren vorgenommen.

Der Einfachheit und leichten Verständlichkeit des Ansatzes steht allerdings der Nachteil gegenüber, daß weder Unsicherheiten berücksichtigt noch mehrstufige Entscheidungsprobleme behandelt werden können. Damit eignet sich das Scoring-Verfahren nur sehr bedingt für die Lösung komplexer Entscheidungsprobleme. Darüber hinaus ist das Verfahren nach Weber et al. (1995) in der Praxis in mehrfacher Hinsicht fehleranfällig. Zu den gravierendsten Fehlern gehört dabei die Fehlinterpretation der Gewichtungsfaktoren als ein absolutes Maß für die Wichtigkeit der Entscheidungskriterien. Vielmehr sind die Gewichtungsfaktoren unter Beachtung der Variabilität der Konsequenzen, das heißt der Bandbreite des Kriteriums zu bestimmen: Wenn der Unterschied zwischen den Entscheidungsalternativen bezüglich eines Kriteriums erheblich ist, so kommt diesem Kriterium eine große Bedeutung zu. Differieren die Alternativen hingegen nur wenig oder gar nicht, ist das Kriterium von untergeordneter Bedeutung beziehungsweise sogar irrelevant.

Zu den Systemen, die auf dem Scoring-Verfahren basieren, gehören:

1. Decide Right
2. Sure Fire
3. Which & Why
4. WinGHOST
5. Ziele & Bewertung

2.4.2 Der Analytic Hierarchy Process (AHP)

Charakteristisch für den Analytic Hierarchy Process (zur Theorie des AHP siehe Saaty, 1986) ist es, daß Entscheidungskriterien und Alternativen in einer Hierarchie strukturiert und durch Paarvergleiche relativ zueinander gewichtet beziehungsweise bewertet werden. Bei der Gewichtung muß der Entscheider auf einer 9-Punkte-Skala angeben, ob und in welchem Ausmaß ein Entscheidungskriterium wichtiger ist als ein anderes Kriterium. Ein Wert von 1 bedeutet, daß beide Entscheidungskriterien gleich wichtig sind, während ein Wert von 9 anzeigt, daß das eine Kriterium im Vergleich zum anderen von extremer Bedeutung ist. In gleicher Weise werden die Alternativen bezüglich der einzelnen Entscheidungskriterien miteinander verglichen: Hier muß der Entscheider angeben, wievielfach besser oder schlechter eine Alternative als eine andere ist. Mittels eines mathematischen Verfahrens, das auf der Berechnung von Eigenvektoren von Matrizen basiert und die Verwendung eines Computerprogramms zwingend erforderlich macht, werden aus diesen paarweisen Vergleichen die Gewichtungsfaktoren und letztlich die Gesamtnutzwerte der Alternativen bestimmt.

In der wissenschaftlichen Forschung werden die axiomatischen Grundlagen des AHP kontrovers diskutiert (vgl. von Nitzsch, 1993). Aber auch ohne diese Theoriediskussion aufzugreifen, lassen sich drei Kritikpunkte am AHP formulieren, die gegen eine Anwendung des Verfahrens auf komplexe Entscheidungsprobleme sprechen. Zum einen ist das Verfahren aufgrund der Paarvergleiche mit einem erheblichen, vom Entscheider kaum zu leistenden Arbeitsaufwand verbunden, wenn die Anzahl der Entscheidungsalternativen und -kriterien groß ist. Bei fünf Entscheidungsalternativen und fünf Entscheidungskriterien sind zum Beispiel bereits 60 Paarvergleiche durchzuführen. Zum anderen lassen sich Unsicherheiten nur dadurch berücksichtigen, daß verschiedene Umweltszenarien in die Hierarchie der Entscheidungskriterien und -alternativen eingebaut und bezüglich ihrer Eintrittswahrscheinlichkeiten bewertet werden. Da die Bewertung ebenfalls durch Paarvergleiche erfolgt, deren Anzahl schnell ansteigt, eignet sich dieses Verfahren nicht für die Behandlung mehrerer unsicherer Größen. Darüber hinaus birgt der AHP wie das Scoring-Verfahren die Gefahr, daß bei der Gewichtung der Entscheidungskriterien Fehler unterlaufen, wenn die Bandbreiten der Entscheidungskriterien nicht angemessen berücksichtigt werden.

Zu den Systemen, die auf dem AHP basieren, gehören:

1. Entscheidungsfinder
2. Expert Choice

Außerdem bieten zwei weitere Systeme, nämlich Logical Decisions und Criterium Decision Plus, die Möglichkeit, mit dem AHP zu arbeiten, wenngleich sie vornehmlich der Anwendung der Entscheidungsanalyse dienen.

2.4.3 Die Entscheidungsanalyse

Gegenüber dem Scoring-Verfahren und dem AHP bietet die auf der axiomatisch fundierten Erwartungsnutzentheorie basierende Entscheidungsanalyse zwei wesentliche Vorteile: Zum einen erlaubt sie die systematische Behandlung von Unsicherheiten sowie die Berücksichtigung der Risikoeinstellung des Entscheiders, das heißt also seiner Einstellung gegenüber unsicheren Konsequenzen. Zum anderen ermöglicht sie es, in Kombination mit der Technik der Entscheidungsbäume mehrstufige Entscheidungen zu behandeln. Aufgrund dessen eignen sich die Entscheidungsanalyse und damit die auf ihr basierenden Systeme selbst für die Behandlung sehr komplexer Entscheidungsprobleme (zur Theorie der Entscheidungsanalyse siehe Keeney & Raiffa, 1976).

Die Gewichtung der Entscheidungskriterien wird im Rahmen der Entscheidungsanalyse in der Regel durch die Bestimmung von Trade-offs zwischen zwei Kriterien vorgenommen. Hierbei muß der Entscheider quantitativ angeben, welche Verschlechterung er in dem einen Kriterium bereit ist zu akzeptieren, um eine Verbesserung in dem anderen zu erzielen. Mit diesem Vorgehen wird - im Vergleich zum Scoring-Verfahren oder dem AHP - sichergestellt, daß die Bandbreiten der Entscheidungskriterien bei der Gewichtung berücksichtigt werden. Die Bewertung der Alternativen erfolgt in der Entscheidungsanalyse mit Hilfe sogenannter Nutzenfunktionen, die die Präferenzen des Entscheiders bezüglich der Konsequenzen der Entscheidung abbilden.

Allerdings erfordert die Anwendung der Entscheidungsanalyse vom Entscheider die Bereitschaft, sich mit den Konzepten der Nutzentheorie auseinanderzusetzen, die schwerer verständlich sind als das Scoring-Verfahren oder der AHP. Während das Scoring-Verfahren noch mit Papier und Bleistift durchzuführen ist, ist bei der Entscheidungsanalyse zudem der Einsatz von entsprechender Software nahezu unabdingbar, und zwar insbesondere wenn es sich um mehrstufige Entscheidungen handelt, die nur mit Hilfe von Entscheidungsbäumen oder Einflußdiagrammen bearbeitet werden können.

Zu den Systemen, die auf der Entscheidungsanalyse basieren, gehören:

1. Criterium Decision Plus
2. DATA

3. Decision Pro
4. Logical Decisions
5. DPL Advanced

2.5   Systemvergleich und Anwendungsgebiete

Im vorangegangenen Abschnitt wurde deutlich, daß das Verfahren, auf dem ein Entscheidungshilfesystem basiert, die Klasse des Entscheidungsproblems bestimmt, das sich mit dem System bearbeiten läßt. Während Systeme, die auf dem Scoring-Verfahren oder dem Analytic Hierarchy Process basieren, nur bei Entscheidungen unter Sicherheit eingesetzt werden können, sind Systeme, denen die Entscheidungsanalyse zugrundeliegt, auch bei Entscheidungen unter Unsicherheit einsetzbar.

Jedoch bietet nur ein Teil dieser Systeme (DATA, Decision Pro und DPL) die Möglichkeit, auch mehrstufige Entscheidungsprobleme zu bearbeiten. Bei ihnen steht die Modellierung des Entscheidungsproblems mit Hilfe von Entscheidungsbäumen im Vordergrund. Ihr wesentliches Einsatzgebiet liegt bei betriebswirtschaftlichen Anwendungen, in denen nur ein einziges, in der Regel monetäres Entscheidungskriterium berücksichtigt wird. Insofern bieten sie keinerlei Unterstützung bei der Definition und Gewichtung von Entscheidungszielen und -kriterien sowie nur begrenzte Möglichkeiten, Mehrfachzielentscheidungen zu bearbeiten: Bei DATA ist die Anzahl der Entscheidungskriterien auf vier und bei DPL in der Advanced Version auf 64 beschränkt. Mit Decision Pro und DPL in der Standard Version können sogar nur Einfachzielentscheidungen bearbeitet werden.

Das Entscheidungshilfeverfahren, das einem System zugrundeliegt, sowie der Umfang seiner Funktionalität bestimmen die Anforderungen, die an die methodischen Vorkenntnisse des Benutzers gestellt werden. Systeme, die auf dem Scoring-Verfahren oder dem AHP basieren, stellen relativ geringe Anforderungen. Bieten solche Programme, wie zum Beispiel Decide Right oder der Entscheidungsfinder, zudem eine gut gestaltete Benutzerführung, die den Anwender Schritt für Schritt durch den Entscheidungsprozeß leitet, so kann selbst ein Entscheider ohne jegliche Vorkenntnisse ohne Einarbeitungsaufwand damit arbeiten. Im Vergleich dazu erfordern leistungsstarke Programme wie zum Beispiel Logical Decisions oder DPL, die auf der Entscheidungsanalyse basieren, vom Entscheider entweder umfangreiche entscheidungstheoretische Vorkenntnisse oder die Bereitschaft, sich intensiv mit der Theorie der Entscheidungsanalyse auseinanderzusetzen.

Abbildung 7 zeigt eine qualitative Einordnung der untersuchten Systeme hinsichtlich ihrer Systemfunktionalität und der für ihre Benutzung erforderlichen methodischen Kenntnisse (vgl. Nabe, 1997).

Unter Berücksichtigung des Funktionsumfangs, der erforderlichen methodischen Kenntnisse und der Art des Entscheidungsproblems lassen sich die folgenden drei Anwendungskategorien definieren, denen die zwölf untersuchten Systeme zugeordnet werden können (siehe Abbildung 7):

- Systeme, die sich aufgrund ihrer geringen Leistungsfähigkeit nur für Anwendungen im privaten Bereich eignen. Mit ihnen können einfache Entscheidungen unter Sicherheit wie zum Beispiel Entscheidungen über den

Kauf eines Kraftfahrzeuges oder einer Immobilie bearbeitet werden. Sie erfordern keine oder nur geringe methodische Kenntnisse.

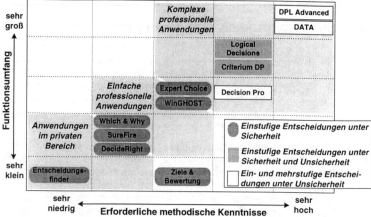

Abb. 7:   Systemfunktionalität und erforderliche methodische Kenntnisse

- Systeme, die sich aufgrund ihrer mittleren Leistungsfähigkeit für einfache professionelle Anwendungen eignen. Mit ihnen können ebenfalls nur Entscheidungen unter Sicherheit bearbeitet werden, doch bieten sie einen größeren Funktionsumfang, der es erlaubt, das Entscheidungsproblem zum Beispiel mit Hilfe von Sensitivitätsanalysen eingehend zu analysieren. Sie können beispielsweise für die Bewertung von Entwurfsalternativen eingesetzt werden, deren Eigenschaften bekannt sind oder recht genau abgeschätzt werden können. Ein weiteres Anwendungsgebiet besteht in der Vorauswahl von Entscheidungsalternativen nach verhältnismäßig groben Kriterien. Die Systeme erfordern relativ geringe methodische Kenntnisse auf seiten des Benutzers.

- Systeme, die aufgrund ihrer hohen Leistungsfähigkeit selbst bei sehr komplexen professionellen Anwendungen eingesetzt werden können. Sie eignen sich für die Bearbeitung von ein- oder mehrstufigen Entscheidungen unter Unsicherheit, wie sie zum Beispiel in der strategischen Unternehmensplanung oder bei der Entwicklung und Bewertung neuartiger Technologien auftreten. Die Systeme stellen erhebliche Anforderungen an die methodischen Kenntnisse des Anwenders.

Die Unterschiede in der Leistungsfähigkeit der Systeme schlagen sich auch in deren Preisen nieder, die zwischen 30 und 2300 DM variieren.

2.6   Zusammenfassung

Das Angebot an Entscheidungshilfesystemen ist umfangreich und wächst ständig. Es richtet sich dabei sowohl an professionelle Anwender, die die Systeme für betriebliche Entscheidungen nutzen möchten, als auch an private Anwender, die zum Beispiel für den Kauf eines Fahrzeuges oder einer Immobilie Unterstützung suchen. Während es bei komplexen betrieblichen

Entscheidungen von Bedeutung ist, mit dem Entscheidungshilfesystem Unsicherheiten zu berücksichtigen und gegebenenfalls sogar mehrere aufeinanderfolgende Entscheidungen bearbeiten zu können, reichen für private Anwendungen in der Regel einfache Systeme aus, die einstufige Entscheidungen unter Sicherheit unterstützen.

Entscheidungshilfesysteme erleichtern die Anwendung von Entscheidungshilfeverfahren erheblich, indem sie nicht nur aufwendige Rechenoperationen übernehmen, sondern graphische Hilfsmittel für die Problemdefinition (z. B. in Form von Zielhierarchien, Entscheidungsbäumen oder Einflußdiagrammen), für die Zielgewichtung und für die Analyse der Ergebnisse bereitstellen. Außerdem helfen die Systeme, den Entscheidungsprozeß und seine Ergebnisse zu protokollieren, wobei hier das Spektrum der Systemfunktionalität vom einfachen Export von Graphiken bis hin zur automatischen Generierung von Berichten und Präsentationen reicht.

Zu bemerken ist, daß nur wenige Systeme - und zwar leider nur solche, die sich für private oder einfache professionelle Anwendungen eignen - über eine gute Benutzerführung verfügen. Die wirklich leistungsstarken Systeme, mit denen die Bearbeitung komplexer Entscheidungen möglich ist, überlassen es hingegen dem Anwender, ohne Anleitung die einzelnen Phasen eines Entscheidungsprozesses in der richtigen Reihenfolge zu durchlaufen und das Entscheidungshilfeverfahren, auf dem das jeweilige System basiert, in korrekter Weise anzuwenden. Dies setzt umfangreiche methodische Vorkenntnisse auf seiten des Anwenders beziehungsweise einen entsprechenden Einarbeitungsaufwand voraus.

Da Entscheider im höheren Management nur selten die Zeit für eine intensive Auseinandersetzung mit der Theorie eines Entscheidungshilfeverfahrens und den Eigenheiten einer Software aufbringen können, sind sie kaum in der Lage, solche Systeme selbständig zu benutzen. Daher ist ihr Einsatzgebiet vor allem dort zu sehen, wo Entscheidungen vorbereitet werden. Sie können zum Beispiel dem Mitarbeiter einer Stabsabteilung oder dem persönlichen Assistenten einer Führungskraft in sehr effektiver Weise helfen, ein Entscheidungsproblem im Detail zu analysieren, die Ergebnisse in kompakter und verständlicher Form dem Entscheider zu präsentieren und mit ihm gemeinsam eine Lösung zu erarbeiten.

2.7 Literatur

Keeney, R.L. & Raiffa, H. (1976). Decisions with Multiple Objectives: Preferences and Value Tradeoffs. New York: John Wiley.

Nabe, C. (1997). Evaluation ausgewählter Entscheidungsunterstützungssysteme und Identifikation ihrer Einsatzbereiche. Unveröffentlichte Studienarbeit. Institut für Arbeitswissenschaften, Technische Universität Berlin.

Nabe, C. & Schmid, S.E. (1997). Kopf oder Zahl? Windows-Software hilft bei komplexen Entscheidungen. c't magazin für computer technik, Heft 5, 256-269.

Nitzsch, R. v. (1993). Analytic Hierarchy Process und Multiattributive Werttheorie im Vergleich. Wirtschaftswissenschaftliches Studium, Heft 3, 111-116.

Saaty, T.L. (1986). Axiomatic Foundation of the Analytic Hierarchy Process. Management Science, 32 (7), 841-855.

Weber, M., Krahnen, J. & Weber, A. (1995). Scoring Verfahren - häufige Anwendungsfehler und ihre Vermeidung. Der Betrieb, 48 (33), 1621-1626.

Zimolong, B. & Rohrmann, B. (1988). Entscheidungshilfetechnologien. In D. Frey, C.G. Hoyos & D. Stahlberg (Hrsg.) Angewandte Psychologie. München: Psychologie Verlagsunion (624-646).

3 UNTERSUCHUNGEN ZU EINEM EUROPÄISCHEN KONZEPT FÜR FLUGLOTSEN-ASSISTENZSYSTEME

Stefan Tenoort & Fred Volker Schick

Deutsche Forschungsanstalt für Luft- und Raumfahrt (DLR) e. V.,
Institut für Flugführung, Braunschweig

3.1 Einleitung

In den letzten Jahrzehnten ist eine ständige Zunahme des zivilen Luftverkehrs zu verzeichnen und auch weiterhin zu erwarten. Wenn die bestehenden Sicherheitsstandards beibehalten werden sollen, geraten die bestehenden Flugsicherungssysteme zunehmend an ihre Kapazitätsgrenzen und gleichzeitig steigt die Arbeitsbelastung der Fluglotsen. Absehbare Folgen sind Verspätungen während Verkehrsspitzen und damit verbunden sind ökonomische wie ökologische Kosten.

Um den Anforderungen der Zukunft zu begegnen, wurde 1989 das PHARE Projekt (Programme for Harmonised Air Traffic Management Research in EUROCONTROL) ins Leben gerufen. Die Zielsetzung war, ein modernes Luftverkehrsmanagement System zu entwickeln und die Durchführbarkeit und den Nutzen eines integrierten Boden-Luft Flugsicherungssystems zu untersuchen.

Die wesentlichen Neuerungen des Konzepts bestehen darin, Verkehrsmanagement und -kontrolle der Luftfahrzeuge von den heutigen ungenauen Flugplänen auf die Informationseinheit „Trajektorie" umzustellen und in dem Einsatz von „Datalink" als digitale Funkverbindung für den Datenaustausch zwischen Bodenstellen und Luftfahrzeugen, sowie der Entwicklung einer neuen Mensch-Maschine Schnittstelle für Fluglotsen.

Eine Trajektorie beinhaltet das genaue und konfliktfreie Flugprofil eines Luftfahrzeugs in Raum und Zeit vom Start bis zur Landung. Durch eine computerunterstützte Planung soll damit eine bessere Vorhersagbarkeit des Luftverkehrs und eine zeitgenauere Einhaltung des Flugplans erreicht werden und somit der zunehmende Luftverkehr effizienter, d. h. pünktlicher und unter besserer Ausnutzung des Luftraums geführt werden. Dazu werden dem Lotsen vom System generierte Vorschläge für Kontrollanweisungen angeboten, um ein Flugzeug optimal entlang seiner Trajektorie zu führen.

Die Einführung von Datalink erlaubt eine Entlastung des durchzuführenden Sprechfunks der Fluglotsen durch die direkte Übermittlung von Trajektorien an entsprechend ausgerüstete Flugzeuge. Deren Flight Management System ermöglicht es diese Trajektorien praktisch „automatisch" abzufliegen. Ferner wird ein Austausch der notwendigen Flugdaten ermöglicht, um die Bodensysteme bei der Berechnung der Trajektorien im gesamten Luftraum und bei Konfliktvorhersagen zu optimieren.

In Zusammenarbeit verschiedener europäischer Forschungseinrichtungen wurden Prototypen leistungsfähiger Einzelkomponenten eines modernen Luftverkehrssystems von morgen entwickelt. In Echtzeitsimulationen (PHARE Demonstrations) wurden und werden der Nutzen des neuartigen Luftverkehrssystem evaluiert. Die PHARE Demonstration 1 (PD/1) beinhaltete die Untersuchung des Streckenfluges. PD/2, Gegenstand dieses Artikels, wurde von der DLR in Braunschweig durchgeführt und konzentrierte sich auf Unterstützungssysteme für den Flughafennahbereich, der sogenannten Extended Terminal Manoeuvring Area (ETMA). In einer abschließenden PD/3 wird das Gesamtkonzept während aller Flugphasen vom Start bis zur Landung untersucht.

3.2 Simulierter Luftraum

Als Technologievorführung „PHARE Demonstration 2" fanden bei der DLR in Braunschweig Untersuchungen zur Bewertung der Leistungsfähigkeit neuartiger Unterstützungssysteme für den erweiterten Flughafennahbereich (ETMA) statt. Die Versuche wurden am Flugsicherungssimulator ATMOS (Air Traffic Management and Operating System) durchgeführt. Der simulierte Bereich entspricht weitgehend der heutigen Luftraumstruktur um den Flughafen Frankfurt a. M. und ist schematisch in Abbildung 1 dargestellt. Er besteht aus dem eigentlichen Flughafennahbereich (TMA), sowie aus den drei angrenzenden Streckensektoren West, Nord und Süd. Die Anflugrouten sind als durchgezogene Linien dargestellt. Der Streckenverkehr tritt über die Metering Fixes Rüdesheim (RUD), Gedern (GED) und Spessart (PSA) in den Flughafennahbereich ein und wird an das ILS (Instrument Landing System), dargestellt durch die gestrichelten Linien, herangeführt. Das Landebahnsystem ist in der Mitte der Abbildung dargestellt. Der wesentliche Unterschied zum realen Flughafen Frankfurt besteht darin, daß in der Simulation die beiden Landebahnen von Wirbelschleppen unabhängig sind und somit die Anflugprozedur vereinfacht wird.

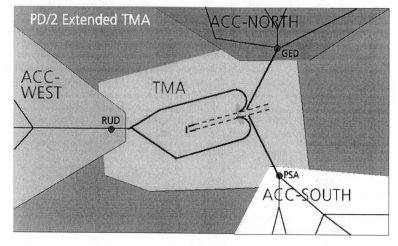

Abb. 1:   Erweiterter Flughafennahbereich Frankfurt a. M.

3.3   Lotsenarbeitsplätze

In der PD/2 Simulation waren vier Lotsenarbeitsplätze für die Verkehrsführung zuständig: Ein Streckenlotse für den Westsektor, sowie ein Planungslotse, ein Pickup und ein Feeder für die Anflugkontrolle.

Exemplarisch für die Streckensektoren war nur der Westsektor bemannt. Dieser Lotse war zuständig für die Kontrolle des Anflugverkehrs nach Frankfurt, sowie für Überflüge von und zu anderen Flughäfen. Der Verkehr aus dem Nord- und Südsektor wurde dagegen automatisch an der Grenze zum Flughafennahbereich generiert.

Der Planungslotse war für die strategische Unterstützung der Anfluglotsen, speziell des Pickup, zuständig, um einen optimalen Verkehrsfluß zu gewährleisten. Er sollte frühzeitig potentielle Konfliktsituationen zwischen Luftfahrzeugen erkennen und gegebenenfalls den Pickup mit geeigneten Maßnahmen unterstützen. In Fällen außergewöhnlicher Übergabeprozeduren oder -bedingungen koordinierte er diese mit den Lotsen benachbarter Sektoren und informierte den Pickup und Feeder. Ferner konnte er Einfluß auf die Reihenfolge der Landesequenz von Flugzeugen nehmen.

Der Pickup arbeitete eng mit dem Feeder zusammen. Er koordinierte den Anflugverkehr entsprechend den Vorgaben des Planungssystems und mußte dabei eine sichere und effiziente Landebahnzuordnung gewährleisten, bevor er den Verkehr an den Feeder übergab.

Nach der Verkehrsübernahme vom Pickup, mußte der Feeder schließlich den Anflugverkehr lateral und vertikal an das Instrumenten-Landesystem (ILS) heranführen und entsprechend eine ILS Freigabe erteilen. Abschließend übergab er am „Gate" den Anflugverkehr an den Towerlotsen. Dieses „Gate" befindet sich 10 NM vor der Schwelle in 3000 Fuß Höhe.

3.4   Die Mensch-Maschine Schnittstelle

Die Funktionalität des neuen Assistenzsystems erfordert die Entwicklung einer entsprechenden Mensch-Maschine Schnittstelle für die Lotsenarbeitsplätze. Dabei handelt es sich um ein interaktives Dialogsystem mit dem direkt Informationen und Daten mit dem Assistenzsystem ausgetauscht werden können.

Während im heutigen Flugführungssystem der Radarbildschirm allein der Darstellung des Luftverkehrs (Rufzeichen, Flughöhe, Geschwindigkeit) dient und alle Anweisungen der Lotsen auf Flugstreifen notiert werden, bietet das neue Assistenzsystem weitere Funktionen an, die den Lotsen dargeboten werden müssen. Dazu gehören:

*   Planzeiten für den Überflug der Metering Fixes oder des „Gate"
*   Trajektorien
*   Systemvorschläge für Anweisungen
*   Planungskonflikte
*   Statusinformationen von Flugzeugen (z. B. Datalink ausgerüstet)
*   Momentaner Kontrollstatus eines Flugzeugs (aktiv geführt oder „automatisch" fliegend)
*   Zuletzt gegebene Freigabe

Diese Informationen stehen dabei an allen Lotsenarbeitsplätzen gleichzeitig zur Verfügung. Insbesondere die vom System generierten Vorschläge für Anweisungen ermöglichen einen Verzicht auf die traditionellen Flugstreifen. Die Kontrollanweisungen der Lotsen werden nicht mehr auf Flugstreifen notiert, sondern direkt über Mauseingaben an das System weitergegeben und an allen Lotsenplätzen dargestellt. Das System ist somit immer auf dem neuesten Stand, um weiterhin eine optimale Verkehrsplanung durchzuführen. Die Konfiguration der Lotsenarbeitsplätze mit den entsprechenden Displays ist schematisch in Abbildung 2 dargestellt.

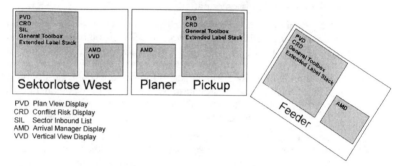

Abb. 2:   Arbeitsplätze im ATMOS und zugehörige Displays

Das wichtigste Element des PD/2 Systems stellt der Radarbildschirm oder Plan View Display (PVD) dar (Abbildung 3). Auf diesem erscheinen alle Flugzeuge mit einem Symbol und einem Label, welche standardmäßig die wesentlichen Informationen (Status, Rufzeichen, Flughöhe, Geschwindigkeit,

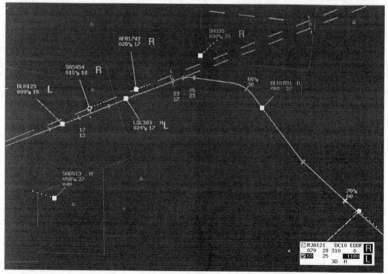

Abb. 3:   Radarbildschirm

sowie zuletzt gegebene Freigabe) darbieten. Grundsätzlich erfolgen alle Systemeingaben über das Label mittels pop-up Menüs und können in jedem der vorhandenen Displays durchgeführt werden, während die Anweisungen selbst über Sprechfunk übermittelt werden. Ferner zeigen Flugspuren (Punkte) die letzten Radarpositionen an. Die Darbietung der Trajektorie, die bei Bedarf auch vollständig angezeigt werden kann (siehe RAJ 121 in der Abbildung), enthält dabei auch die vom Assistenzsystem vorgeschlagenen Kontrollanweisungen mit der Angabe von Ort, Art und numerischen Wert der Anweisung. Damit ist es dem Lotsen möglich, die gesamte Verkehrsplanung des Systems nachzuvollziehen. Akzeptiert der Lotse die vorgeschlagenen Anweisungen und steuert das Flugzeug auf dessen Trajektorie, so kann er sicher sein, daß das Flugzeug, ohne mit anderen in Konflikt zu treten, den Luftraum passieren und pünktlich zur geplanten Ankunftszeit landen kann.

Eine zweite wichtige Komponente ist das Arrival Manager Display. Das Assistenzsystem errechnet eine optimale Landesequenz aller geplanten Flugzeuge und stellt sie auf diesem Display dar (siehe Abbildung 4). Auf einer Zeitleiter, die dem einstellbaren Planungshorizont entspricht, werden die geplanten Ankunftszeiten der nächsten Flugzeuge mittels eines speziellen Labels angezeigt. In diesem Label sind Rufzeichen, Flugzeugtyp, Wirbelschleppenkategorie, sowie symbolisch der Flugzeugstatus angegeben. Unterschiedliche Rahmenfarben der Labels kennzeichnen den Sektor (Nord, Süd, West) aus dem der Anflug erfolgt. Die Linie am stumpfen Ende des Labels gibt Aufschluß, ob das Flugzeug in einem Bereich von +/- 60 sec. von seiner Planzeit abweicht. Bei größeren Abweichungen erscheint das Label eingerückt und zwei Linien zeigen die ursprünglich geplante (waagerechte

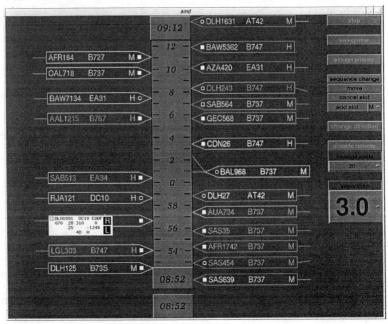

Abb. 4:   Arrival Management Display

Linie) und die voraussichtliche Ankunftszeit an (siehe BAL 968). Auch in diesem Display sind die selben Eingaben im Label wie auf dem Radarbildschirm möglich (siehe DLH 1891). Weiterhin stehen am rechten Rand des Displays verschiedene Funktionen zur Verfügung, wie Vertauschen der Landesequenz zweier Flugzeuge, Verschieben, Zufügen oder Löschen von Slots, sowie die Einstellung der Minimalseperation zwischen aufeinanderfolgenden Anflügen.

Als weitere Displays stehen allen Lotsen das Conflict Risk Display und den Sektorlotsen das Vertical View Display zur Verfügung.

Werden Planungskonflikte zwischen den Trajektorien zweier Flugzeuge erkannt, d. h. wenn diese Flugzeuge weiterhin ihrer Trajektorie folgen, dann würden sie die Mindeststaffelung unterschreiten, erscheint automatisch das Conflict Risk Display. Auf diesem werden mittels eines Koordinatensystems die voraussichtliche Dauer bis zum Konflikt und die Seperation des Konfliktpaares angezeigt. Gleichzeitig werden auf dem Radarbildschirm die betroffenen Flugzeuge und der Ort des Konfliktes mit roter Farbe hervorgehoben.

Das Vertical View Display dient der vertikalen Darstellung des Luftraumes und bietet auf anschauliche Weise einen Eindruck der vertikalen Staffelung von Flugzeugen. Dieses Display ist vornehmlich für den Sektorlotsen vorgesehen, um vorhandene „holding stacks" besser koordinieren zu können.

3.5 Methoden

3.5.1 Lotsen

Acht Teams mit jeweils vier Fluglotsen nahmen an den Versuchen teil.. Sie kamen aus sieben europäischen Ländern und repräsentierten die gesamte Bandbreite an Erfahrung in militärischer und ziviler Luftverkehrskontrolle. Die folgende Tabelle gibt einen Überblick über die Teilnehmer und die entsendenden Organisationen.

Tabelle 1: Teilnehmer an den PD/2 Versuchen

32 Lotsen (8 Teams) aus	
• Frankreich (ADP)	• Rumänien (ROMATSA)
• Deutschland (DFS)	• Schweden (LFV)
• Italien (SICTA)	• Großbritannien (NATS)
• Niederlande (MilATCC)	• Frankreich (Militär), Deutschland (DFS)

3.5.2 Versuchsdesign

Zwei unabhängige Variablen wurden in den PD/2 Simulationen definiert: der Operationsmodus, intern Organisation (ORG) genannt, und Verkehrsaufkommen.

Der Operationsmodus war vierfach gestuft:

- Das Referenzsystem (ORG 0), das einem typischen streifenorientierten System mit begrenzten Planungshilfen entspricht, wie es heutzutage verwendet wird (z. B. COMPAS in Frankfurt).

- Das PD/2 System (ORG 1), in dem eine auf Trajektorien basierte Verkehrsplanung und eine neue Mensch-Maschine Schnittstelle implementiert wurden, um die Lotsen bei der Luftverkehrskontrolle zu unterstützen.

- Nutzung eines digitalen Datalinks (ORG 2), wobei 30%, bzw.

- 70% der simulierten Flugzeuge mit 4-D FMS und Datalink ausgestattet sind. Dieses System bietet die selbe Funktionalität wie ORG 1, jedoch können diese Flugzeuge ihre geplante Trajektorie mit dem Bodensystem austauschen und fliegen diese dann automatisch, d. h. ohne weitere Lotsenintervention, ab.

In jedem Operationsmodus kamen zwei verschiedene Verkehrsaufkommen zum Einsatz:

- ein mittleres, welches den heutigen Verkehrsanforderungen entspricht, und

- ein hohes, entsprechend einer Steigerung um 33%.

Es handelt sich somit um ein zweifaktorielles, vollständig gekreuztes Versuchsdesign mit Meßwiederholung. Für die statistische Datenanalyse waren non-parametrische Verfahren für Meßwiederholung vorgesehen. Ein Vergleich zwischen ORG 0 und ORG 1 erfolgte mit dem Wilcoxon-Test. Für den Vergleich zwischen ORG 1, ORG 2/ 30% und ORG 2/ 70% wurde der Friedman-Test verwendet.

Die folgende Tabelle 2 faßt die Operationsmodi zusammen und zeigt, wie sie auf die Zielsetzungen in PD/2 bezogen sind. Mit dem Vergleich von ORG 0 gegen ORG 1 wird untersucht, welchen Einfluß die Einführung eines computerunterstützten Assistenzsystem hat, während der Vergleich zwischen ORG 1 und den beiden ORG 2 den Einfluß eines steigenden Anteils 4-D FMS und Datalink ausgestatteter Flugzeuge untersucht.

Tabelle 2: Zusammenfassung der Operationsmodi (ORG)

	ORG 0	ORG 1	ORG 2/ 30%	ORG 2/ 70%
Verkehrs-planung	konventionelle Planung	Trajektorien-basierte Planung	Trajektorien-basierte Planung	Trajektorien-basierte Planung
MMS	Referenzsystem mit Flugstreifen	Neuentwicklung keine Flugstreifen	Neuentwicklung keine Flugstreifen	Neuentwicklung keine Flugstreifen
4-D FMS Datalink	—	—	30 % der LFZ	70 % der LFZ

ORG 0 geg. ORG 1:
Einfluß von
Assistenzsystem
und MMS

ORG 1 geg. ORG 2:
Einfluß des steigenden Anteils
von 4-D FMS und Datalink
ausgestatter LFZ

3.5.3 Meßmethoden/ Abhängige Variablen

Folgende Zielsetzungen wurden für das PHARE Projekt definiert:

- Den Einfluß auf die Arbeitsbelastung und den Verkehrsdurchfluß durch die Einführung eines computergestützten Assistenzsystems zu bewerten.

- Den Einfluß auf die Arbeitsbelastung und den Verkehrsdurchfluß durch steigende Anteile 4-D FMS/Datalink ausgerüsteter Flugzeuge zu bestimmen.

- Ein gewisses Maß an Akzeptanz für das Assistenzsystem bei den Lotsen zu erreichen.

Demzufolge wurden entsprechend drei übergeordnete Evaluationskriterien festgelegt, die auf Leistungsdaten des Verkehrssystems, auf objektiver und subjektiver Bewertung der Arbeitsbelastung, sowie auf Akzeptanzkriterien beruhen. Die entsprechenden Daten wurden den Protokolldateien (Logfiles), die alle Ereignisse und Eingaben der Lotsen während der Simulation aufzeichneten, entnommen und durch Befragungen der Lotsen ergänzt. Während der Versuche wurden die Lotsenaktivitäten durch acht Videokameras aufgezeichnet und zusätzlich durch zwei Beobachter protokolliert.

Die ausgewerteten Leistungsmaße für Verkehrsabläufe waren:

- Anzahl der Landungen
- Flugzeiten vom Eintritt in die Simulation bis Erreichen des „Gate"
- Inbound delays
- Ablieferungsgenauigkeit
- Seperationsverletzungen

Inbound delay errechnete sich aus der Differenz zwischen der tatsächlichen und der vorhergesagten Zeit des „Gate"-Überflugs. Die vorhergesagte Zeit entspricht dabei derjenigen, die ein Flugzeug erreichen würde, wäre es das einzige Luftfahrzeug im Luftraum, und somit seiner bevorzugten Trajektorie folgen könnte.

Ablieferungsgenauigkeit ergab sich aus der Differenz zwischen der tatsächlichen und der geplanten „Gate"-Überflugszeit. Diese Planungszeit berücksichtigt das Vorhandensein weiterer Flugzeuge im Luftraum, deren Ankunftszeit entsprechend aufeinander abgestimmt sein müssen. Die Planungszeit kann somit schon eine Verspätung beinhalten, da die gesamte Verkehrssituation beachtet wird. Dieses Maß ist ein zweckmäßiger Indikator dafür, wie genau die durch das Assistenzsystem generierte Planung umgesetzt wurde.

Schließlich dienten *Seperationsverletzungen* über dem „Gate" dazu, festzustellen, ob potentielle Vorteile durch das Assistenzsystem auf Kosten verringerter Sicherheitsstandards erkauft werden.

Zur Bewertung der Arbeitsbelastung dienten sowohl objektive, wie subjektive Maße.

Objektive Indikatoren der Arbeitsbelastung:

- Anzahl gegebener Kontrollanweisungen
- Häufigkeit der Sprechfunkkontakte

- Prozentualer Anteil der Simulationszeit für Sprechfunk

Zur subjektiven Bewertung der Arbeitsbelastung wurden zwei unterschiedliche Verfahren eingesetzt:

- SWAT (Subjective Workload Assessment Technique)
- NASA-TLX (Task Load Index)

Die zugrundeliegenden Theorien beider Verfahren sind sehr unterschiedlich. SWAT erfaßte die Arbeitsbelastung auf drei Faktoren: Time Load, Mental Effort Load, und Psychological Stress Load und wurde während eines Versuchslaufs (online) erhoben. Alle zwei Minuten wurden die Lotsen aufgefordert, ihre Belastung auf jedem der drei Faktoren mittels einer dreistufigen Skala einzuschätzen. Dazu stand ihnen ein entsprechendes Eingabeinstrument zur Verfügung. Dieses Verfahren bietet eine kontinuierliche Aufzeichnung der Arbeitsbelastung auf einer Skala von 0 bis 100.

Die TLX Methode identifiziert sechs Faktoren, die zur Arbeitsbelastung beitragen: Mental Demand, Temporal Demand, Physical Demand, Effort Expended, Frustration und Own Performance. Das Verfahren wird nach Abschluß eines Versuchslaufs durchgeführt und stellt eine Bewertung des gesamten Laufes dar. Dazu wird zunächst mittels Paarvergleichen die relative Bedeutung der einzelnen Faktoren an der Gesamtbelastung erhoben. Anschließend soll das Ausmaß jedes Faktors auf einer 20-stufigen Ratingskala bewertet werden. Die gemittelte Summe aus den Produkten von Gewichtung und Rating der Faktoren ergibt einen Gesamtindex der Arbeitsbelastung, der ebenfalls auf einer Skala von 0 bis 100 reicht.

Akzeptanz ist naturgemäß ein stark subjektives Bewertungsmaß, jedoch von großer Bedeutung für die Bewertung neuer Assistenzsysteme. Daher wurden die teilnehmenden Lotsen nach jedem Versuchslauf nach ihren Meinungen, Kommentaren und Kritik bezüglich des operationellen Konzepts u. a. in teilstrukturierten Interviews befragt. Um die Befragungen zu unterstützen, kamen die standardisierten Beobachterprotokolle zum Einsatz, sowie ausgewählte Simulationsdaten, die unmittelbar nach Ende eines Versuchslaufs zur Verfügung standen (z. B. Radarspuren, Maße der Funksprechbelastung, etc.). Zusätzlich wurden nach Abschluß eines Versuchblocks jeweils ein Fragebogen vorgelegt, der gezielt spezifische Aspekte dieses Operationsmodus abdeckte. Am Ende der Versuchswoche wurden in einem Abschlußfragebogen Meinungen zu allgemeinen Aspekten gesammelt, wie zum Simulationsumfeld und dem Training, zur Umsetzung des PD/2 Konzepts in der neuartigen Mensch-Maschine Schnittstelle, sowie zu den operationellen Verfahren und den einzelnen Unterstützungswerkzeuge.

3.5.4   Versuchsablauf

Der Hauptversuch fand von Anfang Dezember 1996 bis Ende Februar 1997 statt, in dem jedes Lotsenteam jeweils für zwei Wochen anwesend war. Für eine aussagefähige Evaluation ist es unabdingbar, daß die teilnehmenden Lotsen mit dem untersuchten System vertraut sind. Deshalb wurden die Lotsen in einer einwöchigen Trainingsphase intensiv in dem neuen Konzept geschult. Zunächst wurde ein computerbasiertes Trainingsprogramm durchlaufen, um das neue Konzept kennenzulernen. Anschließend erfolgten bis zu 16 Trainingsläufe, bis das PD/2 System und die simulierte Luftraumstruktur bekannt, sowie die spezifischen Verfahrensweisen hoch geübt waren. Trainingssystem und Versuchssystem waren dabei voneinander entkoppelt, so daß die Versuche mit einem Lotsenteam parallel zum Training des folgenden Teams durchgeführt werden konnten.

Während der Versuchswoche jedes Lotsenteams wurden acht Meßläufe absolviert. Diese wurden blockweise durchgeführt, d. h. jeweils zwei Läufe mit ORG 0 und ORG 1, sowie vier Läufe mit ORG 2. Die Abfolge der Blöcke wurde zwischen den Teams ausbalanciert, um Reihenfolgeeffekten (Gewöhnung, Ermüdung) entgegenzuwirken. Vor jedem Block wurde ein Übungslauf durchgeführt, um sich nochmals mit entsprechenden Verfahren vertraut zu machen („Warm-up").

3.6   Ergebnisse und Diskussion

3.6.1   Leistungsdaten

Die folgende Tabelle 3 faßt die Ergebnisse der statistischen Test für die Verkehrsleistungsdaten zusammen. Ein „=" deutet an, daß keine signifikanten Unterschiede zwischen den untersuchten Organisationen bestand, während ein „+" oder „-" signifikante positive, bzw. negative, Effekte für das Assistenzsystems anzeigen.

Tabelle 3: Zusammenfassung der Ergebnisse für Verkehrsleistungsparameter

	mittleres Verkehrsaufkommen		hohes Verkehrsaufkommen	
	ORG 0 geg. ORG 1	ORG 1 geg. ORG 2	ORG 0 geg. ORG 1	ORG 1 geg. ORG 2
Anzahl der Landungen	=	—	+	=
Flugzeiten	=	=	+	=
Inbound Delays	=	=	=	=
Ablieferungs- genauigkeit	=	+	+	=
Seperationsver- letzungen	=	=	+	=
Variabilität zw. Lotsenteams	=	=	+	=

Das Referenzsystem (ORG 0) entspricht der Funktionalität heutiger Flugführungssysteme mit konventionellen Planungshilfen (z. B. COMPAS in Frankfurt) und Flugstreifen. Mit der Einführung des Assistenzsystems (ORG 1) erfolgt die Anflugplanung mit Hilfe von 4-D Trajektorien. Der Lotse wird ferner durch vom System vorgeschlagenen Anweisungen und einer streifenlosen, direktmanipulativen Schnittstelle unterstützt.

Als erster allgemeiner Befund konnte man feststellen, daß bei einem mittleren Verkehrsaufkommen praktisch keine Unterschiede zwischen den beiden Systemen bestanden. Bei einer dem heutigen Verkehrsvolumen entsprechenden Anzahl von Flugbewegungen ist unter optimalen Bedingungen ein Nutzen des Assistenzsystems nicht feststellbar.

Anders sieht es unter der hohen Verkehrsbelastung, entsprechend einer 33 prozentigen Steigerung, aus. Die Grenzen des Referenzsystem wurden nun offensichtlich. Das konventionelle Planungssystem schlug zwar eine bestimmte Landesequenz vor, bot jedoch keinerlei Hilfestellung, wie diese zu erreichen war. Demnach hing die Leistung im besonderen Maße vom Arbeitsstil der Lotsen ab. Diese variierte beträchtlich, denn es war eine hohe Varianz bei allen erhobenen Parameter zwischen den verschiedenen Lotsenteams zu registrieren. Mit der Einführung des Assistenzsystems (ORG 1) erhielten die Lotsen konkrete Vorschläge, welche taktischen Anweisungen sie auf die Trajektorien der Flugzeuge anwenden sollten. Durch diese Unterstützung wurden die Arbeitsweisen und die Leistungen der verschiedenen Lotsen homogener und damit besser vorhersagbar. Folglich fanden sich signifikante Verbesserungen in fast allen erhobenen Bewertungsmaßen. Die Anzahl der Landungen stieg, die mittleren Flugzeiten sanken und die Ablieferungsgenauigkeit wurde gesteigert. Dies blieb ohne negative Einflüsse auf die Mindeststaffelung, im Gegenteil: mit dem Assistenzsystem waren signifikant weniger Unterschreitungen feststellbar.

Der Vergleich von ORG 1 mit den ORG 2 untersuchte den Effekt durch die Einführung von 30% und 70% 4-D FMS und Datalink ausgerüsteter Flugzeuge. Unter beiden Operationsmodi wurden die gleiche Funktionalitäten beibehalten, jedoch folgten diese Flugzeuge nun automatisch der vorgeschlagenen Trajektorie, ohne taktische Intervention der Lotsen und konnten somit exakt zur vorhergesagten Ankunftszeit landen. Ein zusätzliche Nutzen für die Verkehrsabläufe insgesamt durch diese „automatischen" Flugzeuge war allerdings nicht feststellbar. Es fanden keine weiteren Verbesserungen mehr in ORG 2 statt, als ohnehin schon durch das Assistenzsystem in ORG 1 erreicht wurden. Dieses Ergebnis kann so interpretiert werden, daß wenn alle Flugzeuge ihrer vorgesehenen Trajektorie folgen, sie auch zum best möglichen Zeitpunkt landen werden, unabhängig davon, ob sie nun durch Lotsenanweisungen auf der Trajektorie geführt werden oder ob sie diese automatisch abfliegen.

3.6.2 Arbeitsbelastung

In Tabelle 4 sind die Ergebnisse der statistischen Test für die einzelnen Parameter getrennt nach Verkehrsaufkommen und Lotsenarbeitsplatz zusammengefaßt. Ein „=" deutet an, daß keine signifikanten Unterschiede zwischen den untersuchten Organisationen bestehen. Ein Pfeil nach oben, bzw. nach unten, entsprechen einem signifikanten Anstieg, bzw. Abfall der Arbeitsbelastung. Mit der Darstellung in Klammern werden Trends angezeigt, die das Signifikanzkriterium nur knapp verfehlten.

Die verschiedenen objektiven wie subjektiven Parameter der Arbeitsbelastung korrelierten relativ hoch miteinander (.5 < rho < .85) und alle Korrelationen waren signifikant. Daher können wir zunächst davon ausgehen, daß es sich um valide Maße für die Bewertung der Arbeitsbelastung handelt. Besonders hoch war der Zusammenhang zwischen den drei objektiven Maßen der Arbeitsbelastung. Die Anzahl gegebener Kontrollanweisungen, die Häufigkeit der Sprechfunkkontakte, sowie der prozentuale Anteil der Simulationszeit für Sprechfunk zeigten nahezu identische Ergebnismuster, daher beziehen sich die Ergebnisse in der Tabelle auf alle drei untersuchten objektiven Parameter.

Tabelle 4: Zusammenfassung der Ergebnisse für Arbeitsbelastung der taktischen Lotsen

	mittleres Verkehrsaufkommen		hohes Verkehrsaufkommen	
	ORG 0 geg. ORG 1	ORG 1 geg. ORG 2	ORG 0 geg. ORG 1	ORG 1 geg. ORG 2
Objektive Indikatoren				
Pickup	↘	↘	↘	↘
Feeder	=	↘	=	↘
ACC	↗	↘	↗	↘
SWAT				
Pickup	=	=	(↘)	=
Feeder	=	↘	=	=
ACC	=	=	=	(↘)
TLX				
Pickup	=	=	=	(↘)
Feeder	↗	(↘)	=	↘
ACC	↗	=	=	=

Vergleich der Arbeitsbelastung zwischen ORG 0 und ORG 1

Generell hatte die Einführung des Assistenzsystems einen deutlichen Einfluß, insofern daß die Aufgaben des Planungslotsen nun vom Pickup und zu einem geringeren Maß vom Feeder übernommen wurden. Sie übernahmen somit zusätzlich zur taktischen Verkehrskontrolle noch strategische Aufgaben, wobei das Assistenzsystem nun ihre wesentliche Unterstützung bei der Anflugplanung darstellte. Durch die entstandene Verlagerung und Erweiterung der Aufgabenbereiche ergaben sich uneinheitliche Veränderungen der Arbeitsbelastung, die im wesentlichen von der Arbeitsposition abhingen.

Bei den objektiven Maßen ergab sich nur für die Pickup Position eine Arbeitserleichterung durch die Einführung des Assistenzsystems, und zwar unabhängig vom Verkehrsaufkommen. Im Referenzsystem (ORG 0) wurden auf dieser Arbeitsposition generell die höchsten Arbeitsbelastungen (objektiv, wie subjektiv) aller Lotsen festgestellt. Bei den Pickuplotsen sank nunmehr die Arbeitsbelastung durch den Sprechfunk deutlich ab. Weiterhin wurde die interindividuelle Variabilität zwischen den verschiedenen Pickuplotsen deutlich reduziert. Man kann daher schlußfolgern, daß unterschiedliche Arbeitsstile, die zwischen den Lotsen bestanden, mit dem Assistenzsystem kompensiert wurde. Der positive Effekt des Assistenzsystems auf die objektiven Maße der Arbeitsbelastung wurde nur teilweise durch die subjektiven Indikatoren bestätigt. Nur die SWAT ratings unter hohem Verkehrsaufkommen zeigten einen tendenziell signifikanten Abfall, währen für die TLX scores keine Unterschiede feststellbar waren (vgl. Abbildungen 5 und 6)

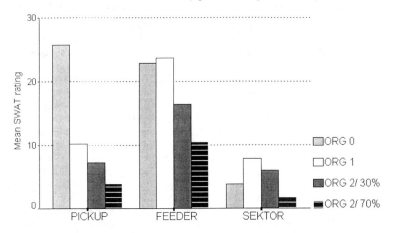

Abb. 5:   Mittlere SWAT ratings unter hohem Verkehrsaufkommen

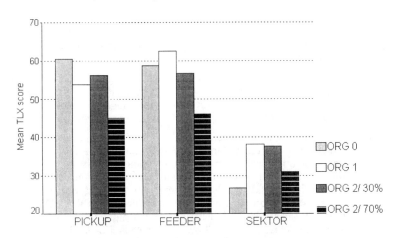

Abb. 6:   Mittlere TLX scores unter hohem Verkehrsaufkommen

Auf der Feederposition zeigten weder objektive noch subjektive Maße der Arbeitsbelastung einen Unterschied zwischen ORG 0 und ORG 1. Nur für den TLX score im mittleren Verkehrsaufkommen war ein signifikanter Anstieg zu verzeichnen. Zwei Gründe kommen für den begrenzten Nutzen des Assistenzsystems bei diesem Lotsenarbeitsplatz in Betracht. Zum einen war die Zeit die ein Feeder für die Führung eines Flugzeugs aufbrachte zu kurz, um in den vollen Nutzen des Assistenzsystems zu kommen, denn die Dauer der aktiven Kontrolle des Verkehrs betrug nur etwa die Hälfte der des Pick-uplotsen. Zum anderen waren die Aufgaben des Feeders im Vergleich zum Pickup relativ begrenzt. Die Vorbereitung des Endanflugs mit wenigen Kurs-, Flughöhen- und Geschwindigkeitskorrekturen, sowie der ILS Freigabe stellten einen wesentlich geringeren koordinativen Aufwand dar, als die vorherige strategische und taktische Luftverkehrskontrolle auf der Pickup-Position.

Insgesamt war die objektive wie subjektive Arbeitsbelastung der Sektorlotsen von allen Lotsen die geringste. Weiterhin bestanden praktisch keine Unterschiede zwischen mittleren und hohem Verkehrsaufkommen. Offensichtlich waren die Aufgaben gegenüber der Realität stark vereinfacht. Der Anflugverkehr fand nur auf einer Route statt, war relativ gering in der Zahl und war schon gestaffelt, bevor er in ihren Sektor eintrat. Die Sektorlotsen waren daher zu keinem Zeitpunkt wirklich gefordert. Der signifikante Anstieg in den Maßen der Sprechfunkbelastung, wie des TLX scores kann daher als operationell nicht bedeutsam angesehen werden und ist in einem vertretbaren Rahmen. Der Anstieg der Arbeitsbelastung hatte seinen Grund offenbar in einer stark unterschiedliche Arbeitsweise zwischen Referenz- und Assistenzsystem. Im Referenzsystem bevorzugten die Streckenlotsen, Flugzeuge möglichst ohne Anweisungen durch ihren Sektor fliegen zu lassen. Erst kurz vor dem Übergabepunkt erfolgten Änderungen der Flughöhe und der Geschwindigkeit. Das Assistenzsystem bot hingegen eine Vielzahl von Anweisungen zu Änderungen der Geschwindigkeit und Flughöhe an, um eine optimale Gesamtplanung zu gewährleisten. Akzeptierten die Sektorlotsen diese Anweisungen erhöhte sich natürlich damit auch der Sprechfunkverkehr.

Vergleich der Arbeitsbelastung zwischen ORG 1, ORG 2/ 30%, und ORG 2/ 70%

Erst mit der Einführung von 4-D Flight Management System und Datalink ausgerüsteten Flugzeugen wird die Funktionalität des neuartigen Assistenzsystems ausgeschöpft, denn nun können diese Flugzeuge ihrer optimale Trajektorie folgen, ohne auf Eingriffe der Lotsen angewiesen zu sein.

Durch diese Entlastung des Sprechfunkverkehrs sank auch die Belastung durch die reine Verkehrsführung und damit zeigten sich unabhängig vom Verkehrsaufkommen deutliche Verringerungen der objektiven Bewertung der Arbeitsbelastung auf allen Lotsenpositionen. Bei den subjektiven Maßen zeigten sich diese Erleichterungen allerdings weniger deutlich. Zwar sanken die Bewertung der Arbeitsbelastung mittels SWAT Methode auf allen Lotsenpositionen z. T. deutlich ab, jedoch ergaben sich nur wenige signifikante Ergebnisse. Bei der Bewertung mittels TLX Methode zeigten sich eigentlich nur mit einem Anteil von 70% 4-D FMS Flugzeugen Verringerungen der Arbeitsbelastung, die allerdings nur in Einzelvergleichen mit ORG 1 signifikant wurden.

Offensichtlich bestehen Unterschiede in der Signifikanz der Ergebnisse zwischen subjektiven und objektiven Parametern der Arbeitsbelastung. Viele Lotsen berichteten, daß es einen erhöhten koordinativen Aufwand bedeutet, einen Verkehrsmix bestehend aus 4-D FMS/ Datalink und konventionellen Flugzeugen zu kontrollieren. Einige Lotsen äußerten daher die Meinung: „Wenn schon 4-D Flugzeuge, dann wären 100% am besten" um die Schwie-

rigkeiten eines solchen Verkehrsmix zu vermindern. Diese Aussage provo-
zierte jedoch Diskussionen über Kosten und Nutzen einer solchen vollständigen Automatisierung.

3.6.3 Akzeptanz

Mehr als 70 Items wurden in den Fragebögen abgedeckt, so daß hier nur
ausschnittsweise darauf eingegangen werden kann. Wichtig ist zunächst die
Feststellung, daß die Lotsen alle Aspekte des Trainings signifikant als angemessen bewerteten und somit für die Durchführung der Versuche gut vorbereitet waren. Weitere positive Ergebnisse ergaben die Bewertungen der
Mensch-Maschine Schnittstelle sowie der operationellen Aspekte des neuen
Konzepts. So war z. B. die Akzeptanz signifikant hoch für

- die Maus als Eingabeinstrument
- Systemeingaben über die pop-up Menüs im Radarlabel
- Darstellungsprinzipien wie Farbkodierung und Symbole für den Flugzeugstatus
- die Darstellung der Trajektorie
- die Systemunterstützung für eine sichere Verkehrsführung
- die Unterstützung bei der Situationseinschätzung
- das Verkehrsführungkonzept von 4-D FMS/ Datalink ausgerüsteten und
  aktiv geführten Flugzeugen

Allerdings gab es auch Bereiche in denen keine positive Bewertung
durch die Lotsen stattfand. So wurden der Nutzen bestimmter Unterstützungswerkzeuge, respektive deren Displays, bezweifelt. Dazu gehörten das
Conflict Risk Display, das zwar Konflikte anzeigte aber keine Lösungsvorschläge generierte, und das Vertical View Display, dessen potentieller Nutzen zwar betont wurde aber aufgrund von fehlenden „holding stacks" während der Simulation nicht zur Geltung kam. In manchen Gesichtspunkten
entspricht die Arbeitsweise mit dem neuen Assistenzsystem nicht immer den
bisher vertrauten Arbeitsstilen, was aber auch ein Problem mangelnder Gewöhnung sein kann. Trotz einer generell positiven Beurteilung des neuen
Assistenzsystems, bestehen also noch einige Aspekte, die einer Verbesserung und Weiterentwicklung bedürfen, bevor ein solches System einen
präoperationellen Status erlangen kann. Die entsprechenden Befunde fließen dabei schon in die nächste Phase des PHARE Projektes ein, welche die
Gesamtintegration des neuen Flugmanagementsystems vom Start bis zur
Landung untersucht.

4 ZUM EINFLUß VON AUTOMATISIERUNG UND ASSISTENZ IN FLUGSICHERUNG UND FLUG-FÜHRUNG[1]

Hans-Gerhard Giesa[1] *& Josef Schumann*[2]

[1] Technische Universität Berlin, Institut für Arbeitswissenschaften
[2] Technische Universität Berlin, Institut für Luft- und Raumfahrt

4.1 Einleitung

Flugsicherung und Flugführung als Teilsysteme des heutige Luftverkehrs werden von gut ausgebildeten Operateuren, Fluglotsen und Piloten gelenkt und geleitet. Fluglotsen und Piloten stehen dazu komplexe, unterschiedlich automatisierte technische Systeme zur Verfügung. Während jedoch die heutige Flugführung bereits in allen Bereichen zu einem großen Teil stark automatisiert ist, ist der Grad der Automatisierung im Bereich der Flugsicherung bis heute nicht sehr weit fortgeschritten. Neue Entwicklungsansätze gehen nun von einer engeren Verzahnung der beiden Teilsysteme aus, dem sogenannten kooperativen Luftverkehrsmanagement (kooperatives ATM). In diesem zukünftigen kooperativen ATM wird die bodenseitige Einbeziehung von Funktionen der Flight Management Systeme (FMS) der Luftfahrzeuge durch die Nutzung von Data Link-Systemen zur Datenübertragung und eine verbesserte Positionsbestimmung der Luftfahrzeuge realisiert werden. Diese technischen Neuerungen machen eine verbesserte Vorausplanung und Abstimmung zwischen Bord- und Bodensystemen möglich und gestatten die Entwicklung von Unterstützungssystemen zur Erkennung und Lösung von potentiellen Konflikten. Insbesondere die Einführung von Data Link wird die Arbeitssituation an Bord und Boden einschneidend verändern. So wird die Routinekommunikation zwischen Bord und Boden auf andere Kommunikationsmedien verlagert, indem der direkte Sprachkontakt von Mensch zu Mensch durch alphanumerische oder grafische Elemente ersetzt wird, die über Computer und Displays vermittelt werden. Die prinzipiellen Vor- und Nachteile derartiger Systemveränderungen werden bei anderen Autoren diskutiert (vgl. hierzu z. B. Kerns, 1994 oder Billings, 1997).

4.1.1 Automatisierung in einem kooperativen ATM

Da auch in einem kooperativen ATM die Operateure letztlich für die Sicherheit in ihren jeweiligen Bereichen verantwortlich sein werden, nimmt bei Einführung der weiter oben beschriebenen komplexen und automatisierten Systeme die Mensch-Maschine-Interaktion einen immer wichtigeren Stellenwert ein. Es muß insbesondere darauf geachtet werden, daß die beteiligten Operateure unter Berücksichtigung ihrer perzeptiven und kognitiven Fähigkeiten und Grenzen in den Automatisierungsprozeß mit einbezogen werden.

---

[1] Die hier vorgestellte Arbeit entstammt der von der DFG geförderten Forschergruppe „Mensch-Maschine Interaktion in kooperativen Systemen der Flugsicherung und Flugführung" (Fr 375/48-1).

Der Begriff Automatisierung umfaßt zwei Betrachtungsweisen. Zum einen wird mit Automatisierung die selbständige Ausführung von Prozessen durch eine Maschine bezeichnet (Billings, 1997). Zum anderen kann Automatisierung als eine Funktionsverlagerung verstanden werden, bei der von einem technischen System Funktionen (teilweise oder vollständig) übernommen werden, die vor Einführung dieses technischen Systems von einem menschlichen Operateur (teilweise oder vollständig) ausgeführt wurden (Wickens, Mavor & McGee, 1997). Mögliche Automatisierungstypen sind in Abbildung 1 zusammengefaßt (siehe auch Billings, 1997; Endsley, 1996; Sheridan, 1996). Diese Automatisierungstypen sind nicht absolut zu verstehen, sondern es werden in einem Mensch-Maschine-System (MMS), wie beispielsweise des kooperativen ATM, bestimmte Teilfunktionalitäten durch verschiedene Automatisierungstypen übernommen.

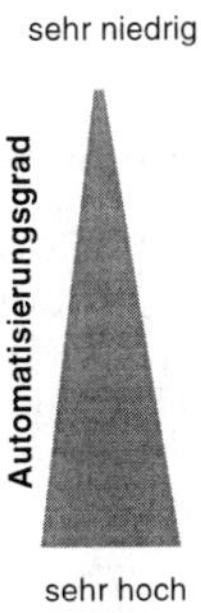

Automatisierungstyp	Funktionszuteilung	
	Mensch	Maschine
Anzeigesystem Bediensystem	Problemlösen Entscheiden Ausführen	Daten aufbereiten, Darstellen
Unterstützungssystem Assistenzsystem	Problemlösen Entscheiden Ausführen	Vorschlagen Unterstützen
teilautonomes System *supervision*	Beaufsichtigen Zustimmen	Problemlösen Entscheiden Ausführen
teilautonomes System *monitoring*	Überwachen Vetorecht!	Problemlösen Entscheiden Ausführen
autonomes System	Backup bei Systemausfall	Problemlösen Entscheiden Ausführen

sehr niedrig ... sehr hoch (Automatisierungsgrad)

sehr hoch ... sehr niedrig (Operateurbeteiligung)

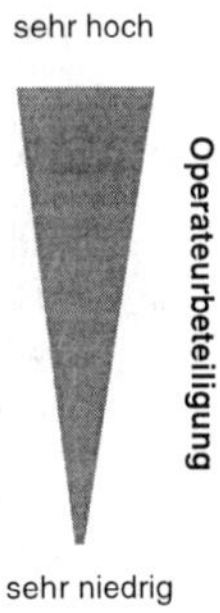

Abb. 1:   *Automatisierungstypen und Funktionszuteilung für Mensch und Maschine*

Abbildung 1 zeigt, daß sich mit Zunahme des Automatisierungsgrades vor allem auch kognitive Funktionen wie Problemlösen und Entscheiden vom Menschen zur Maschine hin verschieben, was zur Folge hat, daß dadurch das Ausmaß der Operateurbeteiligung in der Ausführung von bestimmten (Teil-) Aufgaben abnimmt. Dies hat wiederum zur Folge, daß der Operateur nicht mehr ständig in die im Mensch-Maschine-System ablaufenden Prozesse einbezogen ist („out-of-the-loop"), obwohl er nach wie vor die Verantwortung für das Gesamtsystem hat.

Obwohl in Abbildung 1 ein Automatisierungstyp als Assistenz- bzw. Unterstützungssystem bezeichnet wird, bedarf es eines empirischen Nachweises, ob Automatisierungstypen tatsächlich als Assistenz, d. h. unterstützend für die Operateure, dienen. Sowohl bei der Einführung von neuen, einer Maschine zugeteilten Funktionen, als auch bei einer Funktionsumverteilung für Mensch und Maschine ist darauf zu achten, welche Auswirkungen diese von der Maschine übernommenen Funktionen auf die gesamten Arbeitsanforderungen an die beteiligten Operateure haben. Diese Auswirkungen sind in vergleichenden Experimenten mit den Anforderungen vor Einführung der maschinellen Teilfunktionen zu überprüfen. Dabei ist zu beachten, daß der

Automatisierungsgrad kaum isoliert variierbar ist, da die Einführung zusätzlicher Automatisierungsoptionen stets mit einer Veränderung von Arbeitsaufgaben und Mensch-Maschine-Schnittstellen verbunden ist. Diese genannten Bereiche sind daher sinnvollerweise stets gemeinsam zu entwickeln und können kaum getrennt untersucht werden. Neue Funktionalitäten erfordern deshalb neue Schnittstellen und adäquate Funktions- bzw. Aufgabenverteilungen.

Der Nachweis einer Unterstützung der Operateure durch die implementierten Systemveränderungen muß folglich auch in einem zukünftigen kooperativen ATM in der Interaktion der technischen Systeme mit den beteiligten Operateuren unter Berücksichtigung unterschiedlicher Automatisierungstypen erbracht werden. Nachfolgend wird die konzeptionelle Zielsetzung einer an der TU Berlin und der TU Braunschweig eingerichteten Forschergruppe vorgestellt werden. Schwerpunkte bilden die Darstellung der konzeptuellen Vorgehensweise sowie eine kurze Beschreibung der geplanten Simulationsszenarien, die sich auf die Einflüsse von Automatisierung in der Mensch-Maschine-Interaktion des kooperativen ATM konzentrieren.

4.1.2   Mensch-Maschine-Interaktion in einem kooperativen ATM

Aufgabe der interdisziplinären Forschung ist es, Einsichten in die Veränderungen der Mensch-Maschine-Interaktion zu gewinnen, die durch den Einsatz der für ein kooperatives ATM notwendigen Systeme auftreten werden. Vorarbeiten erforderten daher eine gemeinsame Systementwicklung für ein zukünftiges kooperatives ATM, in die von Beginn an Prinzipien der humanwissenschaftlichen Systemgestaltung in die Systementwicklung einbezogen wurden (s. Abschnitt 4.2). Das Simulationssystem wurde als eine Experimentalumgebung konzipiert, das gezielte Untersuchungen innerhalb eines potentiellen zukünftigen kooperativen ATM-Szenarios ermöglicht. Das Szenario sieht eine zentrale taktische Multi-Sektor-Planung vor, die in der Lage ist, in Ergänzung zur herkömmlichen strategischen Multi-Sektor-Planung, den Verkehrsfluß für eine Anzahl von Sektoren kurzfristig über die Sektorengrenzen hinweg zu optimieren. Die Multi-Sektor-Planung wird dabei durch einen Konflikterkennungs- und Konfliktlösungsalgorithmus unterstützt, der zu erwartende Konflikte auf der Basis von Plandaten mit einer Vorlaufzeit von bis zu 120 Minuten erkennt und im Sinne einer Entflechtung der Trajektorien durch Neuerstellung des Flugplans löst (Fricke, 1995). Bordseitig wird die Integration von Data Link als Kommunikation zwischen Piloten und Fluglotsen im Mittelpunkt stehen. Bei der Ausrüstung des Luftfahrzeugs wird hinsichtlich der Benutzerschnittstelle Pilot - Luftfahrzeug vom augenblicklichen Zustand im Airbus A330/A340 ausgegangen. Modifiziert werden hier nur die bestehenden Schnittstellen (z. B. MCDU und ND). Insbesondere ist hier das bestehende FMS um neue Funktionalitäten zur Bord-Boden-Kommunikation, u. a. zur Flugplanverhandlung, zu erweitern.

4.2   Parallel-iterative Systemgestaltung

Bei der Auslegung der Experimentalszenarien wurde besonderer Wert auf die Möglichkeit eines einfachen, stufenweisen Übergangs vom gegenwärtigen Szenario zu möglichen Zielszenarien gelegt. Dem liegt die Auffassung zugrunde, daß die Verläßlichkeit hoch komplexer Mensch-Maschine-Systeme (i. e. Flugsicherung und Flugführung) nur dann gewährleistet werden kann, wenn seine Entwicklung evolutionär betrieben wird. Bei der Gestaltung des zukünftigen kooperativen ATM wird daher nach einem parallel-iterativen Konzept vorgegangen (siehe Abbildung 2), bei dem Tätigkeiten und Arbeitsstrukturen parallel zum technischen System entworfen und iterativ durch Untersuchungen mit den Operateuren (Fluglotsen und Piloten) weiterentwickelt werden. Ergebnisse aus Untersuchungen der Experimentalszenarien fließen somit direkt in die Systementwicklung ein. Auf diese Weise soll eine humanwissenschaflich orientierte Systemgestaltung realisiert werden. Humanwissenschaflische Systemgestaltung meint die Berücksichtigung humanwissenschaftlicher Erkenntnisse und Modelle bei der Gestaltung von Arbeitsaufgaben und Interaktionsprozessen einschließlich der Schnittstellen innerhalb eines Mensch-Maschine-Systems.

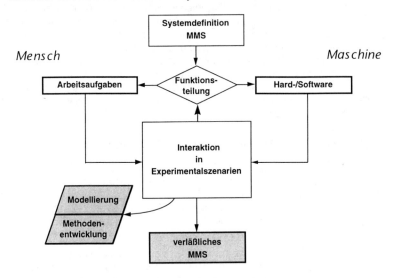

Abb. 2:   *Prinzip der parallel-iterativen Systemgestaltung*

Die Experimentalszenarien dienen der Untersuchung und Modellierung mentaler Repräsentationen von im System tätigen Operateuren und der Methodenentwicklung zur Systembewertung. Die psychologische Modellierung ist ein Kernbereich der humanwissenschaftlichen Arbeiten innerhalb des Projektes. Hier wird auf umfangreiche Arbeiten zur Modellierung von kognitiven Fluglotsenleistungen aufgebaut. Im Mittelpunkt des Modells steht das picture der Fluglotsen, das die mentale Repräsentation der aktuellen Verkehrssituation darstellt (Whitfield & Jackson, 1982). Eine erste Version der mentalen Repräsentation eines Lotsen wurde bereits als Computersimulation implementiert und soll im Rahmen der Experimentalszenarien validiert und weiterentwickelt werden (vgl. ausführlicher Bierwagen, Eyferth & Niessen, 1997).

Das Ergebnis der parallel-iterativen Systemgestaltung soll ein *verläßliches* Mensch-Maschine-System bilden. Ein weiteres Kernstück der humanwissenschaftlichen Arbeiten stellt daher die Erarbeitung von Kriterien zur

Bewertung der Verläßlichkeit unterschiedlich automatisierter MMS dar. Bevor auf die Experimentalszenarien näher eingegangen wird, soll daher zuerst das Systemziel „Verläßlichkeit" näher erörtert werden.

4.3 Verläßlichkeit

Der Begriff „Verläßlichkeit" (engl. am ehesten mit *dependability* zu übersetzen) wird als ein qualitativer Begriff verstanden und charakterisiert die anforderungsgerechte Zielerreichung eines Mensch-Maschine-Systems. Verläßlichkeit bezieht sich dabei auf das Zusammenwirken aller beteiligten Systeme und läßt sich nicht durch isolierte Betrachtungen einzelner Subsysteme erfassen. Auf der Grundlage des soziotechnischen Systemansatzes (Emery & Trist, 1960) wurden als relevante Subsysteme eines MMS Individuen, Gruppen, Organisation, Organisationsumwelt und Technik benannt (Wilpert u. a., 1994), die stets in ihrem Zusammenwirken zu betrachten sind. Mit dem Begriff „Verläßlichkeit" wird von den häufig verwendeten Begriffen „technische" und „menschliche Zuverlässigkeit" (Bubb, 1990) abgehoben, die jeweils für sich zwar Teilkomponenten quantifizieren, den qualitativen Abhängigkeiten im MMS aber nicht gerecht werden und damit der notwendigen soziotechnischen Sichtweise widersprechen. Verläßlichkeit ist demnach eher als ein Konzept denn als ein ausgearbeitetes Kalkül zu verstehen (s. a. Hollnagel, 1993; Giesa & Timpe, 1996).

4.3.1 Der konzeptionelle Ansatz zur Untersuchung der Verläßlichkeit

Die Verläßlichkeitsbewertung ist innerhalb der Arbeiten der Forschergruppe in den Optimierungsprozeß der bereits vorgestellten parallel-iterativen Gestaltungsstrategie eingebunden. Die Ergebnisse der experimentellen Untersuchungen werden für die Weiterentwicklung des MMS genutzt (vgl. Abschnitt 4.2).

Die prototypisch realisierten Systeme eines kooperativen ATM werden innerhalb der weiter unten beschriebenen Experimentalszenarien hinsichtlich der Verläßlichkeit miteinander verglichen. Gegenwärtig werden die Untersuchungen zur Verläßlichkeit auf das Teilsystem „Crew - Flugzeug" innerhalb des kooperativen ATM bezogen. Ziel dieser Untersuchungen im Cockpit ist, Aussagen zu einer adäquaten Automatisierung und Mensch-Maschine-Funktionsteilung in einem verläßlichen Flugzeug zu machen.

Zur Bestimmung der Verläßlichkeit kann sowohl ein gegenstandsbezogener als auch ein prozeßbezogener Ansatz gewählt werden (Giesa & Timpe, 1997). Bei den geplanten Simulatoruntersuchungen wird der gegenstandsbezogene Zugang verfolgt, d. h. man bezieht sich auf den aktuellen Zustand des Systems während einer Systemsimulation im Sinne einer Momentaufnahme. Da sich organisationale Prozesse nur sehr begrenzt in einer Simulationsumgebung experimentell untersuchen lassen, wird ein prozeßbezogener Ansatz, der sich auf Optimierungs- und Lernprozesse innerhalb der Organisation während des Systembetriebs bezieht, hier nicht angestrebt.

Die Verläßlichkeitsbewertung erfolgt anhand einer systemtechnisch orientierten Kriterienkonzeption (Haberfellner & Daenzer, 1994; Koelle, 1985;

Sage, 1992), aus der die relevanten Bewertungsbereiche hervorgehen. Dabei wird nach folgenden Arbeitsschritten vorgegangen:

- Definition eines Objektsystems,
- Erarbeitung eines Zielsystems und Festlegung relevanter Indikatoren,
- Entwicklung eines Methodeninventars zur Messung der Einflüsse ausgewählter Parameter/Indikatoren zur Verläßlichkeitsbewertung,
- Simulation des Objektsystems mit gezielter Variation der Automatisierungsgrade entsprechend des Experimentaldesigns,
- Bewertung der Verläßlichkeit und gegebenenfalls
- Systemgestaltungsvorschläge mit erneutem Durchlauf dieser Schritte.

4.3.2   Beschreibung des Zielsystems

In Abbildung 3 ist ein erster exemplarischer Entwurf eines Zielsystems für Verläßlichkeit zum Objektsystem „Crew - Flugzeug" dargestellt, der die prinzipielle Zielstruktur veranschaulichen soll. In dieser exemplarischen Darstellung werden vier Kernbereiche der gegenstandsbezogenen Unterziele der Verläßlichkeit dargestellt. Diese nachfolgend dargestellten Teilziele zur Verläßlichkeit eines MMS sind als eine Art Heuristik zu sehen, die auf aktuellen Erkenntnissen der MMS-Forschung beruhen, mit der jedoch keinesfalls ein Anspruch auf Vollständigkeit erhoben wird (vgl. ausführlicher Giesa & Timpe, 1997). Das Zielsystem ist aus der Zielträgerperspektive des Forscherteams entstanden und wird nach weiterer Ausarbeitung bezüglich der Relevanz der Teilziele für das Oberziel „große Verläßlichkeit" noch gewichtet werden.

Verläßlichkeitsrelevante Teilziele sollen zuerst einmal möglichst umfassend abgebildet und entsprechend ihrer Untersuchbarkeit selektiert werden. Auf diese Weise entsteht ein integratives, strukturiertes Bewertungskonzept. In der untersten Zielebene werden, soweit dies möglich ist, Indikatoren (d. h. meßbare Größen) angegeben, mit denen die Teilziele operationalisiert werden. Bestehende Ansätze und Methoden der Systembewertung, wie z. B. Workload, Situation Awareness, Human-Centered-Automation u. a., werden hinsichtlich ihres Nutzens für die Verläßlichkeitsbewertung überprüft und in das Zielsystem integriert.

Ein verläßliches MMS zeichnet sich zuerst einmal durch seine Funktionalität aus, d. h. daß es seine Funktion prinzipiell erfüllen kann und damit dem Systemzweck gerecht wird (Brauchbarkeit). Hierzu gehört auch die Zuverlässigkeit der technischen Teilsysteme und deren Beherrschbarkeit.

Dem Flugzeugführer ist die Verantwortung für den Betrieb des Flugzeugs vollständig übertragen. Würde ein Fehler des Flight Management Computers zu einem Unfall führen, würde dennoch der Pilot die Verantwortung hierfür tragen, da er den Fehler erkennen und korrigierend eingreifen müßte. Auch wenn diskutiert wird, ob nicht in der Praxis mit fortschreitender Automatisierung die Autorität der Piloten immer weiter untergraben wird (vgl. Billings, 1997), ist ihre Verantwortlichkeit prinzipiell nicht in Frage gestellt. Der Mensch ist im MMS eine wesentliche Komponente der Verläßlichkeit im System. Ein verläßliches MMS muß daher so gestaltet sein, daß der Mensch stets die Autorität über die technischen Systeme hat.

Die „hohe Kompetenz der Crew" als individuelle Eigenschaften ist nicht Gegenstand der Untersuchungen. Die Sicherstellung der Kompetenz des

Menschen erfolgt über eine Auswahl nach festgelegten Eignungskriterien. Der weitere Kompetenzerwerb erfolgt durch Ausbildung und Training und während der Tätigkeit im MMS.

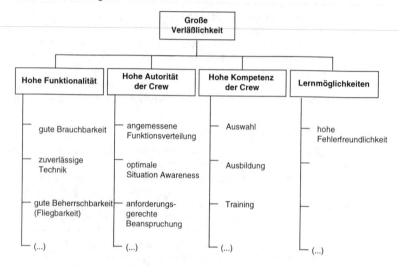

Abb. 3: *Vorläufiger Entwurf eines gegenstandsbezogenen Zielsystems für Verläßlichkeit mit Beispielen für Teilziele für das Objektsystem „Crew - Flugzeug"*

Die Lernmöglichkeiten während der Tätigkeit sind im vierten Zielbereich angedeutet. Lernmöglichkeiten, die beispielsweise durch eine hohe Fehlerfreundlichkeit der technischen Bedienelemente sichergestellt werden können, werden als Systemeigenschaft in die Verläßlichkeitsbewertung als Ziel aufgenommen. Von besonderer Bedeutung für eine verläßlichkeitsbezogene Fehlersicht ist es, Handlungsfehler als Grundlage und Voraussetzung für individuelle Lernprozesse in der Tätigkeit aufzufassen und das MMS „fehlerfreundlich" zu gestalten (vgl. z. B. Rasmussen, 1995; Sepanloo & Meshkati, 1996; Wehner, 1992).

Neben diesen individuellen Lernprozessen haben auch organisationale Lernprozesse einen Einfluß auf die Verläßlichkeit. Insbesondere in kritischen Systemzuständen muß gesammeltes Erfahrungswissen der einzelnen Operateure allen zugänglich zu machen, um die Kompetenz innerhalb der gesamten Organisation im Umgang mit solchen Situationen zu fördern. Verläßlichkeit ist demnach als Zielstellung eines fortlaufenden Lern- und Optimierungsprozesses innerhalb des MMS und der dazugehörigen Umwelt zu sehen.

4.4   Experimentalszenarien

Bei den Experimentalszenarien handelt es sich um unterschiedliche Systemauslegungen, die sich im wesentlichen in den Mensch-Maschine-Schnittstellen unterscheiden:

1. Durch die Integration von Data Link in die Bord-Boden- sowie Boden-Boden- Kommunikation, sowie
2. in der zunehmenden Automatisierung dieser Kommunikation.

Wie in Abbildung 1 bereits vorgestellt wurde, sind mit einer Automatisierung zahlreiche Veränderungen in der Mensch-Maschine-Interaktion verbunden. Dabei werden dem technischen System Aufgaben zugeteilt, die vor der Automatisierung vom Menschen erledigt wurden. In sämtlichen Experimentalszenarien wird eine unterschiedlich stark ausgeprägte Teilautomatisierung Gegenstand der Untersuchungen sein. Die Bedeutung rein manueller Aufgaben ist dabei durch die zum Einsatz kommende Technik, wie beispielsweise der Nutzung des FMS, bereits stark eingeschränkt. Eine Automatisierung, bei der die Operateure lediglich über Prozeßzustände informiert würden, selbst aber keine Eingriffsmöglichkeiten hätten, sowie eine Vollautomatisierung wird nicht angestrebt und soll daher auch nicht untersucht werden.

Mit dem in die Simulation eingebundenen A330/A340-Simulator ist bordseitig bereits eine hoch automatisierte Arbeitsumgebung gegeben. Die innerhalb dieses Systems zu untersuchende Abstufung der Automatisierung bezieht sich auf die Konsequenzen der Data Link-Implementierung und ihre Integration ins FMS. Auch bodenseitig werden unterschiedliche technische Veränderungen untersucht. So werden zunächst die Auswirkungen der Einführung eines Multi-Sektor-Planers auf die Tätigkeit der Sektorlotsen betrachtet, deren kommunikative Verbindung durch einen Data Link realisiert wird. Im zweiten Schritt wird auch die Kommunikation zwischen Sektorlotsenarbeitsplatz und Luftfahrzeug auf Data Link umgestellt, wobei der Sprechfunk noch für außergewöhnliche Fälle vorgesehen ist.

4.5 Ausblick

Wie in Abschnitt 4.2 dargestellt wurde, bietet eine parallel-iterative Systemgestaltung die Möglichkeit, die beteiligten Operateure in die Systementwicklung einzubeziehen, an dessen Ende ein prototypisches, verläßliches kooperatives ATM stehen soll. Voraussetzung dazu ist eine möglichst realistische Systemsimulation. Dies ist sowohl bodenseitig durch die Gestaltung von Lotsenarbeitsplätzen als auch bordseitig durch die Nutzung des an der TU Berlin vorhandenen A330/340 Flugsimulators gegeben. Erste Untersuchungsergebnisse werden im Frühjahr 1998 vorliegen. Durch die Einbeziehung von Modellen zur mentalen Repräsentation des Fluglotsen und Bewertung der Verläßlichkeit sollen die in den Experimentalszenarien gewonnenen Ergebnisse Aussagen darüber ermöglichen, inwieweit eine im kooperativen ATM implemetierte Automatisierung letztendlich unterstützend für die beteiligten Operateure ist.

4.6 Literatur

Bierwagen, T., Eyferth, K. & Niessen, C. (1997). *Modellierung von Fluglotsenleistungen in der Streckenflugkontrolle* (Forschungsbericht 97-2). Berlin: TU Berlin, Zentrum Mensch-Maschine-Systeme.

Billings, C.E. (1997). *Aviation Automation: The Search for a Human-Centered Approach.* Mahwah, New Jersey: Lawrence Erlbaum Associates.

Bubb, H. (1990). Bewertung und Vorhersage der Systemzuverlässigkeit. In C. Graf Hoyos & B. Zimolong (Hrsg.), *Enzyklopädie der Psychologie: Ingenieurpsychologie* (Bd. D-III-2, S. 285-312). Göttingen: Hogrefe.

Emery, F.E. & Trist, E.L. (1960). Socio-technical Systems. In F.E. Emery (Ed.), *Systems Thinking.* Harmondsworth: Penguin Books.

Endsley, M.R. (1996). Automation and Situation Awareness. In R. Parasuraman & M. Mouloua (Eds.), *Automation and Human Performance: Theory and Application* (pp. 163 - 181). Mahwah, NJ: LEA.

Fricke, H. (1995). Entwicklung und experimentelle Realisierung einer kooperativen Schnittstelle zwischen Verkehrsflugsteuerung (ATFM) und Flugverkehrskontrolle (ATC). Berlin: Verlag Dr. Köster.

Giesa, H.-G. & Timpe, K.-P. (1997). Ein konzeptioneller Ansatz zur Untersuchung der Verläßlichkeit in einem kooperativen Air Traffic Management (ATM). In K.-P. Gärtner (Hrsg.), *Menschliche Zuverlässigkeit, Beanspruchung und benutzerzentrierte Automatisierung* (DGLR-Bericht 97-02). Bonn: Deutsche Gesellschaft für Luft- und Raumfahrt.

Giesa, H.-G. & Timpe, K.-P. (1996). Beiträge prospektiver Analysemethoden im Rahmen systemtechnischer Sicherheitsbeurteilung. In B. Rüttinger, B. Ludborzs & H. Nold (Hrsg.), *Psychologie der Arbeitssicherheit.* Heidelberg: Asanger

Haberfellner, K. & Daenzer, W.F. (Hrsg.). (1994). *Systems Engineering.* Zürich: Verlag Industrielle Organisation.

Hollnagel, E. (1993). *Human Reliability Analysis.* London: Academic Press.

Kerns, K. (1994). *Human Factors in ATC/Flight Deck Integration Implications of Data Link Simulation Research* (MP 94W0000098). McLean, Virginia: MITRE.

Koelle, H. (1985). *Systemtechnik* (unveröffentlichtes Vorlesungsskript). Berlin: TU Berlin, Institut für Luft- und Raumfahrt.

Rasmussen, J. (1995). The Concept of Human Error and the Design of Reliable Human-Machine Systems. In H.-P. Willumeit & H. Kolrep (Hrsg.), *Verläßlichkeit von Mensch-Maschine-Systemen* (S. 255-271). Berlin: Technische Universität Berlin.

Sage, A.P. (1992). *Systems Engineering.* New York: Wiley.

Sepanloo, K. & Meshkati, N. (1996). Error Tolerant Approach Towards Human Error. In C. Cacciabue, C. & I. Papazoglou (Hrsg.), *Probabilistic Safety Assessment and Management '96. ESREL '96 - PSAM-III* (Bd. 1, S. 395-399). London: Springer.

Sheridan, T.B. (1996). Speculations on Future Relations Between Humans and Automation. In R. Parasuraman & M. Mouloua (Eds.), *Automation and Human Performance: Theory and Application* (pp. 449- 460). Mahwah, NJ: LEA.

Wehner, T. (Hrsg.) (1992). *Sicherheit als Fehlerfreundlichkeit.* Opladen: Westdeutscher Verlag.

Whitfield, D. & Jackson, A. (1982). The Air Traffic Controller's Picture as an Example of Mental Model. In G. Johannsen & J.E. Rijnsdorp (Hrsg.), *Proceedings of the IFAC Conference on Analysis, Design and, Evaluation of Man-Machine-Systems* (p. 45-52), London: Pergamon Press.

Wickens, C.D., Mavor, A.S. & McGee, J.P. (Eds.) (1997). *Flight to the Future. Human Factors in Air Traffic Control.* Washington, D.C.: National Academy Press.

Wilpert, B., Fank, M., Fahlbruch, B., Freitag, M., Giesa, H.-G., Miller, R. & Becker, G. (1994). Weiterentwicklung der Erfassung und Auswertung von meldepflichtigen Vorkommnissen und sonstigen registrierten Ereignissen beim Betrieb von Kernkraftwerken hinsichtlich menschlichen Fehlverhaltens. In Der Bundesminister für Umwelt, Naturschutz und Reaktorsicherheit (Hrsg.), *Schriftenreihe Reaktorsicherheit und Strahlenschutz* (BMU-1996-457). Bonn: BMU.

5 ADAPTIVE VERHALTENSMODELLIERUNG FÜR DEN AUTOFAHRER AUF DER BASIS VON STATISTISCHEN KLASSIFIKATOREN

Stephan Grashey & Reiner Onken

Universität der Bundeswehr München, Institut für Systemdynamik und Flugmechanik

5.1 Übersicht

Es wird ein methodisch neuer Ansatz zur on-line Modellierung des individuellen Fahrverhaltens beim Fahren mit Kraftfahrzeugen vorgestellt, der auf der Verwendung von statistischen Klassifikatoren basiert. Die Auswahl eines geeigneten Verfahrens erfolgte aufgrund der Anforderungen, sowohl ständig neues Wissen ohne Verlust bereits bekannter Fakten aufnehmen zu können, als auch die Echtzeitfähigkeit des Algorithmus zu garantieren. Es wurden daher Maximum-Likelihood-Klassifikatoren eingesetzt. Die dabei nötige Ermittlung der klassenspezifischen Verteilungsdichtefunktionen erfolgt während einer Lernphase mit der aktuellen Fahrerhandlung als Assoziationsvorgabe. Um das Regelverhalten weitgehend nachvollziehbar zu halten, wurde der Modellbildungsansatz mit einem expliziten Regelmodell zur Grobklassifikation der Fahrsituationen kombiniert. Das so erstellte adaptive Fahrermodell kann in verschiedenen Anwendungsbereichen eingesetzt werden. Ausführlich wird im folgenden die bisher vorwiegende Verwendung in dem Fahrerassistenzsystem *DAISY* (Driver AssIsting SYstem) beschrieben.

5.2 Architektur von DAISY

5.2.1 Hintergrund

In der heutigen Zeit wird der individuellen Mobilität höchste Bedeutung beigemessen. Dies drückt sich u. a. auch in der Zunahme an zugelassenen Kraftfahrzeugen in der Bundesrepublik Deutschland um 250% zwischen den Jahren 1970 und 1993 aus (ADAC-Zentrale München, 1993). Damit einhergehend stieg leider auch die Zahl der Unfälle weiter an. Untersuchungen ergaben, daß 85% der Unfälle ihre Ursache in nicht angepaßter Fahrweise der Fahrer haben, wie z. B. zu hoher Geschwindigkeit (20,5%), Mißachtung der Vorfahrt (13,4%) oder Fehler beim Abbiegen oder Wenden (13,0%). Die Wurzeln dieses Fehlverhaltens liegen dabei in den meisten Fällen entweder in einem fehlenden Situationsbewußtsein oder in einer falschen Interpretation der wahrgenommenen Situation.

Zur Vermeidung dieser Defizite bietet es sich an, den Fahrer durch maschinelle Systeme zu unterstützen. Feraric' (1996) nennt drei Teilbereiche bei der Untergliederung derartiger Unterstützungssysteme:

1. Unterstützung durch Automatisierung
2. Unterstützung durch Einzelfunktionen

3.   Unterstützung durch Assistenzsysteme

Systeme aus dem ersten Bereich nehmen dem Fahrer Teile der Fahraufgabe komplett ab, während Komponenten aus dem zweiten Bereich einen speziellen Teilaspekt herausgreifen und diesen durch entsprechende Gestaltungsmaßnahmen unterstützen. Sie unterscheiden sich darin von den Assistenzsystemen, welche selbst eine autonome Bewertung der gesamten Fahrsituation durchführen und somit im Ansatz wesentlich umfassender sind.

Das am Institut für Systemdynamik und Flugmechanik der Universität der Bundeswehr München entwickelte Fahrerunterstützungssystem *DAISY* (Driver AssIsting SYstem) gehört, wie der Name bereits andeutet, zur dritten der genannten Gruppen. Das Entwurfsziel bei der Entwicklung von *DAISY* läßt sich folgendermaßen definieren:

DAISY soll den Fahrer bei der Erfüllung der Fahraufgabe im Sinne einer Erhöhung der Verkehrssicherheit ohne Einschränkung der Fahrerakzeptanz unterstützen.

Vielen der existierenden Fahrerunterstützungssysteme mangelt es gerade an letztgenanntem Punkt, der Akzeptanz durch den Fahrer. Sie berücksichtigen nicht, daß sich unterschiedliche Fahrer in derselben Fahrsituation durchaus unterschiedlich verhalten. Um diesen Nachteil zu beheben, wurde *DAISY* sowohl situations- als auch fahreradaptiv ausgelegt.

5.2.2   Komponenten von DAISY

Um den skizzierten Anforderungen zu genügen, wurde auf Grundlage von umfangreichem Modellwissen folgende Systemarchitektur zur Realisierung von *DAISY* entwickelt (Abbildung 1):

Die notwendigen Informationen sowohl bezüglich der Umwelt als auch bezüglich des Zustandes des Eigenfahrzeugs erhält *DAISY* durch eine entsprechende Sensorik, wie z. B. maschinelles Sehen, Radarsensoren, etc. Diese werden in den nun folgenden drei Hauptkomponenten von *DAISY*, der Situationsanalyse, dem individuellen Fahrerverhaltensmodell und dem Warnsystems, weiterverarbeitet:

Die *Situationsanalyse* realisiert das situationsadaptive Verhalten von *DAISY*. Dazu wird auf der Basis verschiedener Modelle, wie dem Situationsmodell, dem Verhaltens- und dem Behinderungsmodell, eine symbolische Beschreibung der aktuellen, externen Situation generiert, und zwar vom Standpunkt des Fahrers aus gesehen. Diese wird benutzt, um das wahrscheinliche Verhalten der Fremdfahrzeuge vorherzusagen und daraus einen sogenannten „objektiven Aktionsrahmen" zu entwickeln, welcher sämtliche, dem Fahrer momentan erlaubte Handlungen und Handlungssequenzen darstellt.

Das Situationsanalysemodul wurde auf der Basis von Petri-Netzen implementiert. Diese Methode erlaubt eine transparente Beschreibung von parallel und kausal entkoppelt ablaufenden Prozessen, wie sie auch die einzelnen Teile der Fahraufgabe darstellen.

Das *individuelle Fahrerverhaltensmodell* realisiert das fahreradaptive Verhalten von *DAISY*. Dies ist zunächst einmal die Erkennung der Fahrziele (wie z. B. der Wunschgeschwindigkeit, siehe Kopf, 1993/1994) um anschließend die Fahrerabsicht auf Grundlage von regelbasiertem Modellwissen vorherzusagen. Zur Erfassung des individuellen, fertigkeitsbasierten Fahrverhaltens eines Fahrers wird seine Fahrweise während einer sogenannten Lernphase beobachtet und erfaßt. Im ausgelernten Zustand, d. h. in der sogenannten Recallphase kann nun das individuelle Normalverhalten in Form

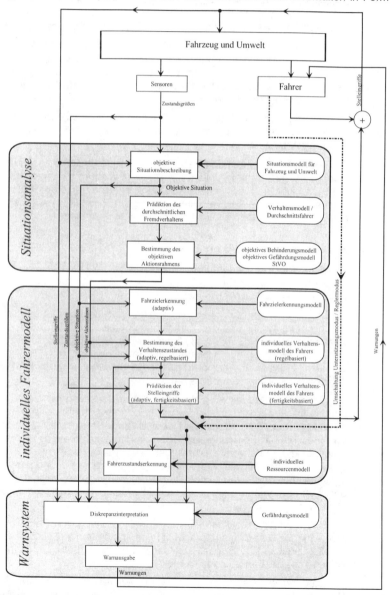

Abb. 1:   Architektur von DAISY

der prädizierten Stelleingriffe extrahiert werden. Als weiterer Verarbeitungs-schritt ist dann die Beurteilung der momentan noch verfügbaren Ressourcen des aktuellen Fahrers möglich.

Das *Warnsystem* schließlich verwertet die Ausgaben der Situationsana-lyse und des individuellen Fahrermodells, um bei einer gefährlichen Abwei-chung des aktuellen Fahrverhaltens von der normalen Fahrweise (z. B. auf-grund von Ermüdung oder Überlastung) entsprechende Warnungen an den Fahrer auszugeben. Die Warnausgaben werden dabei, entsprechend Ihrer Dringlichkeit, in Vorwarnungen und Alarme unterteilt; als Maß dafür erwies sich die Zeitreserve in einer Reihe von Experimenten als probates Mittel (Kopf, 1993/1994): Zur Generierung von an den Fahrer angepaßten Vorwar-nungen wird die Apriori-Zeitreserve eingesetzt, die auf bestimmten Annah-men zum extrapolierten Verhalten der Fremdfahrzeuge und des Eigenfahr-zeugs beruht und an den Fahrer adaptiert wird. Ein Alarm wird ausgelöst, wenn die Aposteriori-Zeitreserve als objektive Größe einen bestimmten, fah-rerunabhängigen Wert nahe der objektiven Gefährdungsgrenze unter-schreitet. Die Warnausgabe an den Fahrer erfolgt überwiegend über hapti-sche Anzeigen, wie beispielsweise ein Vibrationsblech am Gaspedal.

Im folgenden Kapitel wird auf das individuelle Fahrerverhaltensmodell als zentrales, adaptives Modul in *DAISY* näher eingegangen. Insbesondere soll die Modellierung des fertigkeitsbasierten Verhaltens mittels statistischer Klassifikatoren beleuchtet werden.

5.3   Modellierung des individuellen Fahrerverhaltens

5.3.1   Problemstellung

Rasmussen (1983) unterscheidet drei kognitive Verhaltensebenen: fertig-keitsbasiertes, regelbasiertes und wissensbasiertes Verhalten. Auch die ein-zelnen Bereiche, in die man die Fahraufgabe unterteilen kann, lassen sich diesen drei Ebenen zuordnen (Donges, 1992). So entspricht beispielsweise die Navigationsebene der Ebene des wissensbasierten Verhaltens, die Bahnführungsebene der des regelbasierten Verhaltens und die Stabilisie-rungsebene dem fertigkeitsbasierten Verhalten. Vom *DAISY*-Gesamtsystem werden dabei hauptsächlich die letzten beiden Ebenen abgedeckt. Die Hauptaufgabe, die es zu lösen galt, war also, das regel- und das fertigkeits-basierte Verhalten eines individuellen Fahrers im Modul des Fahrerverhal-tensmodells dauerhaft zu erfassen. Es mußte also ein Verfahren entwickelt werden, daß das Fahrverhalten eines beliebigen Fahrers abbilden kann.

Bei der Auswahl einer geeigneten Methodik sind dabei folgende, für die Fahraufgabe charakteristische Merkmale zu berücksichtigen:

- Das Fahrverhalten ist in ausgeprägter Weise situationsabhängig.
- Auf den Fahrer strömen gleichzeitig eine große Anzahl von Informatio-nen ein, welche sein Verhalten beeinflussen.
- Das Fahrverhalten ist typischerweise nichtlinear.

Es besteht außerdem nur relativ wenig a priori - Wissen über die kausa-len Zusammenhänge bei gleichzeitig hoher Komplexität der genannten Punkte. Die Modellbildung mußte daher ohne explizite Vorgabe einer Mo-

dellstruktur erfolgen. Als Ansatz wurde daher die Identifikation des Fahrerverhaltens durch Beobachten gewählt (Abbildung 2, u. a. Kraiss & Küttelwelsch, 1992):

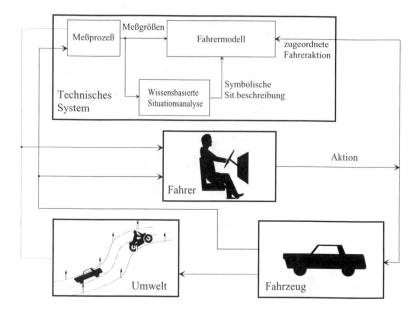

Abb. 2: Lernen durch Beobachten

Die untere Schleife zeigt den geschlossenen Regelkreis aus Fahrer -
Fahrzeug - und Umwelt. Dem Fahrer wird nun ein technischer Verarbei-
tungsprozeß parallel geschaltet: Nachdem über eine entsprechende Sensorik die notwendigen Informationen über Eigenfahrzeug und Umwelt erfaßt
wurden, findet, wie schon bei der *DAISY*-Architektur beschrieben, eine Vor-
verarbeitung in Form einer regelbasierten Situationsanalyse statt. Die Ausgabe in Form einer symbolischen Situationsbeschreibung wird dem Fahrermodell zugeführt. Auf der anderen Seite wird diesem Fahrermodell die momentane Aktion des Fahrers zur Verfügung gestellt. Während einer Trainingsphase soll nun das Fahrermodell die Verknüpfung zwischen den Ein-
gangsmustern der Meßgrößen und den beobachteten Aktionen des Fahrers
erlernen. Gelingt es, durch geeignete Wahl sowohl des Situations- als auch
des Fahrermodells das Fahrverhalten des Fahrers abzubilden, so beinhaltet
das ausgelernte Fahrermodell implizit das interne Modell des Fahrers von
Eigenfahrzeug und Umwelt.

Um einen auf Basis dieses Ansatzes geeigneten Algorithmus auch praktisch einsetzen zu können, müssen allerdings auch technische Gesichtspunkte Berücksichtigung finden. So muß

• das Erlernen der Situations-Aktions-Paare während der Trainingsphase
  on-line unter Echtzeitbedingungen möglich sein;

- der Algorithmus bereits erlerntes Wissen dauerhaft speichern können (also ohne es wieder zu „vergessen");
- trotzdem neues Wissen aufgenommen werden können.

Aufgrund dieser Forderungen entwickelte J.P. Feraric' einen neuen Ansatz zur on-line Modellierung des Fahrverhaltens, welcher auf der Verwendung von selbstorganisierenden neuronalen Netzen des Typs Fuzzy-ART basiert (Carpenter, Grossberg & Rosen, 1991; Feraric', 1996).

5.3.2   Das Outputbasierte Lern- und Klassifikationsverfahren

Die Erfahrungen mit dem Ansatz zur Fahrermodellbildung auf der Basis von neuronalen Netzen des Netztyps Fuzzy-ART waren grundsätzlich positiv. Die oben genannten Anforderungen konnten erfüllt werden und das Fahrermodell in *DAISY* erfolgreich eingesetzt werden (Feraric', 1996). Allerdings stehen den günstigen Eigenschaften des Fuzzy-ART-Ansatzes auch einige Nachteile entgegen, die Anlaß zu weiteren Überlegungen gaben. Diese nachteiligen Eigenschaften sollen zunächst kurz aufgezählt werden:

- Wie bei den meisten neuronalen Netzen lassen sich keine analytischen Methoden angeben, um die einzelnen, problemspezifischen Netzparameter einzustellen. Es ist daher nötig, auf andere Verfahren, wie beispielsweise genetische Algorithmen, zurückzugreifen. Diese Optimierungsmethoden sind jedoch äußerst aufwendig und zeitintensiv.
- Der Algorithmus von Fuzzy-ART bedingt, daß bei komplexen Klassifikationsaufgaben grundsätzlich eine hohe Anzahl an Klassen mit entsprechendem Speicherplatzbedarf angelegt werden. Letzterer ist außerdem nicht determiniert, da sich Fuzzy-ART-Netze selbständig erweitern.
- Es läßt sich nicht vermeiden, daß auch nicht mehr benötigte Klassen angelegt werden.
- Die Form der von Fuzzy-ART angelegten Klassen (Hyperwürfel) orientiert sich i. A. nicht an der Verteilungsform der einzelnen Inputmuster.

Sollen die genannten Nachteile verbessert werden, so ist selbstverständlich darauf zu achten, daß der neue Algorithmus weiterhin die genannten Grundforderungen an ein derartiges System zur Fahrermodellierung in gleicher Weise berücksichtigt wie der Ansatz mit Fuzzy-ART. Ein veränderter Ansatz darf also nicht auf Kosten der Echtzeitfähigkeit, der Plastizität und der Stabilität gehen.

Auswahl eines Modellbildungsverfahrens

Fuzzy-ART vollzieht in seiner grundsätzlichen Wirkungsweise lediglich eine Klassifikation des betrachteten Merkmalsraumes. Auf Basis eines geometrischen Kriteriums wird eine deterministische Zuordnung zwischen dem momentan anliegenden Inputmuster und dem am nächsten liegenden Prototypenmuster vollzogen. Klassifikation ist dabei wie folgt definiert (Niemann, 1983):

Bei der Klassifikation von Mustern wird jedes Muster $\underline{I}$ als Ganzes betrachtet und unabhängig von anderen Mustern genau einer Klasse W_k von k möglichen Klassen W_l, $l = 1, \ldots k$ zugeordnet.

$\underline{I} \to W_k$

Die Rückweisung eines Musters, also die Zuordnung zu einer (k + 1)-ten Klasse W_o ist zulässig.

Die zu klassifizierenden Muster beim Führen eines Kraftfahrzeuges bestehen prinzipiell aus sämtlichen Meßgrößen, die Informationen über Eigenfahrzeug, Umwelt und Fahrerhandlungen enthalten. Da diese sich in Form eines Merkmalsvektors angeben lassen, können entscheidungstheoretische Klassifikationsansätze (wie es beispielsweise auch der Fuzzy-ART-Algorithmus ist) Verwendung finden. Um aus der Vielzahl der dabei nach wie vor in Frage kommenden Verfahren eine Alternative zu dem Ansatz mit neuronalen Netzen auszuwählen, müssen noch einmal die Randbedingungen in Erinnerung gerufen werden. Insbesondere die Forderung, daß seltene Ereignisse ebenso Berücksichtigung finden müssen wie häufige, ließ die Wahl auf einen statistischen Klassifikationsansatz, nämlich den Maximum-Likelihood-Klassifikator fallen. Dieser wertet unmittelbar die klassenspezifischen Verteilungsdichtefunktionen ohne Berücksichtigung der Auftretenswahrscheinlichkeit aus. Seine Entscheidungsregel lautet:

$$\underline{I} \in i \quad wenn \quad p(\underline{I}|i) > p(\underline{I}|j) \quad f\ddot{u}r\ alle\ j = 1...K, j \neq i$$

$\underline{I}$ = *mehrdimensionaler Inputvektor*

K = *Gesamtzahl der Klassen*

i = *ausgewählte Klasse*

Falls die Auftretenswahrscheinlichkeit der einzelnen Klassen gleich ist, dann entspricht der Maximum-Likelihood-Klassifikator dem optimalen oder Bayes'schen Klassifikator.

Es ist nun allerdings nötig, die Verteilungsdichtefunktionen der einzelnen Klassen zu kennen. Da diese im allgemeinen nicht direkt bestimmt werden können und sie im Falle der Fahrermodellierung auch fahrerindividuell verschieden sind, müssen sie zunächst im Laufe einer Lernphase ermittelt werden.

Einteilung der Klassen und Lernverfahren

Prinzipiell läßt sich überwachtes und unüberwachtes Lernen unterscheiden. Beim überwachten Lernen wird zu jedem Eingabemuster die korrekte Ausgabe mit angegeben. Beim unüberwachten Lernen dagegen werden dem Klassifikator lediglich die Eingabemuster präsentiert. Durch das jeweilige Lernverfahren versucht er dann, ähnliche Eingabemuster in ähnliche Kategorien zu klassifizieren. Die hohe Anzahl an Klassen, die bei der Fahrermodellbildung mit Fuzzy-ART Netzen angelegt werden, haben ihre Ursache im unüberwachten Lernen: Das neuronale Netz kennt bei einem zu trainierenden Inputmuster die Klassenzugehörigkeit nicht. Es muß also eine Zuordnung allein aufgrund geometrischer Ähnlichkeitskriterien durchführen. Andererseits ist die erwünschte Ausgabe des Klassifikators eigentlich bekannt: Er soll, wie oben beschrieben, jedem Inputmuster die jeweilige Aktion des Fahrers zuordnen. Um überwachtes Lernen durchzuführen, ist es daher sinnvoll, die assoziierte Fahrerhandlung als Kriterium für die jeweilige Klassenzuordnung heranzunehmen: Der kontinuierliche Bereich, den die jeweilige, zu erfassende

Fahrerhandlung abdeckt, wird dazu diskretisiert und jeder Quantisierungs-
stufe eine fortlaufende Nummer entsprechend dem Klassenindex zugeordnet. Die Anzahl der Klassen ist somit festgelegt und hängt nur mehr von der
Feinheit der Diskretisierung, also von der Anzahl der Quantisierungsstufen
ab. Diese Anzahl muß sich nach der gewünschten Qualität des Ergebnisses
richten. Ein ständiges Vermehren der Klassen findet damit ebenso nicht
mehr statt wie ein Anlegen von im Nachhinein nicht mehr benötigten Klassen.

Wie beschrieben dient die Lernphase dazu, die klassenspezifischen
Verteilungsdichtefunktionen mit „Lernen durch Beobachten" zu erfassen. Sie
gliedert sich damit in folgende Schritte:

1. Nehme ein neues Inputmuster $\underline{I}$.
2. Ermittle das Quantisierungsintervall, in das die momentane Fahrerhand-
    lung fällt und bestimme so den zu $\underline{I}$ gehörenden Klassenindex k.
3. Berechne für diesen Klassenindex k die neue Wahrscheinlichkeitsdichte-
    funktion $p(\underline{I}|k)$.
4. wieder von vorne bis Lernen beendet.

Im ausgelernten Zustand, d. h. wenn die klassenspezifischen Verteilungsdichtefunktionen bestimmt sind, kann das System schließlich als Klassifikator arbeiten: Zu jedem neu anliegenden Inputmuster $\underline{I}$ werden die
Verteilungsdichtefunktionen ausgewertet und aufgrund des Maximum-Likeli-
hood-Kriteriums die zu dem Muster gehörende Klasse ausgewählt. Anschließend kann mit Hilfe der Quantisierungskennlinie aus der Lernphase die
zu dieser Klasse eineindeutig zugehörige Fahrerhandlung wieder ausgegeben werden.

5.3.3 Kombination mit einem regelbasierten Fahrerverhaltensmodell

Die beiden relevanten Verhaltensebenen während der Fahrt sind die fertig-
keits- und regelbasierte Ebene. Der bisher vorgestellte Ansatz auf Basis eines Maximum-Likelihood-Klassifikators deckt das fertigkeitsbasierte Verhalten durch Assoziationen zwischen einem Wahrnehmungsmuster und der
daraus resultierenden Fahrerhandlung ab. In vielen Situationen jedoch führt
der Fahrer bewußte Entscheidungsprozesse durch, ehe er seine Handlung
ausführt. Ein typisches Beispiel ist die Entscheidung zu einem Überholvor-
gang. Dabei muß der Fahrer bewußt verschiedene Aspekte der Gesamtsituation, wie z. B. die Frage, ob die Zielspur frei ist, analysieren. Derartige
Entscheidungsvorgänge sind charakterisiert durch das bewußte, sequentielle
Abtasten zahlreicher Informationsangebote.

Prinzipiell ließen sich diese Vorgänge auch mit dem vorgestellten Klassi-
fikationsverfahren unter Zuhilfenahme hochdimensionaler Merkmalsvektoren
modellieren. Da sich bewußte Entscheidungsvorgänge auch in Form von
Regeln abbilden lassen, bietet sich jedoch ein Hybridansatz zwischen einem
Regelwerk und dem Klassifikator-Ansatz an. Die Aufgabe des Regelwerkes
ist es, die Gesamtsituation unter dem Aspekt zu erwartender, unterschiedlicher Verhaltensweisen des Fahrers zu analysieren, die aus seinen bewußten
Entscheidungsvorgängen resultieren. Ein solches Regelwerk kann als
Baumstruktur dargestellt werden, wobei jeder Endknoten einer zu unter-

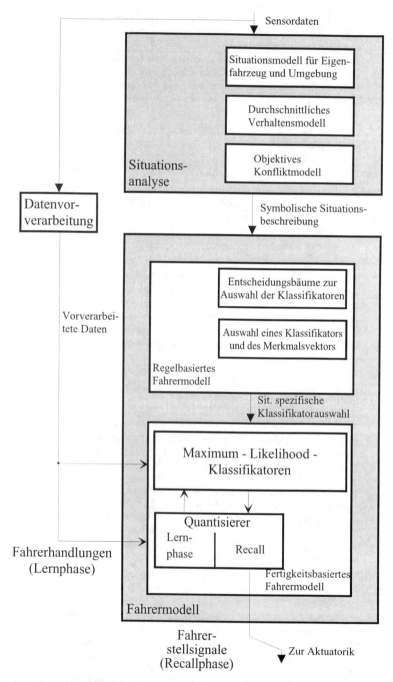

Abb. 3:   Kombination regelbasiertes - fertigkeitsbasiertes Fahrermodell

scheidenden Verhaltenssituation entspricht. Jedem Endknoten wird ein Klassifikator zugeordnet, welcher wiederum das fertigkeitsbasierte Verhalten in dieser Situation erfaßt (Abbildung 3). Ein derartiger Ansatz ist nicht nur kognitiv plausibel; es lassen sich damit zahlreiche systemtechnische Vorteile erzielen. Zum einen können damit die Merkmalsvektoren für die Klassifikatoren niedriger dimensioniert werden, da ein Teil der relevanten Situationsaspekte bereits durch das Regelwerk erfaßt werden. Dies führt zu einem geringeren Aufwand bei der Auffindung eines brauchbaren Klassifikationsschemas, was wiederum eine höhere Modellierungsgüte erwarten läßt. Zum anderen wird die Transparenz des Gesamtansatzes gesteigert, da sich die Verarbeitungsschritte eines Regelwerkes leichter nachvollziehen lassen als die eines einzigen, alle Situationen abdeckenden Modellbildungsverfahrens.

Momentan sind in *DAISY* für die Längsführung auf Autobahnen fünf verschiedene Verhaltenssituationen, z. B. für die Folgefahr- oder die Auffahrsituation, implementiert.

5.3.4 Ergebnisse

Als erstes soll die Trainingsphase des Fahrermodells betrachtet werden: Abbildung 4 zeigt den zeitlichen Lernfortschritt während dieser Phase, dargestellt einerseits durch den prozentualen Anteil, den das Fahrermodell vom Gesamtraum eines bestimmten Merkmalsvektors bereits abdeckt, und andererseits durch das mittlere, absolute und relative Risiko in %. Das absolute Risiko ist dabei als Mittelwert der Abweichung der Ausgabe des Fahrermodells von der Fahrerhandlung über dem gesamten Raum des Merkmalsvektors definiert, während das relative Risiko diese Abweichung nur für den bereits vom Fahrermodell abgedeckten Anteil dieses Raumes angibt.

Zum Beginn der Fahrt ist das Fahrermodell noch untrainiert, was einem abgedeckten Anteil von 0% und einem relativen wie absoluten Risiko von 100% entspricht. Mit zunehmender Fahrtzeit und damit zunehmenden Trainingsstand (steigender Anteil des vom Klassifikator abgedeckten Raumes) nimmt auch das absolute Risiko stetig ab. Das relative Risiko liegt dann stets im einstelligen Prozentbereich, was auf eine sehr gute Übereinstimmung des trainierten Fahrermodells mit der tatsächlichen Fahrerhandlung im bis dahin erfaßten Teil des Merkmalsvektorraumes hindeutet. Der Zeitraum, in dem die maximale Angleichung an den Fahrer erfolgt, hängt überwiegend von der Häufigkeit der einzelnen, auftretenden Situationen und der damit verbundenen Möglichkeit des Lernens zusammen.

Als zweites soll das Verhalten eines trainierten Fahrermodells in der Verwendung als an den Menschen adaptierter menschlicher Regler gezeigt werden. Abbildung 5 vergleicht den trainierten Klassifikator mit dem realen Fahrer in einer Stop & Go-Fahrsituation; dargestellt ist jeweils die gewählte Geschwindigkeit über einem Zeitabschnitt. Abbildung 6 zeigt das Abstandsverhalten von Klassifikator und Fahrer in derselben Situation. Der Klassifikator fährt stabil und verhält sich sehr ähnlich zur Fahrweise des Fahrers, was ebenfalls als Anhaltspunkt dafür gelten kann, daß das Modell den Fahrer nachbilden kann.

Mit einem adäquaten Modell des Fahrers ist es möglich, verschiedene Ziele zu realisieren. In *DAISY* wird es beispielsweise eingesetzt, um fahreradaptive Warnungen zu generieren. Wie schon erläutert, kann im Recall-

betrieb durch Vergleich der aktuellen Fahrerhandlung mit dem in Form der
Ausgabe des trainierten Klassifikators vorliegenden Normalbereichswert eine
Abweichung im Fahrverhalten detektiert werden. Diese Abweichung kann
ihre Ursache z. B. in verminderter Aufmerksamkeit oder einer Überlastung
des Fahrers haben. Fällt diese Differenz nun unter eine bestimmte Schwelle,
so kann eine entsprechende Warnausgabe generiert werden.

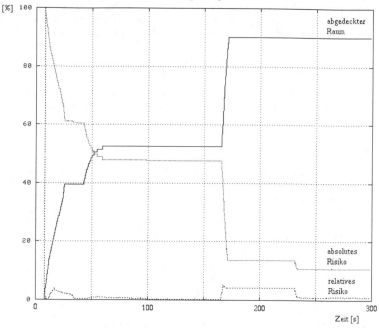

Abb. 4:   Lernfortschritt während der Trainingsphase dokumentiert durch
           den vom Klassifikator abgedeckten Anteil des Merkmalsvektor-
           raumes sowie dem absoluten und dem relativen Risiko

Außer der Anwendung des Fahrermodells in einem adaptiven Warnsystem ist weiterhin die Verwendung in einem Fahrerausbildungs- und Trai-
ningssytem denkbar. Durch den Einsatz von Fahrsimulatoren könnten Teile
der praktischen Fahrausbildung von den Straßen weg verlagert und somit
sehr effektiv und ohne Umwelt- und Verkehrsbelastungen durchgeführt werden. Als zentrales Modul in einem derartigen Ausbildungssimulator kann
ebenfalls das adaptive Verhaltensmodell verwendet werden: Einerseits kann
es als Referenz für das fertigkeitsbasierte Verhalten des Fahrschülers eingesetzt werden, in dem seine Fahrweise mit der vorher eintrainierten Fahrweise
eines Fahrlehrers verglichen wird. Andererseits ist es auch vorstellbar, mit
Hilfe des Fahrermodells durch fortlaufende Beobachtung des Fahrschülers
und entsprechende Modellanpassung aus den Modellveränderungen den
Lernfortschritt zu erfassen.

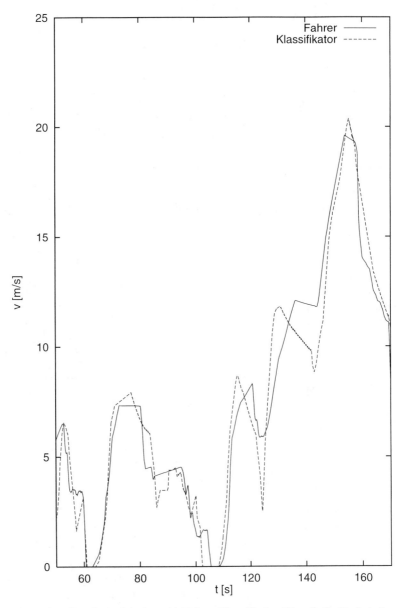

Abb. 5:   Geschwindigkeitswahl: Fahrer-Klassifikator (Stop & Go-Verkehr)

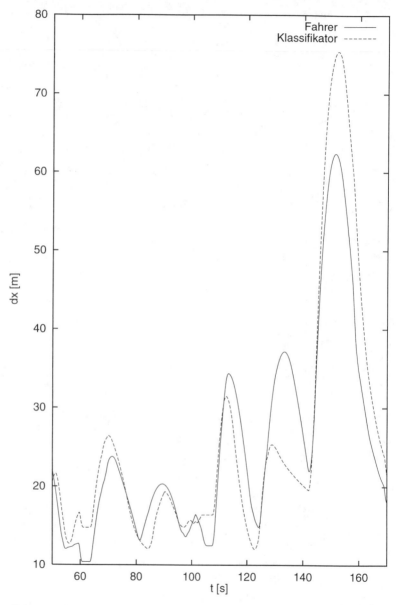

Abb. 6:   Abstandsverhalten: Fahrer-Klassifikator (Stop & Go-Verkehr)

5.4   Zusammenfassung und Ausblick

Es wurde gezeigt, daß ein echtzeitfähiges Erfassen und Lernen von individuellen Fahrerhandlungen mit einem Ansatz auf der Basis von statistischen

Klassifikatoren möglich ist. Aufbauend auf den Erfahrungen, die bei der gleichen Aufgabenstellung mit neuronalen Netzen des Typs Fuzzy-ART gemacht wurden, konnten die spezifischen Nachteile dieser neuronalen Netze damit erfolgreich vermieden werden. Die verwendeten Maximum-Likelihood-Klassifikatoren werden in einer Lernphase durch überwachtes Lernen mit der aktuellen Handlung des Fahrers als Kriterium der Klassenzugehörigkeit trainiert. Der Einsatz des so ermittelten Fahrermodells in dem Fahrerunterstützungssystem *DAISY* wurde vorgestellt. Dabei wird das Modell eines individuellen Fahrers dazu genutzt, Abweichungen seines aktuellen Fahrverhaltens von seinem (trainierten) Normalverhalten zu erkennen, um gegebenenfalls Warnungen an ihn auszugeben. Als weitere Einsatzmöglichkeit wurde die Verwendung des Fahrermodells als Referenz für das Fahrverhalten von Fahrschülern in einem Trainings- und Ausbildungssimulator kurz vorgestellt. Das Training des Modells kann dabei durch das Erlernen der Fahrweise der Fahrlehrer erfolgen. Andere Einsatzgebiete wie z. B. das Erkennen der Fahrerabsicht, die Ermittlung der momentan vorhandenen Fahrerressourcen oder die Fahreridentifikation sind Gegenstand der laufenden Forschung.

5.5 Literatur

ADAC-Zentrale München (1993). Verkehrs- und Unfallentwicklung in der Bundesrepublik Deutschland von 1970 bis 1993 einschließlich der fünf neuen Bundesländer. Reihe Verkehr und Unfälle, Band 18.

Carpenter, G.A., Grossberg, S. & Rosen, D.B. (1991). Fuzzy ART: Fast Stable Learning and Categorization of Analog Patterns by an Adaptive Resonance System. Neural Networks, Vol. 4, S. 759-771.

Donges E. (1992). Das Prinzip der Vorhersehbarkeit als Auslegungskonzept für Maßnahmen zur aktiven Sicherheit im Straßenverkehrssystem. VDI-Gesellschaft Fahrzeugtechnik, 1. Fachtagung. Das Mensch-Maschine-System im Verkehr, 19-20.3.1992 in Berlin.

Feraric', J.-P. (1996). Echtzeitfähige Modellierung des individuellen Fahrerverhaltens zur Realisierung adaptiver Unterstützungsfunktionen in einem Monitor- und Warnsystem. Dissertation an der Universität der Bundeswehr München.

Kopf, M. (1993/1994). Ein Beitrag zur modellbasierten, adaptiven Fahrerunterstützung für das Fahren auf deutschen Autobahnen. Dissertation an der Universität der Bundeswehr München (1993). VDI-Verlag, Reihe 12: Verkehrstechnik / Fahrzeugtechnik Nr. 203 (1994).

Kraiss, K.-F. & Küttelwelsch, H. (1992). Identification and application of neural operator models in a car driving situation. 5th IFAC Symposium on Analysis, Design and Evaluation of Man-Machine Systems. The Hague, The Netherlands, S. 2.2.1.

Niemann, H. (1983). Klassifikation von Mustern. Springer-Verlag, Berlin.

Rasmussen J. (1983). Skills, rules and knowledge; signals, signs, and symbols, and other distinctions in human performance models. IEEE Trans. Systems, Man, Cybernetics, Vol. SMC-13, S. 257 ff.

6 ABLENKUNGSEFFEKTE DURCH NEUARTIGE SYSTEME IM FAHRZEUG

Wolfgang Fastenmeier & Herbert Gstalter

Diagnose & Transfer, München

6.1 Einleitung

Im Rahmen der Entwicklung und Erprobung moderner Fahrerassistenz- und -informationssysteme wird mit Recht der Fahrer als entscheidende Komponente im System Fahrer-Fahrzeug-Straße betrachtet, denn Veränderungen im Teilsystem Fahrzeug müssen sorgfältig auf ihre Rückwirkungen auf andere Teilsysteme, vor allem auf den Fahrer, beurteilt werden. Leider sind nicht immer neue Technikentwürfe auf den Informationsbedarf und die Verarbeitungskapazität des Fahrers abgestimmt. So erscheint beispielsweise die Konzeption der Informationsdarbietung, die darin besteht, dem Fahrer einfach eine größere Menge an Informationen zu bieten, unbefriedigend. Zum einen, weil bereits in herkömmlichen Fahrer-Fahrzeug-Systemen eine fragliche Handlungsrelevanz vieler Anzeigen und Bedienelemente besteht, zum anderen entstehen Gefahren einer Ablenkung des Fahrers vom Verkehrsgeschehen bzw. einer möglichen informatorischen Überlastung. Normalerweise sind Autofahrer in der Lage, die wesentlichen Informationen im Straßenraum und im Auto auszuwählen, zu verarbeiten und in zuverlässige Entscheidungen und Fahrhandlungen umzusetzen. Könnte dieses Gleichgewicht zwischen situativen Anforderungen durch die Fahraufgabe einerseits und den Leistungsmöglichkeiten des Fahrers andererseits durch zusätzliche Aufgaben gestört werden, die eine informatorische Zusatzbelastung darstellen? Was ist, wenn verschiedene Informationsquellen um die Aufmerksamkeit des Fahrers konkurrieren oder mehr Informationsquellen vorhanden sind als der Fahrer in einer gegebenen situativen Zeitspanne verarbeiten kann? Verschiedene empirische Untersuchungen weisen tatsächlich auf Ablenkungseffekte hin. So konnten Gstalter et al. (1995a) z. B. bei der Untersuchung eines neuen elektronischen Navigationssystems zeigen, daß bestimmte Fahrfehler in Kreuzungen durch das Ablesen eines Displays gehäuft auftraten.

Wir wollen daher in diesem Beitrag versuchen, mögliche Ablenkungswirkungen durch neue Systeme zu gliedern und dann einen Teilbereich - wie gehen Autofahrer mit zusätzlichen informatorischen Belastungen um? - näher zu beschreiben. Dabei werden wir jüngere empirische Untersuchungen zur Wirkung von neuen Systemen im Auto betrachten und sie unterschiedlichen Strategien der Fahrer zuordnen, mit den dadurch erzeugten Zusatzbelastungen umzugehen. Dabei werden die Wechselwirkungen zwischen Belastungen, Beanspruchungen und der Fahrleistung im Mittelpunkt stehen.

6.2 Mögliche Ablenkungseffekte

Aus psychologischer Sicht liegt es nahe, die allgemeine Frage nach der Ablenkung durch neue Systeme umzuformulieren: Welche psychischen Prozesse, die für die Tätigkeit des Autofahrens wichtig sind, werden zusätzlich in Anspruch genommen bzw. von welchen Informationsaufnahme- und -verarbeitungsprozessen wird abgelenkt? Zur Unterscheidung mag hier ein Gliederungsschema dienen, das nach Informationsaufnahme (Wahrnehmung), zentralen Prozessen (Arbeitsgedächtnis, Entscheidungen, Handlungsauswahl) und ausführenden motorischen Prozessen trennt, und das nicht beansprucht, ein Modell der Informationsverarbeitung beim Autofahren zu sein (vgl. Tabelle 1). Die zentralen Prozesse sind Hauptthema dieser Veröffentlichung und werden im Abschnitt 6.3 ausführlich besprochen. Die wesentlichen Aspekte der visuellen Ablenkung fassen wir im folgenden Text kurz zusammen, anschließend folgen einige Bemerkungen zur motorischen Ablenkung.

Tabelle 1: Mögliche Ablenkungswirkungen

	Wahrnehmung Informationsaufnahme	**Zentrale Verarbeitung**	**Motorik**
Ursache	ein Display muß abgelesen werden	Informationskonkurrenz, zu viele Informationen	notwendige Handgriffe z. B. Radio, Telephon
Mögliche Wirkungen	• direkte visuelle Kosten (Verkehrsblindzeiten, Dauer + Häufigkeit von Blickablenkungen) • zentrale Zusatzbelastung • verschlechterte Fahrleistung	• kompensatorische Fahrhandlungen • vermehrte Anstrengung • verschlechterte Fahrleistung durch Überbeanspruchung	• motorische Konkurrenz • Blickablenkung • zentrale Zusatzbelastung • verschlechterte Fahrleistung

6.2.1 Mögliche Effekte auf der Wahrnehmungsebene

Eine Hauptaufgabe des Autofahrers ist die visuelle Kontrolle des vor ihm liegenden Verkehrsausschnittes. Eine wesentliche Kompetenz, die ein Fahrer erwerben muß, besteht in einer geeigneten Strategie, seine visuelle Aufmerksamkeit zeitlich und räumlich zu organisieren. Wenn ein Autofahrer visuelle Informationen aus dem Fahrzeuginneren benötigt, kompliziert sich die Informationssuchstrategie in folgenden Punkten. Erstens bedeutet jeder Wechsel vom Verkehrsgeschehen auf Armaturen und wieder zurück zwei Akkomodationswechsel, deren Umfang und in gewissem Maß auch deren Notwendigkeit allerdings strittig sind. Zweitens findet häufig auch eine Adaptation statt, da es im Fahrzeuginneren meistens dunkler ist als außerhalb des Wagens. Drittens benötigt das Auffinden und Ablesen von Informationen von einem Anzeigegerät Zeit, in der der foveale Blick vom Verkehrsgeschehen abgelenkt wird. Damit werden für den Fahrer die Blick- und Suchstrategien und die zeitliche Verteilung der visuellen Aufmerksamkeit schwieriger („visual sampling", „time sharing").

Nun wird manchmal über der Debatte zur Blickablenkung vom Verkehrsgeschehen durch neue Anzeigegeräte übersehen: wie beschrieben entstehen auch im konventionell instrumentierten Fahrzeug durch notwendige Ab-
lesungen Verkehrsblindzeiten, deren Größe z. B. Wierwille et al. (1988) ermittelt haben. Eine Blickstrategie, die zwischen Reizquellen innerhalb und
außerhalb des Autos wechseln muß, hat es also schon immer gegeben.
Wird die Fahraufgabe mit zusätzlichen Anzeigen belastet, enstehen neue
„visuelle Kosten" (Rockwell, 1988). Bei komplexeren Displays (z. B. Karten-
anzeigen in Navigationsgeräten) kommt ein Fahrer in aller Regel nicht mit
einem Blick auf die Anzeige aus, sondern er muß seine Ablesestrategie in
mehrere Blickzuwendungen teilen. Es ist daher sinnvoll, die zu einer Ablese-
aufgabe gehörigen Blicke nach ihrer Häufigkeit und jeweiligen Dauer gemeinsam zu betrachten. Allgemein hat sich gezeigt: Wird das Ablesen einer
Anzeige schwieriger, so wird öfter hingeblickt, weniger wird die Dauer der
einzelnen Blicke verlängert. Für die maximale tolerierbare Blickdauer wird in
der Literatur zwei Sekunden angegeben. Um zu prüfen, ob ein Anzeigende-
sign gut ist, schlagen Zwahlen et al. (1988) vor: es dürfe pro Ablesung nicht
mehr als drei Blickzuwendungen von jeweils 1,2 Sekunden geben. Dieses
Bewertungskriterium ist von anderen Autoren übernommen worden
(Fairclough et al., 1993; Bruckmayer & Reker, 1994).

Einzelne Ergebnisse empirischer Arbeiten zum geänderten Blickverhalten durch neue Technologien im Auto können wir hier nicht darstellen (vgl.
dazu Bruckmayer & Reker, 1994), nur einige prinzipielle Fakten nennen, die
sich aus Einzelbefunden zweifelsfrei ableiten lassen.

1. Das Blickverhalten des Autofahrers wird von einer ganzen Reihe von Va-
    riablen beeinflußt:
    a) Fahrerfaktoren, z. B. Alter, Fahrerfahrung, Brillenbenutzung etc.
    b) Straßen- und Verkehrsfaktoren, z. B. Straßenführung, Geschwindig-
        keiten, Verkehrsdichte, Spurenzahl etc.
    c) Dringlichkeit und wahrgenommene Notwendigkeit, das Display (jetzt)
        abzulesen
    d) Designfaktoren, z. B. Größe, Plazierung von Displays, Lesbarkeit
        etc.
2. Von den genannten Faktoren sind die Fahrerfaktoren und vor allem die
    Verkehrssituationen von durchschlagenderer Bedeutung auf das Blick-
    verhalten als die Designfaktoren bei Displays (z. B. Rockwell, 1988; Fair-
    clough et al. 1993).
3. Obwohl es eine Übereinstimmung bezüglich 2 gibt, stammen die meisten
    Zahlen und Empfehlungen zur Akzeptanz von Blickablenkungsdauern
    und -häufigkeiten aus Studien, in denen nicht nur die Art der Verkehrs-
    situationen nicht systematisch variiert und zudem mit vollständig künstli-
    chen Fahraufgaben gearbeitet wurde. Ein typisches Beispiel (Zwahlen et
    al., 1988): Seine acht Vp fuhren 885 Fuß auf einem Flugplatz ohne jeden
    Verkehr; die Aufgabe des Ablesens eines nur als Papier und Bleistift
    Version simulierten Displays wurde zur Hauptaufgabe erklärt; als einzi-
    ges Maß der Fahrgüte wurde gemessen, wie genau die Vp geradeaus
    fuhren. Aus dieser Studie stammen die weitgehend kritiklos übernom-
    menen Grenzwerte für Blickdauern und -häufigkeiten.
4. Ob Blickabwendungen wirklich zu gefährlichen Situationen führen, ist
    nicht besonders gut geklärt. Dies liegt daran, daß kaum Fahrleistungs-

maße mit den Blickbewegungen miterfaßt wurden. In aller Regel wurde nur die Spurgenauigkeit gemessen. Dies aber z. T. in sehr künstlichen Umgebungen (siehe 3) und häufig ohne genügende Berücksichtigung von Personenfaktoren: Gerade die Bewältigung der Aufgabe „Spurhaltung" ist großen Veränderungen im Verlauf des Erwerbs von Fahrerfahrung unterworfen.

5. Alle empirischen Arbeiten zum Thema visuelle Ablenkung durch neue Mensch-Maschine Schnittstellen gehen zumindest implizit davon aus: Das Zentrum der Aufmerksamkeit eines Fahrers liegt dort, wo er hinschaut. Dies erscheint außerordentlich plausibel, ist so aber kaum richtig, wie z. B. Summala et al. (1996) deutlich machen konnten, denn die Rolle der peripheren visuellen Wahrnehmung wird insbesondere bei erfahrenen Fahrern unterschätzt. Gerade die visuelle Kontrolle der Spurhaltung wird von routinierten Fahrern überwiegend durch peripheres Sehen gesteuert, um Kapazität für das foveale visuelle System zu erhalten. Olsen (1981) spricht in diesem Zusammenhang sogar von zwei getrennt arbeitenden visuellen Systemen, deren Existenz aus vielen Teilgebieten der Wahrnehmungspsychologie ohnehin zu postulieren sei. Also: aus der Tatsache, daß ein Fahrer momentan einen bestimmten Verkehrssektor nicht fokussiert, darf nicht geschlossen werden, er habe keine Informationen über diesen Bereich. Außerdem gilt auch anders herum: Viele Objekte, die lange genug fixiert wurden, um sie erkennen zu können, wurden von Fahrern nicht bemerkt (vgl. z. B. Luoma, 1988).

Zusammenfassend können wir folgern: Die Registrierung des Blickverhaltens allein gibt keinen klaren Aufschluß darüber, was ein Fahrer gesehen hat. Ebenso wenig lassen sich aus Blickverhaltensparametern allein gültige Schlüsse auf Beeinträchtigungen des Fahrverhaltens im Hinblick auf die Sicherheit ableiten. Insgesamt ist der Kenntnisstand zum Thema visuelle Ablenkung trotz des Vorliegens einer Reihe von Untersuchungen überraschend gering. Was fehlt, sind einerseits gut kontrollierte Fahrten in realen Verkehrsumgebungen, in denen Blickverhalten und auch allgemein Parameter der Fahrleistung registriert werden. Damit fehlt meistens auch eine Zuordnung von visuellen Kosten zu den Verkehrssituationen, von denen die Aufmerksamkeit abgezogen wird. Eine Blickdauer von einer Sekunde auf ein Display mag aber ganz anders beurteilt werden, je nachdem ob dies beim Durchfahren einer Kreuzung in der Innenstadt oder auf einer fast leeren Autobahn geschieht.

6.2.2 Mögliche Effekte auf der motorischen Ebene

Wenig Beachtung wurde bisher der Rolle der Motorik geschenkt. Neue Schnittstellen erfordern z. T. erhebliche manuelle Zuwendung, etwa wählen beim Autotelefon oder viele Anwendungen, in denen der Fahrer über Knöpfe oder touch-screens regelrechte Dialoge mit einem System abwickeln muß. Dabei kommt es erstens zu „motorischer Konkurrenz", denn es wird eine Hand von den restlichen Steuerungsanforderungen abgezogen und zweitens muß die Handlung in vielen Fällen visuell kontrolliert werden. Daß die motorische Konkurrenz als solche ein großes Problem werden kann erscheint allerdings eher unwahrscheinlich, weil die motorischen Regelungen des Autofahrers hoch überlernt und automatisiert sind. Darauf deuten auch alle

„freiwilligen" motorischen Zusatzhandlungen im Auto hin, von rauchen über
Radio einstellen etc.

6.3   Belastungsänderungen durch neue Systeme, Fahrerbeanspruchung und Fahrleistung

6.3.1 Ausgangspunkte

Wir werden in diesem Abschnitt die Begriffe des arbeitswissenschaftlichen
Belastungs-Beanspruchungskonzeptes verwenden. Wir bezeichnen also als
Belastungen exogene Faktoren, die auf den Fahrer einwirken, als Beanspruchung alle Prozesse, die in der Person bei der Auseinandersetzung mit der
Fahraufgabe ablaufen, z. B. kognitive und emotionale Prozesse. Eine bestimmte Belastung bewirkt nicht automatisch eine Beanspruchung in entsprechender Ausprägung, sondern diese entsteht als Resultat der Bewertung der Schwierigkeit der zu bewältigenden Aufgabe und der Einschätzung
der Handlungsmöglichkeiten (Ressourcen) der eigenen Person. Da autofahren eine zumindest in Teilen selbstgetaktete Aufgabe ist, wirkt die empfundene Beanspruchung auch auf die Ebene der Belastungen zurück, d. h. ein
Autofahrer schafft sich seine Verkehrssituationen selbst. Wir gehen also von
einem „Streßzyklus" aus und nicht von einem Ursache (Belastung)-Wirkungs
(Beanspruchung)-Mechanismus (vgl. Hoyos & Kastner, 1986).

Neue Techniken im Fahrzeug verändern die Aufgaben des Fahrers und
damit auch die Belastungen, denen er ausgesetzt ist. Generell können die
neuen Aufgabenstellungen leichter oder schwieriger ausfallen als die vergleichbaren Anforderungen bei konventionellen Lösungen; es kann also eine
Entlastung oder eine Zusatzbelastung entstehen. Weder das eine noch das
andere ist prinzipiell richtig oder falsch, denn es sollte weder zu Unterforde-
rungen noch zu Überforderungen kommen (vgl. das Konzept der Aufgaben-
anomalien sensu Berkhout, 1970). Die Leistungsmöglichkeiten eines Fahrers
hängen von seinem Aktivationsgrad ab, wie schon das Yerkes-Dodson-Ge-
setz es beschreibt: Es gibt ein optimales Erregungsniveau für die Bewältigung einer Fahraufgabe, das in einem mittleren Bereich der Aktivation liegt.
Verändert man durch die Einführung neuer Technologien also die Anforderungen an den Fahrer so, daß sich die resultierende Beanspruchung von
dem Optimum der Leistungskurve weg verschiebt, wird sich die Fahrleistung
tendenziell verschlechtern. Eine solche Verschiebung ist aber kein Automa-
tismus im Sinne von „mehr Belastung führt zu mehr Beanspruchung", sondern das Ergebnis eines transaktionalen Bewältigungsprozesses.

Natürlich ist das optimale Erregungsniveau für unterschiedlich schwierige
Aufgaben nicht gleich: Leichte Aufgaben können auch gut mit hoher Aktivation bearbeitet werden, bei komplexen Aufgaben leidet die Leistung viel
schneller, wenn hohe Beanspruchungen gegeben sind. Die Höhe der jeweiligen Beanspruchung variiert bei den selben Verkehrssituationen fahrerab-
hängig: erfahrene Fahrer zeigen geringere Beanspruchungen als Anfänger
oder Ältere.

6.3.2   Beanspruchungshomöostase

Belastungen und Beanspruchungen sind miteinander verkoppelt, d. h. ein Fahrer schafft sich seine Fahraufgabe teilweise selbst. Zusatzbelastungen können daher manchmal durch eine Erleichterung der Fahraufgabe, z. B. durch geringere Geschwindigkeiten oder größere Abstände zu vorausfahrenden Fahrzeugen ausgeglichen werden. Die Beanspruchung wird durch diesen Kompensationsmechanismus in Richtung auf einen Sollwert geregelt. Hoyos & Kastner (1986) führten dafür den Begriff der „Beanspruchungshomöostase" ein. Sie hatten in ihren Fahrversuchen eine signifikant negative Korrelation zwischen gewählter Geschwindigkeit und Schwierigkeit von Verkehrssituationen gefunden, also: um so komplexer eine Verkehrssituation von den Fahrern eingeschätzt wurde, desto langsamer fuhren sie in dieser Situation. Und es galt auch anders herum: Die Fahrer, die sich durch die Fahrt eher beansprucht fühlten, waren diejenigen, die im Durchschnitt langsamer fuhren. Dieses Ergebnis zeigt sehr klar, daß sich Fahrer um Entlastungen durch Vereinfachung der Fahraufgabe bemühen, wenn sie ihre Beanspruchung als zu hoch empfinden. Es zeigt aber auch, daß nicht immer das Ziel einer Vermeidung von Mehrbeanspruchung erreicht wurde, denn einige Fahrer hatten trotz gesenkter Geschwindigkeiten erhöhte Beanspruchungswerte. Dieses Bemühen um Beanspruchungshomöostase ist ein allgemeines Prinzip, das sich mehrfach klar als Muster in empirischen Forschungsarbeiten findet, auch wenn dies eigentlich nie Zweck der entsprechenden Studien war. Eher im Gegenteil: Oft schwingt Verwunderung mit, daß zusätzliche Belastungen nicht auf die Beanspruchung und die Sicherheit im Fahrverhalten durchschlagen. Im folgenden Text erwähnen wir einige neuere Studien, die u. E. die homöostatische Regelung verdeutlichen.

Hofmann et al. (1994), Schrievers et al. (1995) untersuchten ein Navigations- und Wegleitsystem im Simulator und in einer Feldstudie. Die Vpn mußten einem vorausfahrenden Fahrzeug nachfahren (zwei verschiedene Geschwindigkeitsniveaus) und dabei einen in drei Schwierigkeitsstufen unterschiedenen Dialog mit dem System führen. Dabei zeigte sich ein einheitlicher Trend: Je schwieriger die Aufgabe wurde, desto größer wählten die Vpn den Abstand zum Vorderfahrzeug. Die mittleren Fahrzeugabstände in der schwierigsten Kombination (komplexer Dialog, hohe Geschwindigkeit des Vorderfahrzeuges, Simulator) betrugen etwa 10 Sekunden! Von Nachfahren im eigentlichen Sinn kann bei solchen Abständen nicht mehr gesprochen werden. Offenbar war die Variable „Abstand zum Vorderfahrzeug" hier die einzige, die die Vpn im Sinne der Beanspruchungshomöostase manipulieren konnten. Die zu fahrende Geschwindigkeit war ja durch die Nachfahraufgabe implizit vorgegeben, und die Vpn mußten nach der Instruktion mit dem System kommunizieren. In einer vergleichbaren Realsituation hätten die Vpn daher möglicherweise zu anderen Kompensationshandlungen gegriffen. Becker et al. (1995) untersuchten in einer sehr ausführlichen Studie Effekte des Telefonierens auf das Fahrverhalten. Ein Teilergebnis sei an dieser Stelle herausgegriffen: Die mittleren Längsabstände zu vorausfahrenden Autos wurden während des Wählvorganges von den erfahrenen Fahrern etwa gleich gehalten, während die Unerfahrenen die Abstände vergrößerten. Hier zeigt sich deutlich, daß für verschiedene Fahrergruppen durch die Zusatzbelastung Telefonieren die resultierende Beanspruchung auf einem anderen Teil der Aktivationsskala lag: für die weniger erfahrenen Fahrer bereits

in einem Bereich, der vom optimalen Erregungsniveau so weit weg verschoben war, daß kompensatorisches Handeln zur Beanspruchungsreduktion
eingeleitet wurde, während die Gruppe der Erfahrenen für eine Verhaltens-
änderung noch keine Notwendigkeit sah. Nilsson & Nabo (1995) konnten bei
einer Untersuchung im Simulator nachweisen, daß die Zusatzaufgabe Telefonieren zur Wahl einer niedrigeren Geschwindigkeit und zu größeren
Längsabständen führte. Bei Fairclough et al. (1990) führte telefonieren zu einer von den Fahrern in einer Befragung geäußerten Zusatzbeanspruchung,
die durch Geschwindigkeitsreduktion kompensiert wurde. Das selbe Ergebnis ergaben die Simulatorfahrten bei Alm & Nilsson (1991), analoges wird
berichtet in einer Arbeit von Harms (1991). Parkes (1989) verglich in einer
Feldstudie die Effekte eines Navigationssystems mit dem Fahren nach einem konventionellen Stadtplan. Die zweifellos schwierigere Bedingung
„Karte" führte zu signifikanten Geschwindigkeitsreduktionen.

Zusammenfassend kann kein Zweifel daran bestehen: Es gibt ein klares
Bestreben der Fahrer, als unangenehm erlebte Zusatzbelastungen durch
eine Erleichterung der Fahraufgabe zu kompensieren. Gelingt dies, wird das
angestrebte Beanspruchungsniveau wieder hergestellt. Eine Verschlechterung der Fahrleistung im Sinne geringerer Verkehrssicherheit ist dann nicht
zu beobachten. Anzumerken bleibt, daß in der Verkehrsrealität deutlich mehr
Möglichkeiten einer Kompensation von Zusatzbelastungen bestehen als in
den meisten Studien, die Geschwindigkeiten vorgeben (bei Nachfahraufga-
ben) oder Strecken vorschreiben (während in der Realität verschieden
schwierige Strecken wählbar sein können) und die Beschäftigung mit einer
Zusatzaufgabe verlangen (die sonst wohl oft abgebrochen werden würde).
Wir vermuten deshalb, daß die Größenordnung und Vielfältigkeit des Prozesses der Beanspruchungshomöostase durch die empirischen Untersuchungen unterschätzt wird. Dies gilt vor allem für Kompensationsmechanis-
men auf der Navigations- und Bahnführungsebene (z. B. Verzicht auf Über-
hol- und Spurwechselmanöver, Akzeptanz konservativer Zeitlücken), die
häufig durch die Versuchsinstruktion oder das experimentelle Umfeld nicht
von den Vpn realisiert werden können. Von den fahrdynamischen Parametern sind insbesondere Geschwindigkeit und Längsabstand wichtige Daten
zur Interpretation von Belastungs-Beanspruchungs-Untersuchungen im Verkehr, weil sie typische homöostatische Regelungen darstellen können. Da
wir Beanspruchung als Ungleichgewicht von Belastungen und Ressourcen
definiert haben, ist auch ein zweiter Fall von Homöostase denkbar: eine als
zu leicht empfundene, langweilende Fahraufgabe kann erschwert werden
(z. B. durch schnelleres Fahren) oder die Beanspruchung wird durch Übernahme von Nebenaufgaben aus dem Bereich der Unterforderung zum Be-
anspruchungsoptimum hin verschoben. So ließen sich z. B. die häufig erhöhten Quoten von Geschwindigkeitsfehlern („zu schnelles Fahren") bei erfahrenen Fahrern erklären.

6.3.3 Vermehrte Anstrengung

Nicht immer wird eine Zusatzbelastung im Sinne der vorhergehenden Diskussion durch das Fahrverhalten ausgeregelt. Es besteht für den Fahrer
auch die Möglichkeit, Zusatzanforderungen durch vermehrte Anstrengung
(„mental effort") zu bewältigen. Solche größere Anstrengung kostet aber
Ressourcen und schlägt sich in der subjektiven Beanspruchung nieder. Auch

auf diese Weise gelingt es (zumindest solange die Ressourcen reichen) das Fahrverhalten ohne größere Leistungs- oder Sicherheitseinbußen aufrecht zu erhalten. Ist ein Fahrer durch eine Fahrsituation ohnehin nur gering belastet, also eher unterfordert, wird er teilweise zusätzliche „Aufgaben" bearbeiten, z. B. ein Gespräch mit den Mitfahrern führen. Hier genügt u. U. als Reaktion auf eine Zusatzbelastung eine Umverteilung der Aufmerksamkeitsressourcen, also z. B. Aussetzen des Gesprächs. Eine solche Neuverteilung der Aufmerksamkeit wäre mit keiner größeren Anstrengung im obigen Sinn verbunden. Geht man vom Yerkes-Dodson Gesetz aus, könnte man die folgenden Fallunterscheidungen treffen, um vorherzusagen, wie ein Fahrer mit einer Zusatzbelastung umgeht.

1. Der Fahrer ist eher unterfordert; die Zusatzbelastung wird daher akzeptiert, denn sie verschiebt die Gesamtbelastung in den Bereich optimaler Leistung und damit minimaler Beanspruchung.
2. Wird die Gesamtbelastung über das Leistungsmaximum hinaus verschoben, wird der Fahrer nach Kompensationsstrategien suchen, um die Beanspruchung zurückzuregeln.
3. Wird die Gesamtbelastung über das Leistungsmaximum hinaus verschoben und es gibt keine geeignete oder ausreichende Erleichterung der Fahraufgabe, wird mehr Anstrengung investiert.

Solche Effekte zeigten sich in vielen Untersuchungen zu neuen Systemen im Kraftfahrzeug. Nur einige wenige Beispiele:

Gstalter et al. (1995b): Nachdem Vpn auf ihrem Routineweg zur Arbeit (Kontrollbedingung) begleitet worden waren, fuhren sie diese Quelle-Ziel-Beziehung in der Experimentalsituation mit einem dynamischen Verkehrsleitsystem (LISB). In dieser für sie neuen Situation waren die meisten Probanden sehr neugierig und aufmerksam, fuhren dabei auch fehlerfreier als zuvor. Das Fahren - sonst als täglicher Routineakt vollzogen - wurde offensichtlich durch die neue Situation ins Zentrum der Aufmerksamkeit gerückt. Mit der Gewöhnung an das System (einige Monate später) verschwand dieser Effekt wieder, auch die Fehlerquoten als Maß für die Fahrleistung kehrten auf das ursprüngliche Niveau zurück. Mikkonen & Backman (1988) zeigten, daß die Zusatzaufgabe telefonieren zu gleichmäßigerem Fahren im Sinne einer Copingstrategie führte. Gleichzeitig äußern sie aber auch, ihre Vpn hätten „alertness and anticipation" erhöht. Das Beispiel macht deutlich: Die Strategien „Beanspruchungshomöostase" und „vermehrte Anstrengung" müssen sich nicht ausschließen, sondern können sich ergänzen. Kuiken (1991) verglich in einer experimentellen Studie unterschiedlich erfahrene Fahrergruppen. Sie unterschieden sich in Skalen, die die subjektive Anstrengung abbildeten, aber nicht in der Qualität des Fahrverhaltens (Kurvenfahren, Kreuzungsannäherung, Spurgenauigkeit). Ganz offensichtlich konnten also die weniger erfahrenen Fahrer durch mehr Konzentration und Aufmerksamkeit ihre Defizite wettmachen. Es fragt sich aber, ob die Anfänger dauerhaft auf einem erhöhten Beanspruchungsniveau ohne Leistungseinbußen fahren können.

6.3.4   Verarbeitungsgrenzen

Wir haben diskutiert, wie ein Fahrer versuchen kann, durch geeignete Strategien Zusatzbelastungen auszugleichen: durch Vereinfachung der Fahrauf-

gabe, Verschiebung der Aufmerksamkeit auf die Fahraufgabe oder durch
verstärkten Einsatz von Verarbeitungskapazität. Natürlich sind die Ressourcen des Fahrers endlich; niemand kann bei Überbelastungen lange Zeit
ohne Leistungsverlust weiterfahren. Norman & Bobrow (1975) sprechen von
„data-limited" versus „resource-limited conditions". Im ersten Fall kann durch
größere Anstrengung eine Zusatzbelastung ausgeglichen werden, im zweiten Fall nicht mehr, weil die persönlichen Ressourcen ausgeschöpft sind.
Wie schnell die kritische Beanspruchungsgrenze erreicht ist, hängt von der
Verfügbarkeit persönlicher Ressourcen (z. B. Fahrerfahrung), von der Höhe
der Zusatzbelastung sowie der ursprünglichen Beanspruchungshöhe und
den Möglichkeiten zur Anwendung kompensatorischer Verhaltensweisen ab
(Geschwindigkeit senken, Strecke ändern, anhalten etc.). Nun ist nicht davon
auszugehen, daß bei Erreichen der kritischen Leistungsgrenze sofort gefährliche Situationen auftreten. Dies liegt vor allem daran, daß sich zunächst Lei-
stungsverschlechterungen vor allem auf der Navigationsebene manifestie-
ren, wo sie nicht so sicherheitskritisch sind wie auf der Bahnführungs- oder
Stabilisierungsebene des Fahrverhaltens. Die erforderlichen Prioritäten für
die Bewältigung der Fahraufgabe werden also zunächst erhalten bleiben.
Wir gehen aber davon aus, daß bei längerer Überschreitung der Kapazitätsgrenzen Fahrfehler auch auf der Manöver- und Kontrollebene gehäuft auftreten werden.

Zahlreiche experimentelle Studien haben Verschlechterungen des Fahrverhaltens nachgewiesen, wenn die Schwierigkeit der Fahraufgabe
(eventuell inklusive einer Nebenaufgabe) in den Bereich der „resource-limited conditions" hineinreicht. Die Studien von Alm & Nilsson (1990) bzw. Alm
& Nilsson (1991) sind hier sehr aufschlußreich. Sie untersuchten eine Stich-
probe von jungen Fahrern und eine von über 60-jährigen Fahrern im Fahrsimulator. Beide Gruppen fuhren unter einer Kontrollbedingung und mit einem
mobilen Telefon. Es wurden die Reaktionszeiten auf unerwartet auftretende
Hindernisse, die Spurgenauigkeit, Geschwindigkeit und die subjektive Beanspruchung erfaßt. Für beide Gruppen stellte das Telefonieren eine Zusatzaufgabe dar, die die Beanspruchung erhöhte. Während aber die jungen Vpn
genügend mentale Restkapazität zeigten, um mit der Zusatzbelastung umzugehen, verschob die Telefonieraufgabe offensichtlich in der Gruppe der
Älteren die nun resultierende Gesamtbeanspruchung in den kritischen Bereich. Sie zeigten deutliche Verschlechterungen in der lateralen Spurgenauigkeit und ihre Reaktionsgeschwindigkeiten waren stark herabgesetzt. Die
Vpn von Harms (1991) fuhren mit steigender Komplexität der zu bewältigenden Fahraufgaben langsamer (im Simulator und im Feld), konnten aber trotz
dieser Strategie Leistungseinbußen nicht verhindern. Gstalter et al. (1995a)
verglichen in einer Feldstudie zwei Varianten eines Navigationsgerätes mit
einer Stadtplanbedingung und dem Fahren mit einem ortskundigen Beifahrer. Die Bedingung „Stadtplan" erwies sich als die schwierigste, die Bei-
fahrerbedingung als die einfachste; die Systembedingungen lagen dazwi-
schen. Dieses Ergebnis war sowohl in einer Befragung nach der Fahrt als
auch in vielen Daten zu Fahrfehlern abzulesen. Der Effekt der schwierigeren
Navigationsbedingung war also nicht immer durch erhöhte Aufmerksamkeit
auszugleichen, sondern wurde im Fahrverhalten wirksam. Noch drastischer
wurden die Effekte, als aus den erfaßten Fahrfehlern die Teilmenge der als
gefährlich eingeschätzten Fehler sowie die Verkehrskonflikte gesondert betrachtet wurden. Ein analoger Befund ist den umfangreichen Unfalldaten-

analysen von Engels & Dellen (1989) zu entnehmen. Sie konnten zeigen, wie das Unfallverursachungsrsiko von Fremden überproportional anstieg, wenn die dem Unfall zwischen einem einheimischen und einem auswärtigem Fahrer vorhergehende Verkehrssituation eine Orientierungsaufgabe enthielt. Die höhere Aufgabenschwierigkeit schlägt sich also nicht nur im beobachtbaren Fahrverhalten, sondern auch im Unfallrisiko nieder. Fastenmeier (1995) konnte in Feldstudien zweifelsfrei zeigen: zumindest innerorts werden in schwierigen Situationen von Fahrern mehr Fehler gemacht als in leichten Verkehrssituationen. Allerdings gilt auch: es ändert sich der Charakter der Fehler. In leichten Situationen gibt es häufig Geschwindigkeitsfehler, die mehr als Regelverstöße anzusehen sind, in schwierigen Situationen überwiegen „echte" Fehler, die durch Aufgabenbedingungen im Bereich der Kapazitätsgrenzen bedingt sind. Ähnliche Ergebnisse finden sich bei Risser et al. (1982) und Reason et al. (1990).

Die oben erwähnten Ergebnisse mögen trivial erscheinen, belegen sie doch nur die Tatsache, daß schwierigere Fahraufgaben tendenziell zu Leistungseinbußen im Fahrverhalten führen. Es ist aber zu bedenken: Den Fahrern stehen die in 6.3.2 und 6.3.3 diskutierten Möglichkeiten zur Verfügung, sich die Aufgabe zu erleichtern bzw. mehr Anstrengung aufzubringen, um die Fahrleistung uneingeschränkt aufrecht zu erhalten. So argumentieren explizit z. B. Verwey & Janssen (1988) und schließen dabei sogar ausdrücklich den Bereich „overload" ein. U. E. ist diese Auffassung bei Studium der einschlägigen Ergebnisse von Fahrverhaltensanalysen nicht haltbar. Bei steigender Komplexität der zu bewältigenden Aufgaben nehmen die Tendenzen zur Beanspruchungshomöostase einerseits und die Anstrengungsbereitschaft andererseits zwar zu, können aber nicht immer vollständig Verluste in der Zuverlässigkeit bei der Erledigung der Fahraufgabe verhindern.

6.4   Schlußfolgerungen

*   *Notwendigkeit empirischer Evaluation.* Psychologische Theorien z. B. über die Aufmerksamkeit geben keinen brauchbaren Rahmen für die Vorhersage von Ablenkungswirkungen ab. Das Belastungs-Beanspruchungskonzept scheint dagegen empirische Ergebnisse recht gut erklären zu können, bringt allerdings einige Meßprobleme mit sich. Das Fahrerverhalten bei neuartigen Informationssystemen kann aber nicht in jedem Fall theoretisch vorhergesagt werden, sondern muß sorgfältig im Versuch geprüft werden.

*   *Bedeutung der kognitiven Beanspruchung.* Einige Autoren behaupten, daß im Gegensatz zur visuellen Ablenkung kognitive Beanspruchungen praktisch keine Rolle bei der Bewertung neuer Systeme spielen (Färber, 1987; Bruckmayer & Reker, 1994; BSI 1994). Diese Ansicht ist u. E. nicht haltbar. Einerseits hängen Wahrnehmungs- und zentrale Verarbeitungsprozesse untrennbar zusammen (z. B. führt hohe mentale Beanspruchung zu einer Verringerung des nutzbaren Sehfeldes), andererseits glauben wir gezeigt zu haben, daß eine erhöhte Fahrerbeanspruchung zu Leistungseinbußen bei der Erledigung der Fahraufgabe führen kann. Es reicht deshalb zur Bewertung neuer Systeme keineswegs aus, lediglich auf visuelle Ablenkungen zu testen und dies auch noch ausschließlich auf Ergebnisse von Blickbewegungsanalysen zu stützen.

- *Bedeutung von Kompensationshandlungen.* Im Abschnitt über „Beanspruchungshomöostase" wurde gezeigt, wie Fahrer mit erhöhten Belastungen umgehen können. Um realistische Folgerungen aus Versuchsergebnissen ziehen zu können, müssen also die Möglichkeiten zu Kompensationshandlungen in Experimenten sorgfältig kontrolliert werden.

- *Beanspruchung und Fahrleistung.* Für eine MMI-Bewertung ist es wichtig, den Punkt zu bestimmen, an dem eine erhöhte Fahrerbeanspruchung mit Einbußen bei der Erledigung der Fahraufgabe einhergeht. U. E. ist es sehr wohl möglich, durch sorgfältige Analyse von Fahrfehlern solche Leistungsverminderungen nachzuweisen, auch wenn die erlebte und geäußerte Beanspruchung von Versuchsteilnehmern noch keine extremen Werte annimmt. Die Beanspruchung zu messen (wie auch immer) und daraus auf mögliche Verschlechterungen des Fahrverhaltens zu schließen, ist daher ein unnötiger Umweg. Besser erscheint uns die Betrachtung der Fahrerzuverlässigkeit über Fehlerquoten für verschiedene Fahraufgaben. Dabei darf sich die Analyse der Fahrgüte keineswegs auf die Stabilisierungsebene beschränken (was in den meisten Studien der Fall ist), sondern muß insbesondere die Leistung auf der Bahnführungsebene systematisch mit einbeziehen.

- *Situationsbezug.* Ablenkungseffekte durch neuartige Schnittstellen im Fahrzeug werden nicht unabhängig von den gefahrenen Strecken auftreten und müssen auch nach der Verkehrssituation, in denen sie auftreten, unterschiedlich kritisch bewertet werden. Deshalb ist eine sorgfältige Auswahl und Analyse von Versuchsstrecken notwendig. Diese Forderung ist trivial, steht aber im krassen Gegensatz zum bisherigen Forschungsgeschehen. Unsere Arbeitsgruppe ist zur Zeit mit der Ausarbeitung geeigneter Strecken für Tests auf Ablenkungseffekte beschäftigt. Dabei werden Streckenelemente für Videosimulationen, computergenerierte Fahrsimulationen und Feldversuche erstellt.

6.5   Literatur

Alm, H. & Nilsson, L. (1990). Changes of Driver Behavior as a Function of Handsfree Mobile Telephones: A Simulator Study. DRIVE Project V1017 (BERTIE), Report No. 47. Swedish Road and Traffic Research Institute (VTI).

Alm, H. & Nilsson, L. (1991). Effects of mobile telephone use on elderly drivers´ behaviour including comparisons to young drivers´ behaviour. DRIVE Project V1017 (BERTIE), Report No. 53. (VTI).

Becker, S., Brockman, M., Bruckmayer, E., Hofmann, O., Krause, R., Mertens, A., Nin, R. & Sonntag, J. (1995). Telefonieren am Steuer. Berichte der Bundesanstalt für Straßenwesen. Mensch und Sicherheit. Heft M45. Bergisch-Gladbach: Bundesanstalt für Straßenwesen.

Berkhout, J. (1970). Psychophysiological Stress: Environment Factors Leading to Degraded Performance. In K.B. DeGreene (Ed.), Systems Psychology (pp. 357-382). New York: McGraw Hill.

Bruckmayer, E. & Reker, K. (1994). Neue Informationstechniken im Fahrzeug. Zeitschrift für Verkehrssicherheit, 40, 12-23.

Bundesamt für Sicherheit in der Informationstechnik (1994). Informationstechnik zur Fahrerunterstützung im Straßenverkehr - Abschlußbericht (1994). Schriftenreihe zur IT-Sicherheit Band 6. Bonn: BSI.

Engels, K. & Dellen, R. (1989). Der Einfluß von Suchfahrten auf das Unfallrisiko. Zeitschrift für Verkehrssicherheit, 35, 93-100.

Fairclough, S. & Parkes, A.M. (1990). Drivers visual behaviour and In-vehicle information. Drive Project V 1017 (BERTIE), Report No. 29.

Fairclough, S.H., Ashby, M.C. & Parkes, A.M.(1993). In-Vehicle Displays, Visual Workload and Usability Evaluation, Vision in Vehicles IV (pp. 245.253). Amsterdam: Elsevier.

Färber, B. (1987). Geteilte Aufmerksamkeit. Grundlagen und Anwendung im motorisierten Straßenverkehr. Köln: Verlag TÜV-Rheinland.

Fastenmeier, W. (1995). Situationsspezifisches Fahrverhalten und Informationsbedarf verschiedener Fahrergruppen. In W. Fastenmeier (Hrsg.) (1995), Autofahrer und Verkehrssituation - Neue Wege zur Bewertung von Sicherheit und Zuverlässigkeit moderner Straßenverkehrssysteme (S. 141-180). Köln: Verlag TÜV Rheinland.

Gstalter, H., Fastenmeier, W. & Galsterer, H. (1995a). Ein elektronisches Leitsystem im Vergleich mit anderen Formen der Navigation im Fahrzeug. In W. Fastenmeier (1995), Autofahrer und Verkehrssituation - Neue Wege zur Bewertung von Sicherheit und Zuverlässigkeit moderner Straßenverkehrssysteme (S. 123-139). Köln: Verlag TÜV Rheinland.

Gstalter, H., Galsterer, H. & Fastenmeier, W. (1995b). Sicherheitsauswirkungen des Leit- und Informationssystems Berlin (LISB). In W. Fastenmeier (1995), Autofahrer und Verkehrssituation - Neue Wege zur Bewertung von Sicherheit und Zuverlässigkeit moderner Straßenverkehrssysteme (S. 97-122). Köln: Verlag TÜV Rheinland.

Harms, L. (1991). Experimental studies of variations in cognitive load and driving speed in traffic and in driving simulation. Vision in Vehicles III (pp. 71-77).

Hofmann, O. et al. (1994). Comparative assessment of simulator and field trials. Validation of results. DRIVE II PROJECT V2006 (EMMIS), Deliverable No. 11.

Hoyos, C. Graf & Kastner, M. (1986). Belastung und Beanspruchung von Kraftfahrern. Unfall- und Sicherheitsforschung Straßenverkehr, Heft 59. Bergisch-Gladbach: Bundesanstalt für Straßenwesen.

Kuiken, M.J. & Groeger, J.A. (1991). Report on feedback requirements and performance differences. DRIVE Project V1041. Traffic Research Center, Universitiy of Groningen.

Luoma, J., (1988). Drivers` Eye Fixation and Perceptions. Vision in Vehicles II (6-9).

Nilsson, L. & Nabo, A. (1995). Evaluation of application 3: Intelligent Cruise Control, Simulator experiment. In R. Haller et al., Evaluation of Results. DRIVE II Project V2006 (EMMIS), Deliverable No. 10.

Norman, D.A. & Bobrow, D. (1975). On data-limited and resource-limited processing. Journal of Cognitive Psychology, 7, 44-60.

Olsen, R.A. (1981). Human factors engineering and psychology in highway safety. Human Behavior and Environment, 5, 131-167.

Parkes, A.M. (1989). Changes in driving behaviour due to two models of route guidance information presentation: a multi-level-approach. Drive Project V 1017 (BERTIE), Report No. 21.

Reason, J., Manstead, A., Stradling, S., Baxter, J. & Campbell, K. (1990). Errors and violations on the road: a real distinction? Ergonomics, 33, 1315-1332.

Risser, R., Teske, W., Vaughan, C. & Brandstätter, Ch. (1982). Verkehrsverhalten in Konfliktsituationen. Studie im Auftrag des Jubiläumsfonds der Österreichischen Nationalbank. Wien: Kuratorium für Verkehrssicherheit.

Rockwell, T.H. (1988). Spare visual capacity in driving-revisited. In Gale, A.G. et al. (Eds.), Vision in Vehicles II (S. 317-324).

Schrievers, G., Bengler, K. & Haller, R. (1995). Evaluation of application 1: Navigation System: Trip replanning while driving, simulator experiment. In R. Haller et al., Evaluation of Results. DRIVE II Project V2006 (EMMIS), Deliverable No. 10.

Summala, H., Nieminen T. & Punto, M. (1996). Maintaining Lane Position with Peripheral Vision during In-Vehicle Tasks. Human Factors, 38, 442-451.

Verwey, W.B. & Janssen, W.H. (1988). Route following and driving performance with in-car route guidance systems. IZF-Report C-14. Soesterberg: Institute for Perception TNO.

Wierwille, W.W., Jonathan., F.A., Dingus, A.D. & Hulse, C.M. (1988). Visual Attentional Demand of an In-Car Navigation Display System. Vision in Vehicles II. (307-315).

Zwahlen, H.T., Adams. C.C. & DeBald P.D. (1988). Safety Aspects of CRT Touch Panel Controls in Automobiles. Vision in Vehicles II (335-334).

7 ZUR FRAGE DER BENUTZERSCHNITTSTELLE ZWISCHEN BESATZUNG UND MASCHINE IN COCKPITS MODERNER VERKEHRSFLUG-ZEUGE - ANFORDERUNGEN UND GRENZEN DER AUTOMATION

Werner Knorr

Deutsche Lufthansa AG, Frankfurt/Main

7.1 Einleitung

Mit diesem Vortrag soll versucht werden, die komplexen Zusammenhänge einer hochentwickelten Technik im Zusammenspiel mit dem Menschen kritisch zu beleuchten.

Die Mensch-Maschine-Schnittstelle gewinnt in vielen Bereichen der Technik zunehmend an Bedeutung. So sind z. B. Parallelen zwischen dem Automationsgrad in Cockpits moderner Verkehrsflugzeuge auf der einen Seite und der hochentwickelten Steuerung von Atomenergieanlagen auf der anderen Seite offenkundig gegeben[2].

Beide Bereiche können keine 100%-ige Sicherheit anbieten, arbeiten demzufolge mit einem „kalkulierten Risiko". Der Versuch der Risikominimierung durch moderne Technologien und die damit verbundene Automatisierung zielt darauf ab, die Fehlerquelle „Mensch" zu eliminieren. Unfälle in der Verkehrsluftfahrt aber auch Störfälle in der Atomindustrie zeigen leider auf spektakuläre Weise, daß diese Problematik immer noch nicht zufriedenstellend gelöst ist. Verweise auf die hohe „statistische Sicherheit" beider Technologien zeigen zwar den erreichten Reifegrad des Mensch-Maschine-Systems, jeder Unfall oder Störfall führt aber zwangsläufig immer wieder zu der Diskussion über die Beherrschbarkeit des Risikos und zwingt die Betreiber, sich mit den immer noch existierenden Schwachstellen auseinanderzusetzen.

Im Laufe der Ausführungen wird deutlich werden, daß die Automatik den Menschen nicht ersetzen, wohl aber signifikant entlasten kann. Nur das intelligente Zusammenspiel zwischen Mensch und Technik kann auf Dauer einen hohen Sicherheitsstandard garantieren. Die Idee, den Menschen komplett zu ersetzen, wie sie in den vergangenen Jahren zuweilen propagiert wurde, muß heute zumindest in Zweifel gezogen werden.

7.2 Automatisierung im Cockpit

In den Cockpits heutiger Verkehrsflugzeuge ist der Wandel von der „Analogen Welt" zur „Digitalen" weitestgehend vollzogen. Eine Fülle von Computern unterstützen die Piloten heute bei ihrer Arbeit. Mechanische In-

---

[2] *siehe. gleicher Vortrag auf dem TÜV Energie Consult Kolloquium in Hamburg vom 25. und 26.11.1996*

strumente sind durch Bildschirmanzeigen ersetzt worden. Auf die Frage, welche Funktionen heute von der Automatik übernommen werden, möchte ich beispielhaft nur die folgenden nennen (Abbildung 1):

1. Autoflight System (AFS)   Lagesteuerung
2. Autothrust System (AS)   Schubsteuerung
3. Full Authority Digital Engine Control (FADEC)   Triebwerksregelung
4. Flight Management System (FMS)   Flugplanung
5. Electronic Centralized Aircraft Monitoring (ECAM)   Systemüberwachung

Abb. 1:   Airbus A340-Cockpit

Zusätzlich zu den genannten Systemen gibt es heute viele Funktionen, die ebenfalls dem Computer übertragen werden, wie z. B. die Klimatisierung des Flugzeuges, die Kabinendruckregelung u. v. m. Ich habe aber die fünf Blöcke unter anderem deshalb ausgewählt, weil hier, wie später noch ausgeführt wird, die sicherheitskritischen Schwachstellen zu diskutieren sind.

Die genannten Systeme werden zum Teil bereits vor dem Flug programmiert, großteils aber während des Fluges durch die Besatzung modifiziert. Neben dem grundsätzlich manuell durchgeführten Start ist heute mittels der genannten Systeme der Rest des Fluges ohne die klassische „manuelle Steuerung" der Piloten bis hin zur automatischen Landung durchführbar. Dies heißt aber nicht, daß die Besatzung nicht kontinuierlich in das System eingreifen muß. Sie überwacht nicht nur die Automatik, sondern bedient sie mittels einer Fülle von Eingriffsmöglichkeiten, vom klassischen Drehknopf bis hin zum alphanumerischen Eingabegerät (MCDU) oder gar zur graphischen Oberfläche (B777). Zu viele Einflußparameter wirken auf ein Flugzeug ein, von Wettererscheinungen bis hin zu Verkehrskonflikten, die es zumindest bis heute noch unmöglich machen, einen einmal einprogrammierten Flug auch konsequent bis zur Landung automatisch ohne das Zutun der Piloten durchzuführen.

Neben den gerade skizzierten technischen Möglichkeiten muß allerdings angemerkt werden, daß mehr als 90% aller Landungen heute dennoch „von Hand" geflogen werden. Um überhaupt automatisch landen zu können, muß einerseits die Flughafeninfrastruktur entsprechend ausgerüstet sein und an-

dererseits, um die Zuverlässigkeit der Sende- und Empfangsanlagen zu gewährleisten, erfordert dies eine großzügigere Staffelung der Flugzeuge untereinander. Es ist unnötig zu erwähnen, daß bei Turbulenz oder zu hohen
Windgeschwindigkeiten das Autoflightsystem seine Grenze findet. Die automatische Landung findet deshalb grundsätzlich nur bei schlechten Sichten,
die in aller Regel mit Schwachwindbedingungen einhergehen, Anwendung.
Die daraus oft resultierenden lästigen Warteschleifen bei Nebelwetterlagen
sind uns allen sicher wohlbekannt.

7.3   Automatisierung und Sicherheit

Der hohe Anteil an Computern im Layout moderner Verkehrsflugzeuge hat
ohne Frage in vielen Bereichen zu einer Verbesserung der Arbeitsabläufe
geführt. Beispielhaft sei hier nur die Navigation genannt. Auf sog. Navigati-
onsdisplays wird heute den Piloten die Position des Flugzeuges und der voraussichtliche Flugweg relativ einfach angezeigt. Früher mußten die Besatzungen aus Peilungen oder Standlinien zu Funkfeuern die Position ermitteln,
was gelegentlich zu Fehlinterpretationen über die aktuelle Position geführt
hat. Zwischenfälle (Incidents) oder sogar Unfälle (Accidents) waren teilweise
die Folge.

Kann man daraus schließen, daß die Verkehrsluftfahrt durch die moderne Technologie deshalb grundsätzlich sicherer geworden ist?

Die Antwort ist nein !

Zieht man die entsprechenden Statistiken zu Rate, so muß man feststellen, daß die Sicherheit in den vergangenen 15 Jahren in etwa stagniert
(Abbildung 2). Ich werde deshalb auf den Punkt Navigation etwas später
noch einmal zurückkommen.

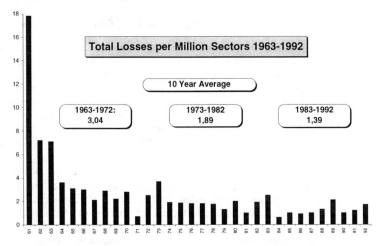

Abb. 2:   *Entwicklung der Sicherheit im Luftverkehr, Quelle: DLH, Flight
Safety Department*

Schlüsselt man die Statistiken weiter auf, so kommt man zu dem Schluß, daß ca. 70% aller Unfälle dem „Menschlichen Versagen" zugerechnet werden. Genau an dieser Ecke muß kritisch hinterfragt werden, warum der Mensch versagt hat. Nur zu leicht wird hier die Besatzung mit ihren menschlichen Unzulänglichkeiten als alleinige Ursache identifiziert. Für eine faire Analyse der Situation ist es aber genauso wichtig, herauszufinden, in welchem Umfeld sie versagt hat und ob sie in gewissen Situationen möglicherweise einfach versagen mußte. Hier spielt die Mensch-Maschine-Schnittstelle eine zentrale Rolle.

Innerhalb der „human caused accidents" kommt der Kategorie der „Controlled Flights into Terrain (CFIT)" eine sehr hohe Bedeutung zu. CFIT-Unfälle sind in der Regel nicht überlebbar und schlagen in der Statistik mit durchschnittlich fünf bis sechs Totalverlusten und 200-300 Menschenleben pro Jahr zu Buche (Abbildung 3).

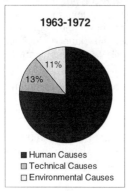 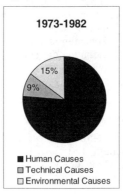 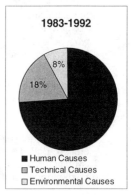

Abb. 3:   Unfallarten 1963-1992, Quelle: DLH, Flight Safety Department

Das Bemerkenswerte an CFIT-Unfällen ist die Tatsache, daß hier ein technisch in aller Regel voll funktionierendes Flugzeug zum Absturz gebracht wird. Analysiert man die Unfallursachen innerhalb der Kategorie „Human Factors" tiefer, so nimmt der sog. H3-Fehler eine wichtige Position ein. Hinter diesem Kürzel verbergen sich Ausbildungsfehler, also Qualifikationsdefizite der Besatzung, aber auch die bereits mehrfach erwähnten Schwächen im Interface zu der modernen Technik. Die so kategorisierten Fehler haben sich in den letzten Jahren gegenüber dem Zeitraum 1973-82 nahezu vervierfacht (Abbildung 4).

Eine mögliche, von Experten auch so gesehene Ursache, ist der Wandel des Arbeitsplatzes „Cockpits". Stand früher eher die reine Steuerung des Flugzeuges mit hohen manuellen Fähigkeiten im Vordergrund, so hat sich dies heute hin zu einem hochkomplexen Computerarbeitsplatz verschoben. Mit der Entlastung der Besatzung von manuellen Aufgaben durch die Automatik, die ohne Frage auch fehlerträchtig waren, wurden auf der anderen Seite völlig neue Fehlermöglichkeiten kreiert. Möglicherweise ist auch hier einmal mehr die Parallele zu der Atomindustrie zu sehen.

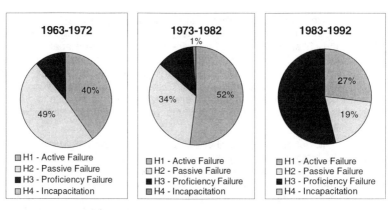

Abb. 4: *Entwicklung der H3-Fehler, Quelle: DLH, Flight Safety Department*

7.4 Die „Mensch-Maschine-Schnittstelle"

7.4.1 Anzeigesysteme

Mit Einzug der Bildschirmtechnologie hat sich das Aussehen moderner Cockpits grundlegend gewandelt. Wurden früher eine Fülle von Einzelinstrumenten benötigt, um die Besatzung mit allen evtl. Informationen zu versorgen („Uhrenladen"), so begnügt man sich heute mit einigen wenigen Bildschirmen. Auf diesen wird situationsgerecht nur die Information dargestellt, die entsprechend der Flugphase gerade relevant ist (Abbildung 5). Gleichzeitig hat sich die Anzahl der möglichen Informationen drastisch erhöht. Auf Knopfdruck lassen sich so z. B. wesentliche Parameter zum Systemzustand des Flugzeugs abrufen.

Abb. 5: *Typische Bildschirmanzeigen Primary Flight Display (PFD) und Navigation Display (ND)*

Neben diesen beschriebenen Vorteilen sind diese „Glass-Cockpits" aber dadurch in die Kritik geraten, daß gerade wegen der universellen Anzeigemöglichkeit auch taktiles Feedback auf den visuellen Kanal verlagert wurde. Das gilt z. B. für die fehlende Schubhebelnachführung (Fixed Thrustlevers) oder aber die automatische Trimmung bei neuen AIRBUS-Flugzeugen. Diese Verlagerung bringt für das Beispiel der Gashebel einen reduzierten Konstruktionsaufwand und höhere Ausfallsicherheit mit sich und für das Beispiel der automatischen Trimmung wird der Pilot im Normalfall erheblich entlastet.

In der Summe darf aber der Mensch, was die Möglichkeit angeht, visuelle Informationen aufzunehmen, nicht überfordert werden. In extremen Streßsituationen werden sonst ganz wesentliche Inputs nicht mehr wahrgenommen. Hier ist sicherlich inzwischen eine Grenze erreicht. Kritiker sehen diese Grenze bereits überschritten. Unnötigerweise hat sich diesbezüglich ein Philosophiestreit zwischen den zwei großen Flugzeugherstellern entwickelt, der dem grundsätzlichen Problem der wachsenden Automatisierung nur wenig gerecht wird.

7.4.2 Eingabesysteme

Die Bedienung der Cockpit-Systeme erfolgt konventionell über Push-Buttons und Drehknöpfe mit evtl. zusätzlichen Push/Pull-Funktionen oder alphanumerischen Eingabegeräten. Allerneueste Entwicklungen wie die B 777 verfügen bereits über ein graphisches Interface (Mousedevice). Die räumliche Enge der Cockpits erfordert kleine Eingabegeräte, die aus diesem Grunde nicht besonders ergonomisch sind. Die Kontrolle der Eingaben über einen winzigen Bildschirm bedingt eine sehr verschachtelte Menüstruktur, die nicht immer anwenderfreundlich ist. Sie erzeugt einerseits erhebliche „Headdown-Zeiten" und verlangt auch die genaue Kenntnis, auf welcher Seite in welchem Menü die Eingabe zu tätigen ist.

So gestaltet sich heute z. B. ein kurzfristig nötiger Frequenzwechsel des Instrumentenlandesystems als relativ aufwendig. Auf der anderen Seite ermöglicht nur diese Softwarestruktur ein automatisches „Tuning" von Funkfeuern, das wiederum im Normalfall die Besatzung entlastet. Bei der Eingabe ist eine hohe Aufmerksamkeit gefordert, um entsprechende Fehlreaktionen des Flugzeuges zu vermeiden. Der Absturz einer B757 in Südamerika in diesem Jahr weist in der unumgänglichen Fehlerkette, die stets einem Absturz vorausgeht, auch die Aktivierung eines falschen Wegpunktes auf. Ich werde auf diesen Aspekt später noch eingehen.

7.4.3 Komplexität

Das Abgeben von Aufgaben an die Automatik ist prinzipiell dort zu begrüßen, wo dadurch die Arbeit für den Menschen erleichtert wird. Es ist z. B. völlig unstrittig, daß ein Autoflightsystem heute eine Fülle solcher Funktionen aufweist. Grundsätzlich ist der Anwender jedoch gehalten, die Plausibilität der Abläufe zu überwachen. Sind diese sicherheitskritisch, muß notfalls der Mensch die Rolle des Systems von einer Sekunde auf die andere übernehmen können. Das gelingt nur, wenn die zu überwachenden Systeme einen gewissen Komplexitätsgrad nicht überschreiten.

Heute kommt es gelegentlich vor, daß Piloten erst längere Zeit nachdenken müssen, um zu beurteilen, ob die Reaktion der Flugzeugsysteme noch im Sinne der Designer ist, oder bereits eine Fehlfunktion, wodurch auch immer ausgelöst. Die Frage: „Was macht das Flugzeug denn jetzt?" hat sich jeder Pilot sicher schon mehr als einmal gestellt.

Die Tatsache, daß die Technik trotzdem in einem hohem Maße zuverlässig ist, macht die Fehlererkennung zunehmend schwerer, weil man anfängt, dem System zu trauen und dann von einem Fehler entsprechend stark überrascht wird. Als Beispiel möchte ich erneut die Navigation nennen. Heute verfügt ein modernes Flugzeug über ein ausgeklügeltes System zur Positionsbestimmung mit Hilfe von sog. „Inertial Reference Systems", deren Position, wann immer geographisch möglich, durch konventionelle Funkfeuer korrigiert wird. Wie bereits erläutert, wird dies auch der Besatzung transparent auf dem Bildschirm dargeboten. Nun kann es vorkommen und dies ist in der Vergangenheit auch so passiert, daß das, was die Besatzung zu sehen meint, gar nicht der Realität entspricht. Fehlerursachen dafür gibt es mehrere. Diese sog. „Mapshifts" sind nur zu erkennen, wenn man dauernd die entsprechende Kontrolle anhand konventioneller Funkfeuer durchführt. Wie wichtig gerade im Zusammenhang mit der CFIT-Problematik das Wissen um die exakte Position ist, kann gar nicht hoch genug eingeschätzt werden. Durch solche Mapshifts ist eine Katastrophe geradezu vorherprogrammiert, wenn man nicht durch gezielte Verfahren an Bord entsprechend gegensteuert.

Dieses Beispiel anhand der Navigationsdarstellung ist vielleicht am typischsten für die Entwicklung der letzten Jahre. Einerseits wird dem Nutzer ein System angeboten, das um Längen besser ist als jedes vorher dagewesene, anderseits wirken sich die seltenen Fehler bedeutend gravierender aus.

Die Überwachung und Fehlererkennung ist in Ihrer Bedeutung entsprechend gewachsen, aber gleichzeitig durch hochkomplexe Architekturen wesentlich schwieriger geworden. Lagen im gezeigten Beispiel früher die Probleme eher in der komplizierten Interpretation alter Anzeigen, so haben sich diese heute wegen der hohen Komplexität lediglich verschoben. Die Sicherheit hat sich unter dem Strich nicht erhöht. Die Akzeptanz und das Vertrauen in die neuen Systeme wird deshalb vom Benutzer immer wieder kritisch hinterfragt.

7.4.4 Software

Das Herzstück jedes Computers ist heute die Software. Hardwarefehler sind gemessen an Softwarefehlern eher selten und sehr häufig durch Redundanzen leicht abdeckbar. Der Programmierungsaufwand für komplexe Systeme ist immens hoch, die Programme entsprechend umfangreich. Schon eine verkehrt in die Datenbank eingegebene Position für z. B. einen Wegpunkt kann zu den bereits skizzierten verdeckten Fehlern, den angesprochenen „Mapshifts" führen. Diese Art Fehler ist, wie bereits geschildert, wesentlich gefährlicher als der eigentliche Systemabsturz, den jeder möglicherweise von seinem PC zu Hause oder im Büro kennt. Doch auch diese Systemabstürze, obwohl leicht als solche erkennbar, in aller Regel sogar durch redundante Systeme abgedeckt, erhöhen das Mißtrauen in die Digitaltechnik.

Auffälligkeiten, die von Besatzungen als Fehlfunktionen gemeldet wurden, sich aber in Testläufen am Boden nicht rekonstruieren ließen, verstärken diesen Eindruck noch zusätzlich. Um die Größenordnung dieser Effekte deutlich zu machen, möchte ich die folgenden Zahlen unserer Lufthansa Technik AG nennen. Eine Flotte von 30 Flugzeugen erzeugt im Laufe eines Tages 2000 durch den Computer generierte Warnungen bzw. zeigt Auffälligkeiten im Systemverhalten. Die Besatzung reduziert als menschlicher Filter diese Zahl auf etwa 50. Dabei werden bekannte Effekte und sogenannte „Nuisance-Warnings" ausgefiltert. Von den 50 daraufhin ausgebauten Geräten zeigen in der Werkstatt gerade mal acht einen Befund. Von diesen Befunden korrelieren aber lediglich zwei mit der von der Crew beobachteten Beanstandung.

7.4.5 Eingriffsmöglichkeiten

Unter diesem Kapitel verbirgt sich vermutlich das brisanteste Thema innerhalb des Themenkomplexes Automation. Mit Einführung der sog. „Fly by Wire"-Technologie kann den Besatzungen ein Limit vorgegeben werden, das von einem Computer berechnet wird. Die „Final Authority" des Menschen wird zum ersten Mal in Frage gestellt.

So werden z. B. physikalische Grenzen von der Automatik ermittelt und erlauben dem Flugzeugführer nur innerhalb dieser Grenzen zu agieren. Bei vorbildlicher Auslegung des Systems ist hier ohne Frage ein erheblicher Sicherheitsgewinn möglich. Dennoch können sich viele Piloten mit dieser „Bevormundung" nicht oder nur sehr schwer anfreunden. Ein Fehlverhalten dieser Logik könnte z. B. den fliegbaren Bereich völlig falsch begrenzen, was katastrophale Auswirkungen hätte.

Solche Systeme sind deshalb mit unglaublichen Aufwand und Anspruch an Integrität konstruiert worden. Aber selbst bei perfekter technischer Ausführung kann es zu Situationen kommen, die bei der Auslegung nicht berücksichtigt wurden.

Der Unfall eines A320 in Warschau wäre so z. B. mit großer Wahrscheinlichkeit verhindert worden, wenn die Besatzung die Möglichkeit gehabt hätte, die Automatik außer Kraft zu setzen. Dort war diese der Meinung, das Flugzeug befindet sich noch nicht am Boden, weil bestimmte Sensoren noch nicht geschaltet hatten. Die sog. „Groundspoiler" zur Reduzierung des Auftriebs und Verbesserung der Bremswirkung ließen sich folgerichtig nicht fahren. Aus Sicht der Automatik war dies zweifellos richtig.

Dennoch darf man nicht den Fehler machen, aus einem Unfall heraus das gesamte Konzept der Automation in Frage zu stellen. Wesentlich weniger spektakulär verhindern sicher vergleichbare Automatismen das eine oder andere Mal einen möglichen Unfall. In diesem Grenzbereich ist es aber trotzdem enorm wichtig, die Konstruktionsprinzipien nicht allein den Ingenieuren zu überlassen.

Die sinnvolle Auslegung der Mensch-Maschine-Schnittstelle, speziell in diesem sicherheitskritischen Bereich, kann nur zusammen mit den Anwendern, in diesem Fall den Besatzungen, erfolgen. Die Deutsche Lufthansa AG ist aus diesem Grund schon seit vielen Jahren in einem engen Dialog mit den Herstellern. Die Euphorie der frühen „Digitaljahre" mit ihren ungeahnten

Möglichkeiten weicht zunehmend einem sinnvollen Realismus. Der Mensch soll nicht länger eliminiert werden. Die Stärken des Menschen, die hauptsächlich in seiner analytischen Fähigkeit liegen, müssen dennoch noch stärker als bisher in das Design eingebracht werden. Der Weg zu einem wirklich sicheren Cockpit wird so in Zukunft hoffentlich doch noch möglich sein.

7.5 Training

Wie bereits hinreichend ausgeführt, ist deutlich geworden, daß sich die Anforderungen an den Menschen durch die Automatik verlagert haben. Um dem Menschen im Notfall die Möglichkeit der Übernahme zu ermöglichen, darf er nicht zu weit vom „Systemzustand" entkoppelt sein. Die sinnvolle Einbindung der Besatzung auch in automatische Abläufe wird deshalb zunehmend wichtiger. So muß durch ein geschicktes „Crew Coordination Concept" die gesamte Bedienung der Automatik überwacht werden. Niemals darf nur ein Mensch allein im Dialog mit der Technik sein. Die Überbrückung von Zeiten der reduzierten Arbeitsbelastung, wie z. B. des Reisefluges spielt dabei eine genauso wichtige Rolle wie die Bedienung der Automatik im Falle von teilweisem Systemversagen.

Das landläufige Vorurteil von der „nichtstuenden Besatzung", der der Autopilot die gesamte Arbeit abnimmt, muß vollständig aus den Köpfen verschwinden. Die Vorstellung einiger euphorischer Ingenieure, ein Verkehrsflugzeug mit weniger qualifizierten „System-Operatoren" sicherer als früher fliegen zu können, ist in den letzten Jahren gründlich widerlegt worden. Die Anforderungen an die Piloten haben sich zweifelsohne verlagert, sind aber keinesfalls geringer geworden.

Inwieweit hier einmal mehr Parallelen zu der Atomkraft-Technologie zu sehen sind, wage ich nicht zu beurteilen. Bei der Konstruktion sicherheitskritischer, automatischer Abläufe sollte aber die Fähigkeit des Menschen, einen solchen Vorgang auf seine Plausibilität hin zu überprüfen und notfalls einzugreifen, nicht unterschätzt werden. Die Technik ist nie unfehlbar.

Für den Arbeitsplatz Cockpit hat sich deshalb die Notwendigkeit ergeben, alte Lehrphilosophien zu überprüfen und nach modernsten Erkenntnissen der Didaktik das Potential einer Crew erheblich zu erhöhen. Ein ausgereiftes „Crew Resource Management" hilft uns bei der Lufthansa, daß die Leistungsfähigkeit einer Crew zusammen mehr wert ist als die Summe der Einzelleistungen beider Piloten. Dabei arbeiten nicht nur fachliche Trainer an der Ausbildung mit, in aller Regel sind dies erfahrene Ausbildungskapitäne, sondern vermehrt auch Psychologen, die sich mit den menschlichen Unzulänglichkeiten befassen. Ein umfassender Eignungstest ist dabei die unentbehrliche Grundlage.

7.6 Zukunftsperspektiven

Der skizzierte Schritt von der „Analogen" zur „Digitalen" Welt war sicher ein sehr dramatischer. Wir befinden uns jetzt in einer Phase der Konsolidierung. Ein ähnlicher dramatischer technologischer Schritt, der wiederum ganz neue Problemfelder aufwirft, ist zur Zeit nicht in Sicht. Mit der Umsetzung der bisher gewonnen Erfahrung sollte es also möglich sein, die immer wieder angestrebte Erhöhung der Sicherheit dennoch zu erreichen. Ich denke dabei besonders an intelligente Warnsysteme wie z. B. das sog. „Enhanced Ground Proximity Warning System". Bei aller Kritik an der digitalen Welt ist es jedoch nur damit möglich, das bereits hinreichend vorgestellte Thema „CFIT" eventuell in den Griff zu bekommen. Dieses neue in der Erprobung befindliche System könnte ein wirklich wichtiger Baustein für die Sicherheitserhöhung sein. Es wird unter Zuhilfenahme der Satellitennavigation in der Lage sein, die genaue Position des Flugzeuges in Relation zu einer gespeicherten Geländedatenbank zu beurteilen und entsprechend früh eine Warnung herauszugeben.

Der wachsende Luftverkehr, man rechnet in den nächsten 12-15 Jahren wiederum mit einer Verdoppelung, wird jedoch ein paar neue Probleme heraufbeschwören, die uns in den nächsten Jahren beschäftigen werden. Das Hauptaugenmerk liegt dabei auf der Erhöhung der Kapazitäten im Luftraum und am Boden. Neue „Air Traffic Management Systeme (ATM-Systeme)" sind notwendig, um das Wachstum der Zukunft überhaupt möglich zu machen. Insgesamt wird der Druck auf die Erhöhung der Sicherheit zunehmen, denn selbst bei gleichbleibender statistischer Sicherheit wird sich in den Augen der Passagiere diese subjektiv reduzieren.

Die Anzahl der Schlagzeilen in der Presse wird sich nämlich entsprechend verdoppeln, wenn es nicht gelingt, die Sicherheit entsprechend zu erhöhen. Das Ausmaß der Katastrophen wird durch immer größere Flugzeuge, die in der Entwicklung sind, untragbar hoch sein. Immerhin überlegen die Hersteller heute den Bau von Flugzeugen mit 650-800 Sitzplätzen.

Im Rahmen dieser ATM-Systeme wird man sich wesentlich intensiver mit dem Kollisionsrisiko befassen müssen. Flugzeuge werden untereinander mittels Datenübertragung kommunizieren. Die Kontrolle wird sich von der reinen Radarkontrolle am Boden auch auf die Flugzeugseite hin verlagern. Diese neuen Aufgaben werden wiederum von den Besatzungen wahrgenommen werden. Nur durch konsequente Anwendung der bisher bekannten Erfahrungen wird auch diese Schnittstelle in der Zukunft gestaltbar sein.

8 SIMULATION DER AUSWIRKUNGEN VON PROZESSENTSCHEIDUNGEN DER OPERATEURE AUF DEN PRODUKTIONSABLAUF

Heinz-H. Erbe & Bernd Mahrin

Technische Universität Berlin, Institut für berufliche Bildung

Zusammenfassung

Die Sicherheit und Stabilität von Produktionsabläufen vom Auftragseingang bis zur Auslieferung an den externen oder internen Kunden ist trotz aller Automatisierung weitgehend abhängig von den unmittelbar beteiligten Akteuren.

Die zu den Aufträgen gehörenden Rahmendaten bezüglich Qualität, Durchlaufzeiten / Kapazitätsauslastung, verabredeten Lieferterminen etc. werden von Facharbeitern in konkrete, einzelne Arbeitsschritte und Aufgaben umgesetzt und dem Fertigungssystem zugeordnet.

Die Akteure/Operateure müssen die Auswirkungen der von ihnen getroffenen Entscheidungen durch lokale Auswertung der erfaßten Betriebs- und Maschinendaten erfahren. Diese Erfahrung und die Daten bilden die Grundlage zur Beurteilung einer Simulation des Produktionsablaufs durch die Facharbeiter in bezug zu den von ihnen getroffenen Entscheidungen.

Parameter der Simulation sind unter anderen die Verfügbarkeit von Produktionsmitteln, Arbeitskräften, Material und die Bewertung der Belastbarkeit der Arbeitsplätze.

Voraussetzung zur Beurteilung der Simulationsergebnisse ist eine detaillierte Kenntnis des gesamten Produktionsablaufs, die ständig aktualisiert werden muß. Dies kann durch Nutzung von off- und on-line Informationen am Arbeitsplatz geschehen, welche die Integration von Arbeiten und Lernen unterstützen.

Ein Problem besteht darin, daß der hard- und software-gesteuerte Produktionsprozeß von Fachleuten entwickelt wurde, die selbst keine Operateure sind. Die Operateure wiederum beobachten und beurteilen den Produktionsprozeß indirekt, vermittelt durch Meßinstrumente, da ein direkter Zugang meistens ausgeschlossen ist. Zudem „manipulieren" sie Software und Daten und nicht unmittelbar den Fertigungsprozeß.

Diese Entfernung von dem eigentlichen materiellen Geschehen bildet eine Hürde für die Beurteilung von Prozeßentscheidungen, die nicht allein durch Training überwunden werden kann. Hier spielt die Wechselbeziehung zwischen dem Entwurf von und der Arbeit mit Produktionssystemen eine wesentliche Rolle.

Der Beitrag will Vorschläge zur Effektivierung dieser Wechselbeziehung unterbreiten, da sie maßgeblichen Einfluß hat auf die Auslegung einer werkstattgeeigneten Simulation der Entscheidungen über Produktionsabläufe, d. h. des Zusammenspiels menschlicher Interaktion mit technischen Prozessen.

8.1 Einführung

Es ist heute unumstritten, daß die eingesetzte Technologie nur im Zusammenhang mit ihrer effektive Nutzung in einer entsprechenden Arbeitsorganisation die Produktivität eines Betriebes und die Qualität der Produkte sowie des Produktionsprozesses bestimmt.

Trotz dieser Erkenntnis halten viele Betriebe an Strukturen fest, die zentral gefällte Entscheidungen über fast alle betrieblichen Abläufe bis in die unmittelbare Produktion durchsetzen. Produktionsplanungssysteme sind in dieser Weise konstruiert. Ihre Entscheidungsalgorithmen über hohe Kapazitätsauslastung oder möglichst geringe Durchlaufzeiten oder Einhaltung von Lieferterminen nutzen Maschinen- und Betriebsdaten, welche in der Werkstatt erfaßt werden. Trotz aller Verfeinerungen dieser Softwaresysteme, die auftretende Ungewißheiten berücksichtigen sollen: sie folgen dem top-down-Prinzip, und sie berücksichtigen nur ungenügend, wenn überhaupt, die vorhandenen Erfahrungen in den jeweiligen Arbeitsplätzen oder Kostenstellen.

Es ist nicht zu übersehen, daß viele Betriebe bisher gute Ergebnisse mit dieser Struktur erzielten. Diese Strukturen sind jedoch wenig flexibel gegenüber auftretenden Ungewißheiten, seien sie externer oder interner Natur. Das Management wird stark belastet, um diese Ungewißheiten zentral auszuregeln. Die Werkstatt wird ebenfalls stark belastet, da sie die Managemententscheidungen unerwartet trifft. Intern auftretende Ungewißheiten darf sie nicht selbst ausregeln, sondern sie muß die Managemententscheidung abwarten.

Die Zurückhaltung vieler Manager, Entscheidungsvollmacht und damit natürlich auch Verantwortung an den Ort des Geschehens zu übertragen, erklärt sich aus einem gewissen Beharrungsvermögen eingefahrener Strukturen, aus dem nur geringen Vertrauen in die Mitarbeiter der Werkstatt, aus der vermeintlichen Notwendigkeit, die unbedingte Kontrolle über alle Abläufe behalten zu müssen und damit verbunden, aus der Furcht vor Machtverlust. Allenfalls wird die Entscheidungsbefugnis des Meisters der Werkstatt erweitert. Auch bei Gruppenarbeit wird überwiegend ein Gruppenleiter bestimmt durch das Management, welches einer kooperativen Arbeit in einer Gruppe widerspricht. Allerdings gibt es auch andere Hinderungsgründe für die Einführung dezentraler Entscheidungsvollmacht für die Abwicklung von Aufträgen in der Werkstatt durch alle Werkstattmitarbeiter. Abgesehen von der eventuell fehlenden Qualifikation ist es die mangelhafte oder völlig fehlende technische Unterstützung dezentraler Entscheidungen. Wenn also aus wirtschaftlichen Gründen, durch sich ändernde Kunden- und Marktanforderungen, zentrale Entscheidungsstrukturen obsolet werden, ist es sicher sinnvoll und notwendig, diese technische Unterstützung zu entwickeln. Ihre Einführung hängt dann selbstverständlich von noch anderen, weiter oben angeführten Faktoren ab.

8.2   Alternative Lösungen

Eine traditionelle Ablauforganisation zeigt in vereinfachter Darstellung die Abbildung 1. Das Meisterbüro bildet die Schnittstelle zwischen Management und Werkstatt.

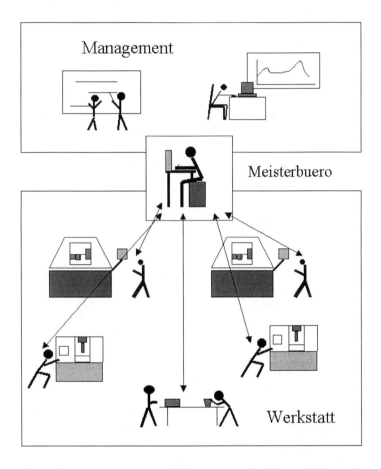

Abb. 1:   *Vereinfachte Darstellung einer zentralen Entscheidungsstruktur mit dem Flaschenhals zur Werkstatt*

Diese Schnittstelle kann sehr schnell zu einem Flaschenhals werden, durch welchen sich alle Informationen von unten und alle Anweisungen von oben hindurchquälen müssen. Selbstverständlich ist das Meisterbüro mit Computern ausgestattet, z. B. einem Fertigungsleitstand (Fleig & Bauer, 1995), in welchem die PPS-Daten der Aufträge aufbereitet und an die einzelnen Arbeitsplätze verteilt werden. Trotz aller Datenverarbeitung zu den Aufträgen: der Meister kennt seine Werkstatt und weiß, wann ein Auftrag eingelastet werden kann. Er trifft die zentralen Entscheidungen zur Durchsetzung der PPS-Anweisungen. Die Verantwortung für die korrekte Ausführung liegt bei den einzelnen Arbeitsplätzen.

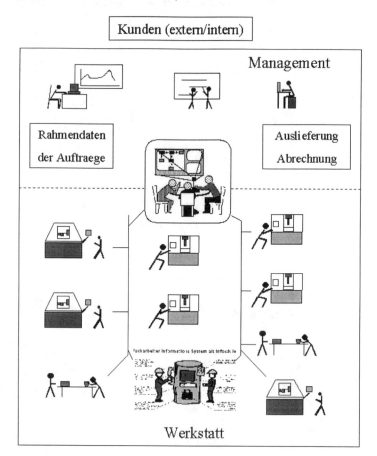

Abb. 2:   *Vereinfachte Darstellung einer dezentralen Entscheidungsstruktur*

Die Abbildung 2 zeigt die vereinfachte Darstellung einer Ablauforganisation, in welcher der Flaschenhals erheblich aufgeweitet wurde durch eine Gruppe von Werkstattmitarbeitern. Diese Gruppe, deren Zusammensetzung von allen Mitarbeitern der Werkstatt bestimmt und die vom Management autorisiert wird, nimmt die Aufträge mit den notwendigen Rahmendaten entgegen, die aus einem PPS-System stammen oder manuell unter Benutzung konventioneller Planungshilfen erzeugt wurden. Die Gruppe setzt sie mit Hilfe elektronischer Plantafeln in Aufgaben für die einzelnen Arbeitsplätze um. Voraussetzung für ihre Entscheidungen ist die umfassende Information über die Kundenanforderungen. Dazu ist es auch notwendig unter Umständen mit dem oder den Kunden direkt in Kontakt zu treten. Der Gruppe obliegt auch die Festlegung und eventuelle Änderung der Kapazität der Arbeitsplätze. Dieses ist notwendig, wenn Engpässe entstehen und Termine unter normalen Umständen nicht einzuhalten wären, die Kundenanforderung aber befriedigt werden soll, im Sinne einer Kundenbindung an den Betrieb. Diese Entscheidungen werden gemeinsam getroffen, sie sind damit einsichtig und die Verantwortung für ihre Einhaltung wird von allen Beteiligten getragen.

8.3   Anforderung an Unterstützung

Sofern die Facharbeiter in der Werkstatt weitgehende Entscheidungs-, Kooperations- und Handlungsspielräume, aber auch mehr Verantwortung erhalten, können sie diese neuen Aufgaben nur wahrnehmen und ausfüllen, wenn sie gleichzeitig eine auf ihre Aufgaben und Belange optimal zugeschnittene Informationsgrundlage haben. Das bedeutet, es müssen

- anwendungsgerecht aufbereitete Informationen,
- geeignete Informationstechniken,
- geeignete Simulationsmöglichkeiten der Entscheidungsauswirkungen,
- Auswertungsmöglichkeiten der Maschinen- und Betriebsdaten ihres Bereichs und
- angepaßte organisatorische Regelungen zur Verfügung stehen.

Die Werkstatt muß ein Informations- und Entscheidungshilfinstrument an die Hand bekommen, mit dessen Hilfe die Facharbeiter ihre Aufgaben besser und kompetenter erfüllen und ihre Qualifikationen erweitern können. Das Instrument muß einfach, anpaßbar, nutzerfreundlich, lernförderlich und preiswert sein. Es muß ergonomischen Anforderungen genügen, und es muß sich am Handlungsablauf und Informationsbedarf der Facharbeit orientieren.

Dem Management wird es dadurch erleichtert, dezentrale Organisationskonzepte effektiv und effizient zu gestalten, das Fachwissen, die Erfahrungen und die Fähigkeiten ihres Werkstattpersonals zu nutzen, um die für den Betrieb erfolgsrelevanten Ziele, wie bessere Kapazitätsauslastung oder die Einhaltung von Lieferterminen oder kürzere Durchlaufzeiten und Prozeßstabilität und -qualität zu erreichen.

Allerdings ist die technische Unterstützung der Anforderungen noch unterentwickelt. Dadurch wird eine Dezentralisierung von Entscheidungsprozessen erschwert. Wesentliche Quellen der Flexibilität wie Erfahrungsnutzung und zeitliche Nähe von Planen, Ausführen und Erfolgskontrolle bleiben ungenutzt.

Die Informationsbereitstellung und die Unterstützung für Prozeßentscheidungen in der Werkstatt durch entsprechende Soft- und Hardware müssen noch in enger Zusammenarbeit der Anwender und Entwickler erarbeitet werden. Soft- und Hardware müssen nicht nur individuell sondern vor allem in gruppenförmiger kooperativer Arbeit anwendbar sein. Entscheidend ist,

- daß die Werkstattmitarbeiter unmittelbar an der organisatorisch-technischen Systementwicklung beteiligt und dafür qualifiziert werden und

- daß der Prozeß der Systementwicklung in engen Rückkopplungsschleifen verläuft und ihm so ständiger Verbesserungsbedarf zugemessen wird.

8.4 Unterstützung von Prozeßentscheidungen

Mit der zunehmenden Anwendung rechnergesteuerter Maschinen und Anlagen hat das Planungshilfsmittel „rechnergestützte Simulation" an Bedeutung gewonnen. Dieses Instrument planerischer Aufgaben hat sich etabliert. Als schlagwortartige Bezeichnungen werden „Fabriksimulation" und „Computersimulation in der Produktion" verwendet.

Was zunächst als Instrument für Planer und Konstrukteure gedacht war, wird jetzt unmittelbar anwendbar für die Facharbeit in der Werkstatt. Dies gilt insbesondere für die Nutzung von Simulatoren bei der NC-Fertigung sowie der Roboter- und SPS-Programmierung. Hier dienen Simulatoren in erster Linie dazu, Hilfestellungen bei der Fehlerdiagnose und Parameteroptimierung zu geben und Lösungsvarianten auszuprobieren. Weiter gibt es Simulationen, welche die Abläufe zwischen unterschiedlichen Fertigungseinheiten abbilden, einschließlich der Transport- und Lagervorgänge, der Optimierung von Durchlaufzeiten und der Ermittlung von Maschinenauslastungen sowie der Analyse von Lager- und Pufferbelegungen.

Ausschlaggebend für den Einsatz der Computersimulation in der Fertigung sind zwei Entwicklungstrends. Einerseits nehmen die Komplexität von Planungsaufgaben in der Produktion und das Risiko von folgenschweren Fehlentscheidungen zu. Andererseits wird durch die weitere Entwicklung der Computertechnologie einschließlich der Informations- und Kommunikationstechnik die Möglichkeit geschaffen, Simulationssysteme kostengünstig als Planungswerkzeuge einzusetzen (Bruns et al., 1995).

Ein Unterstützungssystem für die Werkstattarbeit befindet sich in der Entwicklung: ein „Facharbeiter-Informations-System" (FIS) (Fleig & Schneider, 1996). Es dient der Vorbereitung der Prozeßentscheidungen über den Produktionsablauf und der ständigen Aktualisierung der Entscheidungsgrundlagen.

Das Facharbeiter-Informations-System ist kein Instrument zur Durchsetzung und Kontrolle von Produktionsabläufen wie dies PPS-Systeme und Leitstände sind, sondern eine Anzahl von Werkzeugen, die der Facharbeiter bei Bedarf nutzen kann zur Bewältigung seines täglichen Arbeitshandelns. Im Vordergrund steht dabei die Unterstützung gerade derjenigen Abläufe und Arbeitsschritte, die sich nicht detailliert vorausplanen lassen, die sporadisch auftreten, die ungenügend dokumentiert sind oder eine intensive Kommunikation auf Werkstattebene oder mit dem Management erfordert.

Das Facharbeiter-Informations-System unterstützt die Werkstatt durch die Möglichkeiten der Informationssuche und -verdichtung aktueller Produktionsdaten, durch Zugriff auf aufbereitete individuelle Erfahrung aller Werkstattmitarbeiter sowie durch verschiedene Kommunikationsdienste für qualifizierte Einzelarbeit als auch bei der Gruppenarbeit.

Es ermöglicht die Integration bzw. den Informationsaustausch mit bestehenden kooperierenden EDV-Systemen.

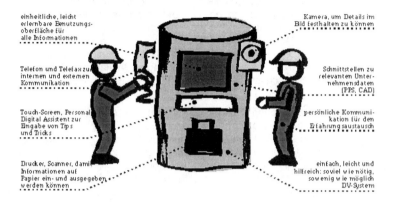

Facharbeiter-Informations-System als Infosäule

einheitliche, leicht
erlernbare Benutzungs-
oberfläche für
alle Informationen

Kamera, um Details im
Bild festhalten zu können

Telefon und Telefax zur
internen und externen
Kommunikation

Schnittstellen zu
relevanten Unter-
nehmensdaten
(PPS, CAD)

Touch-Screen, Personal
Digital Assistent zur
Eingabe von Tips
und Tricks

persönliche Kommuni-
kation für den
Erfahrungsaustausch

Drucker, Scanner, damit
Informationen auf
Papier ein- und ausgegeben
werden können

einfach, leicht und
hilfreich: soviel wie nötig,
sowenig wie möglich
DV-System

Abb. 3:   Die FIS Informationssäule   © FhG-ISI-Karlsruhe

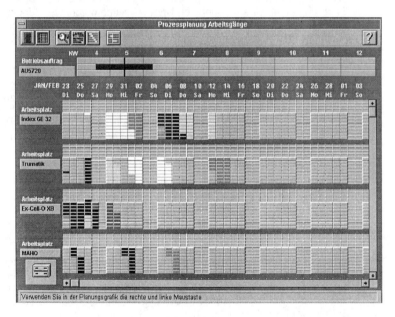

Abb. 4:   Oberfläche einer elektronischen Plantafel für die Simulation von
Prozeßentscheidungen.   © INTERSOFT GmbH

Ein Beispiel hierfür ist eine elektronische Plantafel (Erbe, 1996), welche es erlaubt, nach einer Bewertung der Belastung der Arbeitsplätze und Maschinen, die Auftragsdurchläufe zu simulieren hinsichtlich Kapazität der Arbeitsplätze, der Durchlaufzeit von Aufträgen, der Einhaltung der den Kunden

garantierten Liefertermine, etc. Mit diesem Instrument arbeitet die in der Abbildung 2 dargestellte Gruppe, und sie benutzt die vorgegebenen Rahmendaten der Aufträge, um sie in Arbeitsschritte aufzulösen und den einzelnen
Arbeitsplätzen zuzuordnen. Die Belastungsbewertung der Arbeitsplätze ist
nicht starr vorgegeben, sondern beruht auf der ständigen Auswertung der
erfaßten Maschinen- und Betriebsdaten und einem Aushandlungsprozeß
zwischen allen Beteiligten, um jeweils ein Optimum für die Auftragsdurchläufe zu erzielen und vorhandene Ungewißheiten wie Störungen und Aus-
fälle von Maschinen, Werkzeugen, Material, Personal etc. berücksichtigen zu
können.

Die Simulation der Verteilung der zu den Aufträgen gehörenden Arbeits-
aufgaben im Hinblick auf das angestrebte Ziel, z. B. die Einhaltung eines
Liefertermins für einen Auftrag, der in Konkurrenz mit anderen gleichzeitig in
Bearbeitung befindlichen Aufträgen liegt, die zeitlich andere Anordnung der
Arbeitsaufgaben oder die eventuell notwendig werdende andere Bewertung
der betroffenen Arbeitsplätze, führt schließlich zur Entscheidung über die
Vorgehensweise.

Die unmittelbare Rückkopplung der Ergebnisse dieser Entscheidung
über die aktiv am Produktionsprozeß Beteiligten führt zu einer zunehmenden
Erfahrung in der Überwindung von Ungewißheiten durch alle Werkstattmit-
beiter. Die Auswertung der Maschinen- und Betriebsdaten geschieht mit der
höchsten Effektivität und der günstigsten Auswirkung auf nachfolgende Prozesse am Orte ihrer Erfassung.

Die Simulation der Auswirkungen von Probeentscheidungen mit Hilfe einer elektronischen Plantafel erhöht die Sicherheit der schließlich getroffenen
Entscheidung. Sie ist damit allen Beteiligten einsichtig und durchsetzbar. Sie
unterstützt den stabilen Produktionsablauf, indem unerwartet auftretende
Störungen schnell ausgeregelt werden können, durch die schnelle Simulation der Auswirkungen von eventuell notwendig werdenden Umverteilungen
von Arbeitsaufgaben auf andere Arbeitsplätze, die dann eventuell höher bewertet werden müssen.

Diese Aufgabenverteilung mit der Unterstützung durch Simulation funktioniert natürlich nur dann, wenn die bereits weiter oben als notwendig angeführten organisatorischen Regelungen unter den Gruppenmitgliedern und
zwischen Fertigungsgruppe und Management festgelegt sind. Dazu gehört
insbesondere die Verantwortung für die Eingabe und Veränderung von Daten, auf denen die Simulation und die schließlich getroffenen Entscheidungen beruhen. Die betriebliche Erfahrung zeigt jedoch, daß hier lediglich die
Verantwortung eines einzelnen Disponenten durch eine Gruppe ersetzt wird,
die zudem noch unmittelbar, da sie ja nicht nur disponiert, sondern auch direkt an der Auftragsabarbeitung beteiligt ist, ein großes Interesse an der
Sorgfalt der Datenbehandlung hat.

8.5   Erfahrungen und Entwicklungsbedarf

Einige Betriebe haben im Zuge von wirtschaftlich notwendigen Reorganisa-
tionen zentrale Entscheidungsstrukturen abgebaut zur Verbesserung ihrer
Flexibilität gegenüber sich ständig verändernden Kunden- und Marktanforderungen. Somit gibt es einige Erfahrungen über die Entwicklung dezentraler

Entscheidungsstrukturen und ihre Erfolge in der Verbesserung und Stabilisierung von Produktionsabläufen. Allerdings fehlt eine zusammenfassende Untersuchung über die gegenseitigen Abhängigkeiten von Qualifikation des Werkstattpersonals, Ermächtigung zur Entscheidung über Auftragsabläufe in der Werkstatt an Gruppen von Facharbeitern und die technische Unterstützung der Simulation der Auswirkungen von vorgeschlagenen Entscheidungen.

Auf Veranstaltungen des Rationalisierungskuratoriums der Deutschen Wirtschaft (RKW) und des Ausschusses für wirtschaftliche Fertigung (AWF) wurde darüber berichtet, daß dezentrale Strukturen wie Fertigungsinseln mit der Übertragung der Entscheidungen über die Auftragsabläufe an Gruppen von Facharbeitern zu einer höheren Flexibilität der Betriebe und zu einer Entlastung des Managements führte. Die Entwicklung von Fertigungs-Leitständen für Fertigungsinseln zur Entscheidungsunterstützung der Feinplanungsarbeiten wird in Kreimeier (1989) beschrieben. Über weitere Arbeiten zur Entwicklung und Erprobung von elektronischen Plantafeln wird in Fischer (1993) und Blumenstein & Fischer (1991) berichtet.

Diese Entwicklungsprodukte wurden für Einzelarbeitsplätze konzipiert, d. h. für Facharbeiter, die ständig mit diesen Softwaresystemen arbeiteten und so allmählich zu Spezialisten für diese Arbeiten wurden. Für Gruppenarbeitsplätze, wie in Abbildung 2 gezeigt, ist jedoch eine andere Konzeption notwendig. Die Entscheidungsunterstützung muß sporadisch anwendbar sein, also von Facharbeitern als Gruppenmitgliedern, welche auch an der Ausführung der von ihnen getroffenen Entscheidungen beteiligt sind. Sie arbeiten also sowohl planetarisch als auch ausführend an den Maschinen oder Handarbeitsplätzen.

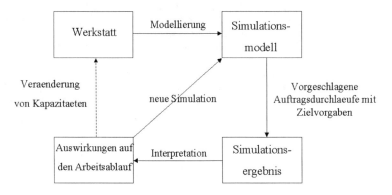

Abb. 5:   Skizze eines Simulationsablaufs

Allgemein ist die Simulationssoftware für die planerische Entscheidungsunterstützung aufgebaut wie in Abbildung 5 skizziert. Das mathematische Modell der Abbildung der Werkstattabläufe ist vorgegeben und in seiner Struktur nicht veränderbar. Eine spezifische Anforderung - nicht nur für die Nutzung durch eine Facharbeitergruppe - wäre die Berücksichtigung von zunehmender Erfahrung der Facharbeiter mit den getroffenen Prozeßentscheidungen in der Struktur der Software. Auch alternative Prozeßabläufe, die

den Facharbeitern vernünftig erscheinen, von den Softwareentwicklern aber
nicht vorgesehen sind, müßten durch die strukturelle Offenheit des Simulati-
onssystems bei vertretbarem Aufwand abbildbar sein. Erfahrungen mit frühe-
ren Entscheidungen, die erfolgreich zum Ziel führten, sollten rekapitulierbar
sein. Diese Anforderung ist mehr als die Benutzung eines elektronischen
Notizbuches. Die Erprobung der in Kreimeier (1989), Fischer (1993) und
Blumenstein & Fischer (1991) entwickelten Softwaresysteme zeigte nur eine
geringe Akzeptanz durch Facharbeiter. Eventuell kann die in Bruns et al.
(1995) skizzierte hypermedia-basierte Simulation in Form eines Baukastens
weiterführen.

8.6   Literatur

Blumenstein, G. & Fischer, M. (1991). Aus- und Weiterbildung für die rech-
nergestützte Arbeitsplanung und -steuerung. Konzepte, Ergebnisse und
Erfahrungen aus dem ESPRIT-Projekt „Human Centred CIM Systems".
Arbeitspapiere des ITB Nr.1, Bremen, S. 163.

Bruns, F.W., Müller, D. & Steenbock, J. (1995). Hypermediagestützte Simulationssysteme für berufliche Schulen. 3. Zwischenbericht zum Mo-
dellversuch. Bremen: Senator für Bildung und Wissenschaft.

Erbe, H.-H. (1996). Technology and human skills in manufacturing. In: L.M.
Camarinha-Matos & H. Afsarmanesh (Eds.). *Balanced Automation
Systems II* (S. 483-490). London: Chapman & Hall.

Fischer, M. (1993). Lehr- und Lernfeld Arbeitsorganisation. Bezugspunkte
für die Entwicklung von Aus- und Weiterbildungskonzepten in den Be-
rufsfeldern Metall- und Elektrotechnik. Arbeitspapiere des ITB Nr. 9,
Bremen, S. 254.

Fleig, J. & Bauer, R. (1995). Organisation und Partizipation ersetzen einen
Fertigungsleitstand: Aufwendige technische Lösungen kosten viel und
bringen wenig. In: VDI-Z 137 (1995), S. 26-32.

Fleig, J. & Schneider, R. (1996). Facharbeiter in der Werkstatt informieren:
Einbindung der Facharbeiter in den Informationsfluss mit einem FIS. In:
Technische Rundschau - Transfer 88 (1996), S. 16-20.

Kreimeier, D. (1989). Leitstand DISCOSS zur Unterstützung der Arbeit in
autonomen Fertigungsinseln. Diss. Ruhruniversität Bochum, 1989.

9 INTEGRATION HÖHERER AUTOMATISIERUNGSFUNKTIONEN IN EIN PROZEßLEITSYSTEM

Hans-Werner Schmidt

Elpro Leit- und Energietechnik GmbH, Berlin

Zusammenfassung

Ein Prozeßleitsystem erkennt mit Hilfe intelligenter Komponenten aus aktuellen Prozeßwerten und ihren Trends den jeweiligen aktuellen Zustand des Prozesses und leitet daraus Steuergrößen ab, die dafür sorgen, daß der Prozeß im optimalen Arbeitspunkt gehalten wird. Die intelligenten Komponenten des Prozeßleitsystems gestattet den automatischen Betrieb der Anlage an der oberen Leistungsgrenze. Das garantiert optimalen Einsatz von Produkt- und Energiemengen aus betriebswirtschaftlicher Sicht und sichert eine gleichmäßige Qualität des Endproduktes. Das hier skizzierte System ist als selbständige Erweiterung an ein eingesetztes Leitsystem ankoppelbar.

In dem Vortrag werden Zwischenergebnisse über den Aufbau eines Prozeßleitsystems und den Test seiner intelligenten Komponenten vorgestellt. Am Beispiel einer Zementmahlanlage wird, ausgehend von einer On-line-Meßwerterfassung und Prozeßanalyse, über die Entwicklung einer objektorientieren, hierarchisch organisierten Steuerstruktur des Leitsystems berichtet. Erfahrungen mit Fuzzy-Control Komponenten werden an Hand von Meßergebnissen diskutiert.

9.1 Einleitung

Moderne Zementwerke sind mit Leittechnik ausgerüstet, die es dem Anlagenfahrer ermöglicht, die Maschinen und Anlagen sicher zu bedienen sowie die Qualität der Produkte kontinuierlich zu überwachen. Die Anlage wird nach Vorgabewerten des Verfahrenstechnikers und dem Erfahrungswissen der Anlagenfahrer in einem bestimmten Arbeitspunkt gehalten. Meist ist dieser Arbeitspunkt nicht optimal bezüglich des erforderlichen spezifischen Energiebedarfs. Das Ziel des Einsatzes gehobener Führungsfunktionen in einem Prozeßleitsystems besteht darin, über ein System zu verfügen, das in allen Betriebsphasen (Anlaufen, Produktwechsel, Abfahren) das Verhalten des Anlagenfahrers hinreichend genau reproduzieren kann. Besondere Berücksichtigung finden dabei aktuelle und historische Meßwerte, Analyseresultate aus dem Labor und frühere Steuerungseingriffe in den Prozeß.

Das Prozeßleitsystem enthält als wesentliche Komponente ein Echtzeitexpertensystem, das über einen Bus mit dem Leitsystem, bestehend aus mehreren SPS und mehreren Bedien- und Beobachtungsstationen, verbunden ist. Die im Expertensystem integrierten Wissensbasen enthalten Wissen und Erfahrungen von Experten aus den Planungs- und Entwicklungsabteilungen, der Mühlentechnik und der Leittechnik. Die intelligenten Komponen-

SCHMIDT

104

ten des Leitsystems sind verantwortlich für das Erreichen einer hohen Lebensdauer der Anlage.

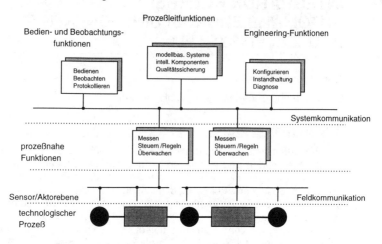

Bild 1: Struktur eines Leitsystems nach (Polke, 1994)

Die Entwicklungsarbeiten konzentrierten sich auf die Komplexe:

- Aufbereitung des Wissens über den Prozeß
- Entwicklung des Prozeßleitsystems
- Entwurf und Erprobung intelligenter Komponenten

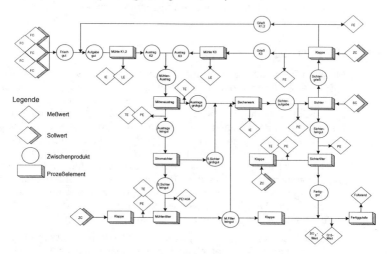

Bild 2: Struktur eines Zementmahlkreislaufs

9.2   Aufbereitung des Wissens über den Prozeß

Der verfahrenstechnische Prozeß der Zementherstellung ist ein schwierig zu beherrschender Prozeß. Er ist durch folgende Merkmale gekennzeichnet:

* Der Prozeß ist äußerst dynamisch und komplex
* große Totzeiten und nichtlineare Zusammenhänge
* Informationen über Korrelationen von Prozeßparametern sind nicht gesichert
* Informationen über die Qualität des Endproduktes sind nicht ständig verfügbar

9.2.1   Prozeßanalyse

Eine entscheidende Voraussetzung für den erfolgreichen Einsatz von Leittechnik zum Führen eines technologischen Prozesses besteht darin, ausreichend Informationen über die Funktionsweise des technologischen Prozesses zu besitzen, um die gewünschten Eigenschaften im Endprodukt erzielen zu können (Polke, 1985). Das erfordert sowohl Informationen über statische und dynamische Eigenschaften von Eingangs- und Zwischenprodukten, über Kenngrößen einzelner Verfahrensschritte als auch über Korrelationen zwischen ihnen. Zur Ermittlung dieser qualitativen und quantitativen verfahrenstechnischen Zusammenhänge wurde ein Meßwerterfassungssystem über eine freie Schnittstelle an ein Leitsystem in einem Zementwerk gekoppelt. Das Meßwerterfassungssystem hatte die Aufgabe, Prozeßgrößen, die mit der Fahrweise der Zementmühle und den Ergebnissen der Mahlung korrelieren, in definierten Zeittakten aufzuzeichnen, damit eine Zuordnung von relevanten verfahrenstechnischen Größen aus Laboranalysen und Sonderuntersuchungen möglich ist. Der Versuchsplan wurde so strukturiert, daß die Auswerteergebnisse einer Versuchsetappe die Grundlage für die jeweils nachfolgende Etappe bildeten. Die Versuche wurden unter Verantwortung der Verfahrenstechniker vor Ort durchgeführt. Auch die während der Messungen erforderlichen Stelleingriffe in die Anlage erfolgten in Abstimmung mit den Verfahrenstechnikern, die die erforderlichen Anweisungen den Anlagenfahrern erteilten.

Die Prozeßanalyse wurden in drei Versuchsetappen durchgeführt, die sich über einen Zeitraum von mehreren Monaten erstreckten. Es wurden ca. 150 Materialproben (Mahlgut) analysiert und ca. 25 MB Meßwerte aufgenommen. Sämtliche Messungen wurden unter laufender Produktion durchgeführt, d. h. die Versuche mußten in den bestehenden Produktions- und Reparaturplan eingeordnet werden.

Höchste Priorität bei der Durchführung der Versuche war die Gewährleistung der Qualität des Endproduktes zu jedem Zeitpunkt, d. h. jede Auswirkung eines Anlageneingriffes mußte vorhergesagt und bei der Ausführung überwacht werden.

Aus den Ergebnissen dieser Untersuchungen wurden nebenstehende Kennlinien und Kennfelder für Prozeßmodelle abgeleitet, die für die Berechnung der Durchsatzcharakteristik der Mahlräume der Mühle und des Sichters notwendig sind. Durch die Ermittlung der Dynamik der Anlage war es möglich, das Wissen über den Prozeß zu vertiefen. Dieses stellte die Grundlage für weitere Untersuchungen an einem simulierten Mahlkreislauf im Labor dar und ist eine entscheidende Voraussetzung für die Entwicklung und Testung intelligenter Komponenten.

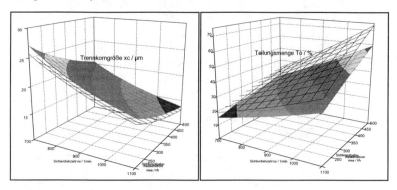

Bild 3, 4 : Kennfelder des Sichters

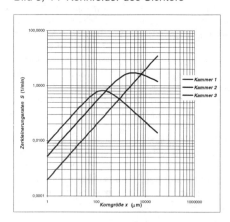

Bild 5:   Kennlinien der Zementmühle

Bild 6 zeigt die erforderlichen Schritte der Integration intelligenter Komponenten in die Leittechnik bei verschiedenen zu erreichenden Automatisierungsgraden. Auf Basis einer Prozeßanalyse kann die Ertüchtigung bestehender Funktionen erfolgen, dieser Vorgang hat eine einmalige Optimierung des Mahlkreislaufs zur Folge. Mit Hilfe eines Mühlenassistenten verfügt man über geeignete Modelle und nun ist eine zyklische Optimierung durch Nachführen der Modelle möglich (Schmidt & Espig, 1997). Erst mit Hilfe einer Prozeßführungsstrategie in einem Prozeßleitsystem ist man in der Lage, den Prozeß kontinuierlich in der Nähe des optimalen Arbeitspunktes zu halten (Schuler, 1994).

9.3   Entwicklung des Prozeßleitsystem

Im Rahmen der Arbeiten zum Gesamtsystemkonzept wurde ein bestehendes Leittechnisches Konzept (Elpro, 1992, 1993) durch Funktionen zur Prozeßführung erweitert. Besondere Bedeutung wurde dabei auf die Integration intelligenter Funktionen gelegt. Nachfolgend wird das Gesamtsystemkonzept in seinen Grundzügen erläutert.

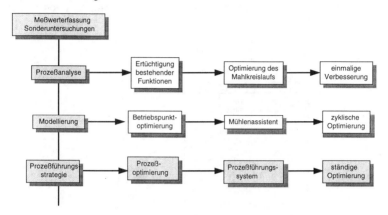

Bild 6:   *Vorgehensmodell zur Integration intelligenter Komponenten*

9.3.1 Struktur des Prozeßleitsystems

Der Aufbau der Prozeßführung wurde modular und hierarchisch gestaltet. Auf jeder Hierarchieebene sind Steuereinheiten für das Lösen bestimmter Führungsaufgaben zuständig. Jede Steuereinheit empfängt Aufträge und/oder Führungswerte von der ihr überlagerten Ebene und gibt ihrerseits Aufträge und/oder Führungswerte als Stellwerte an die ihr unterlagerte Ebene weiter. Jede Steuereinheit ist ein in sich geschlossener Baustein mit einem festen Rahmen (Balzer & Epple, 1994; Epple, 1994).

Das Konzept läßt eine beliebige Schachtelung von Steuereinheiten zu. Im allgemeinen befindet sich die Ebene der Einzelsteuereinheiten (ESE) und die Ebene der Gruppensteuereinheiten (GSE) in der Steuerungsebene. Die Gruppensteuereinheiten sind mit Führungsschnittstellen ausgerüstet, auf die von übergeordneten Funktionseinheiten aus der Führungsebene zugegriffen werden kann. Damit ist die leittechnische Anlage jederzeit ohne Eingriff in die projektierte Struktur modular um höhere Automatisierungsfunktionen erweiterbar. Die Führungsschnittstelle ist als netzwerkfähige Serverschnittstelle ausgeführt.

Die Einzelsteuereinheiten bilden zusammen mit den jeweiligen Aktoren (oder auch Sensoren) Einzelfunktionseinheiten (EFE). Jede Einzelfunktionseinheit ist insgesamt als ein Wirkelement anzusehen, das in der Lage ist, den Prozeß in einer bestimmten elementaren Weise zu beeinflussen, hier z. B. einen Produktstrom in einer Leitung zu sperren oder freizugeben. Jedem Aktor und jedem Sensor wird ausschließlich eine Einzelfunktionseinheit zugeordnet. Siehe dazu Bild 7.

Die zweite Ebene bildet die Ebene der Gruppensteuereinheiten (GSE). (Bild 7) Eine Gruppensteuereinheit wird mehreren aus technologischer Sicht zusammengefaßten Einzelfunktionseinheiten zugeordnet. Sie hat die Aufgabe, diese Einzelfunktionseinheiten so zu steuern, daß sie eine verfahrenstechnisch sinnvolle Gesamtwirkung auf den Prozeß ausüben. Die Gruppenfunktionseinheit schließt das Zusammenwirken von Einzelfunktionseinheiten, die zusammen verfahrenstechnisch keinen Sinn ergeben, aus.

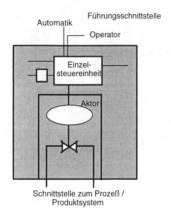

Bild 7:   Struktur einer Einzelfunktionseinheit

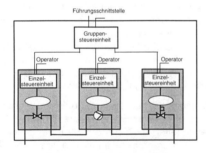

Bild 8:   Struktur einer Gruppenfunktionseinheit

Können mit einer Gruppe von Einzelfunktionseinheiten mehrere verfahrenstechnisch sinnvolle Wirkungen erzielt werden, dann unterstützt die Gruppensteuereinheit jede dieser Wirkungen mit einer eigenen Steuerstruktur. In diesem Fall besitzt die Gruppenfunktionseinheit alternativ wählbare „Fahrweisen" (Function Modes).

Ein Grundprinzip der hierarchischen Führung ist, daß jede Steuereinheit zu jedem Zeitpunkt von höchstens einem Kommandogeber Aufträge entgegennehmen kann. Der Kommandogeber kann z. B. eine überlagerte Steuereinheit sein oder der Anlagenfahrer in der Meßwarte. Der Informationsaustausch zwischen einer überlagerten Steuereinheit (Kommandogeber) und einer unterlagerten Steuereinheit (Kommandoempfänger) erfolgt über eine normierte Kommandoschnittstelle. Diese Führungsschnittstelle ist für alle

Ebenen formal gleich gestaltet. Mit Hilfe der Führungsschnittstelle werden vom Kommandogeber Aufträge, Befehle und Führungswerte „nach unten" übermittelt. Die geführte Einheit meldet ihren Status bezüglich Belegung, Betriebszustand und Bearbeitungszustand „nach oben".

Anlagenkoordinierungseinheiten (AKE) befinden sich in der Ebene über den Gruppensteuereinheiten im Prozeßleitsystem. Sie übernehmen die Aufgabe, die Gruppenfunktionseinheiten so zu koordinieren, daß sie eine bestimmte Zielfunktion z. B. Grießeumlauf = const. (Grieße ist noch nicht fein genug gemahlenes Material) oder Blainwert = const. (Blainwert ist ein Qualitätsparameter für Zement) erfüllen, indem sie die dazu notwendigen Führungswerte ermitteln und an die untergeordneten Einheiten über die externen Führungseingänge übergeben.

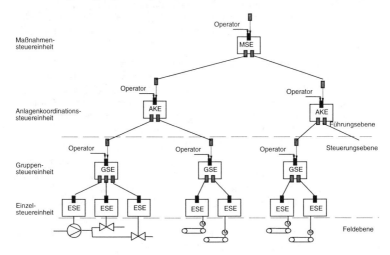

Bild 9:   *Befehlsstruktur des Prozeßleitsystems*

Über den Anlagenkoordinierungseinheiten wiederum befindet sich die Ebene der Maßnahmen. Diese Einheiten können die Führung so komplexer Ziele übernehmen wie z. B. „produziere Zement einer bestimmten Sorte in einem bestimmten Zeitraum". Dazu gehören ebenso Funktionen für die An- und Abfahrvorgänge sowie die Vorschrift für einen Produktwechsel.

Diese übergeordneten Einheiten sind als Rahmenobjekte ausgeführt, d. h. sie gliedern sich in die Führungsstruktur ein und besitzen dazu die erforderlichen Schnittstellen. Intelligente Komponenten wie z. B. Fuzzy-Regler, Neuronale Netze oder regelbasiertes Wissen können als Bestandteile in diese Rahmenobjekte eingegliedert werden und können somit Bestandteil sowohl der Anlagenkoordinierungseinheiten als auch der Maßnahmen sein.

9.3.2   Visualisierung im Prozeßleitsystem

Der Ausgangspunkt für die Oberflächengestaltung bzw. Visualisierung von technologischen Prozessen ist die ganzheitliche Betrachtungsweise der Mensch-Prozeß-Kommunikation und die zunehmende Notwendigkeit, signalorientierte Darstellungen durch prozeßzustandsorientierte, funktionale Darstellungen zu ergänzen. Ziel ist es, den Prozeßzustand und die Produktqualität aus einer Vielzahl von Meßwerten schnell zu beurteilen und daraus die erforderlichen Handlungen abzuleiten. Dabei müssen, entsprechend den unterschiedlichen Anforderungen der Nutzer des Systems, wie z. B. Anlagenfahrer, Verfahrenstechniker, Instandhalter oder Systembetreuer die jeweils erforderlichen Informationen geeignet aufbereitet und angeboten werden.

Für die Visualisierung im Prozeßleitsystem gilt das Prinzip, daß Detailinformationen über den Zustand der Leittechnik an den Bedien- und Beobachtungsstationen dargestellt werden, und besonders technologische Informationen durch Nutzung der intelligenten Komponenten im Prozeßleitsystem sichtbar zu machen sind. Darüber hinaus muß der Status der sich in Bearbeitung befindlichen Anlagenkoordinierungseinheiten und Maßnahmen erkennbar sein. Diese Informationen werden in entsprechenden Statusbildern dargestellt.

Ein Prozeßleitsystem soll in der Lage sein, den Prozeß automatisch zu führen. Dabei wird der Anlagenfahrer aber weiterhin für die Überwachung und Kontrolle mehrerer Prozesse, er überwacht z. B. mehrere Zementöfen und mehrere Mahlanlagen, verantwortlich sein. Um diese Aufgabe geeignet unterstützen zu können, sind Darstellungen notwendig, die den Arbeitspunkt im mehrdimensionalen Prozeßraum, auch für mehrere Prozesse, auf einfache Weise sichtbar machen können.

Die bisherige eindimensionale Betrachtung berücksichtigt nicht ausreichend diesen Aspekt. Prozeßleitsysteme für komplexe Anlagen erfassen oft mehrere hundert Variablen, von denen aber etwa 15 bis 20 den aktuellen Anlagen-, Prozeß- und Produktzustand mit ausreichender Genauigkeit charakterisieren.

Für den Einsatz von Visualisierungsverfahren im Prozeßleitsystem sind folgende Anforderungen zu berücksichtigen:

- die Visualisierung soll unabhängig von prozeßspezifischen Gesichtspunkten sein
- sie soll ressourcenschonend und wenig rechenintensiv sein
- sie soll frei dimensionierbar (bis zu 20 Variablen) sein
- sie soll unzulässige Prozeßzustände einfach erkennbar machen

Auf der Basis dieser Anforderungen wurde die Prozeßdarstellung mit Moore-Diagramm als übersichtlichtliche, gut interpretierbare Prozeßzustandsdarstellung ausgewählt, wobei die Darstellung auch geeignet ist, mehrere Prozesse gleichzeitig im Überblick zu halten. Der „Gutbereich" einer anzuzeigenden Prozeßgröße wird dazu in einen grünen Bereich transformiert, andere Werte der Prozeßgröße werden außerhalb des Bereichs angeordnet. Alle Prozeßgrößen im Zusammenhang betrachtet ergeben bestimmte Formen in charakteristischen Situationen als auch bei der Herstellung verschiedener Zementsorten.

9.4   Entwurf und Erprobung intelligenter Komponenten

Für den Einsatz von Fuzzy Logik - Komponenten werden im Führungssystem zwei Einsatzgebiete vorgesehen. Das ist primär der Einsatz von Fuzzy Control zur Regelung von Prozessen sowie der Einsatz von unscharfen Datenanalysemethoden, um Datenstrukturen zu finden, sie zu klassifizieren und damit Prozeßzustände zu identifizieren. Können Prozeßzustände identifiziert werden, können auch Maßnahmen zur Führung des Prozesses abgeleitet werden. Die Fuzzy Logik Komponenten können in Rahmenobjekte der Steuerstrukturen des Prozeßleitsystems integriert werden.

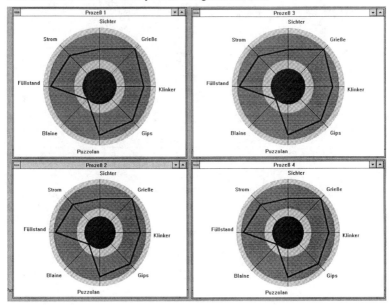

Bild 10:   *Moore-Diagramme als Übersichtsdarstellung von 4 komplexen technologischen Prozessen*

9.4.1 Fuzzy Control

Eine Testinstallation eines Fuzzy-Reglers in einem Leitsystem, das unter normalen Betriebsbedingungen arbeitet, ist mit einem gewissen Risiko behaftet . Ungeachtet dessen kann die Anwendbarkeit und die Leistungsfähigkeit eines Fuzzy-Reglers nur in einem arbeitenden System eingeschätzt werden. Ein erster Ausweg bleibt damit ein Test mit Hilfe von Prozeßsimulationen. Als leistungsfähiges Software Tool wurde MATLAB/SIMULINK eingesetzt, welches die Erstellung komplexer Simulationsmodelle auf Basis der durchgeführten Prozeßanalyse erlaubt. Als Ergänzung steht eine spezielle Fuzzy Logik Toolbox zur Verfügung, die die Implementierung von Fuzzy Control erlaubt.

Nachdem in der Simulationsumgebung die Tests mit dem Fuzzy-Regler hinreichend gute Ergebnisse erbrachten, erfolgte die Reglererprobung in der realen Umgebung der Zementmahlanlage. Zu diesem Zweck wurde ein im Leitsystem realisierter PID-Regler für die Gesamtmenge des Grießumlaufs der Zementmühle durch einen Fuzzy Regler, der mit der Fuzzy-Toolbox entwickelt wurde, ersetzt.

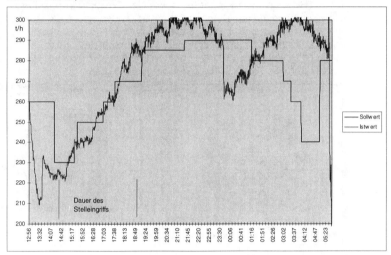

Bild 11:   Verlauf des Ist- und Sollwertes des Gesamtmengenreglers

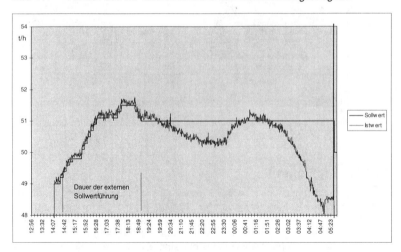

Bild 12:   Automatische Sollwertnachführung des Frischgutreglers

Dieser Fuzzy-Regler nutzt als Eingangsgrößen die Regelabweichung und die Änderung der Regelabweichung und setzt diese beiden Größen über ein Regelwerk in einen Ausgabewert um. Die Eingangs- und Ausgangsgrößen wurden auf den Bereich von [-1, 1] normiert. Der Vorteil dieser Herangehensweise liegt darin begründet, daß bei der Inbetriebnahme des Reglers nur eine Parametrierung der Vor- und Nachlogik zu erfolgen braucht. In der

Vorlogik wird die Regelabweichung und die Änderung der Regelabweichung erzeugt. In der Nachlogik erfolgt die multiplikative Verknüpfung des Ausgangswerts des Reglers mit der inkrementellen zulässigen Änderung der Stellgröße du_{max}, die im kaskadierten Fall des Reglerbetriebs einem externen Sollwert entspricht. Zur Absicherung der stoßfreien Reglerzuschaltung wird im Einschaltmoment der letzte vorgegebene Sollwert des Anlagenbedieners gelesen und als Anfangswert für den Fuzzy Regler benutzt.

Um ein Ausregeln des unterlagerten Reglers abzusichern, erfolgt eine Veränderung des externen Sollwertes nur dann, wenn die Regelabweichung des unterlagerten Reglers innerhalb eines vorgegebenen Toleranzbandes liegt.

Es wurde mit einer Abtastzeit von T_A= 600 s bei einer maximalen inkrementellen Stellwertänderung von 0,1 t/h/min gearbeitet. Bei dieser Reglereinstellung wurde eine gute Sollwertnachführung erreicht. Bild 12 zeigt den Verlauf von Ist- und Sollwert, nach 19:10 Uhr arbeitet der im Leitsystem realisierte Regler wieder.

Damit in Grenzsituationen eine Prozeßsicherung erfolgt, wurde ein zweiter Fuzzy-Block entworfen, der beim Eintreten von ungünstigen Prozeßzuständen die externe Sollwertvorgabe so beeinflußt, daß der Prozeß aus diesem Zustand herausgeführt wird. (Siehe Bild 13).

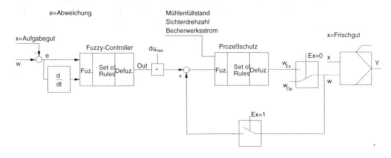

Bild 13:   Fuzzy-Regler mit unterlagertem Frischgutregler

9.4.2 Einsatzmöglichkeiten der Datenanalyse

Der Einsatz von modernen Methoden der Datenanalyse verfolgt im wesentlichen den Zweck, charakteristische Prozeßzustände zu identifizieren, Prognosen zu erstellen und Handlungen zur Optimierung des Anlagenzustandes abzuleiten. Ein derartiges System muß transparent und leicht handhabbar sein. Aus dieser allgemeinen Zielstellung heraus lassen sich nachfolgende Teilaufgaben ableiten:

- identifizieren charakteristischer Prozeßzustände auf Basis repräsentativer Meßwerte;

- zuordnen von aktuellen Meßwerten zu den identifizierten Prozeßzuständen;

- ableiten von Handlungen, um einen gewünschten Prozeßzustand zu erreichen;

Eine der leistungsfähigsten Datenanalysemethoden ist der Fuzzy C Means-Algorithmus als eine Methode der Clusteranalyse. Clusteranalysemethoden haben den großen Vorteil, daß Datenstrukturen ohne Prozeßkenntnisse oder mit geringen bzw. unvollständigen Prozeßkenntnissen durchgeführt werden können. Bei einer Clusteranalyse wird versucht, die zur Untersuchung anstehenden Meßreihen (Datenobjekte) in Klassen (Clustern) zusammenzufassen, wobei die Objekte innerhalb einer Klasse möglichst „ähnlich" sein sollen und die Klassen selbst sich möglichst stark voneinander unterscheiden sollen. Jedes Datenobjekt soll einer Klasse zugeordnet werden. Dies geschieht in der ersten Phase, der Klassenbildung. In der zweiten Phase, der Klassifikationsphase erfolgt eine Zuordnung von neuen Datenobjekten zu den Clustern .

Im Gegensatz zur klassischen Clusteranalyse, bei der die Zuordnung zu Clustern eindeutig (scharf) erfolgt, ist die unscharfe Clusteranalyse dadurch gekennzeichnet, daß unscharfe, graduelle Zuordnungen getroffen werden. Ein Datenobjekt hat also Zugehörigkeitsgrade zu verschiedenen Clustern, wobei beim Fuzzy C Means-Algorithmus die Summe der Zugehörigkeitsgrade gleich eins ist. Durch die Möglichkeit der unscharfen Zuordnung werden Zustände besser erfaßt, die schwer zuzuordnen sind.

In der Phase der Klassenbildung muß eine sinnvolle Anzahl von Clustern vorgegeben werden. Bei einem ausreichenden Wissen über den Prozeß ist das kein Problem. Ansonsten muß man systematisch die Clusteranzahl verändern und die Analyse anhand der Ergebnisse bewerten. Letztere Verfahrensweise wurde mit den vorliegenden Daten erfolgreich realisiert. Für die Clusteranalyse wichtige Parameter, wie der Exponent für den Unschärfegrad der Analyse, wurden durch umfangreiche Rechenläufe bestimmt.

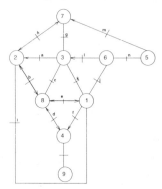

Bild 14:   Zustandsdiagramm

In Bild 14 wird ein Zustandsdiagramm als Ergebnis einer unscharfen Clusteranalyse dargestellt. Das Diagramm wurde in Auswertung von ca. 16.000 Meßreihen mit je 16 Meßwerten erstellt. Es kann festgestellt werden, daß nur bestimmte Übergänge zwischen den Clustern 1 bis 9 existieren, wobei die Übergangsbedingungen der Übergänge a bis n in ein anderes Cluster nur durch Veränderung von Stellgrößen erzeugt werden kann.

Das vorgestellte Projekt wurde als Verbundprojekt der Partner Fraunhofer Institut für Produktionslogistik (IPK), der IUF GmbH und der Elpro Leit- und Energietechnik GmbH vom Berliner Senat gefördert.

9.5   Literatur

Balzer D. & Epple, U. (1994). Technologieinvariante Prozeßführungsmodelle. GMA-Fachbereicht Nr. 5 VDE-Verlag Offenbach 1994

Elpro (1992). Projektierungshandbuch Zement. Elpro LET GmbH. Internes Arbeitsmaterial 1993

Elpro (1993). Leittechnisches Konzept Zement. Elpro LET GmbH. Internes Arbeitsmaterial 1993

Elpro (1997). Erweiterung des Leittechnischen Konzeptes Zement. Elpro LET GmbH. Internes Arbeitsmaterial 1997

Epple, U. (1994). Die leittechnische Anlage und ihre Elemente: Prozeßleitsysteme. In: Polke, M (Hrsg.): Prozeßleittechnik. Oldenbourg Verlag, München, Wien 1994

Polke, M. (1985). Informationshaushalt technischer Prozesse. atp1985 H4 S.161-171

Polke, M. (Hrsg., 1994). Prozeßleittechnik. Oldenbourg Verlag München Wien 1994

Schmidt, H.-W. & Espig, D. (1997). Der Mühlenassistent, ein Hilfsmittel für den Verfahrenstechniker. ZKG H9, 1997

Schuler, H. (1994). Aufwand/Nutzen-Analyse von gehobenen Prozeßführungsstrategien in der Verfahrenstechnik. atp H6/1994 S. 28-40

10 DIE ANALYSE VON INFORMATIONS- UND BEDIENPROZESSEN BEIM FAHREN ALS VORAUSSETZUNG FÜR EIN INFORMATIONS- MANAGEMENT BEI NUTZFAHRZEUGEN

Elke Wetzenstein[1] *& Holger Enigk*[2]

[1] Humboldt-Universität zu Berlin, Institut für Psychologie
[2] Daimler-Benz AG, Berlin

10.1 Problemlage

Welche Art Assistenz- oder Unterstützungssysteme auch immer im Fahrzeug installiert werden, für alle gilt: Der Fahrer muß ihnen zumindest zeitweise Beachtung schenken. Unfallanalysen zeigen, daß die Verteilung der Aufmerksamkeit auf Punkte innerhalb des Fahrzeuges eine Rolle beim Unfallgeschehen spielen kann. Der Anteil der Unfälle, bei denen die Aufmerksamkeit auf Anzeigen und Bedienelemente gerichtet war, ist absolut betrachtet gering. Er liegt bei rund 0,1 Prozent aller Unfälle (Wierwille & Tijerina, 1995). Es ist jedoch plausibel, von einer systematischen Unterschätzung auszugehen. Verzerrungen in den Angaben der Unfallbeteiligten sind unter anderem wegen befürchteter versicherungsrechtlicher Konsequenzen zu erwarten. Dafür sprechen auch Befragungsergebnisse von jungen Fahranfängern. 35 Prozent von ihnen gaben an, daß sie in eine gefährliche Situation geraten seien, weil sie durch Autoradio oder Beifahrer abgelenkt waren (Deutscher Verkehrssicherheitsrat, 1994).

Andererseits haben unsere Analysen mit 74 hoch trainierten Fahrern von Nutzfahrzeugen gezeigt, daß diese das derzeitige Informationsangebot im Fahrerhaus weder belastet noch ablenkt. 68 Prozent von ihnen äußerten den Wunsch nach weiteren Informationen, wenn diese ihre Fahrsicherheit verbessern würden. So sprechen sich 50 Prozent für Parktronic und Totraumradar aus, 56 Prozent würden gern über eine Rückfahrhilfe und immerhin 39 Prozent über eine Videoüberwachung zur Verbesserung der Rundumsicht verfügen. Dieses Ergebnis erscheint plausibel, denn im Vergleich mit anderen Mensch-Maschine-Systemen ist die Anzahl der im Kraftfahrzeug anfallenden Informationen vergleichsweise gering. Die Zahl der im normal ausgestatteten LKW angezeigten oder abrufbaren Informationen liegt etwa bei 180, im PKW können dies bis zu 100 sein (Färber, 1990). Zum Vergleich: In modernen Verkehrsflugzeugen sind allein mehr als 400 Warnanzeigen vorhanden (Kraiss, 1987). Bei derartigen Vergleichen gilt es jedoch zu bedenken, daß bei der Population der Autofahrer - anders als etwa bei Piloten - nach dem Führerscheinerwerb kein gezieltes Training oder weitere Selektion stattfindet. Unbestritten ist auch, daß es Fahrsituationen gibt, bei denen zu geringe Anforderungen vorliegen. Zu denken ist z. B. an das nächtliche Fahren auf der Autobahn.

Aus diesen Daten läßt sich zumindest ableiten, daß es nicht darum gehen kann oder muß, weniger Informationen im Führerhaus anzubieten. Das

Problem liegt eher darin, die technische Gestaltungslösung auf den Informationsbedarf und die Verarbeitungskapazität des Fahrenden abzustimmen (vgl. Bruckmayer & Reker, 1994). Aus unserer Sicht reicht es aber nicht aus, die einzelnen Informationsgeber ergonomisch gut zu gestalten und im Cockpit bediengünstig anzuordnen. Es sollte vielmehr ein Gesamtkonzept so angestrebt werden, daß jeder neue Informationsgeber bewertend integriert werden kann.

10.2 Theoretisches Konzept zur Analyse der Fahrtätigkeit

Um eine Informationsbewertung und Integration neuer Informationen bzw. Informationsgeber im Fahrerhaus zu erreichen, ist es erforderlich, die Informations- und Bedienvorgänge im Fahrzeug zu beschreiben. Die in der Verkehrspsychologie verwendeten Beschreibungen von Fahraufgaben setzen häufig am Drei-Ebenen-Modell der Fahrzeugführung (z. B. Donges, 1978) an. Nach Hoyos & Fastenmeier (1990) bilden dabei die Navigation, Lenkung und Stabilisierung die typischen Anforderungen der Fahraufgabe, denen sie auf Seiten des Fahrers die Organisation, Koordination und Regelung als mentale Operationen gegenüberstellen. Als Ausgangspunkt für eine Informations- und Bedienanalyse erscheint diese Charakteristik des Fahrens wenig geeignet, da sich die Aufgaben der Navigation, Lenkung und Stabilisierung beim Fahren überlagern.

Für Untersuchungen zur Beanspruchung und Belastung hat es sich als günstig erwiesen, Verkehrssituationen zu klassifizieren. V. Benda (1985) entwickelte dazu ein umfangreiches System, in das 14 Aspekte in folgenden Kategorien eingingen: Art des Verkehrsweges (z. B. Autobahn, Innerorts), Straßenverlauf (z. B. Kurvigkeit, Kreuzung), Sichtbedingungen und Straßenzustand sowie aktuelle Besonderheiten (z. B. Verkehrsdichte, Hindernisse). Wenn wir nun mit Richter & Hacker (1997) davon ausgehen, daß die Beanspruchung des Fahrers durch die Inanspruchnahme seiner Leistungsvoraussetzungen (intellektuelle, perzeptiv-begriffliche und motorische) bedingt ist, müßten sich an Hand einer Informations- und Handlungsanalyse der Fahrsituationen die Anforderungen an den Fahrer bestimmen lassen.

Unser Ansatz geht somit vom Handlungskonzept aus (vgl. Hacker, 1986). Der Fahrvorgang wird dabei als hierarchisch aufgebaute, zielgerichtete Tätigkeit gefaßt, die sich aus einzelnen Handlungen, Teilhandlungen und Bewegungen zusammensetzt. Als Handlungen fungieren dabei die einzelnen Fahrsituationen. Zu ihrer Erfüllung sind komplexe Prozesse der Informationsverarbeitung erforderlich. Sie bestehen aus der Wahrnehmung, Verarbeitung (Speicherung, Vergleichsprozesse und Entscheidung) und meist einer motorischen Reaktion. Wir gehen bei unseren Untersuchungen von einem abgeschlossenen Übungszustand aus, wie er bei Berufskraftfahrern anzunehmen ist. Dabei laufen nach Hacker (1973) auch komplexe Handlungsfolgen im wesentlichen automatisiert ab und sind damit nicht bewußtseinspflichtig. Dies betrifft vor allem die Bewegungsabfolgen zur Lenkung und Stabilisierung.

Bestandteil einer Handlungsanalyse für die jeweiligen Fahrsituationen müssen aus unserer Sicht folgende sein:

• Art und Umfang der erforderlichen Informationen,

- erforderliche Bewegungsabfolgen,
- Zeitpunkt und -dauer,
- Freiheitsgrade bei der Ausführung,
- Gleichzeitigkeit von Handlungen.

Das Schema in Abb. 1 soll das Zusammenwirken dieser Faktoren für eine beliebige Fahrsituation verdeutlichen. Grundsätzlich treten sowohl Prozesse mit begrenzter als auch flexibler Zeitdauer auf. Die Parallelität von motorischen Reaktionen und informatorischen Leistungen bestimmt die Komplexität der jeweiligen Fahrsituation. Es gibt automatisiert ablaufende Handlungsmuster und solche mit Freiheitsgraden in der Abfolge. Die Informationsaufnahme ist über unterschiedliche sensorische Kanäle möglich.

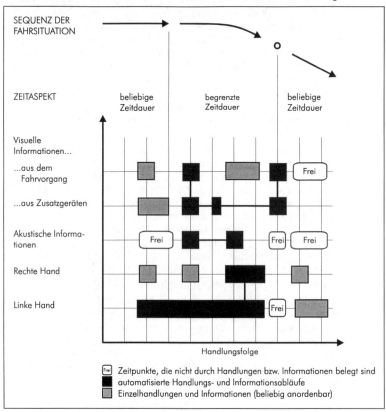

Abb. 1:   Beispiel für die komplexe Beschreibung einer Fahrsituation

Der Vorteil eines solchen Ansatzes ist, daß er eine systematische Erweiterung des Informationsangebotes im Cockpit ermöglicht. Gehen wir davon aus, daß sich jede Fahrsituation und jeder Informationsgeber (z. B. Assistenz- oder Unterstützungssystem) dadurch charakterisieren läßt, welche Information bei welcher Entscheidung und zu welchem Zeitpunkt im Cockpit benötigt wird, so ist es möglich, sowohl Freiräume für den Zeitpunkt als auch die Art der Informationsbereitstellung und Bedienungsnotwendigkeiten zu definieren oder zu bewerten.

10.3 Analyse und Beschreibung der Informations- und Bedienvorgänge von Fahrsituationen

Zur Realisierung des handlungstheoretischen Beschreibungsansatzes sind wir folgende methodischen Schritte gegangen:

1. Definition prototypischer Fahrsituationen,
2. formalisierte Beschreibung der Fahrsituationen,
3. Informationsbedarfsanalyse,
4. Ermittlung der Handlungs- und Zeitstrukturen beim Fahren.

10.3.1 Definition von Fahrsituationen

In unsere Analyse bezogen wir alle Fahrsituationen ein, die dem unmittelbaren Fahrvorgang zuzurechnen sind. Alle Nebentätigkeiten, Vorbereitungs- und Abschlußarbeiten (z. B. Inspektion, Wartung, Planen der Fahrt, Beladen) klammerten wir aus. Sie haben aus unserer Sicht für Restriktionen bei der Informationsgestaltung eine untergeordnete Bedeutung. In Anlehnung an die Ergebnisse von Hoyos & Kastner (1986) wählten wir 30 prototypische, belastungsrelevante Fahrsituationen aus. In einer sehr umfassenden Studie hatten diese u. a. gefunden, daß die Belastung innerörtlich größer als bei Überlandsituationen ist, an Kreuzungen höher als bei Kreuzungsfreiheit und beim Abbiegen höher als beim Geradeausfahren. Hier müßten sich danach die informatorischen und motorischen Anforderungen unterscheiden. Wohingegen enge Kurven, enge Straßen, wechselnder Straßenbelag keinen oder nur einen geringen Einfluß auf die Beanspruchung ausübten. Sie wurden deshalb in unseren Ansatz nicht aufgenommen. In Abb. 2 sind die von uns ausgewählten Situationen aufgeführt.

Die ersten 21 Situationen stellen Fahrmanöver dar, die aktive Handlungsplanung und motorische Reaktionen erfordern. Die Situationen 22 bis 30 hingegen dienen vor allem der Fahrzeugstabilisierung und allgemeinen Verkehrsbeobachtung. Sie laufen im wesentlichen automatisiert ab und sind nur gering belastungsrelevant. In den weiteren Analysen konzentrierten wir uns deshalb auf die Situationen 1 bis 21.

10.3.2 Formalisierte Beschreibung der Fahrsituationen

Diese Analyse stützte sich auf strukturierte Experteninterviews und Strukturlegetechniken. An der Untersuchung nahmen neun hoch trainierte Fahrer von Nutzfahrzeugen teil, denen die Fahrsituationen 1 bis 21 in Bildern (Umrißzeichnungen) vorgelegt wurden. Um die Allgemeingültigkeit der Aussagen zu gewährleisten, wurden in die Analyse die Fahrzeugklassen Transporter, Solofahrzeuge, Sattelzüge und Gliederzüge einbezogen. Deren Merkmale variierten in Länge, Aufbau und Nutzungsart. Das von uns an Hand der Interviews entwickelte Beschreibungsmodell wurde den Fahrern zum Schluß der Entwicklung als Strukturschema vorgelegt und im Gruppeninterview präzisiert.

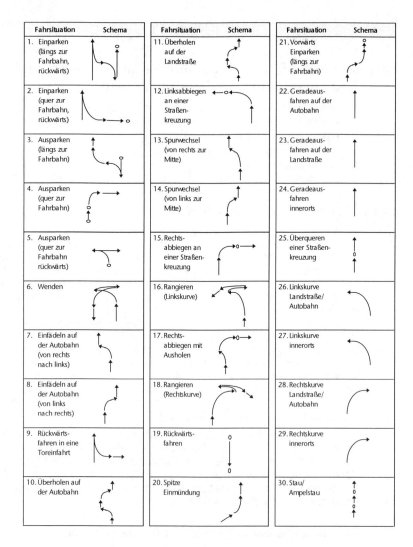

Abb. 2:   Prototypische Verkehrssituationen

Jede Situation wurde detailliert in Form von Handlungssequenzen und -schritten erfaßt. Formalisiert wurden diese Daten in einem Beschreibungs-modell auf der Grundlage von Fahrtrichtungssequenzen, daß es erlaubt, die verschiedenen Situationen zu vergleichen und darüber hinaus weitere Fahr-aufgaben zu erfassen. Mit jedem Fahrzeug können sechs verschiedene Fahrtrichtungen ausgeführt werden (vorwärts/rückwärts gerade, links und rechts). Hinzu kommt die Situation des stehenden Fahrzeuges. Durch die Kombination dieser Fahrtrichtungen kann jede beliebige Fahraufgabe be-schrieben werden. Sie ist unabhängig vom Fahrzeugtyp. Als Beispiel ist in der Abb. 3 die Fahrsituation „Rechtsabbiegen an einer Straßenkreuzung" dargestellt.

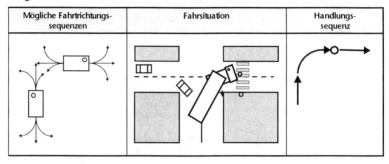

Mögliche Fahrtrichtungs-sequenzen	Fahrsituation	Handlungs-sequenz

Abb. 3:   *Handlungssequenz für die Fahrsituation „Rechtsabbiegen an einer Straßenkreuzung"*

10.3.3 Informationsbedarfsanalyse für die Fahrsituationen

Gleichzeitig mit den Handlungssequenzen erfaßten wir den unbedingt erforderlichen Informationsbedarf, um die Situation erfolgreich auszuführen. Wir fanden, daß über die Fahrsituationen hinweg ähnliche Informationssuch- und Kontrolloperationen stattfinden. Wir identifizierten 13 derartige Prozesse für alle Nutzfahrzeuge und drei weitere für Hänger- und Sattelfahrzeuge. In Abb. 4 sind diese „Informationseinheiten" zusammengestellt.

Informationseinheiten bei allen Fahrzeugklassen

1. Verkehrsbeobachtung im Umfeld vor dem Fahrzeug
2. Verkehrsbeobachtung direkt vor dem Fahrzeug
3. Verkehrsbeobachtung rechts
4. Verkehrsbeobachtung links
5. Verkehrsbeobachtung hinten (geradeaus Stellung)
6. Kontrolle Front links
7. Kontrolle Front rechts
8. Kontrolle Heck links (Linkskurve)
9. Kontrolle Heck rechts (Linkskurve)
10. Kontrolle Heck links (Rechtskurve)
11. Kontrolle Heck rechts (Rechtskurve)
12. Seite links kontrollieren (Linkskurve)
13. Seite rechts kontrollieren (Rechtskurve)

Informationseinheiten bei Sattel- und Anhängerzügen

14. Kontrolle Zwischenraum Zugmaschine und Anhänger
15. Kontrolle Ausschwenken des Aufliegers/Hängers vorn links (Rechtskurve)
16. Kontrolle Ausschwenken des Aufliegers/Hängers vorn rechts (Linkskurve)

Abb. 4:   *Informationseinheiten für die Fahrsituationen*

Für jede „Informationseinheit" wurde festgehalten, welche Information benötigt und wie die Informationssuche erfolgt. Aus Abb. 5 wird deutlich, daß der Informationsbedarf vier hierarchisch aufgebauten Ebenen zugeordnet werden kann. Die jeweils höhere Ebene setzt Kenntnisse der darunter liegenden Ebenen voraus. Dabei kommt es zu einer Informationsintegration auf den jeweils höheren Ebenen.

Abb. 5:   Ebenen des Informationsbedarfs

Mit den so beschriebenen „Informationseinheiten" konnten alle 21 Fahrsituationen in Form eines Baukastensystem zusammengesetzt werden. In Abb. 6 ist dies exemplarisch für die Fahrsituation „Rechtsabbiegen an einer Straßenkreuzung" dargestellt. Das Beschreibungsmodell ist für jede beliebige Fahrsituation anwendbar.

10.3.4 Analyse der Handlungs- und Zeitstrukturen für die Fahrsituationen

Zur Analyse der Handlungen und Zeiten führten wir eine Fahrerbeobachtung über Video im Feld mit Berufskraftfahrern durch. Es wurden Solofahrzeuge und Sattelzüge bei Fahrten in der Innenstadt, auf Fernstraßen und Autobahnen einbezogen. Die Fahrtrouten waren nicht gestellt. Mit zwei Kameras wurden die Handlungen der Fahrer und die Fahrsituationen parallel aufgenommen. Insgesamt wurden 1353 Fahrsituationen mit einer Gesamtdauer von ca. 14,5 Stunden erfaßt.

Die Datenanalyse wurde mit dem Videoauswerteprogramm CAOS (Bourquard, Bodenmann & Perrez, 1995) durchgeführt, daß es erlaubt, beliebig viele Fahrsituationen und Handlungen in ihnen zu definieren und die Rohdaten einem geeigneten Statistikprogramm (z. B. SPSS) zu übergeben. Der Auswerteaufwand für eine Stunde Videoband belief sich auf ca. acht Stunden.

Für jede Fahrsituation wurde die Art, Anzahl und Zeitdauer der Fahrhandlungen ausgewertet. Eine vollständige Datendarstellung verbietet sich des Umfangs wegen. An Hand einiger Beispiele soll der vorliegende Datenpool verdeutlicht werden.

Informationseinheit	Mittel zur Informationssuche	benötigte Information	Transporter	Solo	Sattel	Hänger
Vorwärts-Gerade: An die Kreuzung heranfahren						
1. Verkehrsbeobachtung im Umfeld vor dem Fahrzeug	Blick FS	Verkehr, Objekte	x	x	x	x
3. Verkehrsbeobachtung rechts	Blick rAS, rSF	Verkehr, Objekte auf der rechten Seite/Spur	x	x	x	x
	RF (Schulterblick)		x	x	x	x
	WW, RS			x	x	x
4. Verkehrsbeobachtung links	Blick lAS, lSF (Schulterblick)	Verkehr, Objekte auf der linken Seite/Spur	x	x	x	x
Vorwärts-Rechts: Rechtsabbiegen						
13. Seite rechts kontrollieren (Rechtskurve)	Blick rAS, rSF	seitlicher Abstand zum Objekt auf der rechten Seite	x	x	x	x
	RS			x	x	x
	RÜ (Schulterblick)		x	x	x	x
15. Kontrolle Ausschwenken des Aufliegers /Hängers vorn links (Rechtskurve)	Blick lAS, Kopf aus dem lSF	seitlicher Abstand des Aufliegers/Hängers zum Objekt auf der linken Seite			x	x
1. Verkehrsbeobachtung im Umfeld vor dem Fahrzeug	Blick FS	Verkehr, Objekte	x	x	x	x
Stand: Gegebenenfalls anhalten						
2. Verkehrsbeobachtung direkt vor dem Fahrzeug	Blick FS, Vorbeugen	Objekte direkt vor dem Fahrzeug	x	x	x	x
Vorwärts-Gerade: Anfahren und Geradeausfahren						
1. Verkehrsbeobachtung im Umfeld vor dem Fahrzeug	Blick FS	Verkehr, Objekte	x	x	x	x

lAS	- linker Außenspiegel	RS	- Rampenspiegel	ISF	- linkes Seitenfenster
rAS	- rechter Außenspiegel	RÜ	- Rückspiegel	rSF	- rechtes Seitenfenster
WW	- Weitwinkelspiegel	FS	- Frontscheibe	RF	- Rückwandfenster

Abb. 6:   *Modell des Informationsbedarfs für die Fahrsituation „Rechtsabbiegen an einer Straßenkreuzung"*

Zeitdauer der Fahrsituationen

Abb. 7 zeigt, daß Rangieraufgaben zeitaufwendig sind, Spurwechsel und Überholvorgänge hingegen beanspruchen einen geringen Zeitanteil. Wichtiger als die mittlere Zeitdauer ist für unsere Fragestellung jedoch der zeitliche Spielraum für weitere motorische oder visuelle Bedienaufgaben. Hier ergibt sich für die einzelnen Situationen zwar ebenfalls ein unterschiedliches Bild, doch würden nach dieser zusammengefaßten Darstellung bei den meisten Fahrsituationen kaum Möglichkeiten für weitere motorische Bedienhandlungen bestehen, wohl aber für visuelle. Um ein genaueres Bild von den einzelnen Fahrhandlungen zu erhalten, ist eine differenziertere Auswertung erforderlich.

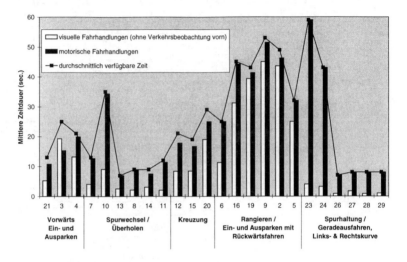

Abb. 7:   Mittlere Zeitdauer von motorischen und visuellen Fahrhandlungen in den Fahrsituationen

Umfang einzelner Fahrhandlungen je Fahrsituation

Wir betrachteten nun bei den motorischen Fahrhandlungen die Bedienung mit den Händen und bei den visuellen die Art und den Ort der Informationsaufnahme eingehender. In Abb. 8 sind die Ergebnisse für fünf Situationen beispielhaft dargestellt. Sie zeigen, daß in Abhängigkeit von der Fahrsituation sehr unterschiedliche Freiräume bestehen. Die rechte Hand z. B. ist bei den meisten Situationen zu weniger als 20% eingesetzt. Sie steht damit für Zusatzhandlungen durchaus zur Verfügung. Für die linke Hand gilt das bei weitem eingeschränkter. Beim einhändigen Fahren wird sie bevorzugt und auch bei den Situationen, die vor allem dem Spurhalten dienen.

Bei den visuellen Fahrhandlungen bestehen aus unserer Sicht nur Freiräume in der Kategorie „allgemeine Verkehrsbeobachtung vorn". Beim Blick im Cockpit oder beim „Kopf aus dem Fenster" (z. B. beim Rückwärtsfahren) dürfte die visuelle Aufmerksamkeit voll gefordert sein. Auch hier zeigt sich wiederum eine starke Abhängigkeit von den Verkehrssituationen. Liegt bei den „Spurhalteaufgaben" (z. B. Sit. 23) die „allgemeine Verkehrsbeobachtung vorn" bei 76 - 93 Prozent der Gesamtzeit, so sind es beim „Rückwärtsfahren" (Sit. 19) nur ca. 10 Prozent.

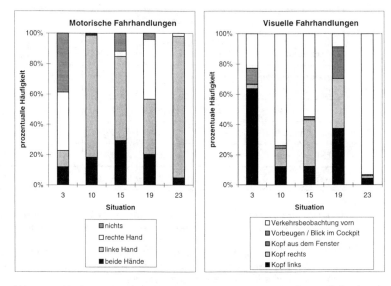

Abb. 8:   *Umfang einzelner Fahrhandlungen in ausgewählten Fahrsituationen*

Gleichzeitigkeit von Fahrhandlungen

Für die Beanspruchung in den Fahrsituationen ist natürlich entscheidend, ob und in welchem Umfang motorische und visuelle Fahrhandlungen parallel ablaufen. In Abb. 9 wird das beispielhaft für das „Überholen auf der Autobahn" (Sit. 10) dargestellt. Diese Situation dauert im Durchschnitt 34 sec. (vergl. Abb. 6). In diesem Zeitraum wird die linke Hand zu fast 100 Prozent (80,2% einhändig links, 18,4% beidhändig) beansprucht. Die rechte Hand wird zu über 80 Prozent nicht benutzt. Etwa ein Viertel der Zeit wird benötigt, um den rückwärtigen Verkehr insbesondere über die beiden Außenspiegel zu beobachten. Zumindest für einen Anteil von 18,4 Prozent ist der Fahrer sowohl motorisch als auch visuell voll gefordert und kann seine Aufmerksamkeit nicht auf die Bedienung bzw. Beobachtung von Zusatzgeräten richten.

Für alle Fahrsituationen liegen diese Handlungs- und Zeitanalysen vor. Sie können so genutzt werden, die Art und den Umfang visueller und motorischer Freiräume für beliebige weitere Informationsgeber oder Assistenzsysteme zu definieren.

10.4 Bewertung der Fahrsituationen durch die Fahrer

Die Akzeptanz von Unterstützungssystemen durch die Fahrer wird neben der konkreten technischen Auslegung dieser Systeme wesentlich dadurch bestimmt werden, wie die Fahrer durch sie in den jeweiligen Fahrsituationen unterstützt oder aber im ungünstigen Falle zusätzlich belastet und von der eigentlichen Fahraufgabe abgelenkt werden.

Visuelle Fahrhandlungen	Motorische Fahrhandlungen				
	rechte Hand	linke Hand	beide Hände	keine	gesamt
Verkehrsbeobachtung vorn	0,4 %	59,1%	13,5 %	0,8 %	**73,8 %**
Kopf nach links	0,1%	10,5 %	1,6 %		**12,2 %**
Kopf nach rechts		9,0 %	3,0 %		**12,0 %**
Blick im Cockpit		1,6 %	0,4 %		**2,1 %**
gesamt	**0,6 %**	**80,2 %**	**18,4 %**	**0,8 %**	**100,0 %**

Abb. 9:   Parallelität von motorischen und visuellen Fahrhandlungen am Beispiel der Fahrsituation „Überholen auf der Autobahn"

Deshalb erfaßten wir zusätzlich zu den Zeit- und Handlungsstrukturen die Bewertung der Fahrsituationen durch die Fahrer und die von ihnen erlebten Freiräume für Unterstützungssysteme.

Dazu führten wir eine Fahrerbefragung durch. An ihr nahmen 23 Fahrer von Solo-, Hänger- und Sattelfahrzeugen teil. In einem fünf- bzw. zweistufigen Rating hatten die Fahrer alle 21 Fahrsituationen nach folgenden Aspekten zu bewerten: Häufigkeit, Unfallwahrscheinlichkeit, Häufigkeit von Konflikten, Vermeidung, geistige und motorische Beanspruchung, generelle Schwierigkeit, Streß, Zeit für weitere Beobachtung von Kontrollgeräten und Nebenhandlungen.

Die Ergebnisse zeigen eine sehr differenzierte Bewertung der Fahrsituationen. In Abb. 10 sind als Beispiel die geistige und motorische Beanspruchung dargestellt. Insgesamt bewegt sich die Bewertung auf einem eher niedrigen Niveau. Zwischen den einzelnen Situationen sind jedoch signifikante Unterschiede nachweisbar. Die höchste Bewertung erfahren die Situationen, die mit dem Rückwärtsfahren verbunden sind. Deutlich wird, daß die motorische Beanspruchung bei den meisten Situationen signifikant geringer bewertet wird als die geistige. Ursache dafür dürfte sein, daß eine Vielzahl der motorischen Handlungen automatisiert ablaufen und dadurch nur gering beanspruchend erlebt werden. Ausnahmen bilden die Situationen des vorwärts Ein- und Ausparkens, das Wenden, das Rangieren und das Abbiegen an Kreuzungen.

Diese Ergebnisse stützen auch die Einschätzung der Fahrer, daß sie das Informationsangebot im Cockpit derzeit kaum belastet und weitere Informationen zur Verbesserung der Fahrsicherheit gewünscht werden.

Wir unterzogen die erhaltenen Bewertungsdaten einer Diskriminanzanalyse, um den Einfluß der einzelnen Aspekte auf die Bewertung aufzuklären. Zwei Diskriminanzfunktionen trennen signifikant zwischen den 21 Fahrsituationen und umfassen ca. 77 Prozent der Gesamtvarianz. Die erste Diskriminanzfunktion klärt mit 55,4 Prozent den größten Teil der Varianz auf. Sie wird vor allem durch die generelle Schwierigkeit, die Unfallwahrscheinlichkeit, Meidung und motorische Beanspruchung bestimmt. Die zweite klärt mit

21,5 Prozent den Einfluß der Häufigkeit dieser Situationen auf. Abb. 11 verdeutlicht die Lage der 21 Situationen im Diskriminanzraum.

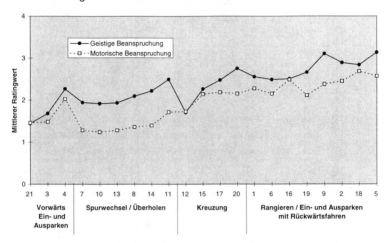

Abb. 10: *Die subjektive Bewertung der geistigen und motorischen Beanspruchung in den Fahrsituationen*

Bei der Bewertung der Situationen danach, ob die Fahrer zusätzliche Bedienhandlungen und Nutzung von Kontrollgeräten als möglich ansehen, ergibt sich ein negativer Zusammenhang zwischen der eingeschätzten Nutzung von Zusatzgeräten und der Beanspruchung (vergl. dazu die Abb. 12 und 10). Abb. 12 verdeutlicht weiterhin, daß in der Situation mit der größten Beanspruchung (Sit. 5, ausparken rückwärts) keinerlei Nebenhandlungen als möglich angesehen werden. Für die Beobachtung von Kontrollgeräten ist dieser Zusammenhang nur im Trend nachweisbar. Über 80% der Fahrer geben hier im wesentlichen unabhängig von der Situation an, für solche Beobachtungen Zeit zu haben.

Faßt man diese Ergebnisse zusammen, so wird deutlich, daß die Fahrer eine sehr differenzierte Bewertung der Fahrsituationen vornehmen und ihr Verhalten in verschiedener Richtung auf die erlebte Beanspruchung einstellen. Zum einen meiden sie nach Möglichkeit die für sie beanspruchenden Situationen durch entsprechende Fahrtroutenplanung. Zum anderen nutzen sie Zusatzgeräte in solchen Situationen nicht. Für die Gestaltung und den Einsatz von Assistenz- oder Unterstützungssystemen heißt das, genau zu analysieren, was in welcher Situation unterstützt werden soll und wann das geschehen kann, um von den Fahrern akzeptiert zu werden.

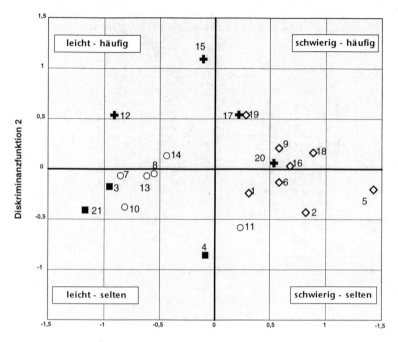

Abb. 11:   Lage der Fahrsituationen im Diskriminanzraum

10.5 Schlußfolgerungen für die Entwicklung und den Einsatz von Unterstützungs- und Assistenzsystemen

Aus solch einer komplexen Charakteristik der Fahrsituationen lassen sich eine Vielzahl von Schlußfolgerungen für die Auswahl, Gestaltung und Anordnung von Unterstützungs- und Assistenzsystemen im weitesten Sinne ziehen. Unser Ansatz geht davon aus, daß die erfaßten Handlungen beim unmittelbaren Fahrvorgang durch das Nutzen oder Bedienen zusätzlicher Informationsgeber, Komfortgeräte, Kommunikationsmittel u. a. m. überlagert werden. Sie lassen sich in gleicher Weise über die Zeit und den motorischen und visuellen Handlungsbedarf entsprechend unserem Beschreibungsmodell charakterisieren. Aus unserer Sicht sind sie nun den Anforderungen aus den unmittelbaren Fahrsituationen unterzuordnen.

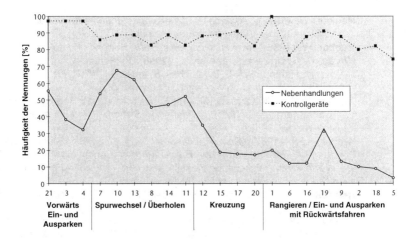

Abb. 12: Mögliche Ausführung zusätzlicher Kontroll- und Nebenhandlungen

Aus den vorliegenden Daten der Handlungsanalyse ist z. B. ableitbar, zu welchem Zeitpunkt weitere Informationen verarbeitet und Handlungen ausgeführt werden können oder mit welcher Hand eine Bedienung möglich ist. Aus der Informationsbedarfsanalyse ergibt sich, welche Informationserfordernisse bestehen, wie man sie u. U. unterstützen könnte und über welche Sinneskanäle diese Informationen übermittelbar wären.

Damit liegen Kriterien für eine prospektive Gestaltung neuer Systeme vor, bei denen danach zu fragen ist, welcher Prozeß soll unterstützt werden, wann findet er statt, welche Anforderung stellt die Fahrsituation zu diesem Zeitpunkt und welche Freiräume für die Gestaltung gibt es.

10.6 Literatur

Benda, H. v. (1985). Die Häufigkeit von Verkehrssituationen. *Bericht zum Forschungsprojekt 7320/2, Bereich Unfallforschung.* Bergisch Gladbach: Bundesanstalt für Straßenwesen.

Bourquard, E., Bodenmann, G. & Perrez, M. (1995). *Computer Aided Observation System.* Version 1.1a, Department of Psychology University of Fribourg Schwitzerland.

Bruckmayer, E. & Reker, K. (1994). Neue Informationstechniken im Kraftfahrzeug. Eine Quelle der Ablenkung und der informatorischen Überlastung? *Zeitschrift für Verkehrssicherheit, 40,* 12-23.

Deutscher Verkehrssicherheitsrat (1994). Autofahrer beklagen Streß, Zeitdruck und Ablenkung als zunehmendes Unfallrisiko. *Zeitschrift für Verkehrssicherheit, 40,* 96.

Donges, E. (1978). Ein regelungstechnisches Zwei-Ebenen-Modell des menschlichen Lenkverhaltens im Kraftfahrzeug. *Zeitschrift für Verkehrssicherheit, 24,* 98-112.

Färber, B. (1990). Mehr Instrumente, mehr Sicherheit? In *Elektronik im Kraftfahrzeug,* VDI-Berichte, 819. Düsseldorf: VDI-Verlag.

Hacker, W. (1973). *Allgemeine Arbeits- und Ingenieurpsychologie.* Berlin: VEB Deutscher Verlag der Wissenschaften.

Hacker, W. (1986). *Arbeitspsychologie.* Bern: Huber.

Hoyos, C. Graf & Fastenmeier, W. (1990). Verkehrspsychologische Aufgaben im Rahmen von PROMETHEUS. In Nickel, W.-R. *Fahrverhalten und Verkehrsumwelt.* Köln: Verlag TÜV Rheinland.

Hoyos, C. Graf & Kastner, M. (1986). Belastung und Beanspruchung von Kraftfahrern. *Zeitschrift für Unfall- und Sicherheitsforschung im Straßenverkehr, 59,* 1986.

Kraiss, K.-F. (1987). *Schnittstellengestaltung und Entscheidungsunterstützung bei der Fahrzeug- und Prozeßführung* (Bericht Nr. 76). Wachtberg-Werthhoven: Forschungsgesellschaft für Angewandte Naturwissenschaften, Forschungsinstitut für Anthropotechnik.

Richter, P. & Hacker, W. (1997). *Belastung und Beanspruchung.* Heidelberg: Asanger.

Wierwille, W.W. & Tijerina, L. (1995). Eine Analyse von Unfallberichten als ein Mittel zur Bestimmung von Problemen, die durch die Verteilung der visuellen Aufmerksamkeit und der visuellen Belastung innerhalb des Fahrzeugs verursacht werden. *Zeitschrift für Verkehrssicherheit, 41,* 164-168.

11 EIN KONZEPT ZUM FAHRERADAPTIVEN, AUTONOMEN FÜHREN EINES KFZ

Frank Schreiner & Reiner Onken

Universität der Bundeswehr München, Institut für Systemdynamik und Flugmechanik

Zusammenfassung

Es wird ein Konzept zum autonomen Führen und Regeln eines Kraftfahrzeuges im Straßenverkehr vorgestellt. Die Regelung soll ein autonomes Fahren auf Autobahnen und autobahnähnlich ausgebauten Straßen ermöglichen. Unter Beachtung der Verkehrsregeln und der Sicherheit soll das System dabei den Fahrstil eines individuellen Fahrers wiedergeben. Dazu wird das System den Fahrer in einer Lernphase beobachten, ohne selber aktiv einzugreifen. Während dieser Phase entwickelt es ein Fahrermodell sowie Kennlinien und Parameter für die Regelung. Im Reglermodus werden diese Werte für eine automatische Regelung von Geschwindigkeit und Längsabstand zu anderen Verkehrsteilnehmern genutzt. Die Querführung erfolgt halbautomatisch, indem das System dem Fahrer Vorschläge für einen Spurwechsel unterbreitet. Entsprechend der Spurentscheidung des Fahrers und dem Verkehrsgeschehen wird die Längsregelung die passende Fahrzeuggeschwindigkeit auswählen.

11.1 Einleitung

In jüngster Zeit werden verstärkt Anstrengungen unternommen, Kraftfahrzeuge mit Fahrerunterstützungssystemen auszustatten. Diese Systeme sollen durch autonome Funktionen den Fahrer entlasten und die Verkehrssicherheit steigern. Autonom fahrende Kraftfahrzeuge sollen zudem die Kapazitäten des Straßennetzes besser ausnutzen.

Voraussetzung für diese Systeme ist eine leistungsfähige Sensorik, um ein möglichst vollständiges Wissen über das Fahrzeug und die Umwelt zu gewinnen. In Dickmanns (1995) werden die diesbezüglichen Entwicklungsschritte aufgezeigt. Bereits heute gibt es Sensorsysteme, die den Verkehr um das Fahrzeug und die Straße erfassen können. Mit zu erwartenden Leistungssteigerungen in der Rechnertechnik und Elektronik werden die Systeme bald so ausgereift sein, daß sie für einen breiten Einsatz geeignet sind.

Die vorhandenen Unterstützungssysteme besitzen unterschiedliche Automatisierungsgrade; die Automatisierung reicht dabei von reinen Warnsystemen ohne direkten Eingriff des Systems in die Fahrzeugführung (z. B. *DAISY*, siehe Kopf, 1994 und Onken & Kopf, 1991) bis hin zu vollautomatisierten Systemen für die Längs- und Querführung (z. B. VaMoRs-P, siehe Dickmanns, 1994). In der aktuellen Serienentwicklung stehen ACC-Systeme (ACC = Adaptive Cruise Control), die den Abstand und die Geschwindigkeit situationsangepaßt automatisch regeln.

Der Aspekt der Fahreradaptivität des Systems an einen individuellen Fahrer wird dabei unterschiedlich stark betont. Reine Warnsysteme legen meist mehr Wert auf die Anpassungsfähigkeit des Systems an den individuellen Fahrstil des Fahrers als vollautomatisierte Systeme.

Ein weiterer Aspekt ist die Art der Repräsentation der gegebenen Situation, aufgrund der sich das System für eine bestimmte Handlungsweise entscheidet. Verbreitet sind dabei klassifizierende Verfahren wie z. B. Entscheidungsbäume oder Petri-Netze (siehe z. B. Ruckdeschel & Onken, 1994). Aus den Sensordaten wird dabei durch die Einführung von Schwellwerten eine symbolische Situationsrepräsentation gewonnen. Daraus wird dann eine Handlung generiert. Dabei ergibt sich das Problem, wie fein man eine Situation klassifiziert. Ist die Klassifikation zu grob, kann das System evtl. nicht angemessen auf eine gegebene Situation reagieren. Ist die Klassifikation zu fein, handelt man sich eine kaum noch überschaubare Vielzahl von Situationsübergängen ein. Zudem können sich Grenzzyklen an den Klassengrenzen ergeben, die mit zusätzlichem Aufwand verhindert werden müssen.

11.2 Systemkonzept

Im folgenden wird ein Konzept für ein System mit vollautomatischer Längsführung und halbautomatischer Querführung vorgestellt. Die Lenkung bleibt dabei dem Fahrer überlassen, während der Abstand und die Geschwindigkeit des Fahrzeugs automatisch geregelt werden. Die erforderliche Abstimmung der Längs- mit der Querführung wird aufgrund der Fahrerhandlungen vom System vorgenommen. Dazu ist es notwendig, daß sich das System an den Fahrstil des Fahrers anpaßt. Zur Situationsrepräsentation wird ein klassifikationsfreies Verfahren benutzt, welches direkt aus den Sensordaten mögliche Absichtsalternativen generiert und bewertet. Die Situation wird dabei nicht symbolisch, sondern parametrisch beschrieben. Demgegenüber werden die Alternativen für die Absicht symbolisch und parametrisch beschrieben.

11.2.1 Anforderungen an das System

Das System muß den folgenden Anforderungen genügen, die mit sinkender Priorität aufgelistet sind:

Sicherheit: Fest vorgegebene Sicherheitsgrenzen dürfen nicht überschritten werden. Dazu zählen gesetzliche Vorschriften und systembedingte Einschränkungen.

Stabilität: Das System muß immer ein im Sinne der Regelungstechnik stabiles Verhalten aufweisen.

Schnelligkeit: Das System muß auf plötzliche Situationsänderungen sehr schnell reagieren können.

Robustheit: Das System muß mit verrauschten Sensordaten und veränderten Streckenparametern (z. B. Beladungszustand des Fahrzeugs) umgehen können.

Fahreradaptivität: Der Fahrstil soll demjenigen des Fahrers entsprechen, um eine gute Akzeptanz zu erreichen. Dazu zählen das Geschwindigkeits-,

Abstands- und Überholverhalten, die mit der Querführung des Fahrers abgeglichen werden müssen.

Komfort: Das System muß ein ruckfreies Fahren ermöglichen. Grenzzyklen mit ständigem Beschleunigen und Verzögern oder ständig wechselnde Absichten sind zu vermeiden.

Kolonnenstabilität: Bei einer Kolonne von Fahrzeugen mit automatischer Längsführung muß gewährleistet sein, daß die Abstände in der Kolonne im regelungstechnischen Sinne stabil bleiben.

11.2.2 Struktur des Systems

Das System gliedert sich in folgende Komponenten, die in Abbildung 1 dargestellt sind:

Sensorik: Hier werden die Daten von verschiedenen Sensoren gesammelt und zu einer konsistenten Wissensbasis fusioniert. Zu den abrufbaren Informationen zählen die Beschleunigungen, Geschwindigkeiten und Positionen aller Verkehrsteilnehmer, der Straßenverlauf, Informationen über das Eigenfahrzeug und evtl. Fahrzeugkonturen der anderen Verkehrsteilnehmer.

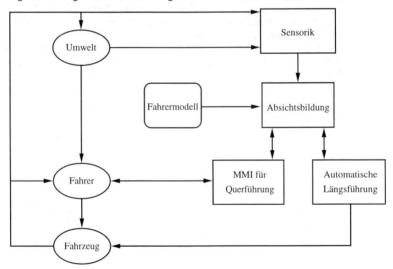

Abb. 1:   Gesamtstruktur des Systems

Fahrermodell: In einer Lernphase sammelt das System Informationen über den Fahrstil des Fahrers und legt sie als Parameter und Kennlinien in einem Fahrermodell ab.

Absichtsbildung: Hier werden verschiedene, symbolische Alternativen für die weitere Absicht generiert. Auf der Basis des Fahrermodells werden für jede Absicht hypothetische Handlungen erzeugt und ihre Konsequenzen analysiert. Alle Alternativen werden dann nach einem Kriterienkatalog bewertet. Die beste Alternative wird schließlich ausgewählt.

Automatische Längsführung: Hier werden die Geschwindigkeit und erforderlichenfalls der Abstand zu einem vorausfahrenden Fahrzeug geregelt.

MMI für Querführung: Hier werden dem Fahrer Vorschläge für den Spurwechsel unterbreitet und die ausgewählte Absicht angezeigt. Dem Fahrer steht es frei, die Vorschläge zu befolgen oder nicht. Das System paßt die automatische Längsführung seinen Wünschen an.

Im weiteren werden die Komponenten genauer dargestellt. Die Sensorik ist hiervon ausgenommen, da sie an anderen Stellen entwickelt wird. Eine aktuelle Darstellung der Sensorik ist z. B. in Dickmanns (1997) zu finden.

11.3 Fahrermodell

Das adaptive Fahrermodell enthält Kennlinien und Parameter über den Fahrstil des Fahrers. Sie werden im Anschluß an eine Beobachtungsphase des Systems ermittelt, in der der Fahrer das Fahrzeug selber führen muß. In dieser Phase werden folgende Histogramme angelegt:

Abstand-Geschwindigkeit: In diesem Histogramm wird das Abstandsverhalten des Fahrers ermittelt. Dazu werden alle Verkehrsteilnehmer herangezogen, die von vorne auf das Eigenfahrzeug aufprallen könnten. Die Häufigkeit ist dabei eine Funktion des Längsabstandes und der Geschwindigkeit des Eigenfahrzeugs. Durch Bildung des 15. Abstandsperzentils wird daraus eine Kennlinie des Wunschabstands zu einem vorausfahrenden Fahrzeug über der Geschwindigkeit gewonnen. In Abbildung 2 ist ein Beispiel dargestellt.

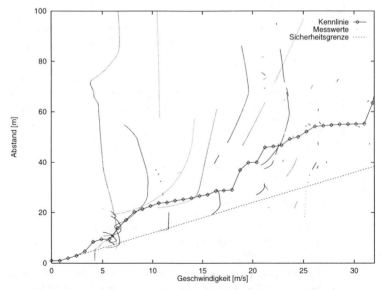

Abb. 2:   Fahreradaptive Kennlinie für Wunschabstand

Geschwindigkeit-Straßenkrümmung: In diesem Histogramm wird das Geschwindigkeitsverhalten des Fahrers ohne die Einflüsse durch andere

Verkehrsteilnehmer und Geschwindigkeitsbeschränkungen ermittelt. Dazu wird die Straßenkrümmung herangezogen, die auf Autobahnen und autobahnähnlichen Straßen die wesentliche geschwindigkeitsbestimmende Größe ist. Die Häufigkeit ist dabei eine Funktion der Geschwindigkeit des Eigenfahrzeugs und der Straßenkrümmung. Durch Bildung des 85. Geschwindigkeitsperzentils wird daraus eine Kennlinie der Wunschgeschwindigkeit über der Straßenkrümmung gewonnen. In Abbildung 3 ist ein Beispiel dargestellt.

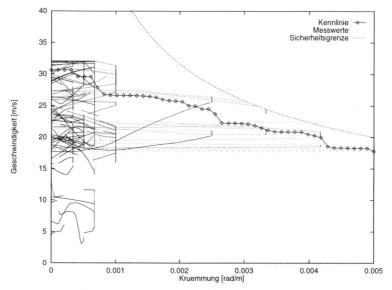

Abb. 3:   *Fahreradaptive Kennlinie für Wunschgeschwindigkeit*

Fahrspur-Spuranzahl: In diesem Histogramm wird das Spurwahlverhalten des Fahrers ohne die Einflüsse durch andere Verkehrsteilnehmer ermittelt. Dazu wird die Anzahl der verfügbaren Fahrspuren herangezogen, die im wesentlichen die Wahl der Fahrspur bestimmt. Die Häufigkeit ist dabei eine Funktion der gewählten Fahrspur und der Spuranzahl. Daraus ergibt sich eine Tabelle mit Fahrspurpräferenzen über der Spuranzahl.

Daneben wird in der Beobachtungsphase die aktuelle Situation nach einem Kriterienkatalog bewertet und einer Regressionsanalyse zugeführt. Ziel ist die Bestimmung von fahreradaptiven Gewichtungsfaktoren für die einzelnen Kriterien aus dem Kriterienkatalog. Der Kriterienkatalog umfaßt:

1. Den Absolutwert der Abweichung der Geschwindigkeit von der Wunschgeschwindigkeit.
2. Den Präferenzwert der benutzten Fahrspur.
3. Die Gefährdung durch andere Verkehrsteilnehmer. Die Gefährdung ist dabei aus der TTC (Time to Collision) abgeleitet, indem von einer konstanten, maximalen TTC der aktuelle Wert der TTC abgezogen wird. Die Gefährdung wird nach unten durch 0 (keine Gefahr) und nach oben durch die maximale Gefährdung begrenzt.

4. Die seit dem letzten Spurwechsel verstrichene Zeit.

Anhand dieses Kriterienkataloges und der fahreradaptiven Gewichtungsfaktoren ist es dann später möglich, verschiedene Absichtsalternativen
zu bewerten.

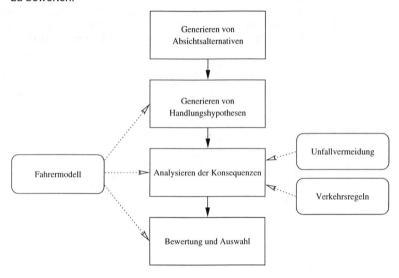

Abb. 4:   Absichtsbildung

11.4 Absichtsbildung

Die Struktur der Absichtsbildung ist in Abbildung 4 dargestellt. Sie gliedert
sich in die folgenden Teilkomponenten:

Generieren von Absichtsalternativen: In symbolischer Form werden verschiedene Absichtsalternativen für die Längs- und Querführung aufgestellt.
Dabei werden folgende Alternativen für die Längsführung erzeugt: Fahren
mit der Wunschgeschwindigkeit, Wunschabstand zu Vorderfahrzeug Nr. 1
einhalten, Wunschabstand zu Vorderfahrzeug Nr. 2 einhalten, usw. bis zur
Anzahl der Vorderfahrzeuge. Für die Querführung werden folgende Alternativen aufgestellt: Fahren auf Fahrspur Nr. 1, Fahren auf Fahrspur Nr. 2, usw.
bis zur Spuranzahl. Durch die Kombination aller Längsführungsalternativen
mit allen Querführungsalternativen erhält man die Absichtsalternativen (s.
Abbildung 5).

Generieren von Handlungshypothesen: Für jede Absichtsalternative wird
ein Satz mit hypothetischen Handlungen zum Erreichen dieser Absicht generiert. Dabei wird die symbolische Absicht in Parameter umgesetzt, die die
Fahrzeugführung beeinflussen. Dazu werden die fahreradaptiven Kennlinien
aus dem Fahrermodell herangezogen. Um gefährliche Handlungen zu vermeiden, die der Fahrer evtl. in der Lernphase des Systems begangen hat,
werden die Handlungen erforderlichenfalls nach feststehenden Sicherheitskriterien modifiziert. Diese Sicherheitskriterien sind an die Leistungsfähigkeit

des Gesamtsystems angepaßt und umfassen z. B. eine Kennlinien mit Mindestabständen und Höchstgeschwindigkeiten.

Alternativen für die Querführung

Fahrspur Nr. 1 benutzen	Fahrspur Nr. ... benutzen	Fahrspur Nr. m benutzen
Fahren mit Wunschgeschwindigkeit	Absicht Nr. 1	Absicht Nr. ...	Absicht Nr. m
Wunschabstand einhalten zu Vorderfahrzeug Nr. 1	Absicht Nr. m+1	Absicht Nr. ...	Absicht Nr. 2m
Wunschabstand einhalten zu Vorderfahrzeug Nr. ...	Absicht Nr. ...	Absicht Nr. ...	Absicht Nr. ...
Wunschabstand einhalten zu Vorderfahrzeug Nr. n	Absicht Nr. nm+1	Absicht Nr. ...	Absicht Nr. (n+1)m

Alternativen für die Längsführung

Abb. 5:   Generieren von Absichtsalternativen

Analyse der Konsequenzen: Für jede Handlungshypothese werden die zukünftigen Konsequenzen in Bezug auf den Kriterienkatalog untersucht. Zusätzlich zu den fahreradaptiven Kriterien des Kriterienkatalogs gibt es noch weitere Kriterien. Sie umfassen die Unfallvermeidung und die Beachtung der Verkehrsregeln. Zur Unfallvermeidung wird analysiert, ob die Handlungshypothese zu einer Kollision des Eigenfahrzeugs mit einem anderen Verkehrsteilnehmer führt. Zur Beachtung der Verkehrsregeln wird derzeit nur untersucht, ob das für Autobahnen wichtige Rechtsüberholverbot durch die Handlungshypothese verletzt wird.

Bewertung und Auswahl: Jedes Kriterium wird mit dem zugehörigen Gewichtungsfaktor multipliziert und das Gesamtergebnis aufaddiert. Die Absichtsalternative mit der besten Bewertung wird schließlich ausgewählt. Die Kriterien Unfallvermeidung und Beachtung der Verkehrsregeln sind dabei so stark gewichtet, daß sie alle fahreradaptiven Kriterien aufwiegen. Auf diese Weise wird den Kriterien unterschiedliche Priorität eingeräumt. Die Unfallvermeidung genießt dabei die höchste Priorität, gefolgt von der Beachtung der Verkehrsregeln und den fahreradaptiven Kriterien. Wie die fahreradaptiven Kriterien untereinander priorisiert sind, richtet sich nach den fahreradaptiven Gewichtungsfaktoren aus dem Fahrermodell.

11.5 Automatische Längsführung

Die Automatische Längsführung teilt sich gemäß Abbildung 6 in einen Abstands- und einen Geschwindigkeitsregler auf. Beide bestehen aus dem eigentlichen Regler und einem Führungsgrößengenerator. Je nach der vorliegenden Absicht wird einer der beiden grau unterlegten Teile aktiviert.

Die Aufgabe der Regler ist es, Abweichungen vom Geschwindigkeits- oder Abstands-Sollwert möglichst schnell und gut gedämpft auszuregeln. Dazu werden den Reglern die Meßwerte über Geschwindigkeit oder Abstand zugeführt, wodurch ein rückgekoppeltes System entsteht. Um ein solches System in seinen Eigenschaften (Stabilität, Dämpfung, usw.) festzulegen, werden am besten klassische Verfahren aus der Regelungstechnik eingesetzt.

Die Aufgabe des Führungsgrößengenerators ist es, glatt verlaufende Sollwertvorgaben für den eigentlichen Regler zu erzeugen. Sie werden bereits beim Generieren der Handlungshypothesen in der Absichtsbildung aufgerufen. Wie dort beschrieben, benutzen sie die fahreradaptiven Kennlinien für Wunschgeschwindigkeit oder Wunschabstand und modifizieren sie ggf. nach bestimmten Sicherheitskriterien. Durch das Zuführen der Meßwerte vom Vorderfahrzeug (Störgrößen) kann eine hohe Reaktionsgeschwindigkeit der Abstandsregelung erzielt werden. Auch die Führungsgrößengeneratoren werden mit regelungstechnischen Methoden realisiert. Sie sind so konzipiert, daß sich beim Umschalten zwischen der Abstands- und der Geschwindigkeitsregelung keine plötzlichen Stellgrößenänderungen ergeben. Dadurch wird ein möglichst ruckfreies Fahren gewährleistet.

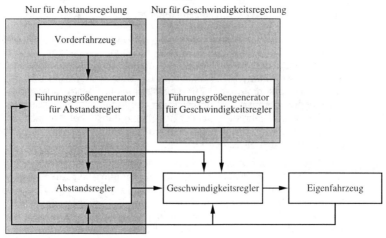

Abb. 6:   Automatische Längsführung

11.6 MMI für Querführung

Das Man-Machine-Interface (MMI) stellt dem Fahrer Informationen über
1.   den Systemstatus,
2.   mögliche Spurwechsel,

3. wünschenswerte Spurwechsel und
4. die ausgewählte Absicht

auf optischem oder akustischem Weg zur Verfügung. Der Fahrer kann dem System seine Wünsche mitteilen, indem er den Blinker, das Gas- oder Bremspedal betätigt. Bei leichten Betätigungen von Gas oder Bremse bleibt das System aktiv und reagiert entsprechend der Fahrerabsicht. Erst bei starken Betätigungen von Gas oder Bremse schaltet sich das System ab und informiert den Fahrer darüber.

11.7 Bisherige Ergebnisse

In ersten Simulationsversuchen wurde die Abstandsregelung des Systems untersucht (s. Abbildung 7). Es zeigte sich, daß das System den Abstand stabil und unter Einhaltung der Sicherheitskriterien regelte. Bei niedrigen Geschwindigkeiten konnte der Wunschabstand sehr genau eingehalten werden.

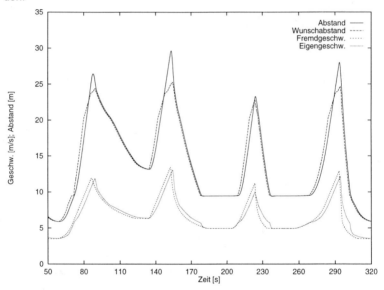

Abb. 7:   Simulation der Abstandsregelung

11.8 Literatur

Dickmanns, E.D. (1995). Performance Improvements for Autonomous Road Vehicles, Int. Conference on Intelligent Autonomous Systems (IAS-4), Karlsruhe.

Dickmanns, E.D. (1997). Vehicles Capable of Dynamic Vision, 15th Int. Conference on Artificial Intelligence (IJCAI-97), Nagoya, August 1997.

Dickmanns, E.D. et al. (1994). The Seeing Passenger Car 'VaMoRs-P', Proceedings of the Intelligent Vehicles '94 Symposium, IEEE, Paris, October 1994.

Kopf, M. (1994). Ein Beitrag zur modellbasierten, adaptiven Fahrerunterstützung für das Fahren auf deutschen Autobahnen, Fortschritts-Berichte
VDI, Reihe 12, Nr. 203, VDI- Verlag, Düsseldorf.

Onken, R. & Kopf, M. (1991). Monitoring and Warning Aid for Driver Support
on the German Autobahn, PRO-ART Workshop on Intelligent Copilot,
Grenoble, December 1991.

Ruckdeschel, W. & Onken, R. (1994). Modelling of Pilot Behaviour Using
Petri Nets, 15th Int. Conference on Application and Theory of Petri Nets,
Zaragoza, June 1994.

12 WISSENSBASIERTES ASSISTENZSYSTEM FÜR DAS STÖRUNGSMANAGEMENT IM SCHIENENVERKEHR

Alexander Fay & Eckehard Schnieder

Technische Universität Braunschweig, Institut für Regelungs- und Automatisierungstechnik

Zusammenfassung

Die im modernen Bahnverkehr erreichten hohen Fahrgeschwindigkeiten erfordern schnelle und dabei qualitativ hochwertige Dispositionsentscheidungen. Dazu muß der Disponent durch verbesserte Arbeitsabläufe und Werkzeuge unterstützt werden. Am Institut für Regelungs- und Automatisierungstechnik der Technischen Universität Braunschweig wurde und wird eine Dispositionsunterstützung zur Integration in Leitsysteme des spurgebundenen Verkehrs entwickelt. Sie soll bei Betriebsstörungen mit Hilfe eines Expertensystems und einer zeitraffenden Simulation Dispositionsvorschläge erarbeiten und dem Disponenten über eine ergonomisch gestaltete Mensch-Maschine-Schnittstelle unterbreiten.

12.1 Motivation

Damit der Schienenpersonenverkehr wieder eine für den Kunden interessante Alternative zu Auto und Flugzeug bilden konnte, wurde in den letzten Jahren auf hohe Fahrgeschwindigkeiten, dichte Taktraten und günstige Umsteigemöglichkeiten mit kurzen Wartezeiten gesetzt. Gleichzeitig erfordert der Zwang zu wirtschaftlichem Betrieb eine hohe Auslastung der zur Verfügung stehenden Ressourcen (Fahrwege, rollendes Material, Personal). Beide Tendenzen erschweren die Arbeit des Disponenten, dessen Aufgabe es ist, im Falle der unvermeidlichen Betriebsstörungen einzugreifen, die Auswirkungen der Störung zu kompensieren oder zu minimieren und so schnell wie möglich zum fahrplangemäßen Betrieb zurückzukehren.

Um den Bahnverkehr bei ständig steigenden Anforderungen hinsichtlich Kosteneffizienz und Geschwindigkeit auf qualitativ hohem Niveau durchführen zu können, bedarf es einer deutlich verbesserten Reaktion auf eintretende Störungen. In derartigen Situationen treffen Disponenten unter Zeitdruck oft weitreichende Entscheidungen über Maßnahmen, deren Auswirkungen in den komplexen Verkehrssystemen oft nur schwer abzuschätzen sind. Daher müssen die Disponenten durch verbesserte Arbeitsabläufe und Werkzeuge unterstützt werden (Oser, 1995; Streit & Partzsch, 1997), wobei der Schlüssel zu einem effektiven Störfallmanagement darin liegt, das vorhandene Expertenwissen in der konkreten Situation effektiv zu nutzen (Grabs, 1995; Steinborn, 1991).

Die Disposition bei der Bahn gestaltet sich als komplizierter Optimierungsvorgang, bei dem der Disponent abhängig von der aktuellen Verkehrssituation mehrere Dispositionsmaßnahmen in Erwägung ziehen, ihre Auswirkungen auf den Verkehrsprozeß unter den vorliegenden Randbedingungen abschätzen und daraufhin die günstigste Alternative auswählen und auf den Prozeß anwenden muß. Dieser Vorgang muß innerhalb weniger Minuten abgeschlossen sein, um auf aktuelle Störungen adäquat reagieren zu können. Unter den heutigen Betriebsbedingungen ist der Disponent damit zunehmend überfordert.

Er bedarf daher einer Dispositionsunterstützung, die - ausgehend von der momentanen Konfliktsituation - dem Disponenten Vorschläge unterbreitet, wie das Problem bestmöglich zu beheben oder in seinen Auswirkungen abzuschwächen wäre.

12.2 Arbeitsweise des Entscheidungsunterstützungssystems

Grundsätzlich bedeutet ein Konflikt, daß eine Ressource (Zug, Personal, Bahnsteig, Strecke, ...) nicht oder zumindest nicht zur vorgesehenen Zeit in der gewünschten Weise zur Verfügung steht. Mögliche, häufig auftretende Konflikte sind dabei:

- Verspätungskonflikte,
- Umlaufkonflikte,
- Belegungskonflikte,
- Anschlußkonflikte.

Bei der Betrachtung der Konflikte ergeben sich Parallelen zu ähnlich gelagerten Problemen in der Fertigungstechnik. In gleicher Weise sind auch die Lösungsansätze der Fertigungsplanung und -steuerung verwandt mit denen der Verkehrstechnik, so daß sich hier beide Bereiche positiv beeinflussen können (Burger, 1992; Huber, 1990).

Am Institut für Regelungs- und Automatisierungstechnik der Technischen Universität Braunschweig wurde und wird eine Dispositionsunterstützung zur Integration in Leitsysteme des Schienenverkehrs entwickelt. Sie soll bei Betriebsstörungen mit Hilfe eines wissensbasierten Systems und einer zeitraffenden Simulation Dispositionsvorschläge erarbeiten und dem Disponenten über eine ergonomisch gestaltete Mensch-Maschine-Schnittstelle unterbreiten (Fay et al., 1996). Im Rahmen des BMBF-Forschungsprojektes DISPOS wurde zunächst ein Dispositionsunterstützungssystem entworfen und beispielhaft für das Magnetschnellbahnsystem TRANSRAPID in einem Labormuster entwickelt. Bei der Magnetschnellbahn TRANSRAPID handelt es sich um ein abgeschlossenes System, dessen Umfang im Vergleich zu konventionellen Eisenbahnen überschaubar und wegen seiner Homogenität eindeutig beschreibbar ist. Es ist daher besonders geeignet, neue Ideen und Konzepte des Hochgeschwindigkeitsverkehrs zu erproben. Die prinzipiellen Erkenntnisse und Ergebnisse dieser Arbeiten wurden im Anschluß daran auf andere Bahnsysteme übertragen und für diese weiterentwickelt.

Die Struktur des Systems zeigt Abbildung 1, die auch die Zusammenarbeit der einzelnen Komponenten verdeutlicht. Der reale Betriebsablauf des Bahnsystems wird durch den disponierten Fahrplan gesteuert und dabei von äußeren, stochastischen Ereignissen beeinflußt. Es ergibt sich ein Prozeßzustand, den die Mensch-Maschine-Schnittstelle dem Disponenten darstellt.

Die zeitraffende Simulation ermittelt periodisch - ausgehend von der aktuellen Verkehrssituation und dem aktuellen Fahrplan - die Verkehrsentwicklung der nahen Zukunft (ca. 1 h), die daraufhin ebenfalls dem Disponenten angezeigt wird. Können die festgestellten Verkehrskonflikte nicht von der automatisierten Prozeßsteuerungsebene alleine adäquat behandelt werden, entwickelt das Expertensystem Lösungsvorschläge für den Disponenten. Der Disponent kann darüber hinaus auch unabhängig von der aktuellen Verkehrssituation Vorschläge für hypothetische Dispositionsfälle anfordern, beispielsweise bei der Planung von Baumaßnahmen. Zur Evaluation der eigenen Vorschläge greift das Expertensystem auf das Simulationswerkzeug zurück.

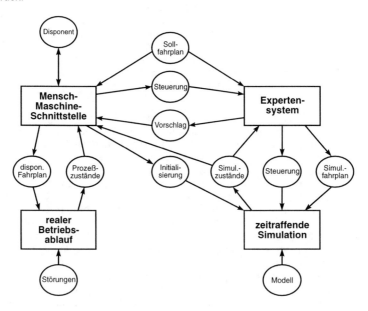

Abb. 1:   Struktur der Dispositionsunterstützung

Die Disponenten werden mit diesem System also in vierfacher Weise unterstützt:

- Erkennung von Konflikten und deren Auswirkungen im aktuellen und im prognostizierten Verkehrsgeschehen (Konfliktvorhersage),
- pointierte Anzeige der Verkehrskonflikte in Kombination mit den für die Problemlösung relevanten Informationen,
- Vorhersage der Auswirkungen möglicher Eingriffe (Dispositionsmaßnahmen),
- Vorschlag von geeigneten Dispositionsmaßnahmen.

Die einzelnen Komponenten des Systems und ihre Aufgaben werden in den nachfolgenden Abschnitten detaillierter beschrieben.

12.3 Die Mensch-Maschine-Schnittstelle

Vom Beginn des Eisenbahnverkehrs an bis vor einigen Jahren war die Geschwindigkeit, mit der sich die Bahnen fortbewegten, relativ niedrig, und die Zeit, die ein Disponent hatte, um eine dispositive Entscheidung zu fällen, stellte keine kritische Größe dar. Als Entscheidungsgrundlage für die Disposition diente ein Streckenspiegel, der das Gleisnetz in stilisierter Form abbildet, und das Zeit-Weg-Liniendiagramm (ZWL), das den Verlauf der Zugfahrten als Linien in der Zeit/Ort-an-der-Strecke - Ebene zeigt und von Hand auf der Basis der telefonischen Zugmeldungen auf ein Blatt Papier aufgezeichnet wurde. Im Computerzeitalter wurden Verwaltung und Darstellung des ZWL-Diagramms und des Streckenspiegels lediglich auf ein Rechnersystem übertragen, das damit das Zeichnen von Hand automatisierte. Die Fähigkeiten heutiger Computer wurden damit allerdings kaum genutzt, und es wurde nicht berücksichtigt, daß die Konzeption einer modernen Mensch-Maschine-Schnittstelle, bei der der Benutzer, in diesem Falle der Disponent, im Mittelpunkt steht und nicht die Maschine (User Centered Design), eine erhebliche Arbeitserleichterung für den arbeitenden Menschen darstellen würde.

Basierend auf den Erkenntnissen der Wahrnehmungspsychologie wurde herausgearbeitet, wie Informationen über die aktuelle Situation in einem spurgebundenen Verkehrssystem generell dargestellt und grafisch aufbereitet werden müssen, damit sie vom Menschen leicht wahrgenommen und verstanden werden können. Dabei stellte sich heraus, daß es sinnvoll ist, die Struktur des herkömmlichen Disponenten-Arbeitsplatzes völlig neu zu überdenken. Das betrifft zum einen die Gestaltung des Arbeitsraumes, zum zweiten die arbeits- und organisationspsychologischen Aspekte des Arbeitsablaufes und zum dritten die Verwendung von Dispositionshilfsmitteln, wie Monitoren, Tastaturen und Grafiktabletts. Unter Einsatz des konstruktiven Modellbaues wurden am Institut für Regelungs- und Automatisierungstechnik (in Zusammenarbeit mit Designern der Hochschule für bildende Künste (HBK) Braunschweig) eine Leitzentrale (im Maßstab 1:10), ein neuartiger Disponentenarbeitsplatz (im Maßstab 1:5) und neuartige Ein-/Ausgabegeräte (im Maßstab 1:1) gebaut. Als ausgesprochen zweckmäßig erweist sich z. B. die Verwendung einer Großbildprojektion, auf der eine für alle Beteiligten gleichzeitig sichtbare Projektion des gesamten Streckennetzes gezeigt wird.

Die Prozeßgrößen des Bahnsystems und der dazugehörigen Leittechnik wurden genau ermittelt. Daraufhin fand eine Einteilung der Prozeßgrößen in verschiedene Hierarchieebenen nach ihrer Relevanz für die Disposition statt. Dabei zeigte sich, daß bisherige Darstellungen mit vielfältigen Daten überfrachtet sind, aus denen die Disponenten die für sie wichtigen Informationen nicht direkt entnehmen können, sondern mühsam schließen müssen. Auf der Basis der vorgenommenen Einteilung konnten verschiedene neuartige Visualisierungen des aktuellen und prognostizierten Prozeßgeschehens entwickelt werden, die den Blick auf Konflikte und deren Lösungsmöglichkeiten richten.

So zeigt Abbildung 2 das „Dispogramm", daß in einer Leitzentrale als Überblicksdarstellung der Konfliktsituation im Verkehrsnetz auf eine große, für alle sichtbare Fläche projiziert wird. Wie die Legende in Abbildung 3 erläutert, wird auf dem Dispogramm die räumliche (zwischen den Bahnhöfen) und zeitliche (senkrecht dazu) Ausbreitung von Konflikten dargestellt. Ist eines der Kästchen eingefärbt, so geht daraus hervor, daß in diesem Streckenabschnitt in einem bestimmten Zeitintervall ein Konflikt auftritt (bzw. auftreten wird, wenn keine Maßnahmen ergriffen werden). Die Intensität der Einfärbung korrespondiert dabei mit der Intensität des Konfliktes.

Zur Behandlung eines Konfliktes dienen wiederum verschiedene Eingabemasken, die deutlich die verschiedenen Handlungsmöglichkeiten und ihre jeweiligen Konsequenzen aufzeigen (als Beispiel ist in Abbildung 4 die Behandlung von Anschlußkonflikten zu sehen, und Abbildung 5 zeigt einen Vorschlag für eine Umleitung).

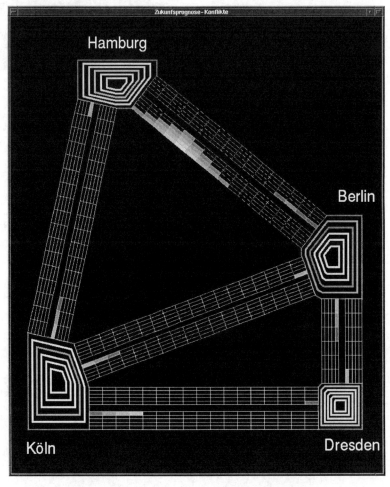

Abb. 2:   *„Dispogramm" als Übersichtsdarstellung der Verkehrssituation*

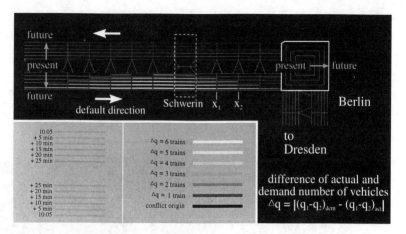

Abb. 3:   Legende zum „Dispogramm"

Durch die auf die aktuellen Konflikte bezogenen Darstellungen wird der Mensch von sich wiederholenden Vorgängen und mühsamen Datensammlungs- und -interpretationstätigkeiten entlastet und kann sich voll auf die kreative Lösung von Dispositionsproblemen konzentrieren.

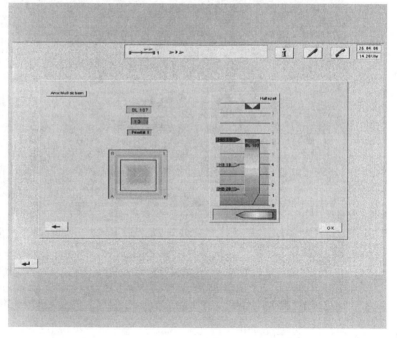

Abb. 4:   Bildschirmmenü zur Behandlung von Anschlußkonflikten

Abb. 5: Vorschlag für eine Umleitung

12.4 Das Simulationswerkzeug

Für die verschiedenen Prognoseanforderungen von Mensch-Maschine-Schnittstelle und Expertensystem ist ein sehr schnelles Simulationswerkzeug erforderlich, das die technischen Charakteristika des jeweiligen Bahnsystems hinreichend genau nachbildet, um aussagekräftige Ergebnisse zu erzielen, andererseits aber auch in der Lage ist, nach wenigen Sekunden die gewünschten Prognosedaten für den betrachteten Netz- und Zeitausschnitt liefern zu können. Da ein solches Werkzeug nicht zur Verfügung stand, wurden am Institut eigene Werkzeuge entwickelt. Dabei wurden zwei parallele Wege beschritten: a) Das erste Simulationswerkzeug basiert auf den für die Spezifikation und die Entwicklung der Leit- und Sicherheitstechnik-Komponenten des Bahnsystems erstellten Petrinetz-Modellen. Dadurch ist eine weitgehende Konsistenz von Modell und realer Leittechnik gewährleistet. Um die Ausführung zu beschleunigen, wurden die Petrinetze in Zustandsautomaten überführt, die wiederum lauffähigen Code beinhalten. Die einzelnen Automatenmodelle bilden eine Modellbibliothek, aus der unter Berücksichtigung der Streckenprojektierungsdaten das Gesamtmodell des zu simulierenden Netzes zusammengestellt werden kann. b) Das in a) beschriebene Vorgehen ist methodisch konsistent und auf lange Sicht auch sehr vielversprechend. Die Entwicklung der Methodik und die Implementierung der dazugehörigen Werkzeuge ist jedoch eine umfangreiche Aufgabe. Zum Zwecke des Tests der anderen Komponenten des Dispositionsunterstützungssystems wurde aber schnell ein Simulationswerkzeug benötigt. Daher wurde ein problemangepaßtes Simulationswerkzeug in C++ erstellt. Der objektorientierte Ansatz ist dabei hervorragend geeignet, das verteilte System „Bahnverkehr" effizient abzubilden. Das Simulationswerkzeug wurde in kurzer Zeit entworfen und implementiert und erfüllt die Anforderungen vollständig, insbesondere die hinsichtlich einer kurzen Rechenzeit.

12.5 Das Expertensystem

Das Expertensystem untersucht ständig das aktuelle und das durch die Simulation prognostizierte Verkehrsgeschehen auf Konflikte. Außerdem kann es vom Disponenten um Hilfe gebeten werden, so beispielsweise beim Abschätzen der Auswirkungen hypothetischer Eingriffe, zu Schulungszwecken oder bei der Planung von Baumaßnahmen. Die Arbeitsweise verdeutlicht Abbildung 6: Festgestellte Konflikte werden analysiert und daraufhin klassifiziert. Diese Klassifizierung wird, da sie nicht immer eindeutig erfolgen kann, unscharf vorgenommen (mit Hilfe von Fuzzy-Konzepten, z. B. bei Verspätungen). Darauf erfolgt eine Auswahl von erfolgversprechenden Dispositionsmaßnahmen aufgrund der in der Wissensbasis gespeicherten Dispositionsregeln. Diese wurden von DB-Disponenten akquiriert und für die Verwendung im Fuzzy-Regel-Expertensystem aufbereitet.

Da das Dispositionswissen teilweise eher vage formuliert ist, muß dieser Tatsache auch im Aufbau der Regelbasis Rechnung getragen werden (Rommelfanger, 1994). Je nach dem Vertrauen, das der einzelnen Regel entgegengebracht wird, wird diese Regel gewichtet. Spricht die Regel gegen die Anwendung einer Maßnahme in einer bestimmten Situation, so wird diese Gewichtung negativ.

Die Ziele des Benutzers und die Präferenzen, die er den einzelnen Zielen untereinander zuweist, müssen ebenfalls mit modelliert werden. Die Gültigkeit einer Regel ist nämlich kein konstanter Wert, sondern eine Funktion der Ziele und Präferenzen: jede Regel unterstützt mit der von ihr vorgeschlagenen Maßnahme bestimmte Ziele und läuft anderen eher zuwider. Beispielsweise unterstützt die Regel „WENN ein Zug ausfällt, DANN wird ein Ersatzzug eingesetzt" das Ziel einer hohen Kundenzufriedenheit, konterkarriert aber die Bemühungen, Kosten zu senken. Modelliert man nun die Gültigkeit einer Regel in Abhängigkeit von den verschiedenen Zielen und Präferenzen, so werden die Regeln unterschiedlich „durchlässig", je nachdem, in welcher Weise sie die Ziele unterstützen, die vom Benutzer als besonders wichtig eingeschätzt werden. Ein übergeordnetes Ziel kann z. B. die Minimierung der Betriebskosten sein, aber auch die Minimierung der Zahl der verspäteten Züge oder der Gesamtverspätungszeit aller Reisenden, wobei sich die Ziele durchaus widersprechen können. Die untergeordneten Regeln dienen mehr oder weniger der Verfolgung der einzelnen Ziele. Details der graphischen Modellierung der Regeln mittels Fuzzy-Petrinetzen finden sich in (Fay & Schnieder, 1997).

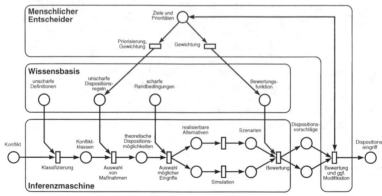

Abb. 6:   Arbeitsweise des Expertensystems

Durch Anwendung der Regeln auf die klassifizierte Konfliktsituation werden die möglichen Maßnahmen mehr oder weniger priorisiert. Die vielversprechendsten Maßnahmen werden daraufhin überprüft, ob sie die festen

Randbedingungen (hard constraints) erfüllen. Dies kann zum Beispiel eine Überprüfung sein, ob für vorgeschlagene Ersatzmaßnahmen die notwendigen Ressourcen zur Verfügung stehen oder ob die Länge eines Ausweichgleises für die vorgeschlagene Überholung eines Zuges ausreicht. Es ist sinnvoll, diese Überprüfungen von den Regeln zu trennen, da sie problemspezifisch sind und von geringer Allgemeingültigkeit.

Diejenigen der vorgeschlagenen Maßnahmen, die sich unter den aktuellen Randbedingungen realisieren ließen, werden mit Hilfe des oben erwähnten Simulationswerkzeugs evaluiert. Dazu werden Simulationen mit den unterschiedlichen Dispositionseingriffen initialisiert und parallel abgearbeitet. Die resultierenden Szenarien werden nach verschiedenen Gütekriterien (soft constraints) bewertet und verglichen. Die Maßnahmen, die in der Simulation die größten Verbesserungen erzielten, werden dem Disponenten vorgeschlagen. Dabei werden Begründungen gegeben, wie diese Lösung zustande kam, wie groß die Verbesserung des Verkehrszustandes durch ihre Anwendung wäre und welche anderen Maßnahmen in Erwägung gezogen wurden. Der Disponent kann dann entscheiden, ob er einer der vorgeschlagenen Maßnahmen folgt, kleine Änderungen an ihnen vornimmt (deren Auswirkungen er durch eine nochmalige Simulation überprüfen kann) oder eine gänzlich andere Maßnahme einleitet. In jedem Fall verbleibt die endgültige Entscheidung bei ihm.

12.6 Zusammenfassung und Ausblick

Um mit anderen Verkehrssystemen konkurrieren zu können, muß der Schienenverkehr wirtschaftlicher, zuverlässiger und kundenfreundlicher werden. Der Betriebsleitung und speziell der Disposition kommt dabei eine zentrale Aufgabe zu. Eine Unterstützung durch Rechner ist deshalb hier besonders sinnvoll. Das vorgestellte System unterstützt den Disponenten durch den Vorschlag geeigneter, überprüfter und nachvollziehbarer Dispositionsmaßnahmen und kann dadurch zu einer Verbesserung der Verkehrsleistung, Pünktlichkeit und Kundenzufriedenheit beitragen.

12.7 Literatur

Burger, C. (1992). Produktionsregelung mit entscheidungsunterstützenden Informationssystemen. Springer, Berlin.

Fay, A. & Schnieder, E. (1997). Möglichkeiten der Wissensrepräsentation mit unscharfen Petrinetzen (Fuzzy Petri Nets). Tagungsband der Fuzzy-Neuro-Systeme'97 - 4. Internationaler Workshop des FA 1.2 „Inferenzsysteme" der GI, Proceedings in Artificial Intelligence, S. 186-193, INFIX, Soest.

Fay, A., Jansen, L. & Schnieder, E. (1996). A knowledge-based decision support system for high speed train traffic control. Vortragsband der COMPRAIL'96 - 5th International Conference on Computers in Railways (Berlin 1996), Bd. 2, S. 355-363, Computational Mechanics Publications, Southampton.

Grabs, U. (1995). Konflikterkennung und -lösung für dispositive Aufgaben in Betriebszentralen. Signal + Draht 87 (1995) 7-8.

Huber, A. (1990). Wissensbasierte Überwachung und Planung in der Fertigung. E. Schmidt Verlag, Berlin.

Oser, U. (1995). Automation des Zugbetriebs durch Innovation der Betriebs-leittechnik. Signal + Draht 87 (1995) 12.

Rommelfanger, H. (1994). Fuzzy Decision Support-Systeme - Entscheiden bei Unschärfe. Springer, Berlin 1994.

Steinborn, U. (1991). Die computergestützte Disposition im Rangierbahnhof als Beitrag zur Qualitätsverbesserung im Eisenbahnbetrieb. Dissertation an der Hochschule für Verkehrswesen, Dresden.

Streit, K.-D. & Partzsch, L. (1997). Telematik - Schlüsselfaktor für die moderne Bahn. Eisenbahntechnische Rundschau ETR 46, Heft 7/8, S. 459 - 462.

13 WISSENSBASIERTE AUSWAHL VON ANTRIEBSELEMENTEN BEI DER KONFIGURATION VON ANTRIEBSSTRÄNGEN MIT HILFE UNSCHARFER METHODEN

Heinz Mertens & Boris Fairlie

Technische Universität Berlin, Institut für Maschinenkonstruktion

13.1 Einleitung

Antriebsstränge bestehen aus unterschiedlichen Komponenten zur Leistungserzeugung, -wandlung und -übertragung. Die meisten Antriebselemente werden aus Katalogen oder Normen ausgewählt, wobei konstruktive, schwingungstechnische und wirtschaftliche Faktoren einfließen. Ergänzend zu alltäglichen Auswahlproblemen, z. B. der Anschaffung eines Autos, sind zur Entscheidung über den Einsatz eines bestimmten Bauteils zum Teil umfangreiche Berechnungen durchzuführen. Diese unterstützen sowohl die Konkretisierung der Vorauswahl als auch später die Validierung der endgültigen Auswahl. Eine Einschränkung des Lösungsraumes führt im allgemeinen zu einem zeitaufwendigen iterativen Vorgehen. Erfahrenen Konstrukteuren gelingt es statt dessen häufig, die richtigen Bauteile von vornherein in Betracht zu ziehen und so den Entwicklungsprozeß zu verkürzen. Sie berücksichtigen intuitiv bereits berechnungsrelevante Anforderungen in der Vorauswahl, die sie aufgrund von Ähnlichkeiten oder Plausibilitäten bewerten. Hierbei ist zu beachten, daß diese erfahrungsgestützte Auswahl meist nur einen eingeschränkten Lösungsraum berücksichtigt, da oft neu- oder andersartige Lösungen außer acht gelassen werden. Wissensbasierte rechnergestützte Auswahlsysteme, die die Erfahrungen verschiedener Experten bündeln, können zu günstigeren Auswahlprozessen beitragen (Heiden, 1992).

In diesem Beitrag soll ein wissensbasiertes System vorgestellt werden, das die Auswahl und Konfiguration von Elastomer-Kupplungen und Riemengetrieben für beliebige Antriebsstränge unterstützen soll. Für die Auswahlentscheidungen werden Bewertungen mit unscharfen Methoden gewählt, da sich diese u. a. dazu eignen, die Unschärfen verbaler Anforderungen und qualitativ vage Informationen sowie Unsicherheiten über noch nicht festgelegte Kenngrößen des gesamten Antriebsstranges zu berücksichtigen. Über unscharfe Berechnungskennfelder werden komplexe Berechnungsmethoden bereits in die Vorauswahl eingebunden.

13.2 Bemerkungen zur Fuzzy-Logic

In der herkömmlichen Wissensverarbeitung und Modellbildung werden Aussagen und Zugehörigkeiten immer als eindeutig bestimmt betrachtet. Beispielsweise ist in der zweiwertigen Logik eine Aussage entweder wahr oder falsch oder in der klassischen Mengenlehre ein Objekt Element einer Menge oder nicht. Bei der Anpassung dieser „scharfen" Methoden an reale Situationen werden im allgemeinen Idealisierungen und Vereinfachungen getroffen, die die Aussagegüte der Modelle stark einschränken können. Der Kerngedanke der unscharfen Logik besteht nun darin, für Aussagen und Mengenzugehörigkeiten Unschärfen zuzulassen und mit unscharfen Mengen und Operatoren zu arbeiten. Dies erweist sich als besonders sinnvoll, wenn verbale Ausdrücke in eine mathematisch faßbare Form gebracht werden sollen. Die mathematische Behandlung solcher Mengen ist Inhalt der Theorie der unscharfen Mengen (Fuzzy Set Theory). Die üblichen Mengenoperationen wie Schnitt- oder Vereinigungsmenge werden auf unscharfe Mengen erweitert. Der Grad der Wahrheit einer Aussage bzw. die Mengenzugehörigkeit wird durch einen Zugehörigkeitswert zwischen 0 und 1 der Zugehörigkeitsfunktion (ZGF) festgelegt. Konvexe unscharfe Mengen, die nur einen Wert mit der Zugehörigkeit eins haben, heißen unscharfe Zahlen. Mit diesen und mit unscharfen Intervallen werden arithmetische Operationen definiert. Im Gegensatz zur herkömmlichen Mathematik sind in der Fuzzy-Logic für jede Mengenoperation verschiedene unscharfe Operatoren anwendbar. Das Besondere an den unscharfen Operationen ist der Kompromißcharakter des Ergebnisses. Daraus folgt, daß sich die Anwendung dieser Theorie auf Gebiete beschränken sollte, in denen Kompromisse vertretbar und erwünscht sind.

13.3 Katalogauswahl ohne Rechnerunterstützung

Das Problem der Auswahl von Bauteilen oder Komponenten aus Katalogen oder Normen tritt im Laufe einer Produktentwicklung immer wieder auf, da aus Kostengründen die Verwendung von Kauf- und Normteilen Eigenentwicklungen vorzuziehen ist. In den meisten Fällen steht die Produktgruppe (z. B. Riemengetriebe) vor der Katalogauswahl fest. Der Konstrukteur wird nun in den jeweiligen Herstellerkatalogen oder Normen nachschlagen. Diese enthalten Informationen in Form von Tabellen, Zeichnungen, Diagrammen und Texten, wobei sich die Angaben von Hersteller zu Hersteller unterscheiden - dies um so mehr, je komplexer die Produkte werden. In der Regel stehen dabei in Tabellen wesentliche und unwesentliche Produktdaten nebeneinander, andere Informationen befinden sich in vor- oder nachgestellten Texten oder am Anfang der Kataloge. Um eine Übersicht zu erhalten muß erst jeder Katalog gelesen werden. Zudem haben viele Hersteller eigene Begriffe oder Einheiten, die einen Vergleich untereinander erschweren. Der Leser ist also gezwungen, sich die benötigten Informationen über ein Produkt Schritt für Schritt zu erarbeiten. Hat ein Anwender schließlich einige Kataloge durchgearbeitet, so wird er auch in Zukunft gerne darauf zurückgreifen. Er wird nur dann weitere wählen, wenn keines der beschriebenen Produkte seinen Anforderungen wenigstens näherungsweise genügt.

Grundsätzlich erfolgt die Auswahl eines Antriebselementes aus Katalogen zunächst aufgrund funktionsorientierter Anforderungen. Anschließend werden die mehr rechnerischen, beispielsweise festigkeits- oder schwingungsorientierten Anforderungen überprüft. Bei der Auslegungsberechnung zur Vorauswahl werden bestimmte Bauteilgrößen ermittelt, bei der Nachweisberechnung zur Endauswahl wird hingegen das Einhalten bestimmter bauteil- oder werkstoffabhängiger Grenzwerte überprüft. Die einsetzbaren Berechnungsverfahren reichen von einfachen Überschlagsformeln oder Kennfeldern bis zu langwierigen Rechnungen, wobei in Katalogen meistens einfache überschlägige Berechnungsverfahren angegeben werden. Die Berechnungsergebnisse sind oft nur vorläufiger Natur, da bis zum Abschluß der Produktentwicklung neue oder geänderte Anforderungen auftauchen können.

13.4 Katalogauswahl mit Rechnerunterstützung

13.4.1 Vorteile der Rechnerunterstützung

Durch den konsequenten Einsatz von Computerprogrammen können die meisten der eben angedeuteten Probleme gelöst werden. Hierzu sind zunächst die Daten aus den Herstellerkatalogen in einheitlicher Form in Datenbanken zu speichern. Aufgrund der Anforderungen, die z. B. über Fenster eingegeben werden, können dann mit Hilfe geeigneter Auswahl- und Bewertungsprogramme einzelne Produkte ermittelt und dem Benutzer angezeigt werden. Die Vorteile des Rechnereinsatzes sind unter anderem:

1. Der Auswahlprozeß wird beschleunigt.
2. Es wird vorurteilsfrei aus einer großen Datenmenge (möglichst mehrerer Hersteller) selektiert, wobei verschiedenste Kriterien zugrunde liegen können.
3. Die Bauteildaten werden ohne Fehler eingelesen und stehen weiterer Verarbeitung, z. B. in CAD- oder Berechnungsprogrammen, zur Verfügung.
4. Der Benutzer muß sich nur einmal in das Programm einarbeiten und nicht in verschiedene Kataloge, wobei die Einarbeitungszeit durch eine bedienerfreundliche und selbsterklärende Benutzungsoberfläche verkürzt werden kann.

13.4.2 Schwierigkeiten bei der rechnergestützten Verarbeitung von Katalogangaben

Die Ausführungen zu Abschnitt 13.3 zeigen, daß zur Auswahl einfache Vergleiche von Anforderungs- und Produktdaten mittels Datenbankabfragen nicht ausreichen. Der Grund dafür liegt auch in der Natur der Daten, die nach Vogwell (1990) als direct, developed und derived data strukturiert werden können. Bei den direct data stimmen Anforderungs- und Katalogdaten überein und können mit herkömmlichen Datenbankabfragen selektiert werden. Im Gegensatz dazu müssen bei den developed data vor der Datenbankabfrage noch Berechnungen durchgeführt werden, um die Anforderungs- und Katalogdaten vergleichen zu können. Das Hauptproblem stellen jedoch die derived data dar, die erst nach Festlegung des Gesamtproduktes (des Antriebssystems) bewertet werden können.

Entscheidende Informationen in Katalogen sind häufig nichtnumerischer Natur, z. B. die Angabe „Kupplung bequem montierbar" oder Erwartungswerte aus Erfahrungen mit bestimmten Produktklassen, z. B. „Betriebsfaktor $S \approx 1,5 \ldots 2$", oder zulässige Temperaturbereiche. Erschwerend für rechnerunterstützte Anwendungen sind Angaben in Form von Diagrammen. Ein weiteres Problem ergibt sich, wenn man versucht, Auswahlverfahren verschiedener Hersteller in ein gemeinsames System zu fassen, da diese - wie ausgeführt - häufig voneinander abweichen und bspw. verschiedene Ein-

flußfaktoren berücksichtigen. Durch den Einsatz unscharfer Methoden können viele der angesprochenen Probleme entschärft werden.

13.4.3 Anforderungen an rechnergestützte Auswahlprozesse

Die allgemeinen Anforderungen an Rechnerprogramme, wie z. B. Benutzer-
und Wartungsfreundlichkeit, Systemstabilität, Vollständigkeit, Richtigkeit
usw. sind bei der rechnerunterstützten Auswahl mit unscharfen Entscheidungsproblemen zu erweitern:

1. Ein Auswahlprogramm muß alle oben genannten Datentypen, insbesondere auch verbale und unscharfe Größen, verarbeiten können.
2. Die Eingabe subjektiver Abschätzungen und verbaler Größen soll möglich sein.
3. In einer Vorauswahl sind vermutlich-untaugliche Größen auszuschließen.
   Das dazu notwendige Wissen von Experten muß implementierbar und
   modifizierbar sein.
4. Es müssen herstellerunabhängige Auswahlsvorschriften für jede Produktgruppe implementiert werden.
5. Die Auswahlergebnisse müssen nachvollziehbar sein.

13.4.4 Einordnung des Auswahlproblems

Allgemein spricht man von einem Entscheidungs- (Auswahl-) problem, wenn
es zur Lösung eines Problems mehrere Handlungsalternativen gibt. Wenn
Entscheidungen unter Unsicherheit, bei unbekannter Wahrscheinlichkeit
bzw. unter Unschärfe getroffen werden müssen, spricht man zudem von unscharfen Entscheidungsproblemen (Mayer et al., 1993). In der Regel werden
unscharfe Entscheidungsprobleme durch Approximation an scharfe Größen
gelöst, in dem z. B. unsichere Größen zur sicheren Seite hin abgeschätzt
werden. Bei der herkömmlichen Katalogauswahl ist das in der Regel auch
ausreichend, da menschliche Entscheider plausible Abschätzungen machen.
Bei der Verarbeitung von Unsicherheiten in einem Computerprogramm
müssen hierzu rechnergestützte Strategien entwickelt werden. Es empfiehlt
sich, Ziele und Merkmale durch unscharfe Mengen darzustellen und so Unschärfe direkt zu erfassen und zu verarbeiten.

In der Entscheidungstheorie werden Entscheidungsprobleme zur Klasse
der MADM (Multi Attribute Decision Making) gezählt, wenn aus einer vorbe-
stimmten, endlichen Menge von Alternativen A_1, A_2, ..., A_m mit Hilfe der Attribute, Ziele oder Kriterien C_1, C_2, ..., C_n die beste zu bestimmen ist (Hwang &
Yoon, 1981). MADM-Probleme lassen sich in einer sogenannte Zielerrei-
chungsmatrix X darstellen, bei der das Matrixelement x_{ij} die Ausprägung der
i-ten Alternative hinsichtlich des j-ten Kriteriums ist. Häufig stehen die einzelnen Kriterien im Konflikt zueinander (Zielkonflikt). Außerdem treten oft un-
vergleichbare Einheiten auf, so daß die einzelnen Ausprägungen zunächst
nach einem einheitlichen Maßstab bewertet werden müssen. Die Bewertung
erfolgt dann in der Regel durch eine Werteskala (z. B. in VDI Richtlinie
2225), die jeder Ausprägung Punkte abhängig von ihrem Nutzen für die Aufgabenstellung zuweist. Ist das Entscheidungsproblem unscharf, spricht man
von einem Fuzzy-MADM-Problem (Chen et al., 1992).

13.4.5 Lösung von MADM-Problemen

Die häufigste Lösungsmethode für MADM-Probleme ist die einfache additive Gewichtung (siehe auch Nutzwertanalyse in Pahl & Beitz, 1993), bei der die optimale Alternative A_i^* folgendermaßen bestimmt wird (Zimmermann, 1991):

$$v\left(A_i^*\right) = \max\left[v\left(A_i\right)\right] = \max\left[\sum_{j=1}^{n} w_j \cdot v_j\left(x_{ij}\right)\right], \quad \text{mit} \quad \sum_{j=1}^{n} w_j = 1,$$

wobei durch $v{:}x_{ij}{\rightarrow}[0;1]$ die Ausprägung x_j hinsichtlich des j-ten Kriterium bewertet wird. Die relative Wichtigkeit der Attribute wird hier in einem Gewichtungsvektor $w^T=(w_1, w_2, ..., w_n)$ erfaßt.

Speziell für unscharfe Probleme sind im Bereich des Operation Research ein große Zahl von Fuzzy-MADM-Verfahren entwickelt worden (siehe dazu Zimmermann, 1991; Chen et al., 1992). Die meisten orientieren sich an klassischen MADM-Methoden, wobei einige Schritte verunschärft werden. Ein Ansatz ist - bei der oben beschriebenen einfachen additiven Gewichtung - Ausprägung, Nutzen und Gewichtung sowie die Bewertung durch unscharfe Mengen darzustellen und die scharfen arithmetischen Operationen Multiplikation und Addition durch unscharfe zu ersetzen. Während die herkömmlichen MADM-Methoden Schwierigkeiten bei der Verarbeitung verbaler und unscharfer Information haben, besteht bei den angegebenen Fuzzy-MADM-Methoden die Gefahr sehr unscharfe Ergebnisse zu erhalten. Dies liegt daran, daß sie oft für Anwendungen mit sehr vagen Größen konzipiert wurden. Da im Ingenieursbereich die Informationen eher scharf sind, muß im einzelnen geprüft werden, inwieweit derartige Methoden auch dort anwendbar sind. Insbesondere birgt die Anwendung unscharfer arithmetischer Operationen die Gefahr, Zusammenhänge im Laufe des Entscheidungsprozesses aufzulösen und so zu unbefriedigenden Ergebnissen zu kommen. In Lawrence (1996) wird ein wissensbasiertes System mit einer modifizierten, unscharfen additiven Gewichtung zur Auswahl von kinematischen Getrieben beschrieben und abschließend festgestellt, daß „nicht von vornherein bekannt ist, welche Wichtung einzustellen ist, um eine geplante Präferenz zu erhalten". Das bedeutet, daß Auswahlergebnisse sehr stark von Verfahrensparametern und weniger von den Eingangsgrößen abhängig sind.

13.5 Auswahlverfahren für Antriebselemente

13.5.1 Konzept des Vorauswahlverfahrens

In dem hier entwickelten Vorauswahlverfahren wird versucht, die Vorteile unscharfer und scharfer MADM-Verfahren zu verbinden, in dem nach dem Grundsatz „So scharf wie möglich, aber so unscharf wie nötig!" vorgegangen wird. Grundidee ist es, unscharfe und unsichere Kenngrößen oder Anforderungen des zu konzipierenden Antriebsstranges, z. B. den Betriebsfaktor, als unscharfe Mengen zu verarbeiten. In der Bewertung wird dann der Übereinstimmungsgrad von Anforderung und Merkmal durch einen Faktor erfaßt, gewichtet und abschließend die Produktvariante mit dem höchsten Gesamtübereinstimmungsgrad als Lösung vorgeschlagen. Die Auswahl erfolgt je nach Datenmenge in mehreren Stufen, bis nur noch wenige Bauteile verbleiben, die einzeln berechnet bzw. konfiguriert und abschließend erneut bewertet werden. Man kann die Lösungsvarianten als vieldimensionale, unscharfe Muster auffassen, die durch Vergleich mit dem unscharfen Anforderungsprofil beim Auswählen bewertet werden. In Bild 1 ist das beispielhaft an Riemengetrieben dargestellt: Die Kenngrößen von Keil- und Flachriemen sind in normierter Form auf verschiedenen Achsen den Anforderungen gegenübergestellt. Die Bereiche zwischen durchgezogenen bzw. gestricheltem kennzeichnen die Merkmalsbereiche für Keil- bzw. Flachriemen. Die grauen Flächen entsprechen den Anforderungen.

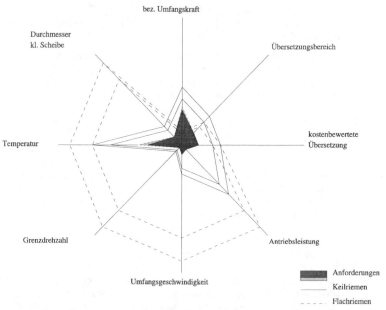

Bild 1:   *Auswahlproblem als vieldimensionales Muster*

Man erkennt, daß die Keilriemen alle Anforderungen erfüllen, die Flachriemen nicht.

Entscheidend für die Leistungsfähigkeit des Bewertungsverfahrens ist die Festlegung aussagekräftiger, distinktiver Vergleichskriterien und die problemangepaßte Kennzeichnung der relevanten unscharfen Mengen, mit denen die Bewertung erfolgt.

13.5.2 Entwicklungsumgebung

Das Programm wurde mit dem Entwicklungswerkzeug Smart Element auf dem PC unter Windows 3.1 entwickelt. Smart Element besteht aus der hybriden Expertensystemshell NEXPERT OBJECT, die sowohl eine regelorientierte als auch eine objektorientierte Darstellung des Wissens ermöglicht und Open Interface Elements (OIT) zur Erzeugung von Benutzungsoberflächen. NEXPERT OBJECT enthält Schnittstellen zu einer Reihe von Datenbanken und die Möglichkeit über eine C-Schnittstelle externe C-Routinen einzubinden. Da eine unscharfe Wissensverarbeitung in NEXPERT OBJECT nicht implementiert ist, wurden die entsprechenden Methoden als eigene C-Programme über die C-Schnittstelle eingebunden. Das Faktenwissen, d. h. die Eigenschaften der verschiedenen Bauteile in scharfen und unscharfen Kennwerten, ist in DBASE-Datenbanken abgelegt. Bei der Programmentwicklung wurde Smart Elements nicht als Expertensystemshell im eigentlichen Sinne, sondern lediglich als objektorientiertes Programmiertool mit Datenbankschnittstelle und GUI-Tool verwendet.

13.5.3 Programmablauf bei der Vorauswahl

Bild 2 zeigt den Grundaufbau des Ablaufplans der Vorauswahl für Riemen- bzw. Elastomer-Kupplungs-Typen. Bei Start des Programmes wird die Wissensbasis und die Benutzungsoberfläche in den Speicher geladen und danach das Fenster zur Eingabe der Anforderungen angezeigt. In diesem Fenster kann der Benutzer in mehreren thematisch geordneten Eingabemasken seine Anforderungen eingeben. Wenn der Benutzer seine Eingabe abgeschlossen hat, werden die Daten in die Wissensbasis geladen und analysiert. Dabei können unscharfe und scharfe Anforderungen unterschieden werden, wobei letztere noch in direkt vergleichbare und umzurechnende Daten unterteilt werden können (siehe auch 13.4.2). Bei den unscharfen Anforderungen, wie z. B. Montageaufwand oder Betriebsfaktoren, werden unscharfe Zahlen in der LR-Form (Böhme, 1993) als unscharfe Mengen festgelegt. Ist die Datenmenge bei der Vorauswahl relativ klein, wie z. B. bei der Vorauswahl des Riementyps, können scharfe und unscharfe Daten gleichzeitig aus den Datenbanken gelesen werden. Die Tabellen 1 und 2 zeigen die Vorauswahlkriterien für Riemen- bzw. Elastomer-Kupplungstypen. Hierbei sind die Berechnungskenngrößen nicht aufgeführt, da auf sie im Abschnitt 13.6 näher eingegangen wird. Die Anforderungen und die jeweiligen Merkmale der konkurrierenden Antriebselemente werden miteinander verglichen und die einzelnen Übereinstimmungsgrade sowie der Gesamtübereinstimmungsgrad ermittelt (siehe 13.5.4). Das Ergebnis der Vorauswahl wird abschließend dem Benutzer angezeigt. Die Vorauswahl erfolgt je nach Datenmenge ein- oder mehrstufig.

13.5.4 Ermittlung des Merkmal-Übereinstimmungsgrades und des Gesamtübereinstimmungsgrades

Bei der Ermittlung der Übereinstimmungsgrade werden die verschiedenen unscharfen Merkmale m, die für jedes zu wählende Objekt O in Form von unscharfen Mengen M mit der jeweiligen ZGF $\mu_{Om}(x)$ festgelegt sind, mit den vom Benutzer eingegebenen Anforderungen x verglichen (siehe Bild 3).

Bei einer scharfen Anforderung (z. B. Übersetzung), wird der Übereinstimmungsgrad der Anforderung x=a für jedes Objekt durch Einsetzen in die jeweilige ZGF $\mu_{Om}(a)$ berechnet. Ist die Anforderung unscharf, so gibt die Schnittmenge von Anforderungsmenge und Merkmalsmenge Aufschluß über deren Übereinstimmung - die Schnittmenge hat UND-Charakter. Dabei kann die Höhe der Schnittmenge oder eine andere Schnittmengenkenngröße verwendet werden.

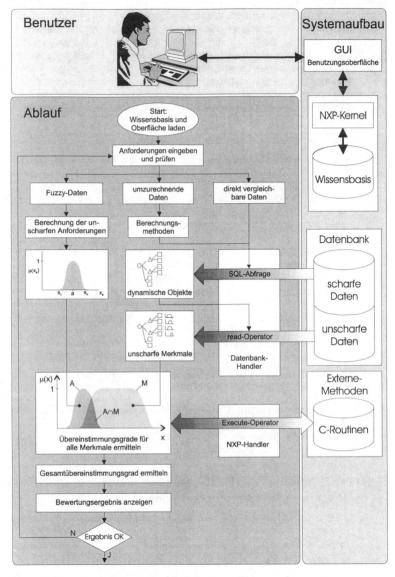

Bild 2:   Programmablauf bei der Vorauswahl

In dieser Arbeit wird als Übereinstimmungsgrad die auf die Anforderungsfläche bezogene Schnittmengenfläche gewählt, wobei angenommen wird, daß die Anforderungen immer vom Typ unscharfe Zahl a mit der oberen Streuung s_o und der unteren Streuung s_u sind.

Um zu einer Gesamtbewertung zu kommen, müssen die Übereinstimmungsgrade aller Merkmale zu einem Gesamtübereinstimmungsgrad zu

Tabelle 1: Vorauswahlkriterien für Riementypen

Bewertungskriterien		Mengenstruktur (s- scharf; us- unscharf)		Wertebereiche der Merkmalgrößen			
Merkmal	Dimension	Anforderung	Merkmal	Flachr.	Keilr.	Keilrippenr	Zahnr.
Übersetzungsbereich	-	s	us	12:1-1:12	12:1-1:12	35:1-1:35	10:1-1:10
kostenbewert. Ü.setzungsber.	-	s	us	1-12:1	1-12:1	4:1-35:1	1-10:1
Fett-Öl	B	s	s	0,75	0,75	0,75	1
Antriebsleistung	kW	s	us	0-5000	0-3000	0-1000	0-1000
Kupplungseignung	B	s	s	1	0,75	0,75	0
Umfangsgeschwindigkeit	m/s	s	us	0-200	0-50	0-60	0-80
Grenzdrehzahl	min^{-1}	s	us	0-130000	0-10000	0-12500	0-20000
Synchronität	B	s	s	0	0	0	1
Überlastverh.	B	s	s	1	0,75	0,75	0
Laufruhe	B	s	s	1	0,75	0,8	0,25
Kl. Scheibendurchmesser	mm	s	s	40-2000	16-450	13-1000	9.5-600
Temperatur	°C	us	us	-50 bis 100	-35 bis 80	-35 bis 80	-45 bis 100

B = Bewertung

sammengefaßt werden (Aggregation). Dazu haben sich verschiedene Verfahren bewährt: Bei der Riementyp-Vorauswahl werden die Bewertungen aller Kriterien bis auf das wichtigste Kriterium über deren geometrischen Mittelwert zusammengefaßt und dann mit dem wichtigsten Bewertungsfaktor multipliziert. Bei der Vorauswahl der Elastomer-Kupplung wird die γ-Verknüpfung (Böhme, 1993) gewählt. Die Höhe des Gesamtübereinstimmungsgrades ist dann ein Maß für die Gültigkeit der Variante. Bei einer multiplikativen Verknüpfung der Übereinstimmungsgrade wird die Bewertung sofort ungültig, wenn ein Kriterium nicht erfüllt ist. Außerdem wird die Auswahl meist durch die charakteristischen Merkmale bestimmt, ungünstige Kompromisse werden vermieden. Eine Gewichtung einzelner Kriterien kann durch einen Exponenten erfolgen. Tabelle 3 zeigt eine verbale Beurteilung für unterschiedliche Kriterien.

Tabelle 2: Vorauswahlkriterien für Elastomer-Kupplungstypen, s - scharf, us - unscharf

Kriterium	Dimension	Merkmal	Anforderung
Nennmoment	Nm	us	us
max. Drehzahl	min^{-1}	us	us
axiale/radiale/winklige Ver-schiebung	mm; grad	us	s
min./max. Temperatur	°C	us	us
Montageaufwand	-	us	us
Anschlußdurchmesser	mm	s	s

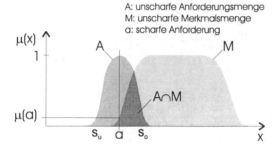

Bild 3:   Ermittlung des Übereinstimmungsgrades

Tabelle 3: Bewertung und verbales Urteil

Bewertung $\mu_{Ges.}$	0 - 0,1	0,1 - 0,3	0,3 - 0,5	0,5 - 0,7	0,7 - 0,9	0,9 - 1,0
verbales Urteil	unge-eignet	mangel-haft	ausrei-chend	befrie-digend	gut	ideal

13.5.5 Programmablauf zur Endauswahl

Bei der Vorauswahl werden die für den Anwendungsfall günstigsten Bauarten bestimmt. Aus diesen ist schließlich das endgültige Bauteil auszuwählen und gegebenenfalls zu konfigurieren.

Im Falle des *Riemengetriebes* wird hierzu für den gewählten Riementyp eine Wissensbasis mit den Berechungsmethoden zur Konfiguration hochgeladen. Anschließend wird das Riemengetriebe nach der VDI 2758 (bzw. nach Firmenkatalog Fa. Siegling bei den Flachriemen) berechnet, wobei der Riementyp und die Riemenbreite bzw. die Anzahl der Riemen festgelegt werden. Dabei ist das wichtigste Auswahlkriterium die Wirtschaftlichkeit. Die drei günstigsten Riemengetriebe werden schließlich auf der Benutzungsoberfläche angezeigt. Der Benutzer kann sich auf Wunsch alle relevanten Getriebegrößen ansehen und eine endgültige Wahl treffen.

Elastomer-Kupplungen werden analog ausgewählt. Erfahrungsgemäß bleiben jedoch nach der Vorauswahl des Elastomer-Kupplungs*types* noch viele mögliche Typen übrig, da i. a. jeder Typ einen großen Leistungsbereich abdeckt. Daher ist eine verfeinerte Vorauswahl zwischen den einzelnen Kupplungen jeden Typs sinnvoll. Diese zweite Vorauswahl erfolgt im Programmablauf analog wie die Vorauswahl des Kupplungstyps, wobei diesmal unscharfe Berechnungskenngrößen berücksichtigt werden (siehe unten). Die danach verbleibenden Kupplungen werden für die Endauswahl nach DIN 740 berechnet und abschließend nach den Kriterien axiale, radiale und winklige Verschieblichkeit, Drehzahl, Bauraum und Anschlußgeometrie bewertet.

13.5.6 Zusammenfassung des entwickelten Auswahlverfahrens

Wie erläutert, erfolgt die Bauteilauswahl im allgemeinen in mehreren Stufen, wobei jeweils aufgrund der scharfen und unscharfen Eigenschaften Bewertungen durchgeführt werden. Wieviel Stufen dabei gewählt werden, hängt von der Größe der Auswahlmenge ab. Zunächst müssen in jedem Fall die passenden Typen bzw. der passende Typ bestimmt werden. Daraus ist dann eine Auswahl derjenigen Bauteile zu treffen, die letztendlich berechnet und konfiguriert werden.

Die Vorteile des hier vorgestellten Verfahrens sind:

* Einfachheit und Nachvollziehbarkeit. Die Bewertungszahl für jedes Kriterium erklärt die Entscheidung.
* Verarbeitung von scharfen und unscharfen Werten möglich.
* Fehlertoleranz, Stabilität, verwendbar für beliebige Eingabewerte.
* Nicht zu unscharf, da wenige unscharfe Operationen verwendet werden.
* Einfache Anpassung an ingenieursmäßige Abschätzungen über den Verlauf der unscharfen Mengen und die Gewichtungsfaktoren.
* Verbale Beurteilungen und Merkmale können verarbeitet werden.

13.6 Berechnungskennfelder zur Vorauswahl

Im vorigen Abschnitt wurde bereits darauf hingewiesen, daß bei der Vorauswahl zur Einschränkung der mögliche Lösungsvarianten unscharfe Berechnungskenngrößen hilfreich sein können. Im folgenden werden solche Berechnungskenngrößen, die durch Kennfelder beschrieben werden können, exemplarisch vorgestellt.

13.6.1 Bewertungskennfeld für Riemengetriebe

Bei Betrachtung von Tabelle 1 fällt auf, daß sich die Wertebereiche der Riemeneigenschaften in weiten Bereichen überschneiden. Nur in gewissen Extrembereichen (sehr hohe Drehzahlen, große Übersetzungen usw.) sind eindeutige Zuordnungen möglich. Die aufgeführten Kriterien reichen für eine eindeutige Auswahl nicht aus. Ein distinktives Merkmal folgt erst aus der Betrachtung des Kraftübertragungsmechanismus für verschiedene Riementypen: Der Keilriemen kann aufgrund seiner Keilform gegenüber dem Flachriemen bei gleichem Bauraum und kleinerer Vorspannkraft höhere Umfangskräfte übertragen. Eine noch höhere Leistungsdichte erreicht der Synchronriemen wegen des Formschlusses. Auf der Basis von Katalogangaben wurde die übertragbare Umfangskraft aus den Leistungswerten der einzelnen Riemen für Drehzahlen zwischen 200 min-1 und 2000 min-1, sowie bei unterschiedlichen Übersetzungen berechnet. Bei den Keilriemen wurden dabei nur flankenoffene Keilriemen berücksichtigt, da diese bei Neukonstruktionen bevorzugt eingesetzt werden. Trägt man die auf die Riemenbreite bezogene Umfangskraft über dem Durchmesser der kleinen Scheibe auf, entsteht ein Diagramm wie in Bild 4. Man erkennt dort Bereiche, in denen bestimmte Riemenarten dominieren, wobei die Übergänge nicht scharf sind. Bei gleichem Wirkdurchmesser der kleinen Scheibe nimmt die auf die Breite bezogene Umfangskraft von Flach- über Keil- zu Zahnriemen hin zu. Diese Reihenfolge entspricht auch den zunehmenden Kosten für Riemen und vor allem Riemenscheibe. Die charakteristischen Bereiche der einzelnen Riemenarten können durch unscharfe Mengen abgebildet werden, die für die Beanspruchungen stehen, bei denen der Riemen optimal ausgenutzt wird. Trägt man die Zugehörigkeitswerte dieser unscharfen Mengen auf einer weiteren Achse auf, so erhält man ZGF für jeden Riemen in Abhängigkeit vom gewählten Durchmesser. In Bild 5 sind diese ZGF exemplarisch für einen Durchmesser der kleinen Scheibe von 200 mm aufgezeichnet. Außerdem ist exemplarisch der Verlauf der ZGF der erwarteten Umfangskraft dargestellt. Man erkennt, daß deren Schwerpunkt im Bereich des Keilriemens liegt, der dementsprechend auch den höchsten Übereinstimmungsgrad erhält.

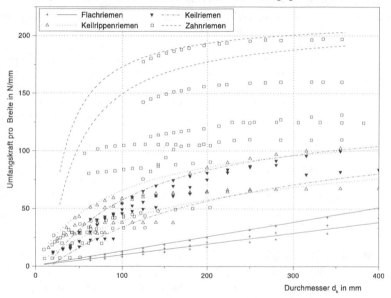

Bild 4:   Auf den Bauraum bezogene übertragbare Umfangskraft der Riemengetriebe

Aus den Anforderungen lassen sich nun nach VDI 2758 mittels der Betriebsfaktoren, der Antriebsleistung und der Drehzahl die tatsächlich wirksamen Umfangskräfte bestimmen. Dabei werden im Programm die Umfangskräfte als unscharfe Menge verarbeitet, da die in die Berechnung einfließenden Betriebsfaktoren nur Erwartungswerte repräsentieren. Zur Festlegung der Breite des Riemengetriebes stehen zwei Möglichkeiten zur Verfügung: Entweder ist die Baubreite konstruktiv bestimmt und wird als Maß vorgegeben oder der Benutzer kann wählen, ob er ein eher schmales Riemengetriebe wünscht oder ob es auch breiter sein darf (linguistische Variable). Der Durchmesser der kleinen Scheibe ergibt sich schließlich aus dem Achsabstand, der geforderten Übersetzung und Bauraumbeschränkungen. Das Berechnungskennfeld erwies sich als geeignetes Vorauswahlkriterium.

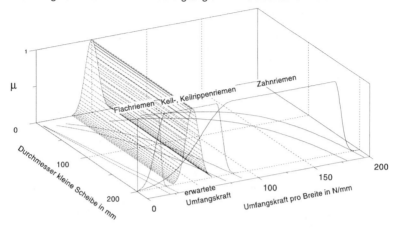

Bild 5: *Bauraumabhängige ZGF bei einem Durchmesser der kleinen Scheibe von 200 mm*

13.6.2 Bewertungskennfelder für Elastomer-Kupplungen

Bei den Elastomer-Kupplungen - ebenso wie bei den Riemengetrieben - reichen die rein funktions- und leistungsorientierten Auswahlkriterien nicht aus, eine sinnvolle Kupplungsauswahl zu treffen, wenn der Antriebsstrang mit ungleichförmigen Momenten erregt wird. Da Elastomer-Kupplungen aufgrund ihrer Steifigkeits- und Dämpfungseigenschaften das Schwingungsverhalten des gesamten Antriebsstranges beeinflussen, kommt es bei deren Auswahl vor allem darauf an, dieses günstig zu beeinflussen. Da ein ungünstiges Schwingungsverhalten eine Vergrößerung der Belastungen im gesamten Antriebsstrang und damit aufwendigere Lösungen für die anderen Antriebselemente nach sich zieht, spielt die Wirtschaftlichkeit bei der endgültigen Kupplungsauswahl eine untergeordnete Rolle. Eine genaue Untersuchung verschiedener Elastomer-Kupplungen in exemplarischen Antriebssträngen zeigte, daß bei der Kupplungsauswahl für unter- und überkritischen Betrieb Steifigkeit, Dämpfung und das Kupplungsnennmoment von entscheidender Bedeutung sind.

a) Bewertung der Kupplungssteifigkeit

Die Drehsteifigkeit einer Elastomer-Kupplung ist in der Regel die niedrigste im gesamten Antriebsstrang, so daß durch sie die Lage des ersten Resonanzpunktes festgelegt wird. In einer vereinfachten Berechnung nach DIN 740, kann daher der gesamte Antriebsstrang zu einem Zwei-Massen-Schwinger zusammengefaßt werden. Der Abstand des Betriebspunktes vom Resonanzpunkt bestimmt nach Bild 6 die Größe des Verstärkungsfaktors und damit die Höhe der Momente im Strang. Liegt der Betriebspunkt rechts vom Resonanzpunkt η=1, muß beim Hochfahren des Antriebstranges der Resonanzpunkt durchfahren werden. Man spricht von überkritischem Betrieb. In diesem Falle ist die Wechselbelastung im Betrieb um so geringer, je weiter die Erregungsfrequenz von der Eigenfrequenz entfernt ist, also je niedriger die Steifigkeit der Kupplung ist. Gibt man einen Vergrößerungsfaktor V_{fi} für das Wechselmoment vor, so kann man die höchste Steifigkeit, bei der sich dieser Faktor einstellt, näherungsweise berechnen (Platz, 1997):

$$C_{Tdyn} = \frac{4 \cdot \pi^2 \cdot f_{err}^2}{\left(\dfrac{1}{I_A} + \dfrac{1}{I_L}\right)} \cdot \frac{2}{1 + \dfrac{1}{V_{fi}}}.$$

Hierbei sind J_A und J_L die Massenträgheitsmomente von Antriebs- bzw. Lastseite.

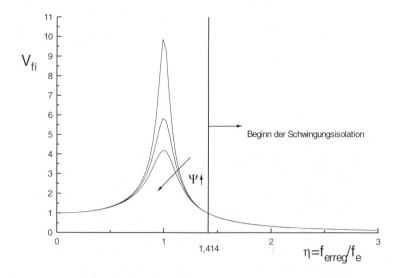

Bild 6: Resonanzkurven für Elastomer-Kupplungen mit unterschiedlicher Verhältnismäßiger Dämpfung Ψ

Untersuchungen an Mehrmassenschwingern zeigten, daß diese Annahme nur dann stimmt, wenn die zweite Eigenfrequenz im System ausreichenden Abstand zur ersten hat. Andernfalls muß eine um das Quadrat der Eigenfrequenzverhältnisse von Zwei- und Mehrmassenschwinger höhere Steifigkeit gewählt werden. Mit Hilfe dieser Abschätzungen kann nun eine unscharfe Bewertungsfunktion für Kupplungssteifigkeiten in Abhängigkeit von den Antriebsstrangparametern formuliert werden. Für den unterkritischen Betrieb können analoge Angaben gemacht werden, wobei der Verstärkungsfaktor allerdings immer größer als eins ist.

b) Bewertung des Kupplungnennmomentes

Grundsätzlich muß das Kupplungsnennmoment über dem Nennmoment des Antriebsstranges liegen. Eine Untersuchung mit verschiedenen Erregungen zeigte jedoch, daß diese Grenze zu niedrig ist, wenn das Nennmoment von hohen Wechselmomenten überlagert wird, wie es z. B. bei Betrieb mit einer Verbrennungskraftmaschine vorkommt. Dieser Einfluß wurde im Bewertungskennfeld in Bild 7 berücksichtigt, das aufgrund von Simulationsrechnungen mit unterschiedlichen Kupplungen und Erregungen entstanden ist. Die Bewertungsfunktion für das Nennmoment ist hier in Abhängigkeit von dem Verhältnis von Erregungsmoment T_{Ai} zu Nennmoment T_N im Wellenstrang aufgetragen.

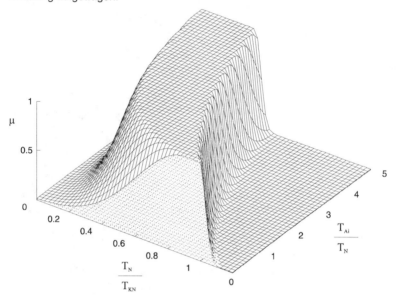

Bild 7:   Bewertungskennfeld für das Kupplungsnennmoment T_{KN}

c) Bewertung der Kupplungsdämpfung

Die Höhe der Dämpfung bestimmt die Überhöhung der Momente in der Resonanz. Die Momente dürfen dabei das zulässige Spitzenmoment der Kupplung nicht überschreiten. Dieses beträgt für Elastomer-Kupplungen das 2 bis 3,5 fache des Kupplungsnennmomentes. Das bei der Resonanz auftretende Moment hängt außerdem von der Höhe des Erregungsmomentes ab. Das Bewertungskennfeld in Bild 8 berücksichtigt diese Abhängigkeiten. Die minimal notwendige Dämpfung kann dabei folgendermaßen abgeschätzt werden (Platz, 1997):

$$\psi_{min} = \frac{2 \cdot \pi \cdot \dfrac{T_{Ai}}{T_N}}{(m+1) \cdot \left[3{,}5 \cdot \left(1 + \dfrac{1}{10} \cdot \dfrac{T_{Ai}}{T_N} \right) - \dfrac{T_L}{T_N} \right]}.$$

Hierbei ist m der Massenfaktor und T_L das äußere Lastmoment.

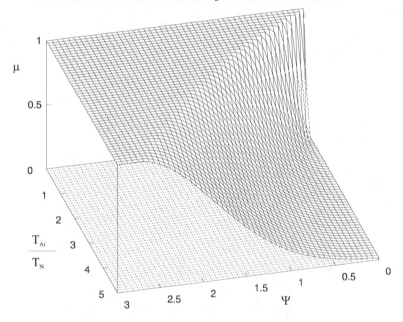

Bild 8:   Bewertungskennfeld für die Kupplungsdämpfung

13.6.3 Zusammenfassung der Erfahrungen zur Bestimmung von Auswahlkriterien - Versuch der Ableitung einer Strategie

Die Entscheidungsgründe für oder gegen ein Produkt sind vielfältig, lassen sich aber meistens mit dem Satz: „Wähle ein Produkt, das alle Anforderungen erfüllt und so wirtschaftlich wie möglich ist!", umreißen. Nur solche Produkte werden sich am Markt durchsetzen, die die erforderliche Qualität mit geringsten Kosten erreichen.

Bei der Wahl zwischen funktionsgleichen Antriebslelementen wird oft die Leistungsdichte zum kostenbestimmenden Faktor. Eine Möglichkeit, die Unterschiede in der Leistungsdichte verschiedener Bauarten sichtbar zu machen, besteht in der Darstellung von *gemeinsamen Beanspruchungs- und Bauraumgrößen in Kennfeldern*. Dazu ist es empfehlenswert, eine Normierung durchzuführen. Wesentlich ist dabei, daß die Kennfeldgrößen direkt aus den Anforderungen bestimmbar sind. Bewertungskennfelder lassen sich erstellen, indem man umfassende Empfindlichkeitsstudien für die verschiedenen Antriebselemente mit unterschiedlichen Parameterkombinationen durchführt, wobei insbesondere die möglichen Extremwerte der Parameter zu betrachten sind. Die Auswahl der richtigen Kennfeldparameter ist dabei erfolgsbestimmend. Gibt es starke Überschneidungen der Auswahlbereiche, ist das ein Hinweis darauf, daß möglicherweise noch nicht alle wesentlichen Kenngrößen erfaßt sind. Naturgemäß sind die Auswahlgrenzen bei diesem Vorgehen nicht scharf, so daß unscharfe Mengen mit Streuungen an den Bereichsgrenzen vorzusehen sind. Bei der Erstellung von *Bewertungskennfelder für Produktbelastungen* ergibt sich ein etwas anderes Vorgehen. Hier müssen die das Schwingungsverhalten wesentlich beeinflussenden Parameter in Abhängigkeit von Belastungsgrößen bewertet werden. Dazu ist es empfehlenswert, von möglichst einfachen Zwei-Massenschwingern auszugehen und durch Einsetzen von Extremwerten in die Berechnung Bewertungskennfelder grob festzulegen. Eine Anpassung der Auswahlkennfelder muß dann über Vergleichsrechnungen mit komplexeren Schwingungsmodellen erfolgen. Es zeigte sich, daß durch die Anwendung von Bewertungskennfeldern die Auswahlgüte in der Vorauswahl stark steigt. Durch eine Bewertungsstrategie mit unscharfen Methoden können produktabhängige, schnelle Auswahlverfahren gewonnen werden.

13.7 Literatur

Böhme, G. (1993). Fuzzy-Logik-Einführung in die algebraischen und logischen Grundlagen Berlin, Heidelberg, New York: Springer.

Chen, S.-J.; Hwang, C.-L. & Hwang F.P. (1992). Fuzzy Multiple Attribute Decision Making, Methods and Applications. Lecture Notes in Economics and Mathematical Systems 375. Berlin et al.: Springer.

Heiden, T.K. (1992). Rechnerunterstütze Auswahl, Konfiguration und Berechnung von Antriebselementen mit einem wissensbasierten CAD-System am Beispiel von drehstarren biegeelastischen Kupplungen. Diss. TU-Berlin.

Hwang, C.-H. & Yoon, K. (1981). Multiple Attribute Decision Making. Methods and Applications. Berlin et al.: Springer.

Lawrence, A. (1996). Verarbeitung unsicherer Information im Konstruktionsprozeß - dargestellt am Beispiel der Lösung von Bewegungsaufgaben. Hamburg, zugl. Diss. Universität der Bundeswehr Hamburg.

Mayer, A. & Mechler, B. et al. (1993). Fuzzy-Logic-Einführung und Leitfaden zur praktischen Anwendung mit Fuzzy-Shell in C++. Bonn et al.: Addison-Wesley.

Pahl, G. & Beitz, W. (1993). Konstruktionslehre. Berlin et. al.: Springer.

Platz, R. (1997). Auswahlstrategien für Elastomer-Kupplungen zur schwingungstechnischen Verbesserung von Antriebssträngе (unveröff. Studienarbeit am Inst. für Maschinenkonstruktion - Fachgebiet Konstruktionslehre - der TU-Berlin).

Verein Deutscher Ingenieure (Hrsg., 1992). Entwicklung, Konstruktion und Vertrieb: Wissensbasierte Systeme für Konstruktion und Arbeitsplanung. Düsseldorf: 1992

Verein Deutscher Ingenieure (Hrsg., 1990). Technisch-wirtschaftliches Konstruieren. VDI-Richtlinie 2225. Berlin: Beuth

Vogwell, J. (1990). Providing Added Benefits to Intelligent Information Systems. Proc. Int. Conf. on Engineering Design ICED, Dubrovnik 1990.

Zimmermann, H.-J. (1991). Multi-Criteria Analyse, Einführung in die Theorie der Entscheidungen bei Mehrfachzielsetzungen. Berlin, Heidelberg, New York et al.: Springer.

14 UNTERSUCHUNG DES ZUSAMMENWIRKENS ZWISCHEN DEM FAHRER UND EINEM ACC-SYSTEM IN GRENZSITUATIONEN

Günther Nirschl[1] & Matthias Kopf[2]

[1] Fraunhofer-Institut IITB, Karlsruhe
[2] BMW AG, München

Zusammenfassung

Es wurde das Zusammenwirken zwischen dem Fahrer eines Kraftfahrzeugs und einem ACC-System (ACC = Adaptive Cruise Control) zur automatischen Geschwindigkeits- und Abstandsregelung in unterschiedlich kritischen Folge- und Annäherungssituationen im realen Verkehr untersucht. Drei ACC-Systemvarianten wurden überprüft (weich, mittel, hart), die sich grundsätzlich in der Begrenzung der bei Systemeingriff aufgewendeten Bremsverzögerung (Schleppmoment = ca. $-0,5$ m/s^2, $-1,0$ m/s^2, $-3,0$ m/s^2) und im zeitlichen Folgeabstand (2,1 s, 1,8 s, 1,5 s) unterschieden. Ziel der Versuchsfahrten war es, Grenzsituationen zu analysieren, die dadurch entstehen, daß die Fahrererwartungen bezüglich des ACC-Systemverhaltens nicht mit dessen tatsächlichem Verhalten übereinstimmen.

In Abhängigkeit von der eingesetzten ACC-Variante wurden signifikante Unterschiede bei der Häufigkeit und beim Zeitpunkt der Fahrereingriffe festgestellt. Das Entscheidungsverhalten des Fahrers kann mittels eines Kriteriums beschrieben werden, das als prädizierte minimale Distanz (PMD) bezeichnet wird. Es konnte gezeigt werden, daß die Fahrer in der Lage sind, das ACC-Systemverhalten zu erlernen, wodurch die Beanspruchung durch den Entscheidungsprozeß zurückgeht. Diese Beanspruchung war bei der mittleren ACC-Variante am größten. Bei der vergleichenden, subjektiven Beurteilung der ACC-Varianten wurde überwiegend die harte Variante bevorzugt. Insgesamt wurde die ACC-Funktion eher als Komfort-, denn als Sicherheitsausstattung eingeordnet.

14.1 Einleitung

Die Forschung und Entwicklung bei ACC-Fahrerassistenzsystemen (ACC = Adaptive Cruise Control) hat einen Stand erreicht, der die baldige Einführung in der Serienproduktion erwarten läßt. Basierend auf dem Grundprinzip eines herkömmlichen Geschwindigkeitsreglers, eine eingestellte Wunschgeschwindigkeit zu halten (Tempomat), ist das ACC-System in der Lage, die Abstände zu vorausfahrenden Fahrzeugen zu erkennen und einen bestimmten Abstand einzuhalten, ggf. auch durch aktiven Bremseingriff. Wegen der Beschränkungen in den technischen Auslegungsmöglichkeiten - begrenzende Einflußgrößen sind z. B. Sensorreichweite, örtliche Auflösung und Spurzuordnung - wird es auch weiterhin Situationen geben, in denen Eingriffe durch den Fahrer erforderlich sind. Die wesentlichen Merkmale des ACC-Systems, die das Zusammenwirken mit dem Fahrer bestimmen, sind der eingehaltene Folgeabstand sowie Stärke und zeitlicher Verlauf der bei ACC-Eingriff eingesetzten Bremsverzögerung bzw. Beschleunigung.

Aus zahlreichen Untersuchungen liegen Erkenntnisse zur Gestaltung der technischen Systemeigenschaften sowie zur Auslegung der Mensch-Maschine-Schnittstelle bei ACC-Systemen vor (z. B. Becker et al., 1994; Nirschl, 1996). Auch die Benutzerakzeptanz wurde überprüft. In diesem Beitrag wird die Fahrer-Fahrzeug-Interaktion besonders in sogenannten „Grenzsituationen" betrachtet, worunter in gewisser Weise außergewöhnliche Situationen verstanden werden sollen. Es wurden Versuchsfahrten im realen Autobahnverkehr durchgeführt, in denen Situationen aus einer definierten Menge von „ACC-Situationen" (Folge- und Annäherungsvorgänge) reproduzierbar provoziert wurden. Die Situationen wurden unter dem Aspekt zusammengestellt, daß sie evtl. zu „Grenzsituationen" führen können.

14.2 Begriffliche Einordnung von Grenzsituationen

Wenn das Zusammenwirken zwischen dem Fahrer und einem ACC-System in Grenzsituationen untersucht werden soll, ist zunächst zu klären, was unter „Grenzsituationen" zu verstehen ist. Hierzu soll zunächst der in diesem Zusammenhang grundlegende Begriff „Situation" erläutert werden.

14.2.1 Der Situationsbegriff

Nach Bock et al. (1989) ist eine Situation charakterisiert durch die Zustandsbeschreibung der Systemkomponenten Fahrer, Fahrzeug und Umwelt. In Erweiterung dieser Definition, ist der Fahrer zusätzlich durch seine Ziele und Pläne charakterisiert.

Betrachtet man eine Folge von Situationen, so taucht die Frage nach den Situationsgrenzen auf. Für Enke & Wessel (1985) sind Verkehrssituationen „in Raum, Zeit und Verhalten abgrenzbare Einheiten". Das Verhalten des Fahrers innerhalb einer aktuellen Situation kann - vereinfacht - in zwei Phasen zerlegt werden, die als parallelisierte Erweiterungen der von Miller et al. (1960) eingeführten TOTE-Routinen (TOTE = Test-Operate-Test-Exit) angesehen werden können:

1. In der Planungsphase wird, aufgrund der momentanen Gegebenheiten der zu Ende gehenden aktuellen Situation, eine adäquate Handlungsfolge für die nächste Situation ermittelt. Außerdem wird der Informationsbedarf entsprechend der gewählten Fahraufgabe (z. B. Spurhalten, Folgefahren) bestimmt und es werden Erwartungen bezüglich des zeitlichen Verlaufs der Zustandparameter entwickelt. Die Handlungen innerhalb dieses Plans sind nicht notwendigerweise vollständig vorherbestimmt. Es können auch konditionelle Verzweigungen enthalten sein. Im Beispiel des Folgefahrens könnte der Plan lauten: Halte den gewünschten Abstand durch evtl. Beschleunigen oder Bremsen und richte den Blick auf das vorausfahrende Fahrzeug, um den Abstand einzuschätzen.
2. In der Überwachungsphase wird die Handlungsausführung, die nun hauptsächlich auf der Verhaltensebene der Fertigkeiten abläuft, kontrolliert und die eintreffenden Informationen aus Umwelt und Fahrzeug werden mit den in der Planungsphase gebildeten Erwartungen verglichen. Die Situation ist somit begrenzt durch den zeitlichen, räumlichen und

verhaltensbezogenen Planungshorizont. Die Situationsgrenzen brauchen aber, wie die Handlungen, nicht unbedingt beim Beginn einer Situation vollständig vorherbestimmt zu sein. Bei dem oben angeführten Beispiel (Folgefahren) könnten die Grenzen durch die Beschleunigung des vorausfahrenden Fahrzeugs oder durch Änderung der eigenen Wunschgeschwindigkeit (was zu einer Überholsituation führen könnte) erreicht werden.

14.2.2 Definition von Grenzsituationen

Basierend auf den im Abschnitt 14.2.1 angestellten Überlegungen wird folgende Definition vorgenommen:

Eine *subjektive Grenzsituation* ist dadurch gekennzeichnet, daß der Fahrer aufgrund nicht mehr tolerierbarer Abweichungen zwischen dem wahrgenommenen Verlauf der Zustandsgrößen von Fahrzeug und Umwelt und seiner diesbezüglichen Erwartung eine Änderung der für die momentane Situation geplanten Handlungsfolge für notwendig hält.

Bei der Beurteilung der Abweichungen spielen hauptsächlich Gefährlichkeitsaspekte bzw. subjektive Risikoeinschätzungen eine Rolle. „Subjektiv" wird die Grenzsituation deswegen genannt, weil diese Einschätzungen explizit subjektiv sind und weil auch subjektive, und damit evtl. von der Wirklichkeit abweichende, Modelle von Fahrzeug und Umwelt an ihrem Zustandekommen beteiligt sind.

Im eingeführten Beispiel des Folgefahrens könnte eine (subjektive) Grenzsituation dadurch ausgelöst werden, daß das vorausfahrende Fahrzeug plötzlich mit hoher Verzögerung bremst. Hierdurch wird der Fahrer des nachfolgenden Fahrzeugs veranlaßt, sofort einen neuen Planungsprozeß einzuleiten. Den möglichen Verlauf eines solchen (Grenzsituations-) Planungsprozesses beschreiben Hale & Glendon (1987).

14.2.3 Ursachen von Grenzsituationen

Gemäß der im Abschnitt 14.2.2 eingeführten Definition sind für das Zustandekommen von Grenzsituationen nicht mehr tolerierbare Abweichungen zwischen dem wahrgenommenen Verlauf der Zustandgrößen und deren Erwartung durch den Fahrer entscheidend. Grenzsituationen entstehen aus normalen Verkehrssituationen durch Fehler beim technischen System (z. B. Systemausfall) oder beim Fahrer (z. B. falsche bzw. fehlende Informationsaufnahme, falsches Systemverständnis) oder auch durch unvorhergesehene Änderungen der äußeren Situation (z. B. plötzliches Einscheren anderer Fahrzeuge).

Im Hinblick auf ACC und andere Assistenzsysteme ist klar zu unterscheiden zwischen Fehlern, bei denen das System innerhalb der Leistungsgrenzen spezifikationsgemäß funktioniert, und Fehlern, bei denen das System eine Fehlfunktion außerhalb der Spezifikation zeigt. Grenzsituationen entstehen im ersten Fall nicht durch die Leistungsgrenzen des Systems selbst, sondern durch ein in dieser Beziehung nicht vollständiges subjektives Modell beim Fahrer. Ziel muß es also sein, sowohl durch einführungsbegleitende Maßnahmen als auch durch intelligente Gestaltung der Mensch-Maschine-Schnittstelle das subjektive ACC-Modell möglichst schnell dem objektiven ACC-Verhalten anzugleichen.

14.3 Experimentelle Untersuchung

14.3.1 Untersuchungsziel

Es wurde eine ausgewählte Menge von Situationen betrachtet, die zu Grenzsituationen führen können, und zwar solche ACC-Situationen (Folge- und Annäherungsvorgänge), die im Zusammenhang mit der Begrenzung der vom ACC auslösbaren Bremsverzögerung stehen. Überprüft wurden die Auswirkungen von

- ACC-Variante,
- Lernzustand (Systemverständnis),
- Fahrertyp

auf

- Häufigkeit, Stärke und Zeitpunkt von Bremseingriffen durch den Fahrer,
- Verlauf der Bremsmanöver,
- subjektiv empfundenes Risiko,
- Vorhersagbarkeit notwendiger Bremseingriffe,
- Einschätzung der Beherrschbarkeit,
- subjektiven Komforteindruck,
- notwendige Aufmerksamkeit.

14.3.2 Versuchsanordnung

Um ACC-Situationen (Folge- und Annäherungsvorgänge) gezielt zu „stellen", wurde neben dem ACC-Fahrzeug ein zweites Fahrzeug (Führungsfahrzeug) eingesetzt. Als Führungsfahrzeug diente ein BMW 318 iA mit Automatikgetriebe. Ein eingebauter Tempomat erleichterte beim Durchfahren der Situations-„Fahrpläne" die Geschwindigkeitskontrolle. Um definierte Situationen mit spezifizierten Bremsvorgaben gut reproduzieren zu können, war zusätzlich eine Bremsverzögerungsanzeige angebracht.

Das eingesetzte ACC-Versuchsfahrzeug ist in Naab & Hoppstock (1995) beschrieben: Ein BMW 530 iA (Automatikgetriebe), war mit zwei einstrahligen Sensoren vom Typ ODIN2 ausgestattet. In der Hauptkeule eines Sensors liegende Objekte werden damit, je nach ihrer Reflexionsgüte, bis zu einer Entfernung von 150 m detektiert. Die Entfernung wird mit einer Genauigkeit von ca. 0,5 m bestimmt. Die Datenrate beträgt, je nach empfangener Rückstreuintensität, 100 Hz bzw. 10 Hz.

Die Versuche wurden im Zeitraum Juni-August 1996 auf der Autobahn A5 in der Umgebung von Karlsruhe durchgeführt. Die Wetterbedingungen waren überwiegend gut. An einzelnen Regentagen wurden die Versuche ausgesetzt. Die Fahrzeiten wurden so gelegt, daß sie nicht in den (erfahrungsgemäß) stauanfälligen Tageszeiten lagen. Die Fahrten fanden so weitgehend bei normalem bis dichtem Verkehr statt.

14.3.3 ACC-Varianten

Es wurden drei hinsichtlich Abstands- und Geschwindigkeitsregelung unterschiedliche ACC-Systemvarianten verwendet, die sich grundsätzlich in der Begrenzung der bei ACC-Eingriff eingesetzten Bremsverzögerung und im zeitlichen Folgeabstand unterschieden:

- „weich": max. Verzögerung -0,5 m/s^2 (Schleppmoment), zeitl. Abstand 2,1 s,
- „mittel": max. Verzögerung -1,0 m/s^2, zeitl. Abstand 1,8 s,
- „hart": max. Verzögerung -3,0 m/s^2, zeitl. Abstand 1,5 s.

14.3.4 Fahrsituationen

Im ansonsten normalen Autobahnverkehr wurden Situationen „gestellt", die zu Grenzsituationen führen können. Definierte Folge- und Annäherungssituationen wurden unter Einsatz eines 2. Versuchsfahrzeugs gezielt und reproduzierbar herbeigeführt.

In der Situationsklasse F (Folge-/Bremssituationen) wurde das vorausfahrende Fahrzeug aus dem Folgefahren mit vorgegebener Geschwindigkeit (Bereich 80-160 km/h) heraus mit einer definierten Verzögerung abgebremst. Dabei wurden drei Verzögerungsstufen eingesetzt: In der ersten Stufe (F1) wurde das Führungsfahrzeug nur durch Ausschalten des Tempomats, d. h. durch Gas wegnehmen, mit ca. -0,5 m/s^2 verzögert. In der zweiten Stufe (F2) wurde aktiv mit einer Verzögerung von -2,5 m/s^2 gebremst und in der 3. Stufe (F3) schließlich mit einer Verzögerung von ca. -4,5 m/s^2.

In der Situationsklasse A (Annäherungssituationen) wurde das Annähern aus größerer Entfernung an ein mit konstanter Geschwindigkeit (Bereich 80-140 km/h) vorausfahrendes Fahrzeug gestellt, wobei die anfängliche Annäherungsgeschwindigkeit (Bereich 100-160 km/h) vorgegeben wurde. Es wurden drei Gruppen entsprechend der anfänglichen Differenzgeschwindigkeiten zwischen beiden Fahrzeugen gebildet (A1 = 20 km/h, A2 = 40 km/h, A3 = 60 km/h).

14.3.5 Nebenaufgabe

Die Leistung einer Versuchsperson in einer Nebenaufgabe liefert eine gute Abschätzung für die mentale Beanspruchung durch die Hauptaufgabe, wenn beide Aufgaben auf dieselben Ressourcen zugreifen (Wickens, 1987). Als Methode zur Ableitung eines objektiven Maßes für die mentale Beanspruchung der Versuchspersonen in den ACC-Situationen wurde eine visuelle Detektionsaufgabe als Nebenaufgabe konstruiert. In der Mitte des Armaturenbretts war ein abgeschattetes Lämpchen angebracht, das zufallsgesteuert durchschnittlich 1 mal pro Minute aufleuchtete. Die Versuchsperson sollte das Lämpchen, soweit es die Verkehrssituation erlaubte, beobachten und beim Aufleuchten über einen in der Nähe des Lenkrads angebrachten Taster ausschalten. Tat sie dies nicht, wurde das Lämpchen nach 10 s automatisch ausgeschaltet. Detektionsraten und Reaktionszeiten wurden als Maße für die mentale Reservekapazität der Fahrer in der momentanen Verkehrssituation ermittelt.

14.3.6 Versuchspersonen

Es nahmen insgesamt 13 Versuchspersonen an dem Experiment teil. Sie wurden zu Beginn entsprechend ihres in Einführungsfahrten gezeigten Fahrverhaltens in die Kategorien „defensiv" (2 Vpn), „durchschnittlich" (6 Vpn) und „dynamisch" (5 Vpn) eingestuft. Auf der Basis dieser Kategorisierung erfolgte dann die Zuordnung der ACC-Varianten entsprechend der im Versuch mit zu überprüfenden Hypothese, daß defensive Fahrer eher eine weichere ACC-Systemeinstellung, dynamische Fahrer dagegen eher eine härtere Variante bevorzugen.

14.3.7 Versuchsablauf

Die Versuchsstrecken wurden auf der Autobahn A5 um Karlsruhe unter den Aspekten ausgewählt, daß ein großer Teil ohne Geschwindigkeitsbeschränkung und 2- und 3-spurige Anteile etwa gleichverteilt sein sollten. Jede Versuchsperson führte fünf Fahrten durch. Zwischen den Fahrten lag jeweils ein zeitlicher Abstand von ca. 3-8 Tagen.

Während einer ersten, kurzen Fahrt (130 km, 1,25 Std.) wurde das Fahrverhalten ohne ACC-System aufgezeichnet. Zum einen sollten die Versuchspersonen mit dem Fahrzeug an sich vertraut werden, zum anderen wurden die Probanden aufgrund der Analyse des Fahrverhaltens in drei Fahrertypklassen eingeordnet (siehe 14.3.6).

Während der zweiten Fahrt (155 km, 1,5 Std.) wurden die Versuchspersonen mit der ihnen zugeteilten ACC-Variante vertraut gemacht. Vor Fahrtbeginn wurden das ACC-Funktionsprinzip und die Bedienung erläutert. Während der Fahrt wurden sie angehalten, durch gezieltes Herbeiführen von Folge- und Annäherungssituationen das ACC-System „auszuprobieren".

Die 3. und 4. Versuchsfahrt waren vom Versuchsablauf her identisch. Mit der 4. Fahrt als Wiederholung der 3. Fahrt wurde die zeitliche Entwicklung der abhängigen Variablen überprüft. In diesen beiden Fahrten wurden mit Hilfe eines 2. Versuchsfahrzeugs („Führungsfahrzeug") die in Abschnitt 14.3.4 beschriebenen Fahrsituationen „gestellt". Anhand eines „Fahrplans" wurden vom Versuchsleiter im Führungsfahrzeug möglichst gleichverteilt die Situationen aus der spezifizierten Situationsmenge, unter Beachtung der übrigen Verkehrsumgebung, initiiert. Er gab dazu über Funk knapp codierte Anweisungen an den Versuchsbegleiter im ACC-Fahrzeug, die dieser umsetzte und an die Versuchsperson weitergab. Nach Abschluß einer Situation stellte der Versuchsbegleiter jeweils an den Fahrer einige knappe Fragen zur subjektiven Einschätzung der Vorhersehbarkeit, der Beherrschbarkeit, des empfundenes Risikos, u. a.

In einer 5. Fahrt erhielten die Versuchspersonen schließlich noch die Gelegenheit, die verschiedenen ACC-Systemvarianten untereinander zu vergleichen. Dazu wurde nacheinander mit den beiden anderen Varianten jeweils eine Strecke mittlerer Länge (120 km, 1,2 Std.) bei gleicher Aufgabenstellung wie in den Fahrten 3 und 4 zurückgelegt.

14.3.8 Datenerfassung

Um eine situationsbezogene Versuchsauswertung zu ermöglichen, wurde parallel zu den Fahrzeug-Meßdaten mittels einer auf dem Lüftungsgrill angebrachten Videokamera die Verkehrsszene vor dem eigenen Fahrzeug aufgezeichnet. Das Kamerabild wurde auf einem Videorekorder aufgenommen, wobei ein Zeitcode mit aufgespielt wurde, der gleichzeitig auch mit den Meßdaten auf dem Rechner (Festplatte) abgelegt wurde. Auf diese Weise ist die genaue Zuordnung zwischen Videoszene und Meßdaten gegeben.

Neben Video- und Fahrtdatenaufzeichnungen wurden ausführliche subjektive Einschätzungen der Versuchspersonen erhoben. Zum einen wurden bereits während der Fahrt bei den einzelnen ACC-Situationen Einschätzungen über die Vorhersehbarkeit und Beherrschbarkeit, über das subjektiv empfundene Risiko und über die Reaktion des ACC-Systems abgefragt. Zum anderen wurden nach jeder Versuchsfahrt mit Hilfe eines ausführlichen Fragebogens Stellungnahmen zum Systemverhalten, zum entwickelten Systemvertrauen, zu Sicherheit und Komfort u. a. erhoben.

14.4 Ergebnisse

14.4.1 Eingriffshäufigkeit

In Bild 1 sind die ermittelten relativen Eingriffshäufigkeiten, aufgeschlüsselt nach den eingeführten Situationsklassen, aufgetragen. In den Darstellungen sind jeweils die 3. und 4. Versuchsfahrt zusammengefaßt betrachtet.

Bild 1a zeigt die Eingriffshäufigkeiten für Folge-/ Bremssituationen, und zwar aufgeteilt nach den drei Bremsstufen, mit denen im Führungsfahrzeug die Situationen ausgelöst wurden. Mit der weichen ACC-Variante waren demnach grundsätzlich nur Situationen der Klasse F1 (initiale Verzögerung durch Schleppmoment: ca. -0,5 m/s^2) ohne Eingriff zu bewältigen. Teilweise (11,6%) waren auch hier bereits Eingriffe erforderlich. Mit der harten ACC-Variante brauchte erst bei der höchsten Bremsstufe F3 (initiale Bremsverzögerung: -4,5 m/s^2) in einigen Fällen (18,8%) eingegriffen zu werden. Mit der mittleren ACC-Variante waren fast alle F1-Situationen ohne Eingriff zu bewältigen, während bei F3-Situationen immer eingegriffen werden mußte.

Ähnlich wie bei den Folge-/Bremssituationen sind die Häufigkeiten der Fahrereingriffe auch bei den Annäherungssituationen gelagert. Bild 1b zeigt dies für die drei entsprechend der Differenzgeschwindigkeit bei der Annäherung gebildeten Situationsklassen.

Interessant sind unter dem Aspekt „Grenzsituationen" besonders die Situationskategorien F2 (initiale Bremsverzögerung -2,5 m/s^2) und A2 (Differenzgeschwindigkeit 40 km/h), bei denen der Anteil der Situationen mit Fahrereingriff 65,4% bzw. 30,7% betrug. Die Entscheidung für bzw. gegen einen Eingriff kann hier offensichtlich nicht einheitlich getroffen werden. Nimmt man an, daß es ein individuelles Kriterium gibt, aufgrund dessen Fahrer die Eingriffsentscheidung treffen, so liegen die F2/A2-Situationen nahe an dessen kritischem Wert.

a.) Relative Eingriffshäufigkeit in Folge-/Bremssituationen

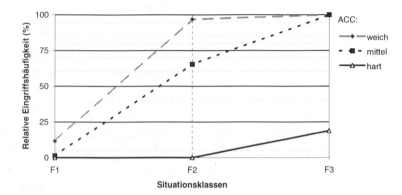

b.) Relative Eingriffshäufigkeit in Annäherungssituationen

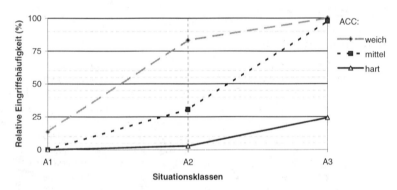

Bild 1:   Relative Eingriffshäufigkeiten bei den gestellten ACC-Situationen

14.4.2 Zeitliche Entwicklung der Eingriffshäufigkeit (Lernen)

Um der Frage nachzugehen, wie Versuchspersonen den Umgang mit dem ACC-System lernen, wurde die zeitliche Entwicklung der Eingriffshäufigkeiten im Verlauf einzelner Versuchsfahrten bezogen auf die eingeführten Situationskategorien ausgewertet. Für die ACC-Situationsklasse F2 ist diese Analyse für die 3. und 4. Versuchsfahrt beispielhaft in Bild 2 dargestellt. Für diese Kategorie ist der „Lernverlauf" bei der mittleren ACC-Variante typisch: Sowohl in der 3. als auch in der 4. Fahrt nimmt die Eingriffswahrscheinlichkeit von anfangs ca. 80% auf ca. 20% am Ende der Fahrt ab. Der Verlauf für die Situationskategorie A2 in Verbindung mit der mittleren ACC-Variante sieht ähnlich aus.

Dieses Ergebnis kann dahingehend interpretiert werden, daß die Fahrer dazu neigten, anfangs eher vorsichtiger zu agieren und sich erst im Verlauf der Fahrt zunehmend mehr auf das ACC-System verließen. Vom Beginn der

3. zum Beginn der 4. Fahrt (zeitlicher Abstand: 3 bis 8 Tage) konnte dagegen keine signifikante Veränderung der Eingriffswahrscheinlichkeiten festgestellt werden. Es war anscheinend schwierig, den Lerneffekt über einen etwas längeren Zeitraum zu konservieren.

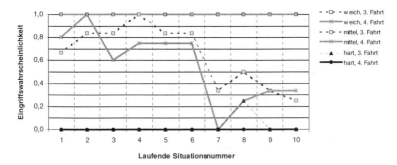

Bild 2: *Zeitliche Entwicklung der Eingriffswahrscheinlichkeit im Verlauf einzelner Versuchsfahrten für die Situationsklasse F2*

14.4.3 Eingriffsstrategie des Fahrers

Um mögliche Kriterien für die Eingriffsentscheidung des Fahrers zu finden, wurden Situationen ohne und mit Eingriff getrennt betrachtet. Für die Situationen mit Eingriff wurden Rechnersimulationen durchgeführt, anhand derer die zeitlichen Verläufe von Geschwindigkeit und Abstand des Folgefahrzeugs ermittelt wurden, die aufgetreten wären, wenn der Fahrer nicht eingegriffen hätte. Damit konnte überprüft werden, ob ein Annäherungsvorgang zu einem Unfall oder zu einer kritischen Situation geführt hätte, wenn der Fahrer nicht zusätzlich zum ACC gebremst hätte.

Bild 3 zeigt das Ergebnis einer Auswertung mit dieser Methode. Jede horizontale Linie gibt die Entwicklung des zeitlichen Abstands zum vorausfahrenden Fahrzeug bei einer Folge-/ Bremssituation der Kategorie F2 (Bremsstufe 2) während der 4. Fahrt der Versuchsperson M3 wieder. Die vertikale Lage der Linie entspricht der Ausgangsgeschwindigkeit zu Beginn der Situation. Situationen *ohne* Fahrereingriff sind durch ein Dreiecksymbol am rechten Linienende gekennzeichnet, welches den Beginn der Situation darstellt sowie durch ein Rautensymbol am linken Linienende, welches den geringsten während des Annäherungsvorgangs gemessenen zeitlichen Abstand markiert. Situationen *mit* Fahrereingriff haben mehrere Markierungen und Linienarten. Das Dreieck am rechten Linienende markiert wiederum den Beginn einer Situation. Nach links fortschreitend erscheint zunächst ein vertikaler Balken, der den Beginn des Fahrereingriffs kennzeichnet. Die dann am Ende der durchgezogenen Linie eingezeichnete Raute steht für den tatsächlich bei dieser Situation gemessenen minimalen Abstand. Das Quadratsymbol am linken Ende der gestrichelten Linie markiert schließlich den minimalen zeitlichen Abstand, der ohne Fahrereingriff zu erwarten gewesen wäre.

Situationsklasse F2: Folge-/Bremssituationen - Bremsstufe 2

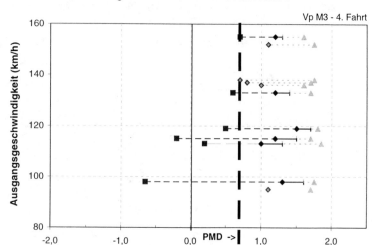

Zeitlicher Abstand zum vorausfahrenden Fahrzeug (s)

Bild 3:   *Ermittlung der Kenngröße PMD (prädizierte minimale Distanz)*

Es ist deutlich zu erkennen, daß im gezeigten Beispiel der Fahrer offensichtlich nur dann eingegriffen und zusätzlich gebremst hat, wenn der minimale zeitliche Abstand ohne Eingriff unterhalb einer charakteristischen Schwelle zu erwarten war (im Beispiel ca. 0,7 s). Diese Kenngröße erwies sich innerhalb von Versuchspersonen und über die Situationsklassen F2/A2 (mit mittlerem ACC) und F3/A3 (mit hartem ACC) hinweg als stabil. Sie wird als (fahrerspezifische) „prädizierte minimale Distanz" (PMD) bezeichnet. Ein ähnlicher Auswerteprozeß mit der zeitlichen Kenngröße TTC (Time-to-collision) ergab keine so deutlich ausgeprägte kritische Schwelle.

Prädiktionsmodule als Basis für Planungsprozesse sind wesentliche Bestandteile von Fahrermodellen (z. B. Kopf, 1994; Blaauw, 1984). Die hier gefundenen Ergebnisse bezüglich der PMD-Kenngröße bestätigen die Existenz eines solchen Moduls. Offensichtlich sind Fahrer gut in der Lage, das dynamische Verhalten des ACC-Systems vorherzusehen. Genauer gesagt, sie schätzen den (zeitlichen) Abstand ein und greifen ein, wenn eine persönliche Sicherheitsschwelle unterschritten zu werden droht. Diese Ergebnisse stimmen mit Summala (1995) überein, der die gleichen Ergebnisse für die laterale Fahrzeugführung fand.

14.4.4 Beanspruchungsmaß aus Nebenaufgabe

Mit Hilfe einer Nebenaufgabe, die in der visuellen Detektion eines zufallsgesteuert aufleuchtenden Lämpchens bestand (siehe Abschnitt 14.3.5), wurde ein objektives Maß zur Beurteilung der mentalen Beanspruchung der Versuchspersonen in der Hauptaufgabe, nämlich der Bewältigung der ACC-Situationen, ermittelt. Es wurden Detektionsraten und Reaktionszeiten ausgewertet. Es zeigte sich, daß die mittlere Detektionsrate bei Fahrten mit dem mittleren ACC-System signifikant niedriger war (63,2%) als mit dem weichen (89,2%) oder mit dem harten ACC (84,0%). Die mittlere Reaktionszeit mit dem mittleren ACC-System lag bei 2,7 s, verglichen mit 2,0 s bei dem weichen und 2,3 s bei dem harten ACC. Aus diesen beiden Ergebnissen kann man ableiten, daß die Fahrten mit dem mittleren ACC-System mit der höchsten mentalen Beanspruchung verbunden waren. Dies kann damit erklärt werden, daß, wie oben erläutert wurde, die mentalen Anforderungen für die Entscheidungsfindung bei der mittleren ACC-Variante am größten waren.

Bei der mittleren ACC-Variante nahm von der 3. zur 4. Fahrt die Detektionsrate signifikant zu und die Reaktionszeit signifikant ab (von 2,9 s auf 2,3 s), was auf einen Lernprozeß hindeutet, der geringere mentale Beanspruchung zur Folge hat.

14.4.5 Vergleichende subjektive Beurteilung der ACC-Systemvarianten

Nach Abschluß der 5. und letzten Versuchsfahrt wurden die Versuchspersonen nach der von ihnen, aufgrund der gemachten Erfahrungen, insgesamt bevorzugten ACC-Variante gefragt. Insgesamt 10 Punkte konnten im Fragebogen auf die drei Varianten verteilt werden. In Bild 4 ist das Ergebnis dieser Beurteilungen aufgetragen.

Es wurde ganz deutlich überwiegend die harte Systemvariante bevorzugt. Aus den zusätzlich gemachten Angaben ging allerdings hervor, daß damit der dringende Wunsch nach früherem Bremseingriff und etwas größerem Folgeabstand verbunden war.

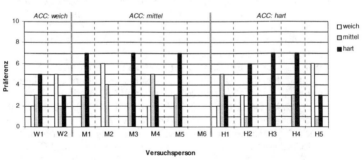

Bild 4:   Subjektive Präferenzen für die drei Systemvarianten

14.5 Schlußfolgerungen

Die in diesem Beitrag vorgestellten Ergebnisse zeigen, daß die unterschiedliche Auslegung von ACC-Systemparametern das Fahrerverhalten hinsichtlich Lernen und mentaler Beanspruchung drastisch beeinflußt. Das in diesem Experiment zu erlernende Systemmerkmal war das dynamische Verhalten in Folge-/Annäherungssituationen. Es konnte gezeigt werden, daß von den Fahrern die prädizierte minimale (zeitliche) Distanz (PMD) verwendet wird, um zu entscheiden, ob einzugreifen ist oder nicht. Offensichtlich bedingt das mittleren ACC-System die schwierigsten Entscheidungen und die größte mentale Beanspruchung.

Die Häufigkeit der Eingriffe und die mentale Beanspruchung nehmen mit zunehmender Erfahrung ab, was darauf hindeutet, daß die Fahrer in der Lage sind, das Systemverhalten zu erlernen. Die Herausforderung für die Zukunft besteht darin, Methoden zu finden, um diesen Lernvorgang zu beschleunigen. Mit dem Beleg, daß die Prädiktion des Systemverhaltens eine wesentliche Rolle bei der Fahrer-Fahrzeug-Interaktion spielt, kann man versuchen, den Fahrer beim Prädiktionsvorgang geeignet zu unterstützen, z. B. über eine geeignet gestaltete Anzeige.

14.6 Literatur

Becker, S., Bork, M., Dorißen, H.T., Geduld, G., Hofmann, O., Naab, K., Nöcker, G., Rieth, P. & Sonntag, J. (1994). Summary of experience with Autonomous Intelligent Cruise Control (AICC). Part 1: Study objectives and methods, Part 2: Results and conclusions. Proc. of the 1st World Congress on ATT & IVHS, 30.11. - 3.12.1994, Paris, France, Vol. 4, 1828-1843.

Blaauw, G.J. (1984). Car driving as supervisory control task. Doctoral Thesis, Technical University of Delft, The Netherlands.

Bock, O., Brühning, E., Dilling, J., Ernst, G., Miese, A. & Schmid, M. (1989). Aufbereitung und Auswertung von Unfalldaten. Unfall- und Sicherheitsforschung Straßenverkehr, Heft 71. Bremerhaven: Wirtschaftsverlag NW.

Erke, H. & Wessel, W. (1985). Verkehrskonfliktbeobachtung in der Verkehrserziehung. Technische Universität Braunschweig, Institut für Psychologie.

Hale, A.R. & Glendon, A.I. (1987). Individual behaviour in the control of danger. Amsterdam: Elsevier.

Kopf, M. (1994). Ein Beitrag zur modellbasierten, adaptiven Fahrerunterstützung für das Fahren auf deutschen Autobahnen. VDI-Fortschrittsberichte, Reihe 12, Band 203. Düsseldorf: VDI Verlag.

Miller, G.A., Galanter, E. & Pribham, K.H. (1960). Plans and the structure of behaviour. London: Holt, Rinehart & Winston.

Naab, K. & Hoppstock, R. (1995). Sensor systems and signal processing for advanced driver assistance. In: Pauwelussen, J.P. & Pacejka, H.B. (Eds.): Smart Vehicles. Lisse, The Netherlands: Swets & Zeitlinger Publishers.

Nirschl, G. (1996). FhG-Assistenz- und Fahrerwarnsysteme. Abschlußbericht zum EUREKA-Verbundprojekt PROMETHEUS Phase III, Förderkennzeichen TV9324, Fraunhofer IITB, Karlsruhe, Mai 1996.

Summala, H. (1995). Modeling driver behaviour: a pessimistic prediction? In: Human Behaviour and Traffic Safety. New York: Plenum Press.

Wickens, C.D. (1987). Information processing, decision-making and cognition. In: Salvendy, G. (Ed.): Handbook of Human Factors. New York: Wiley & Sons.

15 VERBESSERUNG DER AKTIVEN FAHRZEUGSICHERHEIT DURCH FORTSCHRITTLICHE NAVIGATIONSSYSTEME

Werner Hamberger[1], Rolf Cremers[1] & Hans-Peter Willumeit[2]

[1] Valeo Borg Instruments, Remchingen
[2] Technische Universität Berlin, ISS Fahrzeugtechnik

Abstract

Fortschritte in der Entwicklung einer neuen Generation von Navigationssystemen führen zu einer massiven Ausweitung ihrer Fähigkeiten. Die Integration von Fahrzeugbussystemen zum Datenaustausch hat große Auswirkungen auf den zukünftigen Umgang mit Fahrzeugdaten. Verbunden mit Fahrerassistenzsystemen und Autoradio, RDS-TMC, GSM-Telefonen oder anderen neuen Medien wie z. B. DAB, wandelt sich ein Navigationsgerät zu einem Multi-Media Informationssystem, welches Daten sammelt, verarbeitet, verteilt und darstellt. Bezüglich des letztgenannten Punktes gibt es zur Zeit aber eine kontroverse Diskussion. In welchem Ausmaß kann der Fahrer diese Informationsflut noch verarbeiten, ohne von seiner Fahraufgabe zu sehr abgelenkt zu werden?

Im folgenden Bericht wird gezeigt wie man aus einem Navigationssystem und seiner Datenbank noch mehr sinnvolle Informationen gewinnen kann, aber ohne den Fahrer weiter zu belasten. Durch die Realisierung einer Streckenvorausschau, die sich u. a. aus Informationen über Kurvenradien, Kreuzungen und die aktuellen Entfernungen zu diesen Objekten zusammensetzt, ergeben sich viele Möglichkeiten, den Fahrer bei seiner Fahraufgabe zu unterstützen und zu entlasten. Dies wird insbesondere durch die direkte Weiterverarbeitung dieser zusätzlichen Informationen in Fahrerassistenzsystemen erreicht. Hier besteht das erklärte Ziel das Fahrzeughandling dahingehend zu beeinflussen, daß durch die Verbesserung des Komforts, die Gewährleistung des Prinzips der Vorhersehbarkeit und eine Verringerung der Workload des Fahrers eine Erhöhung der aktiven Verkehrssicherheit erreicht wird.

15.1 Einleitung

Im Bereich der Verkehrssicherheit haben sich die Anstrengungen der letzten Jahrzehnte vor allem auf die Verringerung der Unfallfolgen konzentriert. Die positiven Ergebnisse dieser Anstrengungen resultieren in einer Reduktion der Gesamtzahl der Verkehrstoten in West-Deutschland innerhalb der letzten 25 Jahre von 65%. Da trotz dieser vielversprechenden Erfolge der passiven Fahrzeugsicherheit physikalische Grenzen gesetzt sind, wäre die Vermeidung von Verkehrsunfällen der bessere Ansatz.

Neuentwicklungen in der Fahrzeugelektronik, insbesondere der Bereich der Navigationssysteme, bieten eine Vielzahl von Ansatzpunkten zur Verbesserung der aktiven Verkehrssicherheit, die weit über ihre momentan genutzten Fähigkeiten hinausgehen. Die dazu notwendige Komforterhöhung und Entlastung des Fahrers von Teilen seiner hochkomplexen Fahraufgabe wird durch die Entwicklung neuartiger und die Verbesserung vorhandener Fahrerassistenzsysteme gewährleistet. Im folgenden Kapitel über den Informationsverarbeitungsprozeß des Fahrer werden die Anforderungen an die zusätzlich notwendigen Informationen und deren Darstellungsweise und/oder Weiterverarbeitung erarbeitet.

15.2 Problemanalyse

Um die Ursachen für die oben aufgeführten Unfälle herauszufinden, ist es notwendig, einen Blick auf den Informationsverarbeitungsprozeß eines Fahrzeugführers zu werfen (Willumeit, o. J.). Dieser besteht aus den sequentiell ablaufenden Bereichen *Aufmerksamkeit*, *Wahrnehmung*, *Entscheidung* und der daraus resultierenden *Reaktion*.

Unter Aufmerksamkeit versteht man insbesondere die Auswahl der aufgabenrelevanten Information aus der Gesamtheit der Informationen, die dem Fahrzeugführer zur Verfügung stehen. Die sinnvolle Interpretation der von den gefundenen Objekten ausgehenden Informationen nennt man Wahrnehmung. Daraus resultierende Entscheidungen beruhen auf Erfahrungen, Erwartungen, menschlichen Randbedingungen und Gesetzen (z. B. die Bewegungsfähigkeit des Menschen) sowie anderen nicht sensorischen Informationen. Die dabei auftretende Reaktionszeit und -qualität hängt von der Erfahrung und dem Erwartungszustand des Fahrers sowie von der Komplexität der Reiz-Reaktions-Beziehung ab. Die Belastung durch die Informationsverarbeitung wird als „Mental Workload" bezeichnet. Besonders kritisch wird es, wenn die individuelle Beanspruchung hoch ist; d. h. die Informationsverarbeitungskapazität, die ein Maß für die Fahrtüchtigkeit eines Fahrzeugführers darstellt, gerät an ihre Grenzen. Diese Situationen sind bei Fahranfängern häufiger anzutreffen. Daraus ist abzuleiten, daß durch problemorientiertes Training eine Möglichkeit geschaffen wird, die Verarbeitungskapazität und die Reaktionsmechanismen maßgeblich zu verbessern. Die durch das Training entstehenden „inneren Modelle" werden von (Hacker, 1996) als „Handlungsleitende psychische Abbilder" (HAB) bezeichnet. Sie erlauben den Übergang von einem wahrnehmungsorientierten Verhalten auf eine gedächtnisgestützte Regulation. Da ein Großteil der Informationsverarbeitung auf subkortikaler Ebene durchgeführt wird und den Menschen nur noch geringfügig belastet, führt dies zu einer wesentlichen Verringerung der Workload. „Das wichtigste Merkmal der HAB besteht in ihrem Wirken, in der Regulation von Tätigkeiten als Vorwegnahmen und Erwartungen. Aus Erfahrungen werden Regeln extrapoliert, und es entstehen Erwartungen bezüglich des hypothetisch vorweggenommenen Fortgangs eines Prozesses oder bezüglich des Zustands eines bestimmten Tätigkeitsbestandteils" (Hacker, 1996). Diese Vorwegnahmen und Erwartungen sind auch die Grundlagen für die von Donges (1992) - bezüglich der Verkehrssicherheit - als sehr wichtig erachtete Vorhersehbarkeit im Straßenverkehr. Bei einer Verletzung des Prinzips der „*Vorhersehbarkeit*" entsteht durch die hervorgerufene Konfusion des Fahrers ein Gefährdungspotential für die Sicherheit des dynamischen Prozesses der Fahrzeugführung. Verständlich wird diese auftretende Unsicherheit des Fahrers, wenn man die ablaufenden Informationsverarbeitungsprozesse verdeutlicht:

Der Fahrer projiziert in den ihm zur Verfügung stehenden Verkehrsraum eine virtuelle Sollspur. Diese wird durch Fahrerintention und äußeren Rahmenbedingungen (Verkehr, Streckenführung, Umwelteinflüsse) generiert und mit vorausgeplanten Aktionen wie Bremsen, Schalten, etc., gekoppelt. Stimmt die Erwartungshaltung des Fahrzeugführers nicht mehr mit der aktuellen Verkehrssituation überein (z. B.: Hindernis, falsch eingeschätzte Kurve, unerwartetes Verhalten anderer Verkehrsteilnehmer), so muß dieser in kürzester Zeit die neuen Informationen verarbeiten sowie eine alternative Route und die passenden Reaktionen auswählen; das bedeutet, die mentale Workload steigt erheblich. Wird der Fahrer dabei zusätzlich mit einer wenig oder gänzlich unbekannten Situation konfrontiert (nichtlineares Fahrzeugverhalten im dynamischen Grenzbereich), so steigt die Workload dramatisch an. Es kann nicht mehr aufgrund von trainierten HAB und darauf aufbauenden Reiz-Reaktions-Automatismen reagiert werden, sondern muß von der sehr schnellen und effizienten fertigkeitsbasierenden Kategorie des Reaktionsverhaltens auf eine wesentlich langsamer ablaufende regel- oder sogar wissensbasierte Stufe zurückgegriffen werden (Rasmussen, 1983). Der Fahrer hat die Grenzen seiner Informationsverarbeitungskapazität erreicht, und es ist sehr wahrscheinlich, daß durch die vorhandene Überforderung ein fehlerhaftes und unfallträchtiges Verhalten provoziert wird (Bild 1).

Die Vermeidung von Fehlern bei der Wahrnehmung sowie die Gewährleistung des Prinzips der Vorhersehbarkeit durch eine frühzeitige und erweiterte Informationsbereitstellung für den Fahrer, können hier maßgeblich zu einer Verringerung der Workload und somit auch zur Senkung des Unfallrisikos beitragen. Für ein System, das diesen Anforderungen gerecht werden kann und auch vom Fahrer akzeptiert und eingesetzt wird, läßt sich folgendes Anforderungsprofil ableiten:

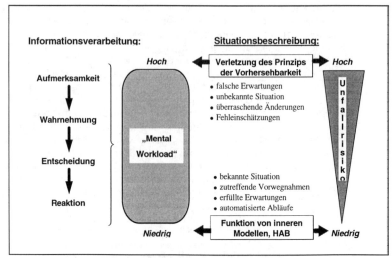

Bild 1:   Beschreibung der Zusammenhänge zwischen dem Informationsverarbeitungsprozeß und dem Unfallrisiko

- Informationsgehalt über den vom Fahrer optisch erfaßbaren Bereich hinausgehend
- objektive Meßgrößen, nicht von einer subjektiven Wahrnehmung verfälscht
- von wechselnden Umgebungsbedingungen unabhängig
- verbesserte Informationsaufbereitung zur Minimierung der zusätzlichen Workload
- maschinenlesbares Datenformat
- standardisiertes Interface zu anderen Systemen
- Fahrerunterstützung ohne Ablenkung
- keine Infrastruktur notwendig
- geringer technischer Aufwand (d. h. kostengünstig)

Die Konsequenz daraus ist die Entwicklung eines fahrzeug-autarken Systems zur Streckenvorausschau unter Nutzung von in Fahrzeugen bereits vorhandener Sensorik. Haupteigenschaft soll vor allem die rechtzeitige Bereitstellung von exakten Daten sein, die das Straßenstück *vor* dem Fahrzeug betreffen. Ein besonderer Schwerpunkt liegt in der Ermittlung der Kurvenradien und der Bestimmung der aktuellen Entfernungen des Fahrzeugs zu Kurven, Kreuzungen und Einmündungen. Entsprechend den Anforderungen an die Informationseigenschaften ist vor allem der Versuch zur Streckenvorausschau mit Navigationssystemen und digitalen Karten am vielversprechendsten.

15.3 Navigationsysteme: Stand der Technik

Das Ziel heutiger Navigationssysteme ist die Unterstützung des Fahrers auf der Navigationsebene seiner Fahraufgabe. Insbesondere die Vermeidung des unangenehmen Gebrauchs von gewöhnlichen Papierkarten vor und während der Fahrt stellt eine wesentliche Vereinfachung dar.

Sobald der gewünschte Zielort eingegeben worden ist, berechnet das System die richtige Route innerhalb von Sekunden. Dann wird der Fahrer mit einer „Turn-by-Turn" Führung mit visuellen und akustischen Informationen zuverlässig entlang seiner Strecke geleitet. Entsprechend der Aufbereitung der visuellen Daten können Navigationssysteme in zwei Klassen eingeteilt werden: Die High-End Version mit einem farbigen Bildschirm von etwa 5 Zoll Größe und die Low-End Version mit einer einfarbigen Punktmatrixanzeige mit etwa 100 x 50 Pixel. Auf der einfachen Anzeige findet der Fahrer Hinweise über den Abstand zum nächsten Manöverpunkt, und wie man dort reagieren soll. Die High-End Version erlaubt eine sehr detaillierte Darstellung der Straßenkarte. Diese zeigt die momentane Verkehrssituation und eine hervorgehobene Routendarstellung. Diese Kartendarstellung mit der Anzeige der Fahrzeugposition kombiniert, ermöglicht eine sehr gute Orientierung in unbekanntem Gelände, birgt aber auch die Gefahr einer nicht unerheblichen Ablenkung. Um dieses so weit wie möglich zu vermeiden, erhält der Fahrer dazu parallel über eine Sprachausgabe, die als weniger ablenkend eingeschätzt wird, detaillierte Informationen über das nächste Manöver. Hierbei wird die Tatsache ausgenutzt, daß bei der Mitverwendung des akustischen Informationsverarbeitungskanals nur eine geringe Erhöhung der Workload auftritt.

Die Voraussetzung für korrekte und situationsgerechte Information ist eine exakte Lokalisation und ein detailliertes Wissen über das Straßennetz, seiner funktionellen Beschreibung und den dazugehörenden Verkehrsbeschränkungen. Dieses benötigte Wissen ist in einer digitalisierten Karte (DK) enthalten und in Form einer CD-ROM verfügbar. Es umfaßt zur Zeit sowohl alle klassifizierten Überlandstraßen, als auch eine detaillierte Beschreibung des kompletten Straßennetzes aller Städte mit über 50.000 Einwohner. Bis Ende 1998 ist eine komplette Abdeckung Westeuropas und der USA sowie die zusätzliche Aufnahme aller Städte mit über 5.000 Einwohnern geplant. Die Repräsentation der Straßen in der DK erfolgt durch Polygone, die ihren realen Verlauf annähern (Bild 2).

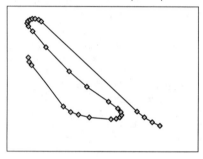

Bild 2:   Ausschnitt aus einer DK mit Darstellung der Stützpunkte des streckenbeschreibenden Polygons

Die dargestellte Fahrzeugposition wird mit Hilfe verschiedener Sensoren bestimmt. Die wichtigste Komponente dafür ist ein GPS-Empfänger, der die aktuelle Position mit einer Genauigkeit von ca. 100 Metern bestimmt. Bei Signalstörungen durch Abschattung, Reflexion oder in Tunnels und Parkgaragen, in denen das GPS-Signal nicht empfangen werden kann, ist keine brauchbare Positionierung möglich. Damit solche Situationen vermieden werden können, werden zusätzliche Sensoren benötigt. Nebenbei erzielt man dadurch auch eine allgemeine Verbesserung der Positionsgenauigkeit, die besonders in komplexen und engmaschigen Innenstadtbereichen für eine exakte Lokalisation sehr hilfreich ist. Eine erste Verbesserung wird durch einen Koppelnavigationsalgorithmus erzielt, in dem Raddrehzahl- und Richtungsdaten - ermittelt mit Hilfe eines Gyrometers - weiterverarbeitet werden. Die korrekte Verfolgung der berechneten Route und eine exakte Positionierung auf der DK erfordert den Vergleich der GPS- und Koppelnavigationstrajektorien mit den straßenbeschreibenden Polygonzügen. Mit diesem sogen. Map-Matching Verfahren kann eine Positionsgenauigkeit von unter 20 Metern erreicht werden. Nebenbei kann dadurch eine beabsichtigte oder fälschlicherweise eingetretene Abweichung von der vorgeschlagenen Route erkannt und eine neue Route berechnet werden. Das hat zur Folge, daß sich der Fahrer nicht verfahren kann. Er bekommt immer die richtigen Anweisungen, um sein gewünschtes Ziel zu erreichen mit dem Effekt, daß seine Navigationsaufgabe besonders in unbekannten, unübersichtlichen und schwierigen Verkehrsbereichen wesentlich erleichtert wird und sich der Fahrer auf den Verkehr konzentrieren kann. Die wohl bekannte Situation mit einem desorientierten, genervten und überlasteten Beifahrers, der den Fahrer bei seiner Navigationsaufgabe unterstützen will oder soll, gehört dann der Vergangenheit an.

15.4 Navigation: Die kommende Generation

Die kommende Generation von Navigationssystemen wird sogar noch mehr Informationen zur Verfügung stellen. Sogen. 3. Party Daten wie der Guide Michelin oder auch themenorientierte Reiseführer werden die Kartendaten ergänzen. Diese Informationen umfassen zum Beispiel detaillierte Beschreibungen von Hotels, Restaurants, landschaftlich schönen Strecken oder sehenswerten Plätzen und Gebäuden. Darüber hinaus bietet der Trend, die Mensch-Maschine-Schnittstellen (MMI) von Autoradio, Mobiltelefon, Klimaregelung, Bordcomputer, Karosserieelektrik und weiteren Fahrerassistenzsystemen mit der Navigationsfunktion auf ein einziges Display zusammenzufassen, die Möglichkeit eines vielversprechenden Informationsaustausches. Einerseits können Navigationssysteme ihr fehlendes Wissen über die momentane Verkehrssituation, wie z. B. Verkehrsstaus, gesperrte Straßen oder Umleitungsempfehlungen ergänzen. Diese aktuellen Informationen werden durch neue Services wie RDS-TMC oder über den Datenkanal der Mobiltelefone angeboten. Auf diesem Weg kann sogar durch den Empfang von Differential-GPS die Positionierung verbessert werden. Andererseits erlaubt diese Vernetzungsstruktur und der damit mögliche Informationsaustausch Navigationssystemen zusätzliche Fähigkeiten zur Geltung zu bringen - die Streckenvorausschau.

Wie kann das erreicht werden? Bei genauerer Untersuchung der Funktionsweise eines Navigationssystems fällt auf, daß der Map-Matching-Algorithmus nicht nur die Fahrzeugposition, sondern auch das befahrene Straßensegment ermittelt. Da die Verbindungen zwischen den Segmenten genau bekannt sind, wird es offensichtlich, daß das System auch die Fähigkeit besitzt, den Straßenverlauf *vor* dem Fahrzeug zu bestimmen. Mit einer passenden Datenaufbereitung können Kurvenradien gut abgeschätzt und die Entfernungen zu Kurven, Einmündungen und Kreuzungen bestimmt werden.

Bei der Berechnung der geforderten Streckendaten sind aber einige Schwierigkeiten zu bewältigen; die größte stellt die Interpolation der Polygone dar. Zur Bestimmung der Kurvenradien muß hier von einem Streckenmodell mit einer reduzierten Datenbasis auf eine kontinuierliche Beschreibungsform geschlossen werden. Der Versuch, dies mit einer Kreisregression durch die kurvenbeschreibenden Polygonpunkte, die durch die vorherige Zerlegung in gerade und gekrümmte Abschnitte ermittelt werden, zu erreichen, hat sich als vielversprechend erwiesen (Hamberger et al., 1996). Dieses Verfahren funktioniert aber nur, wenn die Kurve durch mindestens drei Stützpunkte beschrieben wird, sonst ist ein Kreis nicht definiert und es entsteht eine mehrdeutige Situation, die besonders bei engen, kurzen Kurven auftreten kann. Zur Einengung des Lösungsraumes können durch Kenntnis der Toleranzen der Polygonstützpunkte und des verwendeten Digitalisierungsalgorithmus hilfreiche Nebenbedingungen aufgestellt werden. Durch die Richtlinie für die Anlage von Straßen (RAS-L) (Forschungsgesellschaft für das Straßen- und Verkehrswesen, 1984) und der angegebenen Straßenklasse ist es unter anderem erlaubt, einen Mindestradius festzulegen.

Mit diesen Hilfsmitteln scheint es nach den bisherigen Erkenntnissen möglich zu sein, den Kurvenradius mit der nötigen Genauigkeit abzuschätzen. In welchem Maße dies zutrifft, hängt sehr stark von den Ansprüchen ab und muß durch umfangreiche Feldstudien mit den geplanten Anwendungen ermittelt werden.

15.5 Mögliche Einsatzgebiete der Streckenvorausschau

Die gewonnene Streckenvorausinformation bietet nun - über eine verbesserte und erweiterte Fahrerinformation hinaus - die Möglichkeit, vorhandene Sollwertvorgaben des Antriebsmanagements auf ihre Streckenrelevanz zu überprüfen bzw. Sollwerte für neue Fahrerassistenzsysteme zu generieren.

15.5.1 Kurvenwarnung

Die mit dem geringsten Aufwand zu realisierende Anwendung ist eine akustische oder optische Warnung für den Fahrer, falls aus der Überwachung der aktuellen Fahrdaten davon auszugehen ist, daß er eine Kreuzung übersehen oder eine Kurve falsch eingeschätzt hat. Grundlage dafür ist die Manöver- oder Kurvensollgeschwindigkeit, siehe Kap. 15.5.5, sowie der Sportlichkeitsfaktor des Fahrers. Ausgehend von diesen Daten kann nun ein Grenz-Geschwindigkeitsprofil für die Annäherung an die Kurve oder Kreuzung bestimmt werden, bei dessen Überschreitung eine Warnung aktiviert wird. Bei der Berechnung der Alarmschwelle ist aber darauf zu achten, daß diese exakt berechnet und nicht zu niedrig angesetzt wird. Häufig auftretende, unnötige Warnungen verärgern nur den Fahrer und der Alarm wird schlimmstenfalls nicht mehr beachtet oder sogar abgeschaltet. Bei dieser Anwendung sehe ich aber auch eine große Gefahr, daß durch Fahreradaptionen (Pfafferott, 1992) und Risikohomöostase (Wilde, 1982) der erreichte Sicherheitsgewinn wieder kompensiert werden könnte. Hier muß dem Fahrer sehr deutlich klar gemacht werde, daß dieses Warnsystem nicht als Co-Pilot für Hobby-Rallyefahrer geeignet ist, sondern ein Assistenzsystem zur Erhöhung der Verkehrssicherheit darstellt.

15.5.2 Automatikgetriebe

Automatikgetriebe haben die Eigenschaft, ihre Fahrstufe aus einem Kennfeld zu entnehmen, das sich hauptsächlich aus der momentanen Drosselklappenstellung und der Motordrehzahl zusammensetzt. Dabei kommt es zu unerwünschten und für die Fahrsituation unangepaßten Schaltvorgängen. Ein bekanntes Problem ist z. B. der ungewollte Hochschaltvorgang (vom 3. in den 4. Gang) bei der Annäherung an eine Kurve oder Kreuzung, ausgelöst durch die Gaswegnahme des Fahrers, gefolgt von Rückschaltungen beim Beschleunigen nach dem Kurvenscheitelpunkt.

Das Wissen über Art und Lage einer vorausliegenden Kurve ermöglicht einem Getriebesteuergerät - bei einer kurvenbedingten Verzögerung - die eingelegte Fahrstufe zu halten oder im Schubbetrieb eine Rückschaltung zu veranlassen (Schwäbe, 1996).

Das Resultat des beschriebenen Verfahrens ist durch die Reduzierung der Rückschalthäufigkeit unter Last zum einen eine deutliche Erhöhung des

Komforts, da das Fahrzeug im Kurvenausgang bereits den vom Fahrer gewünschten niedrigen Gang eingelegt hat. Zum anderen kann eine Erhöhung der Fahrsicherheit erreicht werden, die durch die Vermeidung von Rückschaltungen am Kurvenausgang, die auf nasser oder glatter Fahrbahn einen gefährlichen Drehmomentensprung an den Antriebsrädern hervorrufen können, gewährleistet wird. Da einerseits keine sicherheitskritischen Betriebsmodi entstehen können (schlechtestenfalls wird das Schaltverhalten ohne Streckenvorausschau erreicht) und andererseits die Resonanz der Testfahrer äußerst positiv war, siehe Bild 3, ist von einer Serienentwicklung in absehbarer Zeit auszugehen.

15.5.3 Fahrdynamikregelung (FDR)

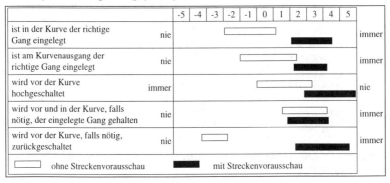

Bild 3:   *Vergleich einer Automatiksteuerung mit und ohne Streckenvorausschau. Ergebnisse der Fahrerbefragung*

Die Aufgabe einer FDR besteht in der Regelung des Schwimmwinkels und der Gierwinkelgeschwindigkeit zur Stabilisierung des Fahrzeugs im fahrdynamischen Grenzbereich, wobei der Fahrerwunsch zur Sollwertbestimmung herangezogen wird (van Zanten et al., 1994). Dieser wird vor allem aus Lenkradwinkel und Fahrgeschwindigkeit ermittelt. Da aber außerhalb des linearen Bereichs der Querdynamik der Fahrer nicht immer deterministisch, sondern des öfteren auch unbestimmbar chaotisch reagiert (hektische Lenkbewegungen), könnte man über die Streckenvorinformation eine Validierung des gemessenen Lenkwinkels durchführen bzw. über einen Vorsteuerungsalgorithmus die Regelungscharakteristik verbessern.

15.5.4 Automatische Distanz Regelung (ADR)

Geschwindigkeitsregelanlagen (GRA), die seit Jahren Stand der Technik sind, dienen zur Entlastung des Fahrers, indem sie eine vom Fahrer eingestellte Geschwindigkeit ohne weitere Betätigung des Gaspedals konstant beibehalten. Bei dieser Art der Geschwindigkeitsregelung tritt jedoch die Schwierigkeit auf, daß der Fahrer bei jeder Störung, hervorgerufen durch andere Verkehrsteilnehmer oder durch die Streckenführung, wieder aktiv in die GRA eingreifen muß. Da diese notwendig gewordene Aktion vom Fahrzeuglenker als unangenehm empfunden wird - die GRA muß danach wieder aktiviert werden - wird sie oftmals in der Hoffnung sie vielleicht vermeiden zu können, zu lange hinausgezögert, so daß kritische Situationen auftreten können.

Um das obengenannte Phänomen teilweise zu beseitigen und um eine weitere Entlastung des Fahrers zu erreichen, wurde die GRA durch das ADR-System ergänzt. Durch einen Eingriff auf die Drosselklappenstellung und den Bremsdruck wird ein geschwindigkeitsangepaßter Abstand zum Vordermann eingeregelt. Wie in N. N. (1995) und Sayer et al. (1995) aufgezeigt, gibt es aber besonders auf gekrümmten und mehrspurigen Strecken Probleme bei der Zielobjekterkennung. Abgesehen davon, daß stehende Objekte - da diese zur Zeit noch nicht dem Fahrbahnrand oder der Fahrspur zugeordnet werden können - nicht berücksichtigt werden, besteht weiterhin folgende unklare Situation: Ein abstandsgeregeltes Fahrzeug befindet sich auf einer mehrspurigen Straße auf der linken Fahrspur vor einer Linkskurve. Befindet sich ferner ein langsam fahrender LKW auf der rechten Spur, kann dieser fälschlicherweise als vorausfahrendes Fahrzeug detektiert werden und es kommt zu einer ungewollten Abbremsung. Unter Einbeziehung der Streckeninformation, wie z. B. Krümmungsverlauf oder Straßentyp, ist es vorstellbar, durch eine Korridorbildung im Suchraum oder ein aktives Beeinflussen von Suchraumbreite und -richtung (Schwenken des Sensors oder Verändern der Fokussierung) weniger Fehlreaktionen und damit eine höhere Akzeptanz beim Fahrer zu erreichen. Das gewünschte Ergebnis wäre auch hier wieder ein entspannteres und sichereres Fahren.

15.5.5 Streckenabhängige intelligente Geschwindigkeitsregelanlage (SIGRA)

Das oben beschriebene System, ADR, mit seinen Komponenten, E-Gas, E-Bremse und Kraftschlußüberwachung (Winterhagen, 1995) zur Bestimmung des Reibbeiwertes der Straße, eignet sich auch für eine streckenabhängig reagierende Geschwindigkeitsregelanlage. Hauptmerkmal dieses Systems ist ein permanenter Vergleichs- und Anpassungsvorgang von eingestellter Wunschreisegeschwindigkeit und einer anhand der Streckenvorausschau berechneten Sollgeschwindigkeit. Die jeweils kleinere von beiden wird als Fahrzeuggeschwindigkeit eingeregelt. Eingangsgrößen für den Algorithmus der Sollwertberechnung sind vor allem der Kurvenradius, die zulässige Querbeschleunigung sowie die Maximalwerte für Beschleunigungs- und Verzögerungsvorgänge.

Die gewünschte Verbesserung der Fahrsicherheit durch Komforterhöhung und Entlastung des Fahrers tritt aber nur ein, wenn der Fahrzeugführer die entwickelten Systeme in ihrem Verhalten akzeptiert und häufig einsetzt. Um dies zu erreichen ist es - wie Testfahrten gezeigt haben - bei der Reglerauslegung notwendig, nicht nur objektive, physikalische Beschreibungsgrößen zu berücksichtigen, sondern auch mit Hilfe zusätzlicher Parameter zur Beeinflussung des Fahrzeugverhaltens, dem subjektiven Empfinden des Fahrers gerecht zu werden. Im Fahrversuch führten insbesondere zwei Situationen zu ausgeprägtem Unbehagen bei den Fahrzeuglenkern, obwohl bei der Auslegung des Systems alle physikalischen Anforderungen berücksichtigt wurden. Die Annäherung an enge Kurven und das Befahren von Kurven mit mittelgroßen Radien (ca. 200m). Der erste Fall konnte gelöst werden, indem der Bremsvorgang etwas früher eingeleitet wurde. Eine Erklärung für das Auftreten dieses Falles ist wahrscheinlich die inhärente Skepsis des Fahrzeuglenkers gegenüber automatisierten Systemen. Diese kann nur abgebaut werden, wenn die erforderlichen Eingriffe in das Fahrverhalten frühzeitig durchgeführt werden. Nur dann hat der Fahrer die Möglichkeit, das Fahrzeugverhalten zu beobachten und auch genügend Zeit, nötigenfalls korrigierend einzugreifen.

Im zweiten Fall monierten viele Fahrer eine zu hohe Kurvengeschwindigkeit, obwohl dieselbe Querbeschleunigung gemessen wurde wie in engeren Kurven. Erst mehrere Fahrversuche mit verschiedenen Fahrertypen auf Strecken mit unterschiedlichen Kurvenradien brachte die Erklärung (Martin, 1995). Wie in Bild 4 zu sehen, haben alle Fahrer, unabhängig von ihrem Fahrstil, bei größeren Kurvenradien eindeutig kleinere Querbeschleunigungen erreicht. Auf die Frage, warum sie in den Kurven mit den größeren Radien mit wesentlich geringerer Querbeschleunigung gefahren sind, bekam man von allen die Antwort, sie hätten den Kurs gleichmäßig durchfahren. Daraus läßt sich ableiten, daß der jeweilige Fahrer ein sehr radien- bzw. geschwindigkeitsabhängiges Querbeschleunigungsempfinden besitzt, dem durch eine radienabhängige Bestimmung der zulässigen Querbeschleunigung Rechnung getragen werden muß.

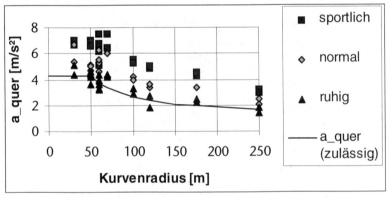

Bild 4:   *Ermittlung der zulässigen Querbeschleunigung (a_quer) in Abhängigkeit vom Kurvenradius*

Achtet man nun noch auf einen zweifach differenzierbaren Verlauf der Sollgrößen, insbesondere der Längsbeschleunigung, erhält man ein vom Fahrer gut akzeptiertes System, das sich durch verbrauchs- und emissionsreduzierende Eigenschaften sowie durch ein komfortables und für andere Verkehrsteilnehmer gut einschätzbares Fahrverhalten auszeichnet. Ferner erfolgt durch die automatische Längsregelung eine zusätzliche Vereinfachung der Spurführungsaufgabe, da nur noch Fahrzeuggeschwindigkeiten auftreten, bei denen das Fahrzeugverhalten im linearen Bereich bleibt. Das hat zur Folge, daß die Aufmerksamkeit des Fahrers zur Beobachtung der Verkehrssituation und evtl. auftretender Störungen erhalten bleibt, und der Fahrer kann - falls gewünscht oder auch erforderlich - jederzeit durch Betätigung des Gas- oder Bremspedals die Regelung des Fahrzeuges übersteuern oder abschalten.

Der Fahrer bleibt die oberste Instanz bei der Fahrzeugführung.

15.5.6 Verbesserung der Fahrbahnausleuchtung

Versuche mit lenkwinkelabhängiger Steuerung der Frontscheinwerfer zur Verbesserung der Fahrbahnausleuchtung in Kurven haben den Nachteil, daß die Anpassung der Scheinwerferausrichtung zu spät erfolgt. Ziel eines solchen Systems ist eine optimale Ausleuchtung der Fahrbahn in einem gewissen Abstand vor dem Fahrzeug, d. h., der Lichtkegel sollte dem Straßenverlauf vor dem Fahrzeug folgen und nicht erst beim Ein- oder Auslenken in der Ausrichtung verändert werden.

Hier kann die Streckenvorausschau genau die richtigen Eingangsgrößen liefern. Ferner bietet sie mit zusätzlichen Streckendaten noch andere Ausleuchtungsmöglichkeiten an. Die Kenntnis über Einbahnstraßen oder Autobahnen kann zu einer symmetrischen Leuchtkegelform führen, die beide Fahrbahnränder gut ausleuchtet. Dafür kann auf in beiden Richtungen befahrbaren Straßen innerorts der rechte Fahrbahnrand mit Rad- und Fußweg besser ausgeleuchtet werden. Sinnvoll ist auch ein gezieltes Einleuchten in Kreuzungen und Seitenstraßen.

15.6 Schlußbemerkung und Ausblick

Die angeführte Liste von Anwendungen der Streckenvorausschau mittels Navigationsgeräten und digitalen Straßenkarten erhebt sicherlich nicht den Anspruch der Vollständigkeit. Als weitere Einsatzgebiete sind u. a. eine Regelung aktiver Fahrwerke, sowie die Unterstützung des Motor- und Triebstrangmanagements verschiedenster Antriebskonzepte (konv., CVT, SNA) denkbar. Als zusätzliche Eingangsgrößen zur Vorab-Schätzung des Fahrerwunsches und dem daraus resultierenden optimalen Übersetzungsverhältnisses eines CVT-Getriebes, könnte über eine Vorsteuerung eine Verminderung der Ansprechzeiten erreicht werden.

Bei näherer Betrachtung von unfallkritischen Verkehrssituationen fällt auf, daß der Fahrer große Probleme hat, alle auf ihn einstürmenden Informationen folgerichtig zu sortieren und auszuwerten. Dieser Engpaß in seinem Informationsverarbeitungsprozeß führt zu einer hohen Workload und wird vor allem durch die Verletzung des Prinzips der Vorhersehbarkeit verursacht. Um die Vorhersehbarkeit wesentlich zu verbessern, wurde in dieser Arbeit eine Streckenvorausschau entwickelt, deren Ausgangsdaten den Streckenverlauf *vor* dem Fahrzeug beschreiben. Neben den direkten Einflüssen der Streckenvorausschau auf den Informationsverarbeitungsprozeß (Bild 5) des Fahrers sind auch positive Auswirkungen auf das gesamte Verkehrsverhalten zu erwarten.

Systeme, die zu einem vorausschauenden Fahrverhalten führen, können auch zur Harmonisierung und Optimierung des Verkehrsflusses und schließlich zu einer Akzeptanzerhöhung des Verkehrsmittels Automobil führen.

Neue Kommunikationstechniken, die gerade Einzug in die Kraftfahrzeugtechnik halten, können sogar die momentan noch vorhandenen Schwachstellen der verwendeten digitalen Karte beheben. Die Stichpunkte heißen „Floating-Car-Data", „On-Line-Navigation" und „Bidirektionale Datenschnittstelle". Hier geht es vor allem um die Tatsache, daß Fahrzeuge als

Sensoren benutzt werden, d. h. die vom Fahrzeug ermittelten Daten werden an eine Leitzentrale gesendet, dort ausgewertet und daraus entsprechende Meldungen an die Teilnehmer generiert. Diese Vorgehensweise, die heute zur Bestimmung des Verkehrsflusses eingesetzt wird, kann in Zukunft durch die Aufzeichnung von kontinuierlichen Streckenverlaufsdaten ergänzt werden. Ein auf diese Art und Weise aufgebautes System kann die vorhandenen Nachteile kompensieren, d. h. ein geokodiertes und attributiertes Gerüst wird durch kontinuierliche Daten präzisiert und laufend aktualisiert. Würde man durch weitere Maßnahmen bei der Positionsbestimmung eine Lokalisierungsgenauigkeit im Zentimeterbereich erreichen, wären damit die Grundlagen für einen Autopiloten in der Straßenverkehrstechnik gelegt.

Nach diesem Blick in die vielleicht nicht allzu ferne Zukunft möchte ich die abschließende Frage nach der Realisierbarkeit der Streckenvorausschau und der davon abhängigen Fahrerassistenzsysteme mit einem abgewandelten Zitat von Edward Teller beantworten.

Als Wissenschaftler haben wir die Aufgabe, die technische Entwicklung zu betreiben und dann die Resultate in einfacher und klarer Weise zu erklären.

Nachher ist es der Kunde oder vielmehr der Fahrzeughersteller, vom Kunden gewählt, der die Verantwortung hat, die Entscheidungen zu treffen.

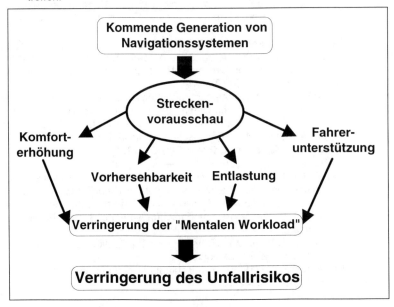

Bild 5: Wirkungsprinzip der Streckenvorausschau

15.7 Literatur

Donges, E. (1992). „Das Prinzip Vorhersehbarkeit als Auslegungskonzept für Maßnahmen zur Aktiven Sicherheit im Straßenverkehrssystem", Anlage zu den VDI-Berichten 948.

Forschungsgesellschaft für das Straßen- und Verkehrswesen, Arbeitsgruppe Straßenentwurf (1984). „Richtlinien für die Anlage von Straßen, RAS-L". Köln.

Hacker, W. (1996). „Handlungsleitende psychische Abbilder (Mentale Modelle)", Enzyklopädie der Psychologie, Bd. 4 „Motivation, Volition und Handlung", Hofgrefe Verlag für Psychologie, S. 769-794.

Hamberger, W., Willumeit, H.-P. & Struck, G. (1996). „Navigationsgeräte als Datenbasis für Fahrerassistenzsysteme", VDI-Berichte 1287, S. 381-398.

Martin, S. (1995). „Experimentelle Bestimmung erwünschter Schaltverhalten eines Automatikgetriebes zur Formulierung eines Fuzzy-Controllers mit Vorhaltwirkung", Diplomarbeit an der Fachhochschule Kiel.

N. N. (1995). „Mahnende Hand: Digital auf Distanz". Der Spiegel 25/1995, S. 15.

Pfafferott, I. (1992). „Adaptationen (Verhaltensanpassungen) an fahrzeugtechnische Verbesserungen", VDI-Berichte Nr. 948, S. 367-377.

Rasmussen, J. (1983). „Skills, Rules and Knowledge; Signals, Signs and Symbols, and Other Distinctons in Human Performance Models", IEEE Transactions on Systems, Man and Cybernetics, Vol. SMC 13, S. 257-266.

Sayer, J.R., Fancher, P.S., Bareket, Z. & Johnson, G.E. (1995). „Automatic Target Acquisition Autonomous Intelligent Cruise Control (AICC): Driver Comfort, Acceptance, and Performance in Highway Traffic", SAE Paper 950970.

Schwäbe, J. (1996). „Verbesserung eines adaptiven Getriebemanagements unter Verwendung von Daten aus der Streckenvorausschau in Kombination mit Fuzzy-Logik", Diplomarbeit am Institut für Verbrennungsmotoren und Kraftfahrzeuge, Technische Universität Dresden.

van Zanten, A., Erhardt, R. & Pfaff, G. (1994). „FDR - Die Fahrdynamikregelung von Bosch", ATZ 11/1994, S. 674-689

Wilde, G.J.S. (1982). „Objective and Subjective Risk in Driver's Response to Road Conditions: The Implications of the Theory of Risk Homeostasis for Accident Aetiology and Prevention", Verkehrssicherheit, Vorträge anläßlich des Seminars der Forschungsgruppe Berlin, Daimler-Benz AG, Stuttgart.

Willumeit, H.-P. (o. J.). „Fahrzeugführung I", Skript zur Vorlesung an der TU-Berlin, ISS-Fahrzeugtechnik.

Winterhagen, J. (1995). „Kraftschlußüberwachung und Abstandsregelung", ATZ 1/1995, S. 22-23.

16 MASCHINELLE LERNALGORITHMEN - EIN ANSATZ ZUR ANALYSE DER AUFMERKSAMKEITSPROZESSE DES PILOTEN IM AUTOMATISIERTEN FLUGFÜHRUNGSPROZEß

René Knorr & Gerhard Hüttig

Technische Universität Berlin, Institut für Luft- und Raumfahrt, Fachgebiet Flugführung und Luftverkehr

Übersicht

In modernen Verkehrsflugzeugen mit Glascockpits und hohem Automationsgrad hat sich die Arbeitssituation der Piloten von primär manuellen Regeltätigkeiten zu mehr Aufgabenmanagement- und Überwachungstätigkeiten hin verlagert. Darin spielen die Aufmerksamkeitsprozesse des Piloten zur Erzeugung seiner Situation Awareness eine zentrale Rolle. Eng verbunden mit den Aufmerksamkeitsprozessen ist das Blickverhalten des Piloten, das im Rahmen einer Versuchsreihe während eines vollautomatischen Anflugs im Airbus A340 Simulator zusammen mit Flugzustands- und Systemdaten aufgezeichnet wurde. Daraus wurde ein Trainingssatz generiert, der mit einem maschinellem Lernverfahren ausgewertet und in eine symbolische Beschreibung des Blickverhaltens in Form eines Entscheidungsbaums überführt wurde.

16.1 Der Arbeitsprozeß des Piloten im automatisierten Flugführungsprozeß

Dies betrifft v. a. die Mensch-Maschine Interaktion innerhalb des hochautomatisierten Cockpits, in dem sich die Arbeitssituation des Piloten von primär manuellen Regeltätigkeiten zu mehr Aufgabenmanagement- und Überwachungstätigkeiten hin verlagert hat. So hat der Pilot neben seinen primären Flugführungsgrößen (z. B. Höhe, Geschwindigkeit etc.) eine Vielzahl automatischer Systemzustände zu überwachen, die über eine Vielzahl unterschiedlicher Anzeigen verteilt ist, wobei jede Information gerade den spezifischen Zustand des entsprechenden Systems oder Subsystems wiedergibt. Einen Überblick über einen Großteil der vom Piloten für seine Flugführung zu überwachenden relevanten Ein- und Ausgabeschnittstellen liefert Bild 1. Bedeutung innerhalb der automatisierten Flugführung besitzt in diesem Zusammenhang das Auftreten sog. „Situation Awareness" (SA) oder „Mode Awareness" (MA) Probleme, die sich in einem Nichtverstehen bestimmter automatischer Systemfunktionen und einer Mißinterpretation der den Piloten dargebotenen Systeminformationen äußern.

Diese „Awareness" Probleme können zu Fehlern im Pilotenverhalten mit katastrophalen Auswirkungen führen (Sarter,1995; Sarter & Woods, 1995) (ca. 70% der Unfallursachen in Verkehrsflugzeugen mit hoher Automatisierung und Glascockpits werden auf das Fehlverhalten von Besatzungen zurückgeführt (Boeing, 1993)). Der Begriff „Awareness" kann allgemein zusammengefaßt werden als das Produkt aus dem Verständnis seiner aktuellen und der sich entwickelnden Situation und dem Prozeß, dieses Verständnis permanent aufrechtzuerhalten (Endsley, 1988). Neben einem guten Kenntnisstand über das technische System und der Verfügbarkeit aller benötigten Informationen, spielt dafür die Strategie der Aufmerksamkeitssteuerung des Piloten, d. h. seine Informationsaufnahme und -verarbeitung eine zentrale Rolle. Bisherige Modelle zur Aufmerksamkeitssteuerung beschreiben deren allgemeine kognitiven Prozesse ohne jedoch auf die einzelnen Prozesse im Detail, d. h. unter Berücksichtigung der jeweiligen Flugphase und des speziellen automatischen Systemzustands, einzugehen (Wickens, 1996). Unter der Annahme, daß sich diese Prozesse im Monitoringverhalten des Piloten widerspiegeln wird eine Hypothese aufgestellt, nach der sich das Monitoringverhalten weitestgehend als Struktur prozeduraler Vorgänge darstellen läßt. Dies könnte die Möglichkeit schaffen, die einzelnen Schritte der Aufmerksamkeitssteuerung und damit den Entwicklungsprozeß der Situation bzw. Mode Awareness des Piloten unter Berücksichtigung aller relevanten Einflußgrößen zu beschreiben und zu analysieren.

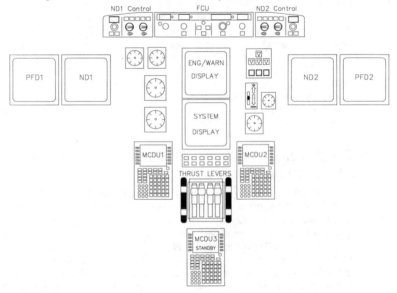

Bild 1:   Skizze wichtiger Ein- und Ausgabeschnittstellen in einem Glascockpit

Eine der Hauptinformationsquellen der Piloten, das in der Aufmerksamkeitssteuerung des Piloten eine bedeutende Rolle einnimmt und auf das in den folgenden Betrachtungen stark Bezug genommen wird, ist das Primary Flight Display (PFD). Dieses Instrument vereinigt als integrierte Anzeige sowohl die primären Flugführungsinformationen wie Geschwindigkeit, Höhe, Fluglage und Kurs als auch Informationen zu automatischen Systemmodi vom Flight Management System (FMS), Autopiloten (AP) oder Auto-Thrust

System, die über den Flight Mode Announciator (FMA) im oberen Bereich des PFD dargestellt werden (Bild 2). Das FMS kann vereinfacht als ein Navigationsrechner angesehen werden, der nach Vorgaben des Piloten einen dreidimensionalen Flugweg berechnet und mit Hilfe des AP das Luftfahrzeug automatisch entlang dieses Flugprofils führt. Das Auto-Thrust System ist die automatische Schubregelung und mit beiden Systemen funktionell verbunden.

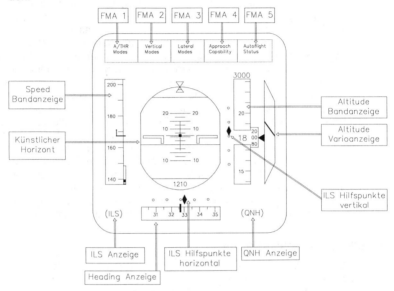

Bild 2: Schematische Ansicht der primären Flugführungsanzeige PFD

16.2 Methoden zur Modellierung des menschlichen Überwachungsverhaltens

Es existieren eine Vielzahl von Ansätzen und Methoden, die eine hinreichende Modellierung der wissensbasierten Verhaltensweisen des Menschen und damit seiner Informationsverarbeitung, seines Entscheidungsverhaltens und seines Überwachungsverhalten anstreben. Hierzu zählen z. B. wahrscheinlichkeitstheoretische und informationstheoretische Formalismen zur Beschreibung menschlicher Informationsverarbeitung oder die Anwendung der Entscheidungstheorie, der Warteschlangentheorie, die Fuzzy Set Theory, sowie die Anwendung von Produktionssystemen oder semantischen Netzen zur Beschreibung des menschlichen Entscheidungsverhaltens oder Überwachungsverhaltens. Allen Ansätzen gemeinsam ist die Tatsache, daß die Modelle mehr oder weniger nur Teilaspekte des menschlichen Verhaltens in komplexen Aufgabensituationen nachbilden. Eine der Hauptschwierigkeiten für eine befriedigende Modellierung liegt dabei v. a. in der Problematik, genügend Detailwissen und damit alle relevanten Einflußfaktoren über den betrachteten menschlichen Prozeß zu erfassen und in der Modellierung zu berücksichtigen.

16.3   Methoden zur Wissensakquisition des Expertenwissens von Piloten

16.3.1 Konventionelle Methoden

Traditionelle Methoden zur Beschreibung und Vorhersage von dynamischen Prozessen versagen, wo eine hinreichend genaue mathematisch Modellierung aufgrund der Komplexität des Systems oder der Unzulänglichkeit wesentlicher Einflußgrößen nicht möglich ist. Letzteres betrifft v. a. die Wissensakquisition von Expertenwissen, das in dem hier betrachteten Fall die Aufmerksamkeitssteuerung des Piloten im automatisierten Cockpit ist. Objektive Daten über dieses Wissen lassen sich durch konventionelle Verfahren wie z. B. Interviewmethoden, Beobachtungen, Protokollanalysen kaum oder nur unzureichend gewinnen. Abgesehen von der Gefahr der Intrusivität einiger Verfahren auf die Datenerhebung fehlen vor allem die Daten über bestimmte Vorgänge, die von den Experten nicht beschrieben werden können, weil sie auf unbewußten Ebenen ablaufen. Dazu zählen insbesondere die Aufmerksamkeitsprozesse des Piloten, die von „innen", d. h. von seinem mentalen Modell oder bestimmten mentalen Mustern gesteuert werden. Gesucht wird deshalb nach einer Methode, die neben der Erfassung von Daten über die extern generierten Aufmerksamkeitsprozesse auch Daten über seine intern generierten Aufmerksamkeitsprozesse liefert. Eine Möglichkeit wird in der Anwendung von maschinellen Lernverfahren gesehen

16.3.2 Maschinelles Lernen

Maschinelle Lernverfahren finden einen wichtigen Einsatzbereich in der automatisierten Generierung von Entscheidungsregeln zur Objektklassifikation und Vorhersage, wie sie in der Mustererkennung, der Prozeßsteuerung oder in der Diagnostik von technischen, medizinischen, ökologischen und wirtschaftlichen Prozessen Verwendung finden. Diese liefert eine Möglichkeit, Systeme zu modellieren, die aufgrund ihrer Komplexität und der schwierigen Zugänglichkeit systemrelevanter Daten nur schwer bzw. nicht ausreichend mathematisch zu beschreiben sind.

Für unsere Problemstellung mit der Forderung nach einer guten Interpretierfähigkeit der Wissensrepräsentation wurde ein Entscheidungsbaumverfahren gewählt, welches das gespeicherte Expertenwissen in Form einer Baumstruktur formalisiert. Damit kann der Klassifizierungsprozeß anhand von Knoten (Attributtest), Kanten (Auswahlmöglichkeiten bezüglich eines Knotenattributs) und Endknoten (Klassifizierungen) i. a. leicht nachvollzogen werden. Darüber hinaus läßt sich der Entscheidungsbaum in Produktionsregeln überführen, wodurch eine Identifizierung von Ursache-Wirkungs Prinzipien möglich wird. In dieser Untersuchung wird das Entscheidungsbaumverfahren Cal5 (Schulmeister et al., 1995; Müller & Wysotzki, 1996) benutzt, das sich gegenüber anderen Verfahren wie z. B. C4.5 (Quinlain, 1993) durch eine kompaktere Struktur auszeichnet.

Voraussetzung für den Einsatz von maschinellen Lernverfahren ist die Bereitstellung von einer genügend großen Anzahl von Daten in Form eines Trainingsdatensatzes, der den zu modellierenden Prozeß möglichst genau repräsentiert. Dieser Trainingsdatensatz oder Merkmalsraum enthält klassifi-

zierte Beispiele zusammen mit diskreten und/oder kontinuierlichen System-
daten. Erstere bilden die sog. „Klassen" des Prozesses, die für bestimmte
Prozeßsituationen, zukünftige Prozeßwerte oder Stellsignale stehen. Die
diskreten und/oder kontinuierlichen Systemdaten sind die „Attribute" des
Trainingsets, die bestimmte Zustände des Systems charakterisieren und die
Entscheidungsknoten bilden.

Für den von uns betrachteten Problemraum des Monitoringverhaltens
des Piloten besteht der Merkmalsraum aus den während einer Flugphase
aufgezeichneten Informationsaufnahmen einschließlich der zur Zeit der Informationsaufnahme aufgezeichneten kontinuierlichen Flugzustandsgrößen
und diskreten Systemzustandsgrößen. Die vom Piloten aufgenommenen Informationseinheiten werden als „Klassen", die dazugehörigen Flugzustands-
und Systemzustandsgrößen als „Attribute" bezeichnet. Gemeinsam definieren sie für die Dauer einer Informationsaufnahme einen Merkmalsvektor
bzw. ein Lernobjekt. Die Summe aller Lernobjekte aus den aufgezeichneten
Daten mehrerer Anflüge definiert den Trainingssatz.

Die Aufgabe des Lernalgorithmus Cal5 besteht nun darin, aus diesem
Trainingssatz das Blickverhalten des Piloten in generalisierter Form durch
einen Entscheidungsbaum darzustellen, in dem einzelne Klassenentschei-
dungen und damit Informationsaufnahmen in Beziehung zur Flugphase und
des momentanen Systemzustands gebracht werden können.

16.3.3 Das Entscheidungsbaumverfahren CAL5

Basierend auf dem vorliegenden Trainingsdatensatz versucht das Cal5-Ver-
fahren für jede Klasse eine Dominanzentscheidung zu fällen unter Berücksichtigung einer vorzugebenden Dominanzschwelle S und einer ebenfalls
vorzugebenden statistischen Sicherheit in Form eines Konfidenzintervalls
$1-\alpha$, mit α als Signifikanzniveau. Ziel ist es dabei, den gesamten
Merkmalsraum in Teilmengen zu gliedern, für die eine Klassifizierung, d. h.
eine Entscheidung für eine Klasse c_i, vorgenommen werden kann mit der
Wahrscheinlichkeit $p(c_i) > S$. Die Konstruktion des Baumes erfolgt
sequentiell mit der Bestimmung des Attributes, das bezüglich der
Trainingsmenge die beste Diskriminanzfähigkeit besitzt und den ersten
Knoten bildet. Dafür wird sowohl eine statistische als auch eine Entropie-
Meßmethode (Müller & Wysotzki, 1992) angewendet. Davon ausgehend
erfolgt eine Dominanzprüfung für alle Klassen, wobei es bei positiver Prüfung
zu einer Klassenentscheidung, bei negativer Prüfung zu einer Abspaltung
von weiteren Knoten-Attributen kommt. Diese Prozedur wird rekursiv für
jeden Attribut-Knoten durchgeführt. Die Bestimmung der optimalen Klassifi-
kationsgüte und damit des Baumes mit der besten Generalisierungsfähigkeit,
die sich in der Treffergüte des Baumes bezüglich eines Testdatensatzes
ausdrückt, wird durch geeignete Wahl der Konfidenzintervall-Parameter S
und α erzielt.

16.4 Wissensakquisition

Für die Erhebung der Daten zum Monitoringverhalten des Piloten im automatisierten Landeanflug eines modernen Verkehrsflugzeugs mit Glascockpit
und Fly-By-Wire Technologie wird der Airbus A340 Level D Full Flight Simu-

lator des Zentrums für Flugsimulation Berlin (ZFB) GmbH an der TU Berlin eingesetzt.

16.4.1 Aufgabenstellung

Die Analyse des Pilotenblickverhaltens konzentriert sich auf die Monitoringprozesse des Pilot Flying (PF) während eines Teilstücks eines realitätsgetreuen vollautomatischen Landeanflugs. Dieses Teilstück repräsentiert einen Zeitraum von 20 Sekunden vor bzw. 25 Sekunden nach der automatischen Aktivierung des Glide Slope Capture AP-Modus, der das Luftfahrzeug automatisch entlang des vertikalen Gleitpfades führt. Es wird die Hypothese aufgestellt, daß sich die Aufmerksamkeitssteuerung und damit das Blickverhalten der Piloten als Folge dieser automatischen Mode-Transition verändert. Die in dieser Sequenz aufgenommenen Informationen sollen entsprechend der betrachteten Informationsquellen so genau wie möglich, d. h. als einzelne Informationseinheit aufgelöst werden. Eine Zusammenfassung einzelner inhaltlich zusammengehörender Informationen zu Informationsclustern soll im Bedarfsfall möglich sein. In die Aufstellung des Trainingssatzes gehen die Informationseinheiten als Klassen ein. Als Attribute werden die zuletzt aufgenommenen Informationseinheiten sowie die während der Simulation aufgezeichneten Flugzustands- und Systemzustandsgrößen verwendet, die statusbedingte Unterschiede des Blickverhaltens im Entscheidungsbaum generieren sollen.

16.4.2 Versuchsaufbau

Der A340 Simulator des ZFB verfügt mit der Scientific Research Facility (SRF) über eine spezielle Forschungserweiterung, mit deren Hilfe alle operationellen Daten des Flugführungsprozesses aufgezeichnet werden können. Dies schließt sowohl Flugzustands- und Systemzustandsgrößen als auch die Protokollierung der von den Piloten im Cockpit vorgenommenen Bedienaktionen ein. Zur Erfassung des Blickverhaltens des Piloten während seines Flugführungsprozesses wird ein ISCAN RK-426 PC Pupil/Corneal Reflection Tracking System verwendet, welches über ein Helmkamerasystem das Blickfeld des Piloten mit einer Rate von 50 Hz aufzeichnet. Damit ist es möglich, Daten über seine Blickrichtung, seinen Pupillendurchmesser sowie seinen Fixationspunkt und die Dauer der Fixation verschiedener Punkte im Cockpit aufzunehmen. Zusätzlich zu diesen Datenaufnahmen erfolgt die Aufnahme der Crew-Prozeduren über zwei innerhalb des Cockpits installierte Videokameras.

16.4.3 Versuchsszenario

Entsprechend der Aufgabenstellung wurde ein Landeanflug auf die Landebahn 08L des Münchner F.-J. Strauß Flughafens definiert. Dieser beginnt vom Überfliegen des Initial Approach Fixes bis zum Beginn der automatischen Flugführung entlang des Instrumenten Landesystem (ILS)-Leitstrahles. Als Ausgangsbasis und Referenz für sich anschließende Untersuchungen wurde für den automatischen Anflug ein Handlungsablauf definiert, wie er in den Flight Crew Operating Manuals der Deutschen Lufthansa AG als Anflug im „Managed Approach"-Mode beschrieben wird. Hierbei kann das

Flugzeug entsprechend des im Flightmanagementsystem (FMS) programmierten Anflugprofils mit Hilfe des FMS und des Autopiloten (AP) automatisch gelandet werden. Die Bedienaktionen der Piloten beschränken sich in dieser Flugphase auf wenige Systemeingaben, wie z. B. das Aktivieren des automatischen Landemodus für den AP, das Verstellen der Landeklappenhebel, sowie auf die Durchführung des Sprechfunkverkehrs. Ihre Hauptaktivitäten liegen in dieser Phase in der Flugzustands- und Systemüberwachung. Es sei an dieser Stelle darauf hingewiesen, daß dieser vollautomatische Anflug relativ selten in der Praxis geflogen wird, da häufig äußere Umstände wie z. B. Flugsicherungsanweisungen den Handlungsablauf wesentlich komplexer gestalten können.

16.4.4 Versuchsdurchführung

Die Versuche wurden mit einem ehemaligen Piloten der Deutschen Lufthansa AG durchgeführt, der über langjährige Erfahrungen im Glascockpit des Airbus A320 verfügt. Der Airbus A320 besitzt quasi das gleiche Cockpitlayout wie der Airbus A340. Als Kopilot fungierte ein wissenschaftlichen Mitarbeiter der TU-Berlin, der über gute Kenntnisse der Cockpitprozeduren in dieser Flugphase und über mehr als hundert Stunden Flugerfahrung im Airbus A340 Flugsimulator verfügt. Die Anweisungen der Flugsicherung wurden von dem im Cockpit mitfliegenden Versuchsleiter vorgenommen. Insgesamt wurden acht Anflüge im „Managed Approach" Mode aufgezeichnet. Die von dem ISCAN-System aufgenommenen Videodaten wurden bildweise für jeden Anflug manuell ausgewertet, die identifizierten Informationsaufnahmen kodiert und ihre Dauer in einem Datenfile abgelegt. Insgesamt wurden mehr als 90 verschiedene aufgenommene Informationseinheiten identifiziert, wobei einige Informationen nicht in jedem Anflug aufgenommen wurden. Diese Informationen wurden mit inhaltlich verwandten Informationsarten zu Informationsclustern zusammengefügt. Damit ergaben sich insgesamt 72 Informationseinheiten, die in jedem Anflug repräsentiert waren.

Aufgrund der geringen Anzahl durchgeführter Anflüge und damit verfügbarer Lernobjekte wurde der Umfang des Merkmalraums von 72 Klassen mit 129 Attributen auf 32 Klassen mit drei Attributen reduziert, um zu einem übersichtlicheren Klassifizierungsergebnis zu kommen. Die Auswahl der Attribute erfolgte nach ersten Klassifizierungstests mit Cal5, wobei die drei Attribute „letzte Informationsaufnahme" (#0), „vorletzte Informationsaufnahme" (#1) und „Glide Slope Capture Mode ON" (#2) die besten Diskriminanzeigenschaften zeigten. Der Trainingsdatensatz hatte damit 573 Lernobjekte für 32 Klassen bei drei Attributen (#0, #1, #2). Eine Auswahl der Klassen und damit wesentlicher Informationseinheiten ist in Tabelle 1 dargestellt.

16.4.5 Wissensrepräsentation

Nach Bestimmung einer geeigneten t- und a-Kombination wurde ein Entscheidungsbaum generiert, der eine Klassifizierung des Blickverhaltens des Piloten in der betrachteten Aufgabensequenz mit einer Sicherheit von etwa 27% repräsentiert. Um die Transparenz der Struktur des Entscheidungsbaums zu erhöhen, wurden dabei Entscheidungsknoten, die aufgrund einer Objektanzahl kleiner gleich zwei getroffen wurden, herausgenommen. Dies ist zulässig, da eine Klassenentscheidung auf der Grundlage nur weniger

Objekten nur eine geringe Bedeutung in Bezug auf die Gesamtmenge aller Lernobjekte haben kann. Daraus ergibt sich das in Bild 3 dargestellte generalisierte Blickverhalten des Piloten in Form einer Baumstruktur. Neben den Attributsknoten ist die Anzahl der an der Dominanzprüfung beteiligten Objekte geschrieben, neben den Ästen stehen die Merkmalsausprägungen des jeweiligen Attributsknoten, unterhalb der Entscheidungsknoten ist die Anzahl der Lernobjekte in Klammern aufgeführt, die an der entsprechende Klassenentscheidung beteiligt sind.

Tabelle 1: Auswahl an Informationseinheiten/Klassen und ihre Numerierung im Entscheidungsbaum

Informationseinheit	Zahlenwert	Bedeutung
mcdu	7	mcdu (FMS-Ein-/Ausgabegerät)
n3	10	Intermediate Fix WYP am (ND)
n32	11	Final Approach Fix WYP(ND)
n35	12	Outer Marker (ND)
n4	13	Landebahnschwelle (ND)
nvor1	15	VOR1 Frequenzanzeige (ND)
nvor2	16	VOR2 Frequenzanzeige (ND)
palt	18	Altitude (PFD)
pils	19	ILS-Anzeige (PFD)
pilsx	20	ILS-Anzeige horizontal (PFD)
pilsy	21	ILS-Anzeige vertikal (PFD)
phead	22	Heading Anzeige (PFD)
pkh	23	künstlicher Horizont (PFD)
po2	24	FMA2-Anzeige (PFD)
po4	25	FMA4-Anzeige (PFD)
pspeed	26	Speed-Anzeige (PFD)
pvario	27	Varioanzeige (PFD)

Analyse des Entscheidungsbaums

Es fällt auf, daß das Attribut Glide Slope Capture On den Merkmalsraum in einen Bereich vor der Glide Slope Capture Mode Aktivierung (#2 = 0) und in einen Bereich danach (#2 = 1) aufteilt. Jeder Teilbereich repräsentiert damit ein etwas anderes Blickverhalten, was sich auch in der Struktur der Attributs- und Entscheidungsknoten ausdrückt.

Aus dieser Baumstruktur lassen sich insgesamt 14 Regeln für die Aufnahme bestimmter Informationseinheiten der Versuchsperson in Abhängigkeit von Flug- und Systemzustand ableiten. Nachfolgend sind zwei aus dem Entscheidungsbaum extrahierte Situations-Aktions-Regeln für die Informationsaufnahme pkh (Fluglage) am künstlichen Horizont des PFD (Bild2) beispielhaft aufgeführt.

Autopilot in Glide Slope Arm-Mode (#2 = 0):

IF [(#2 = 0) & (#1: 20-30) & (#0: 17-31)]   THEN   pkh, {202}   (1)

Autopilot in Glide Slope Capture-Mode (#2 = 1):

IF [(#2 = 1) & (#1: 24-26) & (#0: 17-21)]   THEN   pkh, {22}   (2)

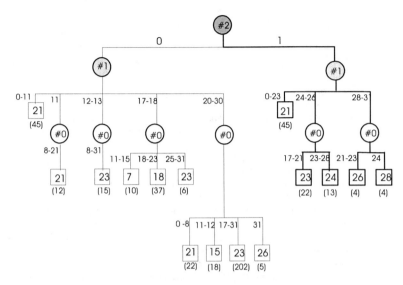

Bild 3: *Vereinfachter Entscheidungsbaum des generalisierten Piloten-Blickverhaltens*

Regel (1) lautet: Falls Glide Slope Capture-Mode noch nicht aktiv ist und die vorletzte Informationsaufnahme eine der Klassen von 20 bis einschließlich 29 und die letzte Informationsaufnahme eine der Klassen von 17 bis einschließlich 30 war, dann ist die nächste aufgenommene Information die Fluglage am künstlichen Horizont. Die geschweifte Klammer gibt die Anzahl der an dieser Entscheidung beteiligten 202 Lernobjekten an. Regel (2) kann entsprechend interpretiert werden.

Über die in einfachen Klammern gesetzten Nummern der Merkmalsausprägungen der Attribute #1 und #0 kann auf die Art der Informationsaufnahme geschlossen werden, die zu einer Entscheidung für die nächste Informationsauswahl geführt hat. Gemäß Tabelle 1 würden demnach im wesentlichen die anderen auf dem PFD dargestellten Informationseinheiten aufgenommen worden sein.

16.5 Ergebnisse

Die mit dem maschinellen Lernverfahren Cal5 vorgenommene Generalisierung des Blickverhaltens läßt anhand der Struktur des in Bild 3 dargestellten Entscheidungsbaums einige Aussagen über Tendenzen in der Aufmerksamkeitsstrategie des Piloten zu. Demnach erfolgte vom Piloten in der betrachteten Anflugsequenz vor der Aktivierung des Glide Slope Capture Modus des AP eine stärkere Kontrolle seiner Fluglage (pkh) am künstlichen Horizont, während er seine Aufmerksamkeit nach automatischer Transition in den Glide Slope Capture Modus stärker auf die Beobachtung der vertikalen Glide Slope Anzeige (pilsy) richtete. Dies ist vom operationellen Standpunkt auch nachvollziehbar, da erst nach Aktivierung des Glide Slope Capture Modus ein Rautensymbol auf der Glide Slope Anzeige des PFD und den Piloten über den Abstand des Luftfahrzeugs zum Gleitpfad informiert. Da sich in den betrachteten Anflügen das Rautensymbol entlang der ILS Hilfspunkte vertikal von oben nach unten bewegt (Bild 2), kann damit zusätzlich von einer externen Aufmerksamkeitslenkung ausgegangen werden.

Über eine weitere Aufschlüsselung der Informationsart und ihrer Verteilung gemäß der an den Entscheidungsästen in Klammern stehenden Merkmale ließen sich zudem Aussagen über die Gewichtung der zuletzt bzw. der davor betrachteten Information vornehmen. Diese Interpretation muß jedoch unter Berücksichtigung des für den generierten Entscheidungsbaums berechneten Gütewertes von 27% gesehen werden. Daraus folgt, daß eine Interpretation der aus der Baumstruktur abgeleiteten Regeln in diesem Stadium der Untersuchung noch mit einem starken Unsicherheitsfaktor behaftet ist. Ursachen für die bisher unbefriedigende Sicherheit der Klassifizierung liegen v. a. in der geringen Anzahl an Lernobjekten bezüglich der vorgegebenen Anzahl an Informationsklassen sowie in der z. T. geringen Homogenität der Versuchsbedingungen. Es bleibt festzuhalten, daß der Bereitstellung von zusätzlichen homogenen Trainingsdaten sowie deren geeignete Aufbereitung noch wesentliche Aufmerksamkeit zuzuwenden ist. Damit sollte zum einen eine notwendige Steigerung der Klassifizierungsgüte erreicht und zum anderen die Interpretationsfähigkeit der Baumstruktur erhöht werden können.

16.6 Zusammenfassung und Ausblick

In diesem Beitrag wurde eine Untersuchung vorgestellt, in der für eine Sequenz eines automatischen Landeanflugs das Blickverhalten des Piloten mit Hilfe des maschinellen Lernverfahrens Cal5 in Form eines Entscheidungsbaum modelliert wurde. Aufgrund der Klassifizierungseigenschaften des Lernverfahrens sollte damit anhand der generierten Baumstruktur der Prozeß der kontextbezogenen Aufmerksamkeitssteuerung des Piloten beschrieben werden können. Die erzielten Ergebnisse lassen unter Berücksichtigung des errechneten Gütewertes der Generalisierungsfähigkeit von 27% bereits Tendenzen in den prozeduralen Vorgängen des Monitoringverhaltens des Piloten erkennen. Das wesentliche Ergebnis dieser Untersuchung liegt damit in der Anwendung eines maschinellen Lernverfahrens auf die komplexe Domäne der Monitoringprozesse und der aufgezeigten Möglichkeit, aus objektiven Daten des Pilotenblickverhaltens eine Formalisierungsform zu generieren, die es erlaubt, Aussagen über Aufmerksamkeitsprozesse mit einen hohen Detailgrad gezielt vorzunehmen. Weitere Versuche zur Erhöhung der Datenmengen, sowie Untersuchungen zu ihrer geeigneten Aufbereitung sind geplant.

16.7 Literatur

Boeing Airplane Safety Engineering (1994). Statistical Summary of Commercial Jet Aircraft Accidents (Worldwide Operations 1959-1993). Boeing Commercial Airplane Group. Seattle, Washington 98124, USA.

Endsley, M.R. (1988). Design and evaluation for situation awareness enhancement. In Proceedings of the 32th annual meeting of the Human Factors Society. Santa Monica, CA: Human Factors Society.

Müller, W. & Wysotzki, F. (1992). Automatic Construction of Decision Trees for Classification. Fraunhofer-Institute for Information and Data Processing. Technical University Berlin, Dept. of Computer Science.

Müller, W. & Wysotzki, F. (1996). The Decision Tree Algorithm CAL 5 based on a Statistical Approach to its Splitting Algorithm. Fraunhofer-Institute for Information and Data Processing/Technical University Berlin, Dept. of Computer Science.

Quinlain, J.R. (1993). Programs for Machine Learning. San Mateo, CA: Morgan Kaufmann

Sarter, N.B. & Woods, D.D. (1995). „How in the world did we ever get into that mode": Mode error and awareness in supervisory control. Human Factors, 37(1).

Sarter, N.B. (1995). „Knowing when to look where": Attention allocation on advanced automated flight decks. In R.S. Jensen & L.A. Rakovan (Eds.), Proceedings of the 8th International Symposium Aviation Psychology. Columbus, OH: Dept. Of Aerospace Engineering, Applied Mechanics and Aviation, Ohio State University.

Schulmeister, B., Müller, W. & Blech, M. (1995). Modelling the Expert's Control Behaviour by Machine Learning Algorithms. Fraunhofer-Institute for Information and Data Processing.

Wickens, C.D. (1996). Attention and Situation Awareness. Proceedings of a NATO AGARD Workshop. University of Illinois, Institute of Aviation, Aviation Research Laboratory. Savoy, IL 61874 U.S.A.

17 ASSISTENZSYSTEME IN DER FAHRZEUGFÜHRUNG

Hans-Georg Metzler

Daimler-Benz AG, Stuttgart

17.1 Einleitung

Sicherer, schneller, komfortabler ans Ziel gelangen, welcher Fahrer wünscht sich das nicht? Deshalb sind sehr viele Fahrzeugentwicklungen darauf focussiert, diese Fahrerwünsche zu unterstützen. Aus der Vielzahl dieser fahrerunterstützenden Systeme, die

- der Reisevorbereitung
- der maximalen Sicherheit während der Reise (siehe MB-Japan Seminar 1996)
- dem Komfort während der Reise
- der wirtschaftlichen Durchführung der Reise
- der Unterstützung bei den primären Fahrfunktionen

dienen, muß für diesen Werkstattbeitrag eine Auswahl getroffen werden.

Da besonders die Forschungsaktivitäten von Daimler-Benz zu Assistenzsystemen skizziert werden sollen, bieten sich zur detaillierten Darstellung die Systeme an, die den Fahrer bei den primären Fahrfunktionen unterstützen. Dazu zählen:

- situationsgerechte Geschwindigkeitsanpassung (Abstandsregelung, Berücksichtigung von Geboten, Berücksichtigung des Straßenzustands)
- Fahrzeugquerführung (Konditionsassistent, Stop & Go Automatisierung, Elektronische Deichsel)
- dynamische Fahrzeugstabilisierung (Active Body Control Electronic Stability Program, Steer by Wire)

17.2 Unterstützung bei den primären Fahraufgaben

Bevor wir uns den Strukturen eines technischen Systems zuwenden, sollten wir genauer betrachten, wie denn der Fahrer die Fahraufgabe löst:

Er setzt die ihn umgebende aktuelle Verkehrssituation um in die Bewegung seines Fahrzeugs. Das heißt, er „regelt" im wesentlichen auf der Basis

- Straßengeometrie/Straßenmarkierungen
- Einschätzung der Straßeneigenschaften
- Erfahrung über das Verhalten seines Fahrzeugs
- Interpretation von Verkehrszeichen
- Position der umgebenden Verkehrsteilnehmer
- Geschwindigkeit der anderen Verkehrsteilnehmer

sein Fahrzeug mehr oder weniger gut durch den Verkehr.

Bei der Strukturierung technischer Systeme für diese Aufgabenstellung, ergeben sich folgende:
- Erfassung der Umgebungsdaten (Perception)
- Ermittlung des optimalen Fahrzeugverhaltens
- Umsetzung in eine sichere Interaktion

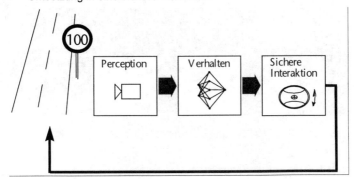

Abb. 1: *Struktur technischer Assistenzsysteme: Umgebungserfassung, Vernünftiges Verhalten, Sichere Interaktion*

Bei den folgenden Beispielen wird deshalb nicht nur auf das Verhalten der einzelnen Assistenzsysteme eingegangen, sondern auch die unterschiedlichen Techniken der Perception eingehend erläutern.

Dem Block „Verhalten" einen Block „Sichere Interaktion" anzuhängen, entspricht der besonderen Verantwortung der Fahrzeugentwickler gegenüber dem Daimler-Benz Kunden. Das wird am Beispiel elektronisch beeinflußbarer Lenkungen deutlich: Forschungsfahrzeuge mit Systemeingriffen in die Lenkung finden Sie an einigen Stellen, aber eine *systematische* Auseinandersetzung mit der Frage „Was muß ich tun, um die Funktion elektronisches Lenken *sicherzustellen*, damit unsere Kunden nicht gefährdet werden", ist uns bisher außerhalb unseres Hauses noch nicht bekannt geworden.

Der Wichtigkeit dieses Themas entsprechend, wird im Kapitel 17.3 unsere Vorgehensweise nochmals detaillierter dargestellt.

17.2.1 Situationsgerechte Geschwindigkeitsanpassung

Tempomaten halten eine vom Fahrer gewünschte Geschwindigkeit konstant. Besonders auf wenig befahrenen Straßen haben sich diese Geräte zur Komfortverbesserung seit langem bewährt. Bei dichtem Verkehr muß der Fahrer jedoch ständig selbst eingreifen und seine Geschwindigkeit den vorausfahrenden Fahrzeugen anpassen. 1998 bringt Daimler-Benz eine Weiterentwicklung des Tempomaten auf den Markt, der selbsttätig die Einhaltung des richtigen Abstands regelt.

Abstandsregelung

Der Daimler-Benz Abstandsregeltempomat (ART) basiert auf einem dreistrahligen 77 GHz Radarsystem. Die drei Strahlen decken in 100 m die eigene und die beiden Nachbarspuren ab. Und erfassen größere Objekte bereits in 150 m Entfernung. Radarechos von vorausfahrenden Fahrzeugen erlauben die Messung des Abstands und die Differenzgeschwindigkeit zu diesen Fahrzeugen.

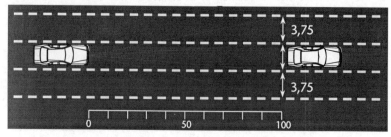

Abb. 2:   Detection Range of Radar
           Type of radar system: Puls-Doppler
           Frequency: 77 GHz
           Number of beams: 3 x 3°
           Average transmit power: 200µW
           Temperature range: -25 - 70°C

Mit diesen Daten lassen sich folgende Funktionen realisieren:
- Fahrerentlastung durch teilweise Übernahme der Längsregelaufgabe
- deutlich größere Aufmerksamkeit auf Verkehrsgeschehen
- mehr Aufmerksamkeit auf andere wichtige Fahraufgaben
- Erhalt der Fahrerkondition über einen wesentlich längeren Zeitraum
- Einhalten des gewünschten Abstands
- Einhalten der gewünschten Geschwindigkeit (ohne Ziel)
- Einhalten der Kolonnengeschwindigkeit
- Fahrerinformation über Abstand und Geschwindigkeit
- Bewertung des gefahrenen Abstands
- Erleichterte Bedienung durch Vorwahlmöglichkeit der Geschwindigkeit

Abb. 3:   Abstandsregelung - Radarantenne (links), Steuergerät (rechts)

Der Abstandsregeltempomat arbeitet im Geschwindigkeitsbereich zwischen 40 und 160 km/h. Außerhalb dieses Bereiches bleibt das Radarmeßsystem weiterhin aktiv, so daß die Abstände zu den vorausfahrenden Fahrzeugen auf einem speziellen Display im Cockpit ablesbar sind.

Der Abstandsregeltempomat verzögert automatisch mit maximal 1,75 m/s². Sollte das bei plötzlicher Tempo-Verringerung des Vordermanns nicht ausreichen, fordert ein zusätzliches Warnsignal den Fahrer auf, selbst auf das Bremspedal zu treten. Der Fahrer bleibt bei diesem System noch in der Kontrollschleife.

Die Akzeptanz des Abstandsregeltempomaten bei normalen Fahrern wurde im Fahrsimulator intensiv untersucht. Danach wurden Praxis-Untersuchungen zusammen mit dem TÜV-Rheinland während des PROMETHEUS Projektes auf den Autobahnen zwischen Köln und Frankfurt durchgeführt. Wesentliche Ergebnisse waren:

- Das Autofahren mit Abstandsregeltempomaten bezeichneten die Testpersonen subjektiv als entspannend, sicher und streßfreier.

- Bei eingeschaltetem Abstandsregeltempomat nahm die Streßbelastung der Fahrer - gemessen an der Herzfrequenz - deutlich ab. Die Spurtreue verbesserte sich dagegen.

- Dank Abstandsregeltempomat können sich Autofahrer besser auf andere wichtige Fahraufgaben konzentrieren.

Zukünftige Radarsysteme

Die Echos aus drei Radarkeulen repräsentieren die Verkehrssituation vor dem eigenen Fahrzeug nur *sehr* grob. Deshalb arbeiten Daimler-Benz Forscher an Systemen, die den Raum vor dem Fahrzeug bedeutend feiner unterteilen und jeder definierten Raumzelle die zugehörigen Radarechodaten zuordnen.

Die Bildgenerierung erfolgt im Versuchsaufbau durch eine mechanisch geschwenkte Radarantenne. Die Apertur dieses Systems wurde im Vergleich zum ART durch eine 10 cm x 40 cm Rexolite-Linse beträchtlich erweitert und erreicht eine Auflösung von 0,75° in Azimut und 3° in der Elevation.

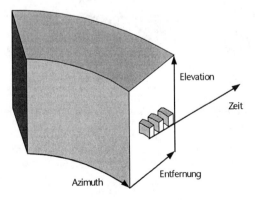

Abb. 4:   Bildgebendes Radar - Informationsgehalt des Radarbildes

Die fein gerasterte Auflösung des Raums vor dem Fahrzeug erlaubt eine detaillierte Klassifikation der Objekte im Verkehrsraum.

Durch Mehrfachreflexion der Radarwellen zwischen dem Unterboden des vorausfahrenden Fahrzeugs und der Straße können auch optisch verdeckte, weiter voraus fahrende Fahrzeuge erkannt werden.

Substrat Material: RT-Duroid
Resonanzfrequenz: 76 GHz
Verstärkung: 37 dB
Linsen Material: Rexolite
Apertur: 10 cm x 40 cm

Abb. 5:   *Bildgebendes Radar - Poaritmetrisches Antennen Array*

Die folgende Abbildung zeigt die Projektion des Radarechos auf die Begrenzungsflächen des Raummeßwürfels.

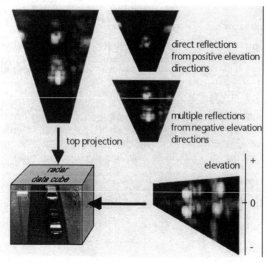

Abb. 6:   *Bildgebendes Radar - Mehrfachreflexionen in einer Verkehrssituation*

Trennt man die Projektion in Echos oberhalb und unterhalb der Straße (rechter oberer Teil der Abbildung 6), ist der Spiegeleffekt der Straße gut erkennbar.

Straßenzustandserkennung

Ohne Kenntnis des aktuellen Kraftschlußpotentials müssen Abstandsregelsysteme die Einschätzung der Witterung dem Fahrer überlassen. Deshalb werden bei Daimler-Benz Systeme erforscht, welche die reibwertebestimmenden Größen messen und die physikalischen Prozesse der Reibkraftübertragung modellieren. Die resultierenden Aussagen zum Kraftschlußpotential sind nicht nur für Assistenzsysteme von Bedeutung, sondern auch für die direkte Fahrerwarnung.

Die untersuchten Millimeterwellensysteme arbeiten mit verschiedenen Polarisiationsrichtungen bei Sendefrequenzen von 77 GHz. Das Leistungsdichtespektrum der reflektierten Radarsignale läßt Rückschlüsse auf den Straßenzustand zu.

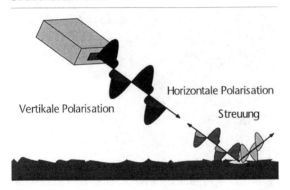

Abb. 7:   Straßenzustandserlangung mit Dopplerradar

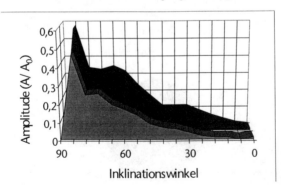

Abb. 8:   Resultierende Radarsignale

Die Grafik zeigt das Rückstrahlverhalten des Radarsignals aufgetragen über dem Einstrahlwinkel auf die Straße. 90° bedeutet senkrecht zur Fahrbahn und 0° waagrecht zur Fahrbahn. Die Messung erfolgt ohne Schwenken des Sensors, indem man mit großem Antennenöffnungswinkel arbeitet. So kommt man durch Transformation der Dopplerfrequenzen auf einen für jeden Straßenzustand typischen Intensitätsverlauf.

Die für die Straßenzustände trocken, feucht, naß, Eis und Schnee typischen Kurven werden einem Klassifikator zugeführt. Er besteht aus einem Neuronalen Netz, das solange mit den typischen Klassen trainiert wird, bis sie eindeutig reproduzierbar sind. Besonders wichtig ist hierbei die Generalisierungsfähigkeit des Netzes, d. h. da es alle Mischformen von Straßenzuständen gibt, immer auf den sichereren Straßenzustand (kleinerer Reibwert) zu erkennen.

Mit dem detektierten Straßenzustand geht man in ein Reibungsmodell, das für jeden Straßenzustand eine hinterlegte Schlupfkurve vorweist. Zusätzlich gehen noch die Art und Zustand des Reifens, die Temperatur und die Fahrzeuggeschwindigkeit in den endgültig geschätzten Reibwert ein.

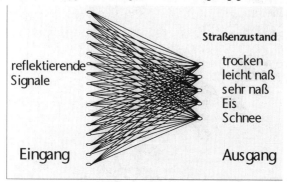

Abb. 9:   Interpretation der Radarsignale mit einem neuronalen Netzwerk

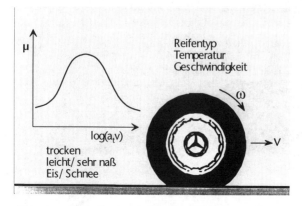

Abb. 10:   Transformation über ein Reibungsmodell

Verkehrszeichenerkennung

Zur situationsangepaßten Geschwindigkeitsregelung gehört auch die Berücksichtigung von Geschwindigkeitsgeboten. Hier bieten sich unterschiedliche technische Lösungen an:

- Der Vermerk von Geschwindigkeitsgeboten in digitalen Straßenkarten in Verbindung mit einer exakten Positionsbestimmung. Diese Methode hilft jedoch weder bei temporären Beschilderungen noch bei variablen Anzeigen.
- Die Übertragung der Gebotsinformation von den Schildern in die Fahrzeuge. Unabhängig von der gewählten Kommunikationstechnik bedingt diese Methode erhebliche Investitionsumfänge seitens der Straßenbaubehörden. Eine flächendeckende Installation scheidet deshalb zumindest in Europa in überschaubaren Zeiträumen aus.
- Die fahrzeugautonome Erkennung der Verkehrszeichen mit bildverarbeitenden Ansätzen. Diesen Weg verfolgt die Daimler-Benz Forschung.

Bildverarbeitende Methoden erlauben die umfassendste maschinelle Erfassung des Verkehrsraums. Sie sind deshalb die geeignete Basis für komplexere fahrerunterstützende Systeme. Da sowohl Verkehrszeichen als auch die Straßengeometrie und andere Verkehrsteilnehmer über diese Ansätze erfaßbar sind, werden fahrerunterstützende Systeme mit unterschiedlichen Funktionen auf einem Sensorsystem basierend realisiert werden.

Die Verkehrszeichenerkennung stellt erhebliche Anforderungen an die Echtzeitfähigkeit der Bildverarbeitungsalgorithmen. Die Ansätze in unseren Versuchsfahrzeugen basieren deshalb auf einem streng hierarchischen Ansatz:

- Einschränkung des Suchraums anhand der Straßengeometrie
- Farbsegmentierung zum Finden von Kandidaten
- Konturerkennung (O, Δ, ∇)
- Interpretation von Zusatzinformation

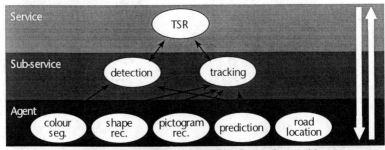

Sub-services können mit allen gewünschten Agenten kommunizieren.
Zwischen den Agenten ist keine Kommunikation möglich

Abb. 11: Verkehrszeichenerkennung - Architektur

Eine rein geometrische Betrachtung erlaubt die Abschätzung der Beobachtungzeit eines Verkehrszeichens für die Bildverarbeitungsanlage:

Während der Vorbeifahrt laufen ca. sechs komplette Bearbeitungszyklen ab, die in Summe zur richtigen Erkennung in 85% der Fälle führen. Vor der Umsetzung in den Markt muß hier noch erhebliche Forschungsleistung erbracht werden um diese Erkennungswahrscheinlichkeit beträchtlich zu erhöhen! Die Ergebnisse der Verkehrszeichenerkennung können entweder als

Gedächtnisfunktion für den Fahrer genutzt werden oder als direkter Eingang in die Geschwindigkeitsregelung.

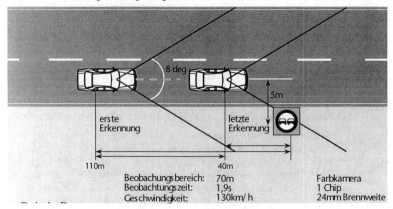

Abb. 12: Verkehrszeichenerkennung

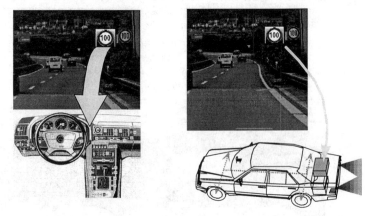

Abb. 13: Verkehrszeichenerkennung - Hinweisfunktion (links), Geschwindigkeitserkennung (rechts)

17.2.2 Fahrzeugquerführung

Der Verkehrsraum vor dem Fahrzeug ist mit Videokameras und nachgeschalteter Bildverarbeitung präzise erfaßbar. Neben der bereits diskutierten Verkehrszeichenerkennung lassen sich auch aus der Kenntnis der Straßengeometrie (Spurbreiten, Spurverlauf) Supportfunktionen ableiten. Das Versuchsfahrzeug VITA II demonstrierte während der PROMETHEUS Abschlußshow die Potentiale der Videosignalverarbeitung. Dabei fuhr das Fahrzeug vollautomatisch im normalen Verkehr auf einer Autobahn, sowohl längs- als auch quergeregelt.

Unabhängig von der Zukunftsvision der vollständigen Entlastung des Fahrers lassen sich aus der Kenntnis des Straßenverlaufs weniger weitreichende Supportfunktionen ableiten.

Konditionsassistent

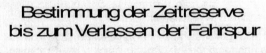

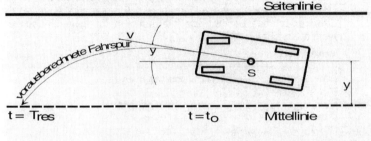

Abb. 14: Konditionsassistent - TLC-Prinzip

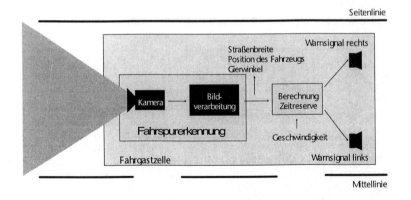

Abb. 15: Konditionsassistent - Funktion

Ein Assistenzsystem ohne direkten Eingriff in Gas, Bremse oder Lenkung ist das Konditionsassistenz-System. Aus der Fahrzeuggeschwindigkeit, dem Lenkwinkel und der Position des Fahrzeugs auf der Straße läßt sich die Zeit berechnen, die vergeht, bis das Fahrzeug die Straße verläßt. Unterschreitet diese Zeit einen minimalen Wert, wird der Fahrer gewarnt.

Aus den unterschiedlichen untersuchten Warnkonzepten hat sich eine akustische Warnung als die geeignetste herausgestellt. Dabei werden links oder rechts, je nachdem auf welcher Seite das Fahrzeug die Fahrbahn zu verlassen droht, Geräusche eingespeist, die jeder Fahrer sofort richtig interpretiert. Das sind die Reifengeräusche, die beim Überfahren von Baustellenmarkierungen entstehen.

Umfangreiche Fahrsimulatoruntersuchungen und aktuell durchgeführte reale Fahrten haben die Zweckmäßigkeit des Systems unter Beweis gestellt. Unsere Untersuchungen zeigen auch, daß einfachere Ansätze, die lediglich den Verlauf des Lenkwinkels interpretieren, für eine eindeutige Warnung nicht ausreichen.

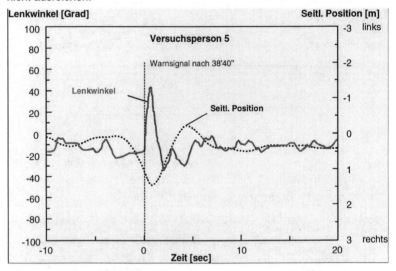

Abb. 16: Konditionsassistent - Fahrerreaktion im Sekundenschlaf (bester Fall)

Stop & Go-Automatisierung

Als Verknüpfung von *Längs-* und *Querführung* zu einem vollautonomen Fahrzeug bietet sich Stop & Go als vergleichsweise einfache und dennoch attraktive Fahrfunktion an. Die Funktion ist attraktiv, weil sie den Fahrer von der Fahrzeugführung im Stop & Go Betrieb - in der Regel einem besonders lästigen und unter Umständen langanhaltenden oder wiederholten Zustand - entlastet. Die Funktion ist vergleichsweise einfach, weil sie nur den Bereich geringer Fahrgeschwindigkeiten betrifft. Das autonome System hat deshalb genügend Zeit, die Verkehrssituationen zu analysieren und kann im Falle der Unsicherheit oder auch nur des geringsten Sicherheitsrisikos jederzeit durch Anhalten in einen sicheren Zustand zurückfallen. (Dieses steht im Gegensatz zum autonomen Autobahnverkehr - bei dem im Falle einer Störung die

„Lebensfähigkeit" wichtiger Komponenten des Systems noch über den Zeitraum vieler Sekunden aufrechterhalten werden muß.)

Ein autonomes Stop & Go Fahrzeug wird also den Fahrer im Kolonnenverkehr bei niedrigen Geschwindigkeiten unterstützen, ihm - falls er das wünscht - die Längs- und Querführung vollständig abnehmen. Es beobachtet dazu die gesamte Verkehrssituation vor dem Fahrzeug bis ca. 30m, insbesondere vorausfahrende Fahrzeuge, aber auch seitlich hereinlaufende, -fahrende oder -rollende Hindernisse. Zu einer solchen vollständigen Beobachtung des nahen Verkehrsraums ist die Stereobildauswertung bestens geeignet. Schon mit einer relativ geringen Basisbreite von 20 cm - zwei Kameras rechts und links des Rückspiegels montiert - lassen sich Objekte im Stereobild anhand ihrer Disparität klar unterscheiden.

Abb. 17: Stop & Go Automatisierung - Erkennung von Fahrzeugen

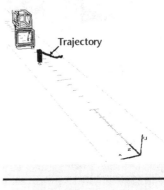

Abb. 18: Stop & Go Automatisierung - Erkennung von Fahrzeugen und Fußgängern

Inzwischen ist die Leistung käuflicher Prozessoren (Pentium, Power-PC) soweit gestiegen, daß sich die Berechnung der Objektgrenzen im Stereobildpaar in Echtzeit mittels einfacher Korrelationsverfahren durchführen läßt. Der Rechner kann derart die aktuelle Verkehrsszene ständig ermitteln und auch die Bewegung der Objekte in der Verkehrsszene schritthaltend verfolgen. Dazu gehören auch zwischen die Fahrzeuge laufende Kinder, die in einigen Jahren autonome Fahrzeuge in solchen Situationen sofort zum Anhalten bringen werden.

Mit dem autonomen Stop & Go System wird ein komfortabler und sicherer Fahrzeugbetrieb möglich werden. Der Fahrer muß erst wieder eingreifen, wenn die Verkehrssituation wieder flüssig geworden ist oder wenn wegen anderer Randbedingungen - wie zum Beispiel eine auf rot wechselnde Ampel - das Hinterherfahren hinter dem Vordermann nicht mehr zulässig ist.

Elektronische Deichsel

Paßt man den allgemeinen Ansatz „Hintereinanderfahren im Stau" auf den speziellen Fall von zwei hintereinander herfahrenden Nutzfahrzeugen an, ergibt sich ein fahrerunterstützendes System, das zudem wirtschaftlich attraktiv ist. Im Gegensatz zur Stop & Go Automatisierung kann diese elektronische Deichsel kooperativ gestaltet werden. Das heißt, zwischen den Fahrzeugen werden alle relevanten Fahrzustände über einen Kommunikationslink ausgetauscht. Das erhöht die Stabilität der Abstandsregelung zwischen den beiden Einheiten und erlaubt damit sehr kurze Abstände was zu erheblichen Kraftstoffeinsparungen beim zweiten Fahrzeug führt. Ein weiteres kooperatives Element liegt in der Gestaltung der Rückwand des vorausfahrenden Fahrzeugs. Dadurch kann die Bildverarbeitung für die Detektion dieses Fahrzeugs sehr robust gemacht werden.

 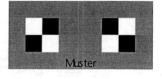

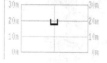

State:	TRACK(0)
Distance:	17.62 m
Angle:	0.0°
Variance:	0.49

Abb. 19: Elektronische Deichsel - HDRC Demonstrator

Die elektronische Deichsel wird im PROMETHEUS Nachfolgeprojekt CHAUFFEUR entwickelt. Neben der Lösung technischer Probleme stehen bei diesem Projekt Fragen der

- Wirtschaftlichkeit
- Handhabbarkeit
- Zulassungsfähigkeit, rechtliche Fragen
- Akzeptanz durch Fahrer und Gesellschaft

im Vordergrund.

Da nicht nur Nutzfahrzeughersteller sondern auch Spediteure, Straßenbetreiber u. a. an dem Projekt beteiligt sind, werden umfassende Ergebnisse von den für 1998 geplanten Testfahrten auf der Brenner Autobahn erwartet.

Abb. 20:   Elektronische Deichsel

17.2.3 Dynamische Fahrstabilisierung

Fahrer erbringen erhebliche Leistungen bei der präzisen Ausregelung des Verhaltens ihrer Fahrzeuge. Erfahrene Fahrer korrigieren die Bewegungen ihres Fahrzeuges unbewußt, Fahrschülern sieht man die Anstrengung an.

Die Beispiele

- Fahrzeugneigung bei Kurvenfahrt
- Vermeidung von instabilen Fahrzuständen! Verdeutlichen unser Bestreben, vom heutigen Fahrer *„in the loop"* zum Fahrer *„in command"* zu gelangen.

Active Body Control (ABC)

Speziell für den Einsatz in Reisebussen hat die Daimler-Benz Forschung ein aktiv geregeltes Fahrwerk entwickelt. Dadurch wird nicht nur eine deutliche Sicherheitssteigerung erzielt, sondern auch eine Verbesserung des Fahrkomforts.

Einen großen Teil der Verkehrsunfälle von Reisebussen liegen Fehleinschätzungen und Fehlreaktionen der Fahrer in kritischen Situationen zugrunde. Fahrer werden von der im Vergleich zu einem Personenwagen größeren Kippgefahr und der massenbedingten Ansprechverzögerung bei Ausweichmanövern überrascht. Aktiv geregelte Fahrwerke verbessern die Fahrdynamik in dieser Situation. Das System paßt die Federungs- und Dämpfungscharakteristik per Hydraulikzylinder kontinuierlich dem Fahrzustand an.

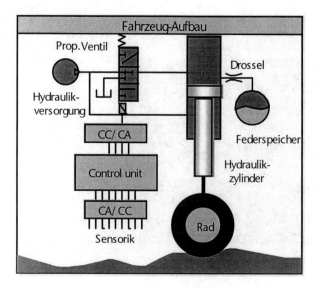

Abb. 21: Active Body Control - Komponenten

Durch die automatische Horizontierung des Busses in der Kurve oder bei kritischen Fahrmanövern wird ein neutrales Eigenlenkverhalten gewährleistet. Als Nebeneffekt ergibt sich für die Busreisenden eine wesentliche Komfortverbesserung.

Electronic Stability Programm (ESP)

Seit 1995 kommt bei Daimler Benz ein neues Fahrsicherheitssystem zum Einsatz, das die Fahrstabilität bis in den Grenzbereich erhöht. Aus dem Lenkradwinkel, der Querbeschleunigung und der Fahrzeuggeschwindigkeit ermittelt das System eine Sollgiergeschwindigkeit. Diese Größe beschreibt das Fahrzeugsollverhalten bei stabilen Fahrzuständen. Dieses Verhalten erwartet auch der Fahrer. Die aktuelle Giergeschwindigkeit wird gemessen und aus der Differenz der beiden Giergeschwindigkeiten berechnet der Fahrdynamikrechner das Über- oder Untersteuern des Fahrzeuges bei Kurvenfahrt. Bei übersteuerndem Verhalten wird aktiv Bremsdruck am kurvenäußeren Vorderrad aufgebaut. Dadurch entsteht ein Giermoment, das der Eindrehbewegung des Fahrzeuges entgegenwirkt. Bei untersteuerndem Verhalten erfolgt der Bremseingriff am kurveninneren Hinterrad. Dadurch entsteht ein erhöhtes Giermoment, das die Gierwilligkeit des Fahrzeuges unterstützt.

Wie auch die vorher erwähnten fahrerunterstützenden Systeme wurde ESP im Fahrsimulator auf Akzeptanz durch Normalfahrer hin untersucht. Der Fahrsimulator hat den großen Vorteil, daß kritische Fahrsituationen reproduzierbar und ohne Gefährdung von Personen realisiert werden können.

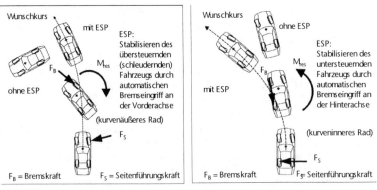

Abb. 22: *Electronic Stability Program - Fahrdynamik-Regeleingriff im Fahrbetrieb*

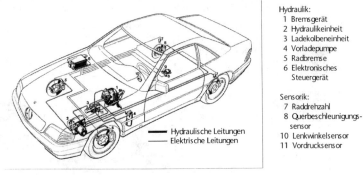

Abb. 23: *Electronic Stability Program - Anordnung der Systemkomponenten*

Steer by Wire (SbW)

ESP repräsentiert in Serienfahrzeugen die modernste Technik der dynamischen Fahrzeugstabilisierung. Ist damit die Entwicklung solcher Systeme abgeschlossen oder zeichnen sich neue Tendenzen ab? Die stabilisierende Funktion, die ESP über Einzelradbremsungen ermöglicht, erreichen professionelle Fahrer über Lenkkorrekturen. Entsprechend kann auch ein technisches System die Fahrzeugstabilisierung durch Lenkkorrekturen erreichen. Durch den aktiven Eingriff in die Lenkung kann der Fahrer auch bei Manövern unterstützt werden, die von ESP nicht abgedeckt werden. Beispiele dazu sind

- μ / Split Bremsungen
- Seitenwindeinflüsse
- Lastwechseleinflüsse

Aktive Eingriffe in die Lenkung ermöglichen die vollständige Kompensation der wesentlichen Nichtlinearitäten des Fahrzeuges inklusive der nichtlinearen Reifenkennlinien. Die eingesetzten Regelungsverfahren erlauben die Stabilisierung eines schleudernden Fahrzeuges bzw. sie verhindern das

Schleudern von vorne herein. Die Verfahren wurden auch unter dem Ge-
sichtspunkt der Robustheit gegenüber unsicheren Parametern wie der Fahr-
zeugmasse optimiert.

Steer by Wire ist nicht nur Voraussetzung für die fahrdynamische Stabilisierung im Grenzbereich, sondern auch für bereits erwähnte Assistenzsysteme wie Stop & Go Automatisierung und Electronic Tow Bar. Über einen
längerem Zeitraum gesehen stecken in diesen Systemen die Potentiale bis
hin zu einem automatischen Verkehr.

Bei Daimler-Benz werden unterschiedliche technische Lösungen zur
Überlagerung des Fahrer-Lenkeinschlages mit einer Systemvorgabe für den
Lenkeinschlag untersucht. Mechanisch orientierte Lösungen - z. B. über ein
Differentialgetriebe - erhalten zwar den mechanischen Durchgriff, eröffnen
aber bei weitem nicht das gesamte Potential elektronisch beeinflußbarer
Lenkungen. Deshalb wird an Lösungen gearbeitet, die das Lenkrad völlig
von der Lenkung entkoppeln. Der Fahrerwunsch wird über einen Lenkwin-
kelsensor erfaßt, das fahrsituationabhängige Rückstellmoment wird über einen Motor simuliert. Die Lenkaktuatorik besteht aus einem weiteren Motor.

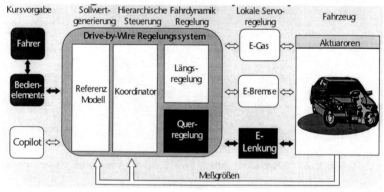

Abb. 24:   Steer by Wire - Integration in ein Drive by Wire System

Zu den zusätzlichen Vorteilen eines Steer by Wire Systems gehören
- Wegfall des Bauraumes für eine durchgehende Lenksäule
- Verbesserung der passiven Sicherheit
- Einfache Rechts- / Linkslenker Realisierung
- Alternative Lenkkonzepte (Sidesticks z. B.)

Diese Argumente sind so gravierend, daß trotz des großen technischen
Aufwandes solche Systeme in Serienfahrzeugen Einzug halten werden. Ein
Daimler-Benz mit Sidestick Lenkung wurde auf dem Pariser Auto Salon 1996
präsentiert.

Bei diesem Fahrzeug (F200) ging es u. a. um die Darstellung der Potentiale der Drive by Wire Technik (Gas, Bremse und Lenkung gesamtheitlich
elektronisch beeinflußbar). Selbstverständlich werden andere, weniger vom
heutigen Standard abweichende Lösungen, wie Segmentlenkräder, elliptisch
geformte Lenkräder etc. auch zusammen mit Steer by Wire Konzepten untersucht.

Abb. 25: F200 Interieur

17.3 Systemsicherheit

Die Vorteile zukünftiger Fahrerunterstützungssysteme bzgl. Sicherheit sind offensichtlich; sie werden sich auf dem Markt durchsetzen. Sie werden aber auch die Komplexität des Gesamtfahrzeuges weiter erhöhen.

Daimler-Benz Forscher und Entwickler arbeiten deshalb an einem neuen Sicherheitsprozeß, der unseren Kunden einen Sicherheitsgewinn auf Kosten der Zuverlässigkeit ersparen wird. Die Notwendigkeit für einen solchen Prozeß wird beim Vergleich zwischen der im vorherigen Kapitel skizzierten elektronischen Lenkung und einer konventionellen Lenkung deutlich. Der Prozeß verhindert, daß der inhärente Sicherheitsgewinn der elektronisch beeinflußbaren entkoppelten Lenkung durch unzureichende technische Realisierungen gefährdet wird. Besonderes Augenmerk wird dabei auf folgende Schwerpunkte gelegt:

- Erkennung und Behandlung fehlerhafter Sensorwerte
- Sichere Verarbeitung der Signale im Steuergerät
- Sichere Ansteuerung der Aktuatorik

mit den gemeinsamen Ursachen

- Konzeptionelle Fehler, Spezifikationsfehler
- Entwurfsfehler der Software
- Temporäre Fehler der Hardware (spontan oder transient auftretend)
- Unsachgemäße Wartung (oder Komponententausch)

Der Sicherheitsprozeß berücksichtigt bestehende Standards (z. B. IEC 1508). Er gliedert sich grob in folgende sechs Phasen:

- Identifizierung sämtlicher potentieller Gefahren
- Bewertung der Gefahren
- Definieren und dokumentieren von Sicherheitsanforderungen
- Sicherheitsbezogene Prüfung der Spezifikation
- Umsetzung der Sicherheitsanforderungen
- Sicherheitsbezogene Prüfung des Systems

Diese vereinfacht dargestellte Vorgehensweise des „Design to Safety" kann von der Komponentenüberprüfung bis hin zur Behandlung von Verkehrssystemen eingesetzt werden. Aber auch wenn der Prozeß seriös und verantwortungsbewußt durchgeführt wird, bleibt bei allen technischen Systemen ein Restrisiko erhalten. Trotzdem wird mit den hier skizzierten fahrerunterstützenden Systemen bei konsequenter Berücksichtigung der Sicherheitsanforderungen ein erheblicher Sicherheitsgewinn zu erreichen sein. Ein Vergleich von Sicherheitsgewinn zu technischem Restrisiko läßt eine so positive Bilanz erwarten, daß das verbleibende Restrisiko nicht zu Lasten der Fahrzeughersteller gehen darf.

17.4 Ausblick

Information über das aktuelle Verkehrsgeschehen um das eigene Fahrzeug herum verfügbar zu haben, ermöglicht neue fahrerunterstützende Systeme. Die dazu erforderliche Umgebungserfassung kommt über Radar- und Infrarotsysteme zur Abstandsmessung bereits in ersten Realisierungen auf den Markt. Mehr Information als Radargeräte liefern Videosysteme, die hinsichtlich der Fahrzeugtauglichkeit (Einsatz bei Nacht und bei Fahrt gegen die tiefstehende Sonne) aber noch einer Weiterentwicklung bedürfen. Entscheidende Erfolge wurden in einem von Daimler-Benz geleiteten Verbundprojekt „Electronic Eye" mit High Dynamic Range Cameras (HDRC) erreicht.

HRDC

CCD

Abb. 26:   HDRC - CCD Vergleich (Sicht in einen Tunnel)

Im Gegensatz zur CCD Camera liefert die HDRC im abgebildeten Beispiel Information über den Straßenverlauf und im Tunnel befindliche Verkehrsteilnehmer. Sobald Videocameras mit diesen Möglichkeiten preisgünstig erhältlich sind, rücken die im Beitrag skizzierten Support Systeme dem Markt bedeutend näher! Die folgende Roadmap zeigt, in welcher Reihenfolge Support Systeme wahrscheinlich auf dem Markt erscheinen werden:

Autonome Fahrzeuge in der Stadt ...
Autobahn Copilot ...
... Elektronische Deichsel
... Verkehrszeichenassistent
... Autonome Querführung
... Stop & Go Automat
... Spurwechselassistent
... Elektronische Abstandsregelung

Abb. 27:   Roadmap für Fahrerassistenzsysteme

Der elektronische Zugriff auf Gas und Bremse ist bereits Stand der Technik, der Zugriff auf die Lenkung wird sich aufgrund der aufgeführten Vorteile - nach der Klärung von Akzeptanz-, Zulassungs- und Haftungsfragen - durchsetzten. Neue Sensorsysteme und die Eingriffsmöglichkeiten in die Fahrzeugbewegung werden von Daimler-Benz zum optimalen Nutzen für die Kunden genutzt. Forschung und Entwicklung realisieren dabei die attraktiven Funktionen, deren Sicherheit und Zuverlässigkeit in der für Daimler-Benz typischen Qualität. Daimler-Benz war und ist Technologieführer bei Support Systemen; die hier vorgestellten Beispiele werden das auch für die Zukunft sicherstellen.

18 VERGLEICHENDE UNTERSUCHUNG DER DARSTELLUNG VON HANDLUNGS- ANWEISUNGEN EINES ASSISTENZSYSTEMS ZUR FLUGWEGPLANUNG

Jörg Marrenbach, Stephan Romahn, Peter Schoepe & Karl-Friedrich Kraiss

Rheinisch Westfälische Technische Hochschule Aachen,
Lehrstuhl für Technische Informatik

18.1 Einleitung

Das Flight Management System (FMS) ist ein wesentlicher Bestandteil der automatischen Flugsteuerung moderner Verkehrsflugzeuge. Dieses komplexe System soll einerseits die Flugzeugführer bei ihrer Arbeit entlasten und andererseits den Flug möglichst wirtschaftlich durchfuhren, d. h. es soll möglichst wenig Treibstoff verbraucht sowie zeitoptimiert und materialschonend geflogen werden. Viele Erweiterungen haben die FMS bis heute immer leistungsfähiger aber auch immer schwieriger bedienbar gemacht. Aufgrund der enorm gewachsenen Komplexität jedes einzelnen Teilsystems und durch die verstärkte Automation ist der Zusammenhang zwischen den unterschiedlichen Systemen im Gesamtsystem für den Piloten nicht immer nachzuvollziehen. Analysen von Unfällen in jüngster Vergangenheit und Trainingssitzungen im Simulator zeigen deutlich, daß das Systemverhalten nicht immer erwartungskonform ist, und daß die Piloten sich nicht über die ihnen zur Verfügung stehende Funktionalität bewußt sind (Sarter & Woods, 1992 und 1994; Dornheim, 1996). Die Bedienung des FMS erfordert von den Piloten den Aufbau eines komplexen mentalen Modells der internen FMS-Struktur, der Funktionalität sowie der Systemintegration. In zeitkritischen Situationen kann unter Umständen eine Aufgabe, z. B. eine größere Umplanung des Flugplans, aufgrund der vielen zu verarbeitenden Daten und der schwierigen Interaktion bei der Bedienung, nur suboptimal durchgeführt werden. Eine Verbesserung der Interaktion zwischen Pilot und FMS kann nur mit einer veränderten Mensch-Maschine-Schnittstelle des FMS erreicht werden. Am Lehrstuhl für Technische Informatik (LTI) wurde zu diesem Zweck eine grafisch-interaktive Benutzungsoberfläche entwickelt (Heckhausen, 1994). Um die Anwender bei der Programmierung der Flugrouten in das FMS zu unterstützen, steht ein wissensbasiertes Assistenzsystem zur Verfügung, das ebenfalls am LTI entwickelt wurde (Romahn, 1997). Für die Präsentation von Handlungsvorschlägen werden verschiedene Möglichkeiten vergleichend untersucht und die Ergebnisse hinsichtlich benötigter Arbeitszeit, Nachvollziehbarkeit und subjektivem Eindruck der Darstellung durch die Piloten vorgestellt.

18.2 Derzeitige FMS

18.2.1 Funktionsaufbau derzeitiger FMS

Das Flight Management System wird im allgemeinen als Flugwegrechner bezeichnet. Damit wird nur eine wichtige Aufgabe beschrieben, nämlich die Flugwegplanung. Moderne FMS leisten aber bereits deutlich mehr. Sie unterstützen den Piloten bei der Navigation, der Flugzeugführung, der Kontrolle der Flugleistung sowie bei der Überwachung des Flugverlaufs. Das FMS besteht im wesentlichen aus dem sog. Flight Management Computer (FMC) und der eigentlichen Bedienoberfläche, der sog. „Control and Display Unit" (CDU). Während der FMC u. a. die Ausgabe auf den Bildschirmen (Primary Flight Display, Navigation Display) im Instrumentenpanel des Cockpits steuert und den Datentransfer und das Datenbankmanagement regelt, ermöglicht die CDU die Darstellung und den Zugriff auf die unterschiedlichen FMS-Funktionen sowie die manuelle Eingabe und Modifikation eines Flugplans. Das Hardwarekonzept der CDU ist seit der Einführung des FMS nahezu unverändert geblieben. Die CDU setzt sich aus einer alphanumerischen Tastatur, einem alphanumerischen Display sowie einer Reihe von Sondertasten zusammen (Abbildung 1). Mit Hilfe dieser Sondertasten lassen sich verschiedene Bildschirmseiten zur Anzeige bringen, in denen anschließend Einträge über die Tastatur in bestimmten, festgelegten Zeichenkettenformaten editiert werden können. Die Bildschirmseiten bilden eine Hierarchie, deren oberste Ebene direkt über entsprechend beschriftete Tasten angesprochen werden kann, während die tieferen Ebenen über die seitlich neben dem Display angebrachten Tasten erreicht werden. Über das räumlich von der CDU getrennte Navigationsdisplay können der eingegebene Flugplan sowie die Objekte der Navigationsdatenbank grafisch dargestellt werden.

18.2.2 Probleme derzeitiger FMS

Die Bedienung des FMS wird im wesentlichen durch die konzeptionelle Gestaltung der CDU beeinträchtigt. Die Menü-Hierarchie, über die das FMS bzw. die CDU bedient wird, ist sehr komplex. Die Piloten müssen, um das System optimal bedienen zu können, genaue Kenntnis über die interne Struktur des FMS haben. Im allgemeinen ist dies jedoch nicht der Fall, so daß die Piloten nicht alle Betriebsarten und Fähigkeiten des FMS kennen und dadurch teilweise von der Reaktion der automatischen Systeme überrascht werden. Ursachen liegen unter anderem in der großen Anzahl der CDU-Seiten und in der unübersichtlichen Architektur. Desweiteren ist die Organisation der Daten innerhalb der Seiten nicht konsistent, d. h. Datenformate einzelner Parameter variieren auf unterschiedlichen Seiten, und die Zuordnung zu den Themengebieten widerspricht in einigen Fällen der Erwartung der Piloten. Ein weiteres Problem ergibt sich aus der Tatsache, daß Änderungen eines Flugplans als alphanumerische Zeichenkette codiert über die CDU eingegeben werden müssen. Anstelle einer formatfreien Eingabe, die für den Menschen geeignet ist, können die Daten nur in einem systemspezifischen Format editiert werden. Die analog-räumliche Vorstellung des Flugweges muß hierfür in eine zeichenorientierte Darstellung transformiert werden, was kaum fehlerfrei durchgeführt werden kann. Ferner bemängeln Piloten die zu geringe Größe und den zu geringen Abstand der Ta-

sten des alphanumerischen Tastenfeldes. Gerade in Phasen höherer Belastung können die genannten Punkte zu fehlerhaften Eingaben führen
(Gerlach, 1996).

Abb. 1:   Control and Display Unit

18.3 Verbesserung der Pilot/FMS - Interaktion

Zur Verbesserung der Interaktion zwischen Pilot und FMS wurde am LTI ein
wissensbasiertes Assistenzsystem entwickelt, daß den Piloten bei der Programmierung des FMS unterstützen soll, sowie eine grafisch-interaktive Benutzungsoberfläche, die eine direktmanipulative Bedienung des Flugwegrechners bei der Flugwegplanung und -modifikation zuläßt.

18.3.1 Grafisch-interaktive Benutzungsoberfläche

Ziel ist es, eine Mensch-Maschine-Schnittstelle zu konzipieren, die durch den
Anwender einfach und intuitiv bedient werden kann. Dabei ist zu beachten,
daß das Arbeitsumfeld der Piloten nicht nur das FMS umfaßt, sondern eine
Vielzahl von Instrumenten im Cockpit. Dementsprechend ist im besonderen
Maße darauf zu achten, daß die Schnittstelle eine erwartungskonforme Dar-
stellung der Informationen aufweist sowie eine für den Piloten bekannte und
vertraute Symbolik und Terminologie verwendet wird. Die Schnittstelle zum
FMS sollte die gleichen Strukturen nutzen, die sich die Piloten über ihre Ar-

beitsumgebung angelegt haben. Die räumliche Vorstellung der Piloten über den Flugverlauf wird durch eine grafische Darstellung gut erfaßt. Änderungen des Flugverlaufs können daher intuitiv und erwartungskonform über eine grafische Benutzungsoberfläche eingearbeitet werden (Gerlach, Dudek & Heldt, 1996). Am Lehrstuhl wurde eine exemplarische Benutzungsoberfläche für die Interaktion der Besatzung mit dem Flugwegrechner entwickelt. Der größte Unterschied zur bisherigen CDU ist darin zu sehen, daß die alphanumerische Flugplaneingabe und -ausgabe durch eine grafisch-interaktive Benutzungsoberfläche ersetzt wird. Das System bietet die Möglichkeit, auf einem Display den Flugplan nicht nur grafisch darzustellen, sondern auch Modifikationen durchzuführen, d. h. die räumliche und formatbezogene Trennung zwischen Ein- und Ausgabeeinheit entfällt. Der Bildschirm der Benutzungsoberfläche des Flight Management Systems ist in Abbildung 2 dargestellt. Dieser setzt sich aus vier Bereichen zusammen: einer Statuszeile, einem Informationsbereich, einem Kartenbereich und einem Funktionenbereich. In der Statuszeile werden Informationen in textlicher Form dargestellt, die bislang von den Piloten von verschiedenen Stellen im Cockpit zusammengetragen werden müssen. Der Kartenbereich zeigt die grafische Darstellung des Flugplans und der Umgebung der aktuellen Flugzeugposition. Im Gegensatz zum bestehenden Navigationsbildschirm lassen sich die Objekte, aus denen die Kartendarstellung zusammengesetzt ist, mit Hilfe eines Zeigerinstruments auswählen. Der Flugplan kann sowohl im MAP-Modus (Heading-Up) als auch PLAN-Modus (True-North-Up) dargestellt werden. Daten zu Objekten, die im Kartenbereich ausgewählt sind, werden im Informationsbereich links neben der Karte dargestellt. Diese Informationen sind entweder feste Eigenschaften der Objekte oder veränderliche Daten. Im Funktionenbereich sind solche Funktionen angezeigt, die auf ein ausgewähltes Objekt angewendet werden können.

Im Gegensatz zur funktions-orientierten Vorgehensweise derzeitiger FMS bietet die grafische Darstellung des Flugweges die Möglichkeit, Benutzeraktionen direkt mit den Kartenobjekten (Wegpunkte, Flugwegteilstücke (Legs), Navigationseinrichtungen, etc.) zu verbinden. Das objekt-orientierte Verfahren, das auch als „Direkte Manipulation" bezeichnet wird, präsentiert den Piloten lediglich die Funktionen, die auf ein vorher selektiertes Objekt angewendet werden können (Zeidler & Zellner, 1992). Im allgemeinen ist dies nur eine relativ kleine Teilmenge der gesamten zur Verfügung stehenden Funktionsmenge. Desweiteren ist zu beachten, daß die Funktionen nicht immer sinnvoll auf ein Objekt angewendet werden können, vielmehr ist eine situationsabhängige Funktionsdarstellung notwendig. Der wesentliche Vorteil der objekt-orientierten Vorgehensweise gegenüber der funktions-orientierten liegt in der Reduzierung der notwendigen Benutzeraktionen bzw. der Tastendrücke, um eine Aufgabe durchzuführen. Auch ist das objekt-orientierte Verfahren mit einer mentalen Entlastung der Piloten verbunden, da die benötigte Funktion aus einer überschaubaren Menge von Optionen stammt. Zur Flugwegplanung stehen dem Operateur mehrere Funktionen zur Verfügung, von denen zwei Beispiele die Planungsinteraktion verdeutlichen sollen. Die Funktion „DistLeg" (Distance on Leg) ermöglicht das Erzeugen eines Hilfswegpunktes, der sich in einem definierten Abstand zu einem Bezugswegpunkt befindet. Bei Auswahl dieser Funktion erscheint eine Markierung in der Nähe des ausgewählten Wegpunkts, die entlang des Flugweges verschiebbar ist. Die Entfernung der Markierung zum Wegpunkt wird angezeigt, so daß man den neuen Wegpunkt in der gewünschten Distanz plazieren kann. Mit „Radial" wird ein Hilfsstrahl von einem ausgewählten Wegpunkt erzeugt. Nach Selektion des Bezugswegpunktes und Aufruf der Funktion erscheint eine vom Bezugspunkt wegführende Gerade, die eine zentrierte Kompaßrose auf dem selektierten Wegpunkt schneidet. Die Richtung der Geraden kann, je nach Cursorbewegung, anhand der Kompaßrose und des zusätzlich angezeigten numerischen Wertes eingestellt werden.

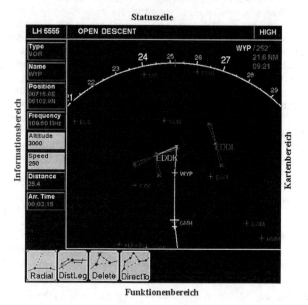

Abb. 2:   *Bildschirmaufteilung der grafischen Benutzungsoberfläche*

18.3.2 Wissensbasierte Benutzerunterstützung

Die Ansätze zur Benutzerunterstützung bei der Bedienung des Flugwegrechners umfassen Vorschläge für die zeitliche Verteilung von Aufgaben (Koordination), die Unterbreitung von Vorschlägen für Eingabeprozeduren, die Unterstützung bei der Durchführung der Prozeduren (Benutzerführung) und die Unterstützung der Hypothesenbildung für Probleme bei der Aufgabenbearbeitung. Die unterschiedlichen Ansätze zur Benutzerunterstützung wurden in einem Unterstützungssystem („SmartInteraction") implementiert (Abbildung 3).

Mit Hilfe einer wissensbasierten Systemarchitektur, in der das benötigte Handbuchwissen und die Expertise erfahrener Piloten in Form von Regeln gespeichert sind, werden Piloten bei der Programmierung des Flight Management Systems unterstützt. Ausgehend von System- und Umgebungsdaten wird eine Analyse der aktuellen Flug(zeug)-situation und eine Antizipation möglicher Handlungsziele der Piloten vorgenommen. Die Handlungsziele, die zum Erreichen dieser Ziele nötig sind, werden den Piloten auf der grafischen Benutzungsoberfläche für den Flight Management Computer vorgeschlagen. Zusätzlich werden die tatsächlichen Aktionen der Piloten protokolliert und durch den Vergleich mit normativen Eingabesequenzen systematisch auf Handlungsfehler untersucht. Das Ziel der Benutzerführung ist es, die Durchführung der Programmieraufgaben des FMS mit geringem Aufwand, fehlerfrei und in kurzer Zeit zu ermöglichen. Für die implementierte Benutzerführung wurde das Schritt-für-Schritt-Verfahren gewählt. Bei dieser Methode werden den Benutzern die einzelnen Handlungsschritte einer Prozedur nacheinander vorgeschlagen, bis das Handlungsziel erreicht ist. Der Benutzer muß jeden Schritt explizit bestätigen oder selbst durchführen. Für die Darstellung der einzelnen Handlungsvorschläge auf der grafischen Benutzungsoberfläche wurden drei verschiedene Möglichkeiten implementiert:

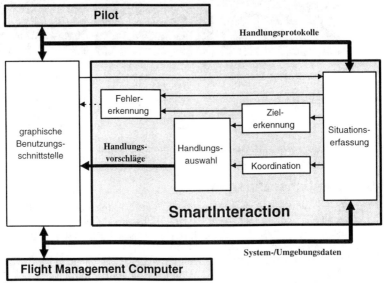

Abb. 3: *Übersicht des Unterstützungssystems „SmartInteraction"* *(Romahn, 1997)*

- *Informieren:* Die grafische Benutzungsoberfläche stellt am unteren Rand des Kartenbereichs eine Textzeile zur Verfügung, die dem Operateur entsprechende Anweisungen als Klartext präsentiert. Zur Unterscheidung von Systemmeldungen sind die Vorschläge in gelber Farbe dargestellt, und die Hinweise bleiben solange eingeblendet, bis die Aktion ausgeführt wurde.
- *Vorschlagen:* Objekte der Karte, Funktionen oder Datenfelder können zur Auswahl vorgeschlagen werden. Hinzu wird das entsprechende Objekt farbig markiert. Datenfelder und Funktions-Softbuttons erhalten einen gelben Rahmen, während Kartenobjekte in gelber Farbe dargestellt sind.
- *Positionieren:* Der Zeiger zur Programmsteuerung (Cursor) läßt sich überall auf dem Bildschirm, insbesondere auf einem Objekt, Funktionssoftbutton oder Datenfeld, positionieren. Die Datenfelder und Kartenobjekte werden automatisch auf einen vorgegebenen Zustand gesetzt und

der Pilot muß lediglich die Auswahl bestätigen. Um die Unterschiede der Varianten zu verdeutlichen, ist im folgenden die Benutzungsoberfläche dargestellt, wie sie dem Operateur jeweils zur Verfügung steht, wenn der Funktionssoftbutton „Radial" vorgeschlagen wird (Abbildung 4).

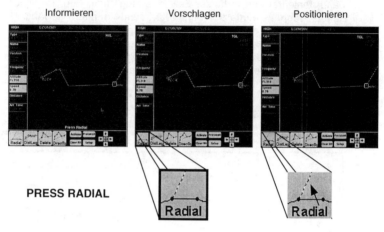

Abb. 4:   Darstellung von Handlungsvorschlägen

18.4 Versuchsszenarien

Die drei genannten Möglichkeiten der Darstellung eines Handlungsvorschlags werden mit Hilfe eines Experiments vergleichend untersucht (Schoepe, 1996). Die Schwerpunkte bei der Betrachtung liegen dabei auf der benötigten Arbeitszeit, auf der Nachvollziehbarkeit der Handlungsvorschläge und auf dem subjektiven Eindruck der Darstellung durch die Piloten. Der zeitliche Aufwand bei der Umprogrammierung des Flugweges spielt gerade in Phasen höherer Arbeitsbelastung eine entscheidende Rolle. Daher soll untersucht werden, ob sich die drei Programmversionen bezüglich der von den Versuchspersonen benötigten Bearbeitungszeit signifikant voneinander unterscheiden. Dazu werden die Piloteneingaben protokolliert und anschließend die Bearbeitungszeiten mit Hilfe der Rangvarianzanalyse ausgewertet. Um die Nachvollziehbarkeit der Handlungsvorschläge überprüfen zu können, sollen die Testpersonen den zuvor erstellten Anflugweg in einer mit allen für die Navigation wichtigen Wegpunkten und der ursprünglichen Flugroute ausgestatteten Karte skizzieren. Dadurch kann festgestellt werden, welche Details der Flugplanänderung von den Versuchspersonen während der Umprogrammierung aufgenommen werden. Die subjektive Einschätzung der Handlungsvorschläge wird unter Verwendung eines Fragebogens ermittelt. Ein Schwerpunkt dieses Untersuchungsteils stellt die Auffindbarkeit und Verständlichkeit der gegebenen Hinweise dar. Der Fragebogen bietet den am Versuch teilnehmenden Personen die Möglichkeit, auf einer fünfstufigen Ratingskala die verschiedenen Verfahren zu bewerten und darüber hinaus eigene Vorschläge zur Verbesserung des Systems anzugeben. An Verkehrsflughäfen existieren standardisierte An- und Abflugstrecken, sog. STARs und SIDs, die in der Datenbasis des FMS enthalten sind und vor dem Abflug von den Piloten in den Flight Management Computer eingegeben werden. Im allgemeinen wird der Flugverlauf jedoch von den Fluglotsen in der Nähe des Zielflughafens abweichend von diesen Standardanflugverfahren geändert. In Abbildung 5 ist beispielhaft eine Flugsituation aufgezeigt. Die durchgezogene Linie repräsentiert die vorprogrammierte STAR (NOR1C) für einen Anflug über die Wegpunkte Norvenich (NOR) und Cola (COL) auf die Landebahn 32R in Köln/Bonn. Die gestrichelte Linie stellt einen neuen, von den Fluglotsen geänderten Anflug dar. Da das Flight Management System in seiner Datenbasis jedoch nur über das Standardverfahren verfügt, muß es in diesem Fall umprogrammiert werden, wenn nicht auf die Dienste des FMS verzichtet werden soll. Aufgrund der in Kap. 18.2.2 genannten Defizite bei der Bedienung derzeitiger FMS und der gleichzeitig sehr hohen Arbeitsbelastung während des Anflugs, wird auf die Umprogrammierung der Flugroute verzichtet.

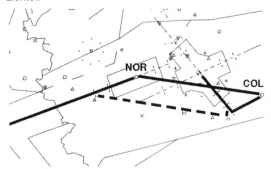

Abb. 5:   *Anflüge auf die Landebahn 32R in Köln/Bonn*

Um die Versuchspersonen mit der FMS-Simulation und der zu untersuchenden Thematik vertraut zu machen, wird zunächst eine 30-minutige Einweisung durchgeführt, in der allgemeine Informationen über die Versuchsthematik, die FMS-Simulation und den Versuchsablauf vorgestellt werden. Anschließend wird ein Einweisungsflug mit den unterschiedlichen Programmversionen von jeder Versuchsperson durchgeführt, um zusätzlich die Handhabung des Systems und die Darstellung der gegebenen Hinweise zu verdeutlichen. Für den Einweisungsflug wurde der STAR ausgewählt (vgl. Abbildung 5), der nicht im Rahmen der Versuche verwendet wird. Zur Durchführung der Versuche werden Anflüge auf den Flughafen Köln/Bonn benutzt. Von den veröffentlichten STARs (vgl. Jeppesen Airway Manual, Terminal Charts, 1995) wurden drei Anflüge in die Versuchsreihe aufgenommen, deren Umprogrammierung jeweils unterschiedlich umfangreich ist. Für jeden Anflug werden die drei Handlungsalternativen durchgeführt, so daß sich insgesamt neun verschiedene Aufgabenszenarien einstellen. Im Rahmen der Versuche hat sich folgende Nomenklatur für die Anflüge als zweckmäßig erwiesen. An erster Stelle wird das „Entry Fix" genannt, danach das „Initial Approach Fix" und abschließend die Landebahn auf die der Instrumentenanflug erfolgen soll. Dementsprechend werden die Anflüge mit „TAU COL 32R", „NOR WYP 25" und „ALFAS COL 25" bezeichnet.

18.5 Auswertung der Versuchsergebnisse

Im Rahmen der Versuchsreihe wurden von den 21 Versuchspersonen insgesamt 189 Anflüge programmiert. Je 63 wurden mit den Verfahren „Informieren", „Vorschlagen" sowie „Positionieren" durchgeführt. Jede Versuchsperson führte neun Versuche verteilt auf drei Tage durch. Für jeden Anflug wird ein Protokoll erzeugt, das die Benutzeraktionen aufzeichnet. Tabelle 1 zeigt die Bewertung durch die Versuchspersonen bezüglich der eingesetzten Verfahren in Abhängigkeit der Kriterien „Bearbeitungszeit", „Akzeptanz" sowie „Nachvollziehbarkeit".

Tabelle 1: Vergleichende Übersicht der Ergebnisse der drei verwendeten Verfahren

Verfahren / Kriterium	„Informieren"	„Vorschlagen"	„Positionieren"
Bearbeitungszeit	hoch	mittel	gering
Akzeptanz	hoch	mittel	gering
Nachvollziehbarkeit	hoch	gering	mittel
Gesamtbewertung	+ +	+	- -

Für die Untersuchung der verschiedenen Darstellungsvarianten wird aus den Handlungsprotokollen die Bearbeitungszeit als Zeitdifferenz zwischen der ersten und letzten Benutzeraktion bestimmt. Ein Vergleich der durchschnittlichen Bearbeitungszeiten gibt einen Überblick über die Komplexität der verschiedenen Anflüge. Für den Anflug ALFAS/COLA 25 wurden im Mittel 40,206 s, für NOR/WYP 25 22,778 s und für TAU/COL 32R 54,794 s benötigt. Um die Ergebnisse hinsichtlich der Varianten beurteilen zu können, werden anschließend die einzelnen Zeiten auf die jeweilige durchschnittliche Bearbeitungszeit normiert, und somit sind sie unabhängig vom durchgeführten Anflug. Entsprechend ergeben sich für jede Versuchsperson aus den neun Anflügen jeweils drei Zeiten für jedes Verfahren. Die Signifikanzprüfung wird mittels der Rangvarianzanalyse durchgeführt. Hierfür wird für jede Versuchsperson die durchschnittliche normierte Bearbeitungszeit, die zugehörige Standardabweichung der einzelnen Verfahren sowie die daraus resultierenden Ränge bestimmt. Für die Methode „Informieren" wird eine Rangsumme von R=63, für „Positionieren" eine Rangsumme von R=22 und für die Variante „Vorschlagen" eine Summe von R=41 ermittelt. Der Vergleich zwischen der berechneten Prüfgröße (XR=40,1) und dem entsprechenden Tabellenwert (XR=5,99; vgl. Sachs, 1992, S. 667) zeigt, daß sich die Verfahren hinsichtlich der Bearbeitungszeit signifikant voneinander unterscheiden. Aus der Berechnung der Rangsummen ergibt sich desweiteren, daß das Umprogrammieren der jeweiligen Anflugroute von den Operateuren mit dem Verfahren „Positionieren" am schnellsten durchgeführt werden kann. Das Verfahren „Informieren" benötigt die längste Bearbeitungszeit (vgl. Tabelle 1). Mit Hilfe des Verfahrens der paarweisen multiplen Vergleiche der Rangsummen kann gezeigt werden, daß die implementierten Methoden auf einem Konfidenzintervall von 95% signifikante Unterschiede aufweisen. Der Bewertung der Akzeptanz liegt ein von jeder Versuchsperson ausgefüllter Fragebogen zugrunde. Basierend auf einer 5-stufigen Ratingskala wird nach der Auffindbarkeit und der Verständlichkeit der Hinweise, der Güte der Hinweisfarbe sowie der Größe der verwendeten Schrift und der Symbole gefragt. Die Methode „Informieren" wird von den Versuchspersonen für die Fragestellung „Sind die Hinweise auffindbar?" als die geeignetste bewertet. Dies ist darauf zurückzuführen, daß die Hinweise für den Anwender deutlich sichtbar im unteren Bereich des Kartenausschnitts eingeblendet werden (vgl. Abbildung 4). Ebenso schneidet dieses Verfahren bei der Frage „Sind die Hinweise verständlich?" bei den Versuchspersonen am besten ab. Die beiden anderen Verfahren werden nur unwesentlich schlechter bewertet. Die Wahl der Symbolgröße wird von den Versuchspersonen für alle Verfahren gleichermaßen als geeignet angesehen. Anhand von Abbildung 6 ist ersichtlich, daß das Verfahren „Positionieren" bei den Testpersonen auf die geringste Akzeptanz stößt. „Informieren" sowie „Vorschlagen" werden besser bewertet. Von den 21 Versuchspersonen favorisieren 14 die Methode „Informieren" (66,6%). Sechs halten das Verfahren „Vorschlagen" für die geeignetste (28,6%), während nur eine Testperson sich für die Methode „Positionieren" ausspricht. Viele der Versuchspersonen merken jedoch an, daß sie eine Kombination von „Informieren" und „Vorschlagen" für optimal halten würden.

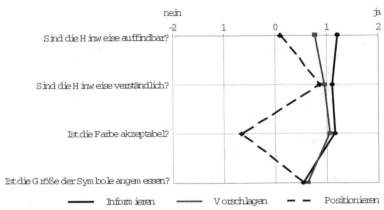

Abb. 6:   Auswertung der Fragebogen unter Verwendung einer 5-stufigen Ratingskala

Um die Nachvollziehbarkeit der Handlungsvorschläge bewerten zu können, wurde vor Versuchsbeginn ein Bewertungsschema festgelegt. Die in den ausgeteilten Karten durch die Versuchspersonen skizzierten Flugwege sind in drei Klassen eingeteilt. In Klasse 1 sind der Flugweg richtig skizziert sowie die Entfernungen und Kursangaben richtig eingetragen. Im Gegensatz dazu sind in Klasse 2 die Kurse und Entfernungen fehlerhaft. Alle anderen Ergebnisse werden der Klasse 3 zugeordnet. Die meisten richtig ausgefüllten Karten entstanden bei dem Verfahren „Informieren" (43). Für „Positionieren" können 40 Karten und für „Vorschlagen" 36 Karten der Klasse 1 zugeordnet werden. In die Klasse 3 werden für jede Programmversion acht Anflüge eingestuft. Die übrigen Karten werden der Klasse 2 zugeordnet. Analog zur Auswertung der Fragebögen liefert auch bei der Kartenauswertung das Verfahren „Informieren" die besten Ergebnisse. Mit dem Verfahren „Positionieren" wurden die geänderten Anflugrouten akkurater in die Karten skizziert als mit dem Verfahren „Vorschlagen". Dies ist insofern bemerkenswert, da in den Fragebögen besonders bemängelt wurde, daß diese Art der Pilotenunterstützung zum einfachen „durchklicken" verführe. Eine Erklärung dafür könnte sein, daß die Versuchspersonen diese Programmversion als besonders kritisch empfinden und ihr somit gesteigerte Aufmerksamkeit widmen. Es muß jedoch bezweifelt werden, daß der Versuch das selbe Ergebnis geliefert hätte, wenn die Untersuchungssituation die Mehrfachbelastung berücksichtigen würde, die in einem Flugzeugcockpit herrscht.

18.6 Zusammenfassung

In dieser Arbeit wurden die Verfahren „Informieren", „Positionieren" und „Vorschlagen" zur Darstellung der Handlungsanweisungen vorgestellt. Bei dem Verfahren „Informieren" werden die Anweisungen als Klartext dem Operateur präsentiert. Im Gegensatz dazu werden bei der Methode „Vorschlagen" Objekte farblich besonders gekennzeichnet. Die Hinweise in dem Verfahren „Positionieren" werden dem Benutzer durch ein Versetzen des Mauszeigers gegeben. Diese Verfahren wurden in einer Versuchsreihe vergleichend untersucht. Dabei standen eine grafische Benutzungsoberfläche des Flugwegrechners zur Präsentation der Handlungsvorschläge sowie ein wissensbasiertes Assistenzsystem zur Benutzerunterstützung zur Verfügung. Der Schwerpunkt lag auf der Bewertung der benötigten Arbeitszeit, auf dem subjektiven Eindruck der Darstellung durch die Versuchspersonen sowie auf der Nachvollziehbarkeit der Handlungsvorschläge. Wird lediglich die benötigte Bearbeitungszeit betrachtet, so hat sich das Verfahren „Positionieren" als die schnellste Variante herausgestellt. Dieser offensichtliche Vorteil wird jedoch dadurch relativiert, daß diese Form der Unterstützung in den Bewertungsskalen mit Abstand am schlechtesten von den Versuchspersonen bewertet wird. Dem entsprechend findet dieses Verfahren unter den Testpersonen nur wenig Anklang. Im Gegensatz dazu werden die Verfahren „Informieren" und „Vorschlagen" als geeigneter bewertet. Sie benötigen jedoch eine erheblich längere Bearbeitungszeit bei der Umprogrammierung des Flugweges. Die Versuche haben gezeigt, daß die Methode „Informieren" beim Auffinden und der Verständlichkeit der Hinweise sowie bei der Nachvollziehbarkeit der Handlungsvorschläge von den Testpersonen favorisiert wird. Einige Versuchspersonen sprachen sich im Anschluß an die Versuche für eine Kombination der Verfahren „Informieren" und „Vorschlagen" aus. In Verbindung mit einer modifizierten Benutzungsoberfläche würden sich kürzere Bearbeitungszeiten einstellen.

18.7 Literaturverzeichnis

Dornheim, M. (1996). „Recovered FMC Memory Puts New Spin on Cali Accident", Aviation Week & Space Technology, 09/09/96, pp. 58-61

Gerlach, M. (1996). „Schnittstellengestaltung für ein Cockpitassistenzsystem unter besonderer Berücksichtigung von Spracheingabe", Fortschrittsberichte VDI, Reihe 12, Nr. 273, VDI Verlag, Düsseldorf

Gerlach, M., Dudek, H.-L. & Heldt, P.H. (1996). „Grafische, objektorientierte Bedienung eines Advanced Flight Management Systems", DGLR-JT96-056, Dresden, S. 445-454

Heckhausen, R. (1994). „Entwicklung und Bewertung einer grafisch-interaktiven Benutzungsoberfläche zur Fahrzeugnavigation", Diplomarbeit, Lehrstuhl für Technische Informatik, RWTH Aachen

Romahn, S. (1997). „Wissensbasierte Unterstützung bei der Bedienung komplexer technischer Systeme", Shaker Verlag, Aachen, ISBN 3-8265-2179-X

Sachs, L. (1992). „Angewandte Statistik", Springer Verlag, Berlin

Sarter, N.B. & Woods, D.D. (1992). „Pilot Interaction with Cockpit Automation: Operational Experiences with the Flight Management System", International Journal of Aviation Psychology, 2, 4, 1992, pp. 303-321

Sarter, N.B. & Woods, D.D. (1994). „Pilot Interaction with Cockpit Automation II: An Experimental Study of Pilots' Model and Awareness of the Flight Management System", International Journal of Aviation Psychology, 4, 1, 1994, pp. 1-28

Schoepe, P. (1996). „Experimentelle Untersuchung verschiedener Verfahren zur Pilotenunterstützung bei der Arbeit mit einer grafischen Benutzungsoberfläche am Flugwegrechner", Studienarbeit, Lehrstuhl für Technische Informatik, RWTH Aachen

Zeidler, A. & Zellner, R. (1992). „Software Ergonomie, Techniken der Dialoggestaltung", R. Oldenburg Verlag, München

19 UNTERSTÜTZUNG MENSCHLICHER KONTROLLE IN HOCHAUTOMATISIERTEN ARBEITSSYSTEMEN DURCH KOMPLEMENTÄRE SYSTEMGESTALTUNG

Gudela Grote, Toni Wäfler, Cornelia Ryser & Anna Windischer

ETH Zürich, Institut für Arbeitspsychologie

Zusammenfassung

Für die Verbesserung der Effizienz und Sicherheit hochautomatisierter Produktionsprozesse ist neben Aus- und Weiterbildung der Operateure sowie technischen Unterstützungssystemen auch gefordert, daß die Aufgabenverteilung zwischen Operateur und dem zu steuernden und überwachenden System selbst überprüft wird. Der Ansatz der komplementären Systemgestaltung strebt eine integrierte Gestaltung von Arbeitssystem, Arbeitstätigkeiten und Mensch-Maschine-Systemen auf der Grundlage von Kriterien an, die aus der Forderung nach kompetenter Bewältigung von Schwankungen und Störungen an ihrem Entstehungsort, intrinsisch motivierenden, sinnvollen Arbeitstätigkeiten sowie transparenten und beeinflußbaren technischen Prozessen abgeleitet sind. Auch bei der Entwicklung von Unterstützungssystemen ist der Ansatz der komplementären Systemgestaltung hilfreich, um zu verhindern, daß Operateure bei der Steuerung, Überwachung, Störungsdiagnose und -behebung in intransparenten Systemen ohne adäquate Eingriffsmöglichkeiten durch weitere technische Systeme mit den gleichen grundsätzlichen Mängeln zu unterstützen versucht werden. Im Projekt Kompass (Komplementäre Analyse und Gestaltung von Produktionsaufgaben in soziotechnischen Systemen) wurden Kriterien für eine komplementäre Systemgestaltung definiert und empirisch überprüft sowie ein Moderationsverfahren entwickelt und in mehreren Technikentwicklungsprojekten erprobt, das die Nutzung der Kriterien bei der Entwicklung und prospektiven Bewertung von Gestaltungsoptionen unterstützt.

19.1 Komplementarität als Grundprinzip der Aufgabenverteilung zwischen Mensch und Technik

Mit zunehmender Automatisierung nicht nur körperlicher, ausführender Arbeit, sondern auch planerischer und kontrollierender Tätigkeiten wird der Mensch mehr und mehr zum Überwacher einer Technik, die im Normalfall alle Operationen weitestgehend autonom ausführen sollte, sei es die Fertigung eines Werkstücks, das Fliegen eines Flugzeuges, die Konstruktion eines Werkzeugs, die Planung betrieblicher Produktionsabläufe oder die Prozeßkontrolle in der chemischen Produktion. Nur im Störungsfall, d. h. bei Ausfall der Technik oder einzelner ihrer Komponenten, und in Ausnahmefällen, für die die Technik nicht ausgelegt ist, sind Eingriffe des Menschen gefordert. Der Mensch ist also als kreativer Problemlöser für diejenigen Fälle gefragt, die nicht vollständig spezifiziert und algorithmisiert und damit auch nicht gänzlich der Technik übergeben werden können.

Intention der Technikentwicklung ist es, Störungs- und Ausnahmefälle und damit auch die vom Mensch geforderten Funktionen zu minimieren. Die Problematik dieses Vorgehens und das grundlegende Dilemma, daß gerade durch seinen weitest möglichen Ausschluß aus dem Produktionsprozeß dem Menschen sehr kritische, aber letztlich nicht bewältigbare Aufgaben übertragen werden, ist eindringlich und vielzitiert von Bainbridge unter dem Titel „Ironien der Automation" beschrieben worden (Bainbridge, 1982). Im folgenden wird das Prinzip der Komplementarität als ein möglicher Ausweg aus diesem Dilemma vorgestellt.

19.1.1 Komplementarität von Mensch und Technik

Mit Bezug auf Bailey (1989) können fünf gängige Strategien der Aufgabenverteilung zwischen Mensch und Technik bzw. Allokationskriterien unterschieden werden, denen jeweils auch unterschiedliche Menschen- und Technikbilder zugrunde liegen: Wirtschaftlichkeit, Maximierung der Automation, Leistungsvergleich, menschengerechte Aufgaben und situationsangepaßte Flexibilität. Häufige Fehlschläge bei Systementwicklung, denen die ersten drei Kriterien, d. h. Wirtschaftlichkeit, Maximierung der Automation und Leistungsvergleiche, zugrundegelegt wurden, haben verdeutlicht, daß diese Kriterien nicht - oder zumindest nicht allein - ausschlaggebend für die Aufgabenverteilung zwischen Mensch und Technik sein dürfen. Jordan (1963) hat bereits vor dreissig Jahren besonders die Vergleichsstrategie kritisiert und statt dessen Komplementarität als Kriterium vorgeschlagen. Die beiden letzten von Bailey benannten Strategien mit den Kriterien der menschengerechten Aufgaben und der situationsangepaßten Flexibilität können beide dem Grundgedanken der Komplementarität zugeordnet werden.

Der Kern der Argumentation von Jordan war, daß Mensch und Technik qualitativ verschieden und daher nicht direkt vergleichbar sind. Der Mensch zeichnet sich besonders durch seine hochausgebildete Sensorik, seine Improvisationsfähigkeit sowie seine Fähigkeit, unscharf definierte Probleme zu lösen, aus. Seine Schwächen sind vielfach gerade die Stärken der Technik, besonders Geschwindigkeit, exakte Wiederholung ohne Ermüdung und Lösung sehr komplexer Probleme, wobei die Technik als Problemlöser allerdings höchstens dann besser abschneidet, wenn die Probleme sehr klar strukturiert und damit auf der Basis von Algorithmen lösbar sind. Statt Funktionen nun aber aufgrund vermuteter Leistungsvorteile jeweils dem Menschen oder der Technik zuzuteilen (vgl. z. B. Fitts Men-are-better-at / Machines-are-better-at-Listen, 1951), sollte die Interaktion zwischen Mensch und Technik bei der Erfüllung der Aufgabe des Gesamtsystems optimiert werden. Diese Idee ähnelt sehr dem zentralen Gestaltungsprinzip des soziotechnischen Systemansatzes, der gemeinsamen Optimierung von technischem und sozialem Teilsystem und wurde von diesem, mit Blick auf die Gestaltung von Mensch-Maschine-Systemen, auch aufgenommen (vgl. Trist, 1981).

Durch die Betonung der Interaktion zwischen Mensch und Technik statt eines Entweder-Oder wird neu der Blick geöffnet für verschiedene Formen der Unterstützung des Menschen durch die Technik, wodurch auf systematischere Weise sowohl menschliche Stärken genutzt und Schwächen kompensiert als auch Vor- und Nachteile technischer Prozesse berücksichtigt werden können. Eine komplementäre Gestaltungsstrategie hätte demnach zur Folge, daß Technikentwicklung nicht vorrangig Nachahmung menschlicher Fähigkeiten mit dem Ziel, Menschen zu ersetzen, beinhalten würde, sondern originär technische Möglichkeiten systematisch genutzt würden, um menschliche Fähigkeiten zu ergänzen. Dies könnte beispielsweise heißen, daß - statt Millionenbeträge in die technische Nachbildung menschlicher Sensorik zu investieren - die enormen Kapazitäten technischer Systeme für das schnelle Abarbeiten komplexester Algorithmen vorrangig in Richtung einer Unterstützung menschlicher Informationsaufnahme und Entscheidungsfindung weiterentwickelt würden (vgl. z. B. das von Honeywell initiierte Forschungsprogramm „Abnormal Situation Management", Nimmo, 1995).

19.1.2 Methoden für eine komplementäre Aufgabenverteilung

Eine Reihe von Verfahren oder zumindest Konzepten wurde entwickelt, die alle dem Prinzip der Komplementarität verpflichtet sind, auch wenn sich teilweise die verwendeten Begriffe unterscheiden, z. B. wird von symbiotischer Mensch-Technik-Beziehung, synergistischem Ansatz, dualem Design oder sehr häufig auch hybrider Automation gesprochen. Trotz der vielfältigen Anstrengungen, ein systematisches Verfahren für die Funktionsverteilung zwischen Mensch und Technik zu entwickeln, wird immer wieder festgestellt, daß Entscheidungen über Funktionsverteilungen eher unsystematisch und keiner speziellen Methode folgend getroffen werden (z. B. Price, 1985). Gründe dafür sind in den Mängeln der vorhandenen Methoden wie auch Mängeln des Projektmanagement zu suchen, zusätzlich ist aber der Einfluß impliziter Annahmen über „gute Systemgestaltung" nicht zu unterschätzen. Je, unter Umständen vermeintlich, einiger die Mitglieder des Designteams darüber sind, welche Rolle grundsätzlich Mensch und Technik in einem System übernehmen sollten, desto weniger notwendig erscheint eine systematische Diskussion von Designalternativen (vgl. Abschnitt 19.2.2).

Zwei Methoden, die unseren eigenen Ansatz wesentlich beeinflußt haben, sollen kurz vorgestellt werden. In einer Reihe von Projekten wurde von Clegg und Mitarbeitern eine Methode entwickelt und eingesetzt, deren zentrales Ziel ist, die Berücksichtigung menschbezogener Aspekte schon bei der Systementwicklung zu unterstützen, statt vorhandene Systeme retrospektiv auf ihr menschengerechtes Design hin zu evaluieren (Clegg et al., 1989, 1993, 1995). Die Systemgestaltung wird in drei Phasen untergliedert: (1) die Entwicklung organisationaler Szenarien, (2) die Definition der Rollenverteilung zwischen den Arbeitenden und (3) die Festlegung der Funktionsverteilung zwischen Mensch und Technik. Diese Phasen werden vor allem durch Vorgaben hinsichtlich des Diskussionsprozesses unterstützt, z. B. durch ein strukturiertes Vorgehen bei der Gewichtung von Kriterien und Bewertung von Designoptionen anhand dieser Kriterien. Die Wahl der Gestaltungskriterien wird dem Designteam überlassen, allerdings wird eine Liste möglicher Kriterien vorgegeben, die den Gestaltungsprozeß heuristisch unterstützen sollen. Beispiele solcher Kriterien sind Leistungsanforderungen wie Geschwindigkeit und Genauigkeit, Automatisierbarkeit, Qualität der Arbeitstätigkeiten und Übereinstimmung mit organisationalen und gesetzlichen Anforderungen.

Die von Clegg und Mitarbeitern vorgeschlagene Methode ist als Heuristik zu verstehen, die ein Entwicklungsteam bei Entscheidungen zum Systemdesign einschließlich der Funktionsverteilung unterstützt. Kriterien dienen mehr der Orientierung als der strikten Beurteilung in diesem Prozeß. Dies ist bei der zweiten Methode, der „Kontrastiven Analyse von Büroaufgaben (KABA)" von Dunckel, Volpert, Zölch, Kreutner, Pleiss & Hennes (1993) anders. Die Kriterien in KABA, die ausschließlich auf die Arbeitsaufgaben der Mitarbeiter bezogen sind und auf der Grundlage der Handlungsregulationstheorie, aber auch Überlegungen, die Theorien selbstorganisierender Systeme entstammen, erarbeitet wurden, sind als Anforderungen an die menschengerechte Gestaltung von Arbeitstätigkeiten formuliert. Daher auch der Begriff „kontrastiv", der gewählt wurde, um deutlich zu machen, daß es nicht um ein Vergleichen zwischen Mensch und Maschine, sondern um eine „Darstellung der Unvergleichbarkeit von beidem" (Volpert, 1987, S. 35) mit dem Ziel einer humanzentrierten Systemgestaltung geht. Die Methode ist eher für die Analyse bestehender als für die Entwicklung neuer Systeme geeignet, da sie sehr detaillierte Bewertungen vornimmt und nur wenig Anleitung für den Designprozeß als Ganzes bzw. die Anwendung der Methode im Rahmen eines Designprozesses gibt. Zudem wird die Aufgabenverteilung zwischen Mensch und technischem System nicht eingehender analysiert. Allerdings können aus der mit KABA durchgeführten Analyse Änderungsvorschläge im Sinne einer korrektiven Gestaltung oder allgemeine Anforderungen für eine prospektive Gestaltung von Arbeitssystemen abgeleitet werden.

19.2 Die Methode KOMPASS

In der Methode KOMPASS werden drei Analyse- und Gestaltungsebenen unterschieden, die zunächst definiert und voneinander abgegrenzt werden sollen. Die Ebene des Mensch-Maschine-Systems beinhaltet die Interaktion zwischen einem Menschen und dem technischen System bzw. den technischen Systemen, für dessen/deren Steuerung und Überwachung er (mit-) verantwortlich ist. Die Ebene der Arbeitstätigkeit schließt alle vom betrachteten Menschen auszuführenden Aufgaben ein, d. h. sowohl Aufgaben, die direkt die Interaktion mit bestimmten technischen Systemen betreffen, als auch von diesen Systemen relativ unabhängige Aufgaben wie beispielsweise Arbeitszeitplanung in einer Produktionsgruppe. Die Ebene des Arbeitssystems schließlich betrifft nicht mehr einen einzelnen Menschen und seine Aufgaben, sondern größere organisatorische Einheiten, die mehrere Personen bzw. mehrere Mensch-Maschine-Systeme umfassen. Zur Systemabgrenzung kann das Konzept der Primäraufgabe genutzt werden, d. h. alle für die Bewältigung einer abgrenzbaren, überindividuellen Aufgabe - z. B. Fertigung eines bestimmten Produktespektrums - nötigen Personen, Materialien, technischen Anlagen etc. werden einbezogen.

Das Anliegen bei der Entwicklung der Methode KOMPASS (Komplementäre Analyse und Gestaltung von Produktionsaufgaben in soziotechnischen Systemen) war eine Verbindung der Vorteile der beiden vorgestellten Methoden, unter Vermeidung ihrer jeweiligen Nachteile. Das heißt, es wurde angestrebt, eine Methode zu entwickeln,

- die für die Analyse bestehender, besonders aber die prospektive Analyse und Gestaltung geplanter Arbeitssysteme geeignet ist,

- dabei die drei Ebenen Mensch-Maschine-System, individuelle Arbeitstätigkeit und Arbeitssystem auf integrierte Weise berücksichtigt,
- auf empirisch überprüften Analyse- und Gestaltungskriterien für alle drei Ebenen aufbaut,
- die Ableitung konkreter Anforderungen an die Technikgestaltung ermöglicht und
- das Entwicklungsteam bei einem integrativen und partizipativen Designprozeß unterstützt.

In einer ersten Projektphase wurde ein Analyseinstrument entwickelt und in vollständigen Doppelanalysen (vgl. Oesterreich, 1992) bei 29 Arbeitsaufgaben überprüft, das kriteriengeleitete Bewertungen der Ist-Situation hinsichtlich des Arbeitssystems als Ganzem, der individuellen Arbeitstätigkeiten und der Aufgabenverteilung bei jedem einzelnen Mensch-Maschine-System ermöglicht (zu den Ergebnissen der empirischen Überprüfung vgl. Grote, 1997). Dieses Instrument wurde als Teil einer Methode konzipiert, die von Praktikern bei einem möglichst breiten Spektrum von Automatisierungsvorhaben anwendbar sein soll und nicht nur die Analyse einer Ist-Situation, sondern im Sinne einer Gestaltungsheuristik auch die Entwicklung und prospektive Bewertung von Gestaltungsoptionen unterstützt.

19.2.1 Kriterien für komplementäre Systemgestaltung

Ein wesentliches Ziel von KOMPASS war die Bestimmung von Kriterien für Komplementarität, die möglichst techniknah, aber nicht vom Stand der Technik abhängig sein sollten. Bei der Wahl der Kriterien wurde davon ausgegangen, daß - neben der Förderung individueller und kollektiver Autonomie und Kontrolle bezüglich Arbeitsinhalten und -bedingungen - die Voraussetzungen für eine optimale Kontrolle des technischen Systems durch die menschlichen Operateure geschaffen werden müssen.

In Anlehnung an Kontrolltheorien in Psychologie und Systemtheorie können drei Aspekte von Kontrolle unterschieden werden (vgl. z. B. Brehmer, 1993; Ganster & Fusilier, 1989; Osnabrügge, Stahlberg & Frey, 1985; Thompson, 1981; Troy, 1981):

- die Durchschaubarkeit des zu kontrollierenden Systems,
- die Vorhersehbarkeit seines Verhaltens und
- die Möglichkeiten der Einflußnahme.

Diese Aspekte sind nicht unabhängig, sondern beeinflussen einander in der Form, daß Durchschaubarkeit und Vorhersehbarkeit als Voraussetzungen für eine sinnvolle Nutzung von Einflußmöglichkeiten zu sehen sind, während umgekehrt die aktive Beeinflussung eines Systems seine Durchschaubarkeit und Vorhersehbarkeit fördert.

Diese Überlegungen sind grundsätzlich nicht neu, sie liegen den meisten der von Arbeitswissenschaftlern vorgeschlagenen Vorgehensweisen für die Systemgestaltung explizit oder implizit zugrunde. Bei der Durchsicht der daraus abgeleiteten Kriterien für die Aufgabenverteilung zwischen Mensch und Technik ist man allerdings mit einer Vielzahl sehr unterschiedlicher Kriterien konfrontiert, unterschiedlich hinsichtlich ihrer Operationalisierung bzw. Operationalisierbarkeit, ihres Detaillierungsgrades, der Breite ihrer Anwendbarkeit etc. Oftmals wird auch nicht klar zwischen Gestaltungsanforderungen bzgl. Werkzeug-, Dialog- und Ein-/ Ausgabeschnittstelle unterschieden (vgl. Grote, 1994). Besonders die Grenze zwischen Dialog- und Werkzeugschnittstelle wird nicht immer deutlich gezogen. Die grundlegende Aufgabenverteilung zwischen Mensch und Technik wird meist im Sinne einer „supervisory control"-Situation als gegeben angesehen und - vermeintlich - nur noch die Dialogschnittstelle gestaltet. Im Detail bedeuten Entscheidungen hinsichtlich der technischen Unterstützung dieser Supervisor-Rolle aber auch Verschiebungen in der Funktionsverteilung bzw. müssen Fragen der Funktionsverteilung auch für diese Teile des Mensch-Maschine-Systems neu gestellt werden. Beispielsweise kann die Aufgabenverteilung ursprünglich vorsehen, daß die Prozeßüberwachung vollständig vom Menschen - ohne technische Unterstützung durch Meßsensoren, Alarmmeldungen bei Sollwertüberschreitungen etc. - übernommen wird. Wird neu ein integriertes Meßsystem eingeführt, stellt sich die Frage, ob mit diesem System die Überwachung und gegebenenfalls Korrektur des Prozesses neu vollautomatisch erfolgen oder der Mensch weiter involviert sein soll. Wird entschieden, daß das System nur Abweichungen meldet, aber nicht selbst reagiert, ist als nächstes die Frage der Unterstützung des Menschen bei der Auswahl relevanter Alarme zu beantworten etc.

Während bei den Kriterien für die Analyse, Bewertung und Gestaltung auf der Ebene Arbeitstätigkeit und Arbeitssystem auf allgemein akzeptierte Konzepte und Verfahren zurückgegriffen werden konnte (besonders Dunckel et al., 1993; Emery, 1959; Hacker, Iwanowa & Richter, 1983; Oesterreich & Volpert, 1991; Susman, 1976; Ulich, 1994), waren die Kriterien auf der Ebene des Mensch-Maschine-Systems - unter Berücksichtigung vorhandener Ansätze (besonders Clegg et al., 1989; Corbett, 1985, 1987; Kraiss, 1989; Sheridan, 1987) - größtenteils neu zu bestimmen und zu operationalisieren. Dabei ist darauf hinzuweisen, daß die Kriterien zur Bewertung des Mensch-Maschine-Systems auf der Basis einzelner Funktionen, die vom Mensch-Maschine-System zu erfüllen sind, erhoben werden und nicht - wie die Kriterien auf der Ebene Arbeitstätigkeit - global für die gesamte vom Operateur zu erledigende Aufgabe. Dadurch wird gewährleistet, daß für die Entwicklung von Varianten der Funktionsverteilung funktionsbezogene Bewertungen genutzt werden können, die eine Verbindung zwischen der Funktionsverteilung im Mensch-Maschine-System und der für den Operateur entstehenden Arbeitstätigkeit schaffen. In Tabelle 1 werden die Kriterien für alle drei Ebenen kurz erläutert.

Um zu verdeutlichen, wie die in den vorangegangenen Abschnitten formulierten Grundsätze für die Aufgabenverteilung zwischen Mensch und Technik umgesetzt wurden, sollen die Kriterien der Ebene Mensch-Maschine-System etwas ausführlicher dargestellt werden.

Prozeßtransparenz ist als zentrale Voraussetzung für die Übernahme von Überwachungs- und Steuerungsfunktionen durch den Menschen bzw. den dafür nötigen Aufbau und Erhalt von mentalen Modellen des technischen Prozesses zu sehen (vgl. z. B. Wilson & Rutherford, 1989). Dazu sind die praktische Auseinandersetzung mit dem technischen System und möglichst direkte Rückmeldungen über Vorgänge in diesem System notwendig. Es wird bestimmt, inwieweit die Übernahme einer bestimmten Funktion im Mensch-Maschine-System die Entwicklung des Prozeßverständnisses fördert. Dabei wird zwischen dem Verständnis der allgemeinen Natur des Bear-

*Tabelle 1: KOMPASS-Kriterien für die Analyse, Bewertung und Gestaltung
automatisierter Arbeitssysteme (aus Grote et al., in Druck)*

Arbeitssystem

- **Vollständigkeit der Aufgabe des Arbeitssystems**
  Umfang der Produktbearbeitung, Grad der funktionalen Integration, Komplexität der
  Produktionsbedingungen
- **Unabhängigkeit des Arbeitssystems**
  Puffer, Flexibilität des Arbeitsflusses, lokale Qualitätssicherung
- **Passung von Regulationserfordernissen und -möglichkeiten**
  Art und Ausmaß der Schwankungen und Störungen, Aufgabenzusammenhang / Koope-
  rationsform, Flexibilität der Kooperationsform
- **Polyvalenz der Mitarbeiter**
  Ausmaß des von den Mitarbeitern beherrschten Aufgabenspektrums
- **Autonomie der Produktionsgruppen**
  Mitentscheidungsmöglichkeiten bei interner und externer Koordination, internen Perso-
  nalangelegenheiten und Verbesserungen im Arbeitssystem
- **Grenzregulation durch Vorgesetzte**
  Verhältnis von arbeitssysteminternen Aufgaben zu Aufgaben der Koordination mit vor-,
  nach- und übergeordneten Stellen und der Systemverbesserung

Arbeitstätigkeit

- **Ganzheitlichkeit**
  Ausmaß an vorbereitenden, planenden, ausführenden, kontrollierenden, nachbereiten-
  den und störungsbehebenden Aufgabenanteilen
- **Denk- und Planungserfordernisse**
  Ausmaß geforderter Denk- und Planungsprozesse hinsichtlich Arbeitsinhalt, Arbeits-
  mitteln, Arbeitsprozeß und Arbeitsergebnissen
- **Kommunikationserfordernisse**
  Ausmaß geforderter Kommunikation und Kooperation auf der Basis gemeinsamer Pla-
  nung und Entscheidung
- **Lern- und Entwicklungsmöglichkeiten**
  Möglichkeiten für Nutzung vorhandener Qualifikation und Qualifikationserweiterung
- **Anforderungsvielfalt**
  Aufgabenbedingter Umgang mit unterschiedlichen Materialien, technischen Verfahren,
  Auftragsarten und Personen
- **Durchschaubarkeit der Arbeitsabläufe**
  Transparenz bzgl. der eigenen Aufgabe vor- und nachgelagerten Arbeitsschritten
- **Gestaltbarkeit der Arbeitsbedingungen**
  Möglichkeiten der Beeinflussung von Aufträgen, Arbeitszeit, Arbeitsverteilung, Auftrags-
  zielen
- **Zeitelastizität**
  Zeitliche Vorhersehbarkeit, Zeitbindung, Zeitdruck
- **Belastungen**
  Informatorische und motorische Behinderungen

Mensch-Maschine-System

- **Kopplung**
  Ausmaß und Nutzung der technisch gegebenen Wahlmöglichkeiten bzgl. Zeit, Ort, Ar-
  beitsverfahren und gefordertem kognitivem Aufwand
- **Prozeßtransparenz**
  Möglichkeiten des Aufbaus eines mentalen Modells des Bearbeitungsprozesses, Art
  und Ausmaß der Prozeßrückmeldungen
- **Autorität**
  Aufteilung der Entscheidungsgewalt über Informationszugang und Beeinflussung der
  Prozeßausführung zwischen Mensch und Technik
- **Flexibilität**
  Veränderbarkeit der Funktionsteilung zwischen Mensch und Technik und Aufteilung der
  diesbezüglichen Entscheidungsgewalt

beitungsprozesses und der zeitlichen Folge einzelner Bearbeitungsschritte sowie der nötigen Prozeßeingriffe und ihrer zeitlichen Plazierung unterschieden. Zusätzlich werden die vorhandenen Rückmeldungen aus dem Prozeß bestimmt, die verschiedene und auch unmittelbar sinnliche Qualitäten haben sollten. Wenn Rückmeldungen auf Prozeßsimulationen beruhen, ist wesentlich, daß für den Operateur erkennbar ist, ob die Simulation auf Daten aus dem realen Prozeß oder ausschließlich auf „Soll-Daten" beruht. Bei Funktionen, deren Ausübung die Entwicklung mentaler Modelle des Prozesses fördern kann und die zudem vielfältige Rückmeldungen aus dem Prozeß ermöglichen, ist bei der Mensch-Maschine-Funktionsteilung sicherzustellen, daß der Operateur involviert bleibt.

Kopplung wird vielfach als Kernmerkmal von Mensch-Maschine-Systemen bzw. sogar von soziotechnischen Systemen (vgl. z. B. Corbett, 1985; Perrow, 1987) beschrieben. Dabei wird üblicherweise davon ausgegangen, daß ein geringer Kopplungsgrad anzustreben ist, um die Einflußmöglichkeiten der Operateure bzw. allgemeiner der Menschen im System zu erhöhen. Solange der Fokus Mensch-Maschine-Systeme sind, die eine enge Anbindung des Menschen an den Takt der Maschine erfordern, ist diese Zielsetzung direkt einleuchtend und durch empirische Zusammenhänge zwischen Kopplung, Arbeitszufriedenheit und psychischem Wohlbefinden unterstützt (Corbett, 1985; Corbett, Martin, Wall & Clegg, 1989). Es ist aber, besonders hinsichtlich der Mensch-Maschine-Interaktion in hochautomatisierten Systemen, auch zu beachten, daß es eine zu geringe Kopplung geben kann, die aufgrund der sehr geringen Involviertheit in den Prozeß zu übermäßiger Prozeßdistanz mit den entsprechenden negativen Folgen für die kognitiven und motivationalen Voraussetzungen effektiver Überwachung und Steuerung führen kann. Dort, wo Menschen den Prozeß noch kontrollieren und bei Störungen eingreifen können müssen, ist in Weicks Sinn eine lose Kopplung, keine Entkopplung anzustreben (Weick, 1976; Orton & Weick, 1990). Lose Kopplung meint dabei nicht das eine Ende eines Kontinuums, sondern die Dialektik der gleichzeitigen Bindung an und Autonomie über das technische System. Um diese Bedeutung des Konzepts der losen Kopplung deutlich zu machen, wird hier von dynamischer Kopplung gesprochen. Dynamische Kopplung kann auch als eine Form von 'Autonomie höherer Ordnung' (vgl. Grote, 1997) verstanden werden, denn sie ist letztlich dadurch gekennzeichnet, daß autonom über die Einschränkung der operativen Autonomie bzw. über das Maß an Bindung an das technische System entschieden werden kann - z. B. auf der Basis von durch den Operateur bestimmbarer, flexibler Funktionsverteilung.

Im einzelnen wird hinsichtlich der zeitlichen und örtlichen Kopplung sowie der Kopplung in Bezug auf die anzuwendenden Arbeitsverfahren und die notwendige kognitive Auseinandersetzung mit dem technischen Prozeß unterschieden. Für jeden dieser Aspekte wird bestimmt, inwieweit durch das technische System Wahlmöglichkeiten gegeben werden, die eine dynamische Kopplung ermöglichen, und ob diese Möglichkeiten aufgrund technischer Auslegung und organisatorischer Regelungen vom Operateur auch tatsächlich genutzt werden. So kann z. B. durch den vom Operateur wählbaren Einsatz eines Bestückungsroboters die zeitliche Kopplung an den Bearbeitungsprozeß nach Wunsch reduziert werden; sie kann aber auch vom Operateur bewußt in Kauf genommen werden, um bei besonders schwierigen Werkstücken die Bestückung von Hand vorzunehmen und anschließend den Bearbeitungsprozeß intensiv zu überwachen.

Die Autoritätsverteilung innerhalb eines Mensch-Maschine-Systems gibt darüber Auskunft, wer - Mensch oder Technik - letztlich die Entscheidungsgewalt über die ablaufenden Vorgänge hat (vgl. z. B. Kraiss, 1989; Sheridan, 1987). Dabei wird zwischen der Autorität bezüglich Eingriffen in den Prozeß und Beeinflussung der informatorisch aufgearbeiteten Rückmeldungen aus dem Prozeß unterschieden. Die Autorität kann beispielsweise das Treffen von Entscheiden bezüglich eines gewünschten (Soll-) Prozesses oder steuernde Eingriffe in laufenden (Ist-) Prozesse beinhalten. Damit Vorgänge aktiv und zielgerichtet beeinflußt werden können, müssen aktuelle Systemzustände erkennbar und künftige vorhersehbar sein. Dies wird durch das Ausmaß der Informationsautorität, aber auch durch die Möglichkeit, durch Ausführung einer Funktion mentale Modelle des Prozesses zu entwickeln (siehe Kriterium Prozeßtransparenz), bestimmt. Während bei den anderen Kriterien das Gestaltungsziel durch ein 'Je mehr, desto besser' bestimmt ist, wird die Autorität im Hinblick auf eine Passung zwischen Autoritätsverteilung und menschlicher Verantwortung für die Effizienz und Sicherheit des Produktionsprozesses beurteilt. Auch die Passung zwischen der Autorität bzgl. Informationszugang und bzgl. Prozeßeingriffen ist zu überprüfen. Beispielsweise ist zu verhindern, daß ein Operateur zwar vielfältige Eingriffsmöglichkeiten hat, aber wenig Einfluß auf die ihm zur Verfügung gestellte Prozeßinformation. Für die Beurteilung der beiden Arten von Autorität sind jeweils fünf Stufen definiert, die von „völlig beim Operateur" (manuell) bis zu „völlig beim technischen System" (automatisch) reichen mit Zwischenstufen wie z. B. „manuell - automatisch unterstützt" oder „automatisch - manuell begrenzt".

Flexibilität ist in einem Mensch-Maschine-Systeme gegeben, wenn unter Gewährleistung gleichbleibender Produktionsqualität und ohne technisch-organisatorische Umstellungen die Wahl zwischen verschiedenen Stufen der Autoritätsverteilung möglich ist. Dabei müssen - im Sinne einer Autorität höherer Ordnung - Entscheide über die temporäre Festlegung der Autoritätsverteilung zwischen Mensch und Maschine gefällt werden. Die Verteilung der Kompetenz auf dieser Autoritätsebene höherer Ordnung unterscheidet adaptierbare von adaptiven Systemen. Adaptierbar ist ein System, wenn der Mensch über die Autoritätsverteilung entscheiden kann, hingegen wird ein System als adaptiv bezeichnet, wenn diese Entscheidung bei der Technik liegt. Anzustreben ist ein adaptierbares System, so daß der Operateur kurzfristig und eigenständig entscheiden kann, z. B. aufgrund seiner momentanen Arbeitsbelastung, ob er eine Funktion selbst ausführt oder sie (teilweise) dem technischen System übergibt. Flexibilität spielt auch insofern eine wichtige Rolle, als sie dynamische Kopplung ermöglicht. Die Bewertung der Flexibilität erfolgt auf der Grundlage der für die Autoritätseinstufung erhobenen Daten: Wenn für eine Funktion mehrere - wählbare - Autoritätsstufen gefunden wurden, zeigt dies die Möglichkeit der flexiblen Funktionsverteilung an.

19.2.2 Der KOMPASS-Gestaltungsprozeß

Neben der Bereitstellung von Kriterien für die Beurteilung bestehender und geplanter Systeme ist die Unterstützung des eigentlichen Gestaltungsprozesses ein zentrales Anliegen von KOMPASS. Eine wesentliche Ausgangsannahme ist, daß jede Systemgestaltung - auch wenn sie im Unternehmen als Gestaltung eines 'rein technischen' Systems verstanden wird - eine Organisationsentwicklungsmaßnahme darstellt. Außerdem stellen sich bei Gestaltungsprozessen die miteinander verknüpften Fragen, in welchem Ausmaß diese Prozesse durch Gestaltungskriterien unterstützt und wie partizipativ sie erfolgen sollen. Einige Autoren würden wahrscheinlich argumentieren, daß Kriterien letztlich zweitrangig sind und die Gestaltung vor allem durch die Vorannahmen der Entwickler beeinflußt wird und diese Vorannahmen bewußt gemacht und im Hinblick auf die Zielsetzung einer komplementären Systemgestaltung diskutiert und überprüft werden müssen (z. B. Clegg et al., 1989; Clegg et al., 1993; Hirschheim & Klein, 1989). Inwieweit dies gelingt, hängt unter anderem davon ab, wieviel Partizipation den verschiedenen von Gestaltungsentscheidungen betroffenen Gruppen ermöglicht wird. Gestützt durch empirische Befunde besteht allgemein Einigkeit darüber, daß neben Projektverantwortlichen und verschiedenen Experten immer auch die von der Systementwicklung betroffenen Mitarbeiter beteiligt sein sollten, wodurch sowohl die Qualität des Designs als auch die Akzeptanz des Systems erhöht werden kann (vgl. z. B. Ulich & Grote, in Druck). Um der Gefahr zu begegnen, daß durch vorgegebene und von den Beteiligten nicht modifizierbare Kriterien der Spielraum für partizipative Entscheidungen zu stark eingeschränkt wird, muß eine Balance zwischen kriteriengeleitetem und partizipativem Vorgehen gefunden werden. Einerseits darf die Partizipation durch zu enge Vorgaben nicht zur Farce werden, andererseits ist aber auch zu vermeiden, daß Partizipation zur Entschuldigung wird, um sich nicht auf - auch von allen einklagbare - Kriterien für die Systemgestaltung festlegen zu müssen. Eine Möglichkeit, um diese Balance zu erreichen, ist es, in einem prinzipiell kriterienleiteten Prozeß die Schritte und Aufgaben zu spezifizieren, bei denen die Partizipation verschiedener Gruppen gefordert ist. Hinzu kommt, daß natürlich auch die Kriterien selbst Teil des partizipativen Vorgehens sind, indem sie zu Beginn des Gestaltungsprozesses - in Verbindung mit Grundannahmen wie Technik- und Menschenbildern der Entwickler - zur Diskussion gestellt werden müssen.

Die Struktur des mit KOMPASS angestrebten und bereits in Technikentwicklungsprojekten erprobten Gestaltungsprozesses ist in Abbildung 1 dargestellt (vgl. Grote, Wäfler & Weik, 1997; Wäfler, Weik & Grote, 1995). Aus dieser Abbildung geht auch hervor, daß die Methode KOMPASS in drei Module gegliedert ist, die je nach Ausgangsbedingungen der Systemgestaltung auf unterschiedliche Weise miteinander verknüpft werden kö nnen.

KOMPASS besteht aus einem Leitfaden (Modul B), der für die Analyse und Bewertung bestehender Arbeitssysteme gedacht ist und einer in zwei Module (A und C) aufgeteilten Gestaltungsheuristik, die ein - möglichst multifunktional zusammengesetztes und zukünftige Systemnutzer einschließendes - Projektteam bei einer komplementären Systemgestaltung unterstützen soll. Drei Anwendungsvarianten von KOMPASS sind möglich: Pfad 1 kennzeichnet die Analyse und Bewertung bestehender Arbeitssysteme entlang der drei bereits beschriebenen Ebenen: Arbeitssystem, individuelle Arbeitstätigkeit und Mensch-Maschine-System. Ziel des ausschließlichen Einsatzes von Modul B kann sein, sowohl technische als auch organisatorische Gestaltungsoptionen für eine komplementäre Systemgestaltung aufzuzeigen, die ohne größere Umgestaltungen durchgeführt werden können. Pfad 2 stellt die Maximalvariante des Einsatzes von KOMPASS im Rahmen eines Automatisierungsprojektes dar, das Modifikationen und Neuentwicklungen für ein bestehendes Arbeitssystem vorsieht, dessen Neugestaltung in Modul A und C diskutiert und das in seiner bestehenden Form in Modul B analysiert wird. Pfad 3 unterscheidet sich von der Maximalvariante insofern, als hierbei die Automatisierung bestimmter Produktionsprozesse unabhängig von einem konkret bestehenden Arbeitssystem geplant wird, z. B. in der Entwicklungsabteilung eines Herstellers von Produktionsanlagen, weshalb die Module A und C, nicht aber die Analyse eines bestehenden Systems mit Modul B, relevant sind.

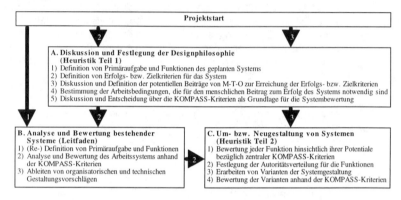

Abb. 1:   *Module und Anwendungsvarianten der Methode KOMPASS (aus Grote, Weik, Wäfler, Zölch & Ryser, in Druck)*

Zwei Grundsätze sind zu betonen: (a) Das Vorgehen bei der Festlegung der Designphilosophie und der Variantenentwicklung (Module A und C) kann nicht im Sinne eines Algorithmus vorgeschrieben, sondern nur im Sinne einer Heuristik grob strukturiert werden; (b) eine Beteiligung der Operateure des 'alten' Produktionssystems wie auch der zukünftigen Operateure, soweit diese zu diesem frühen Zeitpunkt bestimmt werden können, ist wesentlich für eine Entwicklung angemessener Designoptionen und ihre Bewertung. Von besonderer Bedeutung ist die Partizipation von Systemoperateuren in Modul C, wenn es um die Entscheidung über Qualitäten der Funktionen, speziell ihre Bedeutung für Prozeßtransparenz, und eine die Kontrolle der Operateure erhaltende und unterstützende Autoritätsverteilung geht, da dies Fragen sind, die die Operateure selbst am besten entscheiden können.

Schließlich ist zu erwähnen, daß ein spezielles Anliegen des Moduls C die Verknüpfung von Funktionsverteilung und Gestaltung von Arbeitstätigkeiten schon im Stadium der Entwicklung von Designoptionen ist. Dazu wird jede Funktion anhand von vier Kriterien bewertet: potentiell mögliche Denk- und Planungserfordernisse, Art der geforderten Aktivität (planend, ausführend, kontrollierend etc.), Bedeutung der Ausübung dieser Funktion für die Transparenz des Bearbeitungsprozesses bzw. Erfordernis von Prozeßtransparenz für eine Erfüllung dieser Funktion durch den Operateur und Automationspotential (sowohl technisch als auch hinsichtlich grundlegender Arbeitsgestaltungsgesichtspunkte, wie z. B. Einhaltung bestimmter Sicherheitsvorschriften, die ausschließlich menschliche oder technische Ausführung bedingen können). Eine Kennzeichnung der Funktionen in dieser Weise ermöglicht eine grobe Einteilung in drei Allokationsgruppen, womit auch schon eine grobe Festlegung der Autoritätsverteilung erfolgt:

I. Operateur alleine (v. a. auf der Grundlage des Automationspotentials),

II. technisches System alleine (Funktionen, die keine Denk- und Planungserfordernisse enthalten, für die Prozeßtransparenz unwichtig und automatisierbar sind), und

III. Operateur und technisches System (Funktionen, die Denk- und Planungserfordernisse beinhalten, planender oder kontrollierender Natur sind und/oder für die Prozeßtransparenz wichtig sind).

Anschließend werden die Funktionen in der dritten Gruppe detaillierter analysiert, um Varianten der Verteilung zu entwickeln, wobei auch verschiedene organisatorische Varianten einbezogen werden sollten (z. B. Werkstattprogrammierung oder zentrale Programmierung). Schließlich erfolgt die Bewertung der verschiedenen Varianten mit Hilfe aller KOMPASS-Kriterien (vgl. z. B. Thomma, 1997, für die Nutzung dieses Vorgehens bei der Bestimmung der Funktionalität eines CAD-Systems).

Derzeit wird das Moderationsverfahren in einer Reihe weiterer Entwicklungsprojekte verfeinert und die Generalisierbarkeit der Kriterien auf die Prozeßfertigung sowie auf logistische Aufgaben überprüft.

19.3 Literatur

Bailey, R.W. (1989). *Human performance engineering* (2nd ed.). London: Prentice-Hall International.

Bainbridge, L. (1982). Ironies of automation. In G. Johannsen & J.E. Rijnsdorp (Eds.), *Analysis, design and evaluation of man-machine systems* (pp. 129-135). Oxford: Pergamon.

Brehmer, B. (1993). Cognitive aspects of safety. In B. Wilpert & T. Qvale (Eds.), *Reliability and safety in hazardous work systems* (pp. 23-42). Hove: Lawrence Erlbaum.

Clegg, C., Cooch, P., Hornby, P., Maclaren, R., Robson, J., Carey, N. & Symon, G. (1993). *Methods and tools to incorporate some psychological and organizational issues during the development of computer-based systems.* Technical Report No. 1435. Department of Psychology, University of Sheffield.

Clegg, C., Older, M. & Waterson, P. (1995). *A tool for allocating tasks between humans, and between humans and machines.* Internal report, Institute of Work Psychology, University of Sheffield.

Clegg, C., Ravden, S., Corbett, M. & Johnson, G. (1989). Allocating functions in computer integrated manufacturing: a review and a new method. *Behaviour & Information Technology,* 8, 175-190.

Corbett, J.M. (1985). Prospective work design of a human-centred CNC lathe. *Behaviour & Information Technology,* 4, 201-214.

Corbett, J.M. (1987). A psychological study of advanced manufacturing technology: the concept of coupling. *Behaviour & Information Technology,* 6, 441-453.

Corbett, J.M., Martin, R., Wall, T.D. & Clegg, C. (1989). Technological coupling as a predictor of intrinsic job satisfaction: A replication study. *Journal of Organizational Behavior,* 10, 91-95.

Dunckel, H., Volpert, W., Zölch, M., Kreutner, U., Pleiss, C. & Hennes, K. (1993). *Kontrastive Aufgabenanalyse im Büro. Der KABA-Leitfaden.* Zürich: Verlag der Fachvereine; Stuttgart: Teubner.

Emery, F.E. (1959). Characteristics of socio-technical systems. London: Tavistock Document No. 527.

Fitts, P.M. (Ed.) (1951). *Human engineering for an effective air-navigation and traffic-control system.* Washington, DC: NRC.

Ganster, D.C. & Fusilier, M.R. (1989). Control in the workplace. In C.L. Cooper & I. Robertson (Eds.), *International review of industrial and organizational psychology,* Vol. 4 (pp. 235-280). New York: Wiley.

Grote, G. (1994). A participatory approach to the complementary design of highly automated work systems. In G. Bradley & H.W. Hendrick (Eds.), *Human factors in organizational design and management - IV* (pp. 115-120). Amsterdam: Elsevier.

Grote, G. (1997). Autonomie und Kontrolle - Zur Gestaltung automatisierter und risikoreicher Systeme. Schriftenreihe Mensch-Technik-Organisation (Hrsg. E. Ulich), Band 16. Zürich: vdf Hochschulverlag.

Grote, G., Wäfler, T. & Weik, S. (1997). KOMPASS: Komplementäre Analyse und Gestaltung von Produktionsaufgaben in soziotechnischen Systemen. In O. Strohm & E. Ulich (Hrsg.), *Unternehmen arbeitspsychologisch bewerten - Ein Mehr-Ebenen-Ansatz unter besonderer Berücksichtigung von Mensch, Technik und Organisation* (S. 259-280). Schriftenreihe Mensch-Technik-Organisation (Hrsg. E. Ulich), Band 10. Zürich: vdf Hochschulverlag.

Grote, G., Weik, S., Wäfler, T., Zölch, M. & Ryser, C. (in Druck). KOMPASS (Komplementäre Analyse und Gestaltung von Produktionsaufgaben in soziotechnischen Systemen) - Eine arbeitspsychologische Methode zur Optimierung der Mensch-Maschine-Funktionsteilung. In Dunckel, H. (Hrsg.), Handbuch psychologischer Arbeitsanalyseverfahren. Schriftenreihe Mensch-Technik-Organisation (Hrsg. E. Ulich). Zürich: vdf Hochschulverlag..

Hacker, W., Iwanowa, A. & Richter P. (1983). *Tätigkeits-Bewertungs-System.* Berlin: Psychodiagnostisches Zentrum an der Humboldt-Universität.

Hirschheim, R. & Klein, H.K. (1989). Four paradigms of information systems development. *Communications of the ACM, 32,* 1199-1216.

Jordan, N. (1963). Allocation of functions between man and machines in automated systems. *Journal of Applied Psychology, 47,* 161–165.

Kraiss, K.-F. (1989). Autoritäts- und Aufgabenverteilung Mensch-Rechner in Leitwarten. In Gottlieb Daimler und Karl Benz Stiftung (Hrsg.), *2. Internationales Kolloquium Leitwarten* (S. 55–67). Köln: TÜV Rheinland.

Nimmo, I. (1995). Adequately address abnormal operations. Chemical Engineering Progress, Sept. 1995, 36-45.

Oesterreich, R. & Volpert, W. (Hrsg.) (1991). *VERA Version 2. Arbeitsanalyseverfahren zur Ermittlung von Planungs- und Denkanforderungen im Rahmen der RHIA-Anwendung. Handbuch und Manual.* Berlin: Technische Universität.

Oesterreich, R. (1992). Die Überprüfung von Gütekriterien bedingungsbezogener Arbeitsanalyseverfahren. *Zeitschrift für Arbeitswissenschaft, 46,* 139-144.

Orton, J.D. & Weick, K.E. (1990). Loosely coupled systems: A reconceptualization. *Academy of Management Review*, 15, 203-223.

Osnabrügge, G., Stahlberg, D. & Frey, D. (1985). Die Theorie der kognizierten Kontrolle. In D. Frey & M. Irle (Hrsg.), *Theorien der Sozialpsychologie. Band III: Motivations- und Informationsverarbeitungstheorien* (S. 127-172). Bern: Huber.

Perrow, C. (1987). *Normale Katastrophen*. Frankfurt: Campus.

Price, H.E. (1985). The allocation of functions in systems. *Human Factors*, 27, 33-45.

Sheridan, T.B. (1987). Supervisory control. In G. Salvendy (Ed.), *Handbook of human factors* (S. 1243–1268). New York: Wiley.

Susman, G.I. (1976). *Autonomy at work. A sociotechnical analysis of participative management*. New York: Praeger.

Thomma, M. (1997). Analyse und Werkzeuge zur Unterstützung des Konstruktionsprozesses von Stangpresswerkzeugen. VDI-Fortschrittsberichte, Reihe 20 (Rechnergestützte Verfahren), Nr. 236. Düsseldorf: VDI-Verlag.

Thompson, S.C. (1981). Will it hurt less if I can control it? A complex answer to a simple question. *Psychological Bulletin*, 90, 89-101.

Trist, E.L. (1981). *The evolution of socio-technical systems*. Issues in the Quality of Working Life, No. 2. Ontario: Ministry of Labor.

Troy, N. (1981). Zur Bedeutung der Stresskontrolle. Experimentelle Untersuchungen über Arbeit unter Zeitdruck. Dissertation, ETH Zürich.

Ulich, E. & Grote, G. (in Druck). Work organization. In ILO Encyclopaedia of Occupational Health and Safety, 4th Ed.

Ulich, E. (1994). *Arbeitspsychologie* (3. Aufl.). Zürich: Verlag der Fachvereine; Stuttgart: Poeschel.

Volpert, W. (1987). Psychische Regulation von Arbeitstätigkeiten. In U. Kleinbeck & J. Rutenfranz (Hrsg.), *Arbeitspsychologie* (Enzyklopädie der Psychologie, Themenbereich D, Serie D, Band 1, S.1-42). Göttingen: Hogrefe.

Wäfler, T., Weik, S. & Grote, G. (1995). Complementary design of an automated metal sheet bending cell. Paper presented at the 7th European Congress on Work and Organizational Psychology, Györ (Hungary), April 1995.

Weick, K.E. (1976). Educational organizations as loosely coupled systems. *Administrative Science Quarterly*, 21, 1-19.

Wilson, J.R. & Rutherford, A. (1989). Mental models: Theory and application in human factors. *Human Factors*, 31, 617-634.

20 COMPUTERUNTERSTÜTZTE EREIGNISANALYSE (CEA) - EIN NEUES UND NÜTZLICHES INSTRUMENT IN DER SICHERHEITSARBEIT?

Robert Baggen & Steffen Szameitat

Technische Universität Berlin, Institut für Psychologie, Forschungsstelle Systemsicherheit (FSS)

Zusammenfassung

Im Beitrag wird ein Überblick über die Anwendung von Informationstechnologien für Berichtssysteme sicherheitsrelevanter Ereignisse gegeben. Zunächst werden mit (1) der Meldung von Ereignissen, (2) der Ereignisanalyse und (3) der Speicherung sowie Auswertung von Ereignisberichten drei elementare Funktionen in einem Berichtssystem unterschieden, die für eine Unterstützung durch computerisierte Systeme in Frage kommen. Anschließend wird anhand von Beispielen untersucht, für welche dieser Funktionen bereits Computerunterstützungen vorliegen. Am Ende des Beitrags wird ein Konzept für eine CEA-Software vorgestellt, die die Handhabung und Präzision von Ereignisanalysen nach dem SOL-Verfahren der Forschungsstelle Systemsicherheit (FSS) unterstützen soll.

20.1 Berichtssysteme in Industrien mit hohem Gefährdungspotential

Seit einiger Zeit besteht Einigkeit darüber, daß der Beitrag menschlicher und organisationaler Faktoren zur Systemsicherheit in Einrichtungen mit hohem Gefährdungspotential für Mensch und Umwelt besser berücksichtigt werden sollte. In vielen dieser Organisationen besteht auf der einen Seite ein hohes Vertrauen in technologische Optionen zur Steigerung der Systemsicherheit; auf der anderen Seite werden Human Factors (HF), d. h. Handlungen der Operateure, Gruppenprozesse, Einflüsse des Managements und der Betriebsumgebung bis hin zu den Maßnahmen der Aufsichtsbehörden in ihrer Bedeutung zwar erkannt, aber nicht systematisch berücksichtigt.

Eine Option zur Erschließung dieser Einflüsse besteht in der Erfassung, Analyse, Auswertung und Rückmeldung von Ereignissen, bei denen ein Bezug zur Systemsicherheit erkennbar ist. Mit einer solchen Feedback-Strategie soll es der gesamten Organisation ermöglicht werden, aus HF-bezogener Betriebserfahrung zu lernen und wirksame Gegenmaßnahmen abzuleiten. Dieses Organisationale Lernen geht über individuelles Lernen hinaus, da alle beteiligten Mitarbeiter daran teilhaben und die Erfahrungen systematisch erfaßt und dokumentiert werden, um überinviduell verfügbar zu sein.

Zu diesem Zweck werden organisationsweite Berichtssysteme eingerichtet, die Regeln für die analytische Behandlung sicherheitsrelevanter Ereignisse und die Speicherung und Auswertung der aus ihnen gewonnenen

Betriebserfahrungen enthalten. Ein solches System wurde von der Forschungsstelle Systemsicherheit (FSS) für die deutsche Kerntechnik vorgeschlagen (Wilpert, Fank, Becker, Fahlbruch, Freitag, Giesa & Miller, 1994); ähnliche Systeme liegen für die chemische Industrie (van der Schaaf, 1992; Keil, 1995) und weitere Anwendungsbereiche vor. Für die Luftfahrt existieren in den USA, in Großbritannien und Deutschland bereits Berichtssysteme, die Ereignisberichte vertraulich entgegennehmen und gewonnene Erfahrungen an die (Fach-) Öffentlichkeit weiterleiten.

20.2 Funktionaler Aufbau von Berichtssystemen

Berichtssysteme für HF-relevante Ereignisse unterscheiden sich in vielfältiger Hinsicht, da Aufbau und Komponenten an die Besonderheiten des jeweiligen Einsatzbereichs angepaßt werden müssen.

- Das erste, wichtigste Bestimmungsstück jedes Berichtssystems sind Regelungen, die festlegen, was als sicherheitsrelevantes Ereignis gilt, wie es gemeldet und weiter behandelt werden muß. Hierfür sind gesetzliche Vorschriften relevant, denn die meisten Organisationen hohen Gefährdungspotentials unterliegen staatlicher Aufsicht. Die Organisationen erlassen außerdem interne Vorschriften zum Umgang mit Ereignissen, da sie am sicheren Betrieb ihrer Anlagen interessiert sind. Darüber hinaus bestimmen jedoch kollektive Normen der beteiligten Personen und Organisationen zum Melden von sicherheits- und besonders von HF-relevanten Ereignissen über Ausgestaltung und Erfolg eines Berichtssystems.

- Obwohl die oben genannten HF-bezogenen Berichtssysteme ohne Bezug auf eine bestimmte Organisationsform und Technologie konzipiert sind, können letztere als zweites, modifizierendes Bestimmungsstück eines Berichtssystems gelten. Mit einer bestimmten Technologie sind häufig feststehende Begriffe, Sachverhalte, Prozesse und Regelungen verbunden, die nur in diesem Einsatzbereich verstanden werden. Daher wird die Übertragung eines Berichtssystems in einen anderen Einsatzbereich eine gründliche Überarbeitung der Arbeitsunterlagen erfordern.

Berichtssysteme sind häufig hierarchisch ineinander verschachtelt. So haben viele Organisationen zunächst interne Berichtssysteme. Ausgewählte Ereignisse dieser Systeme werden dann an ausgewählte Stellen eines Industrieverbands oder an ein nationales Berichtssystem weitergeben. Diese wiederum sind in vielen Bereichen, etwa in der Kerntechnik oder der chemischen Industrie, in internationale Berichtssysteme eingebunden.

In funktionaler Hinsicht enthalten Berichtssysteme meistens die folgenden Komponenten (vgl. Abbildung 1):

- Regelungen und Formalismen zur Meldung eines Ereignisses
- Vorgehensweisen zur Aufdeckung von Ursachen oder beitragenden Faktoren
- Eine Datenbank für die Ablage von Ereignisberichten
- Methoden zur Auswertung und Rückmeldung der gesammelten Erfahrung

Im folgenden werden diese Komponenten kurz besprochen.

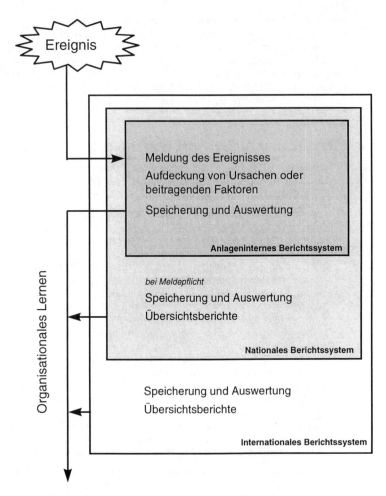

Maßnahmen zur Optimierung der Sicherheit

Abb. 1:   Funktionale Komponenten von Berichtssystemen

20.2.1 Meldung von Ereignissen

Obwohl Berichtssysteme von der Bearbeitung einer möglichst großen Anzahl sicherheitsrelevanter Ereignisse leben, ist allen das Problem gemeinsam, daß Sachverhalte behandelt werden, die für die Beteiligten potentiell negative Konsequenzen wie Bestrafung oder Arbeitsplatzverlust nach sich ziehen. Daher sehen viele Systeme vor, im Rahmen der rechtlichen Möglichkeiten auf Sanktionen zu verzichten. In einigen Systemen kann die Meldung von Ereignissen freiwillig oder gar anonym erfolgen.

Die Meldung von Ereignissen sollte mit einem Verfahren erfolgen, das die Beteiligten unter Wahrung von Freiwilligkeit und Sanktionsfreiheit zu engagierter Mitarbeit anregt. Ein wichtiges Mittel, dies zu fördern, besteht in der Schaffung eines organisationsweiten Klimas, das es erlaubt, Schwachpunkte zu thematisieren. Sinnvoll ist in diesem Zusammenhang die adäquate Rückmeldung der gewonnenen Erkenntnisse und abgeleiteten Maßnahmen an den Melder, die eine individuelle Identifikation mit dem Berichtssystem ermöglichen soll.

Für das Verhältnis von Organisation und Aufsichtsbehörde gilt ähnlich wie beim Verhältnis der Organisation zu ihren Mitarbeitern, daß die Meldung sicherheitsrelevanter Ereignisse u. U. zu negativen Konsequenzen führen kann, die bis hin zur Schließung einer Anlage gehen. Daher sollte die Zusammenarbeit von Organisationen und Aufsichtsbehörden in einem vertrauensvollen Klima erfolgen, das die jeweiligen Zuständigkeiten und Verantwortungen zur Wahrung und Förderung eines bestimmten Sicherheitsniveaus respektiert (Wilpert, Fahlbruch, Miller, Baggen & Gans, im Druck).

20.2.2 Aufdeckung von Ursachen oder beitragenden Faktoren

Die analytische Aufdeckung von Ursachen oder zum Ereignis beitragenden Faktoren bildet ein Kernstück von Berichtssystemen. Da solche Untersuchungen nicht ohne umfassende Informationen über den Ereignishergang betrieben werden können, gehen ihnen in der Regel Begehungen des Geschehensortes, Befragungen beteiligter Personen oder technische Untersuchungen voraus. Mit dem Begriff der Ereignisanalyse werden hier Verfahren bezeichnet, die zur systematischen Beschreibung, Analyse und Berichtslegung solcher Informationen dienen. In der Literatur ist eine Fülle unterschiedlich formalisierter Verfahren für die Ereignisanalyse dokumentiert (für einen Überblick siehe Becker, Wilpert, Miller, Fahlbruch, Fank, Freitag, Giesa, Hoffmann & Schleifer, 1995).

- Bei der *Beschreibung eines Ereignisses* wird zunächst der Ereignishergang in einzelnen Ereignisschritten rekonstruiert. Dafür muß ein geeignetes Abstraktionsniveau gefunden werden, das Handlungen beteiligter Personen, technische Abläufe und andere Vorgänge in angemessener Weise darstellt. Üblicherweise wird als Resultat der Ereignisbeschreibung eine Freitextschilderung der Schritte angefertigt; bei einigen Verfahren sind auch graphische Darstellung vorgesehen.

- Die eigentliche *Analyse verursachender Bedingungen* soll Beziehungen zwischen den Elementen des Ereignishergangs aufdecken und Ursachen bzw. beitragende Faktoren benennen, die das Ereignis ermöglichten. Diese sollten später Ansatzpunkte für die Ableitung von sicherheitsfördernden Maßnahmen sein, die ein erneutes Auftreten des Ereignisses verhindern.

  Für die Ermittlung von beitragenden Faktoren steht eine ganze Reihe von Konzepten zur Verfügung. Eine erste Option besteht darin, anhand einer Identifikationshilfe beitragende Faktoren unmittelbar für die einzelnen Ereignisschritte zu ermitteln. Dabei kommt der Identifikationshilfe eine zentrale Rolle zu, da sie den Suchbereich möglicher Faktoren bestimmt.

Beim Konzept der Barrierenanalyse wird davon ausgegangen, daß Einrichtungen mit hohem Gefährdungspotential über ein tief gestaffeltes System von Barrieren verfügen, die das Entstehen sicherheitsrelevanter Ereignisse verhindern. Die Analyse sieht daher die Ermittlung derjenigen Schwachstellen vor, die zum Versagen einer Barriere geführt haben.

Bei der Abweichungsanalyse wird der Ereignishergang mit ähnlichen, nicht fehlgeschlagenen Situationen verglichen, um festzustellen, welche Aspekte für den Eintritt des Ereignisses verantwortlich waren. Dies setzt voraus, daß Berichte über ähnliche Situationen zur Verfügung stehen und daß die Unterschiede zur aktuellen Situation eindeutig benannt werden können.

Ein letztes Konzept besteht in der Anordnung der Ereignisschritte in Form eines Fehlerbaums. Dabei wird davon ausgegangen, daß die Ereignisschritte chronologisch oder sachlogisch über Und- bzw. Oder-Verknüpfungen in Beziehung stehen und sich das Ereignis somit als stringente Abfolge notwendiger und hinreichender Bedingungen während des Ereignishergangs beschreiben läßt.

• Bei der *Berichtslegung* werden die in den vorangegangenen Schritten erarbeiteten Informationen schriftlich niedergelegt. Bei vielen Berichtssystemen bestehen Anforderungen an Umfang und Gestaltung von Berichten, die zum Teil gesetzlich oder aufsichtsrechtlich geregelt sind. Im Rahmen der Berichtslegung werden im allgemeinen auch Deskriptoren bestimmt, die für die Ablage und statistische Auswertung der Ereignisberichte in Datenbanken benötigt werden. Auch hier liegen teilweise gesetzliche Regelungen vor.

Wenn bei einer Ereignisanalyse Ursachen bzw. zum Ereignis beitragende Faktoren aufgedeckt werden sollen, sollte ein Verfahren Rechenschaft über deren theoretischen Status ablegen. Nur wenige der genannten Verfahren wurden jedoch auf der Grundlage eines expliziten Modells der Ereignisentstehung entwickelt. Daher werden HF vielfach wie scharfe, technische Ursachen behandelt und einzelne, eindeutige „root causes" für Ereignisse bestimmt. Wilpert & Klumb (1993) schlagen dagegen den Begriff „kontribuierender Faktor" vor, um auszudrücken, daß menschliche und organisationale Faktoren der Ereignisentstehung nicht als scharfe Ursachen verstanden werden können.

Die drei beschriebenen Funktionen innerhalb der Ereignisanalyse (Ereignisbeschreibung, Analyse verursachender Bedingungen und Berichtslegung) werden in den vorliegenden Verfahren und Anleitungen zum Teil auf sehr unterschiedliche Weisen realisiert. So kommt es z. B. häufig vor, daß Beschreibung und Analyse verursachender Bedingungen in einem einzigen Schritt vorgenommen werden. Becker et al. (1995) weisen darauf hin, daß damit a priori vorhandene Hypothesen zu den Ursachen eines Ereignisses dessen Analyse in unangemessener Weise beeinflussen können.

Es ist schließlich davon auszugehen, daß der Vorgang der Ereignisanalyse in der Praxis nicht in einer linearen Abfolge der drei beschriebenen Funktionen besteht. Vielmehr können sich während einer Analyse Hypothesen über möglicherweise beteiligte Faktoren entwickeln, denen dann durch weitere Informationssammlung nachgegangen werden muß. Anschließend muß ggf. die Beschreibung des Ereignisses und die Analyse aufgrund neuer Informationen revidiert werden. Gespräche der FSS mit Experten der Ereignisanalyse ergaben, daß vom Beginn der Informationssammlung bis zur Fertigstellung des Berichts nicht selten mehrere Wochen vergehen können.

20.2.3 Auswertung und Speicherung von Ereignisberichten sowie Rückmeldung der Erfahrung

In vielen Berichtssystemen werden Ereignisberichte in einer zentralen Datenbank abgelegt. Je nach System übernimmt die Datenbank bzw. die sie betreibende Stelle Zusatzfunktionen, die über die eigentliche Informationshaltung hinausgehen.

Häufig steht vor der Speicherung eines Ereignisberichts eine Auswertung des Einzelfalls. Da viele Berichtssysteme nicht ausschließlich für die Meldung HF-bezogener Ereignisse vorgesehen sind, werden von den Berichtern nicht überall explizite Ereignisanalysen nach einem formalen Verfahren betrieben. In solchen Fällen muß beim Eintreffen eines Berichts entschieden werden, ob und wie das Ereignis in die Datenbank aufzunehmen ist. In vielen Berichtssystemen ist dies die einzige dezidierte Form der HF-bezogenen Analyse von Ereignissen, bei der auch Deskriptoren für die statistische Behandlung in der Datenbank vergeben werden.

20.2.4 Auswertung und Rückmeldung der gesammelten Erfahrung

Auf Grundlage der Datenbank werden in vielen Systemen Auswertungen des gesammelten Wissens erstellt, damit weitergehende Schlußfolgerungen zur Systemsicherheit und das intendierte Lernen aus Betriebserfahrung möglich sind. Eine Form der Auswertung stellen regelmäßige Statusberichte dar, die einen Überblick über HF-bezogene Ereignisse im Berichtszeitraum geben. Darüber hinaus stellen Betreiber von Berichtssystemen ihre Datenbank gelegentlich für wissenschaftliche Auswertungen zur Verfügung oder geben solche selbst in Auftrag.

20.3 Computerunterstütztung von Berichtssystemen

Da Berichtssysteme im Kern die Erfassung, Analyse, Weitergabe, Speicherung und Auswertung von Informationen beinhalten, soll im folgenden nun der Beitrag moderner Informationstechnologien, d. h. von Computern und Datennetzen, zu solchen Systemen näher untersucht werden.

Zunächst kann man sich fragen, ob die in Berichtssystemen verarbeiteten Informationsmengen überhaupt die Entwicklung aufwendiger technischer Systeme rechtfertigen. So enthalten die in der Literatur dokumentierten Berichtssysteme (z. B. Colas, 1993; Keil, 1995; NRC, 1996) aktuell einige hundert oder tausend Ereignisberichte, die u. U. auch ohne Computerunterstützung gespeichert und verwaltet werden könnten.

Desweiteren wurde bereits festgestellt, daß der erfolgreiche Aufbau und Betrieb von Berichtssystemen die Klärung einer Fülle von Fragen erfordert, die unabhängig von der konkreten technischen Realisierung eines Systems sind. Daraus ergibt sich, daß technische Unterstützung für Berichtssysteme hinsichtlich des Ausgangs solcher Diskussionen flexibel und daher aufwendiger gestaltet sein muß, damit unterschiedliche Varianten eines späteren Berichtssystems integriert werden können.

Gegen diese Einwände stehen jedoch eine Reihe unbestreitbarer Vorteile des Einsatzes von Computern und Datennetzen:

- Der Einsatz von Datennetzen würde gegenüber der Verwendung von Papierformularen deutlich einfachere und schnellere Ereignismeldungen ermöglichen. Allerdings muß sichergestellt werden, daß solche Meldungen freiwillig und anonym erfolgen können.

- Für die Analyse verursachender Bedingungen sind eine Fülle von Unterstützungen durch den Computer denkbar, welche die Handhabung eines Analyseverfahrens erleichtern, präzisere Untersuchungen ermöglichen und die Akzeptanz solcher Verfahren bei technischem Personal fördern. So läßt sich der Papieraufwand reduzieren, indem reine Übertragungsarbeiten von Informationen automatisiert werden. Z. B. kann die graphische Darstellung eines Ereignisses mit Hilfe einer geeigneten Funktion innerhalb von Sekunden in einen Berichtstext überführt werden. Die Genauigkeit von Ereignisanalysen läßt sich durch standardisierte Formulare und Plausibilitätsprüfungen steigern. Schließlich können erklärende oder unterstützende Funktionen wie Handbücher, Glossare oder auch eine Datenbank bereits erfaßter Ereignisse in eine Software integriert werden. Interviews, die von der FSS mit Experten aus der Kerntechnik geführt wurden, ergaben, daß eine Softwareunterstützung den Einsatz von Ereignisanalyseverfahren fördern würde. So müssen die in Kraftwerken damit beschäftigten Mitarbeiter bis zu fünfzehn Berichte pro Jahr erstellen.

- Für die Speicherung und Auswertung von Ereignisberichten wurden bereits technische Unterstützungen in Form computerisierter Datenbanken entwickelt. Neben den elementaren Datenbankfunktionen wurden dabei Kodierungshilfen erstellt, anhand derer eingehende Ereignisberichte auf die Beteiligung von HF hin kategorisiert werden. In dem so geordneten Datenbestand können dann gezielte Recherchen und Statusberichte erstellt werden, die ohne Computer weit aufwendiger wären.

- Durch die Entwicklung standardisierter Datenformate und die Berücksichtigung der gesamten Prozeßkette von der Meldung bis zur Auswertung werden über die Unterstützung einzelner Funktionen hinaus Synergieeffekte erwartet, welche die Anzahl gemeldeter, dokumentierter und ausgewerteter sicherheitsrelevanter Ereignisse weiter steigern würden.

Im folgenden werden in Anlehnung an die in Abschnitt 20.2 benutzte Gliederung Berichtssysteme vorgestellt, in denen eine oder mehrere Funktionen computerunterstützt bewältigt werden.

20.3.1 Computerunterstützte Meldung von Ereignissen

Wie in Abschnitt 20.2.1 dargestellt wurde, erfordert die Meldung von Ereignissen ein Klima der Vertraulichkeit, der Freiwilligkeit oder Anonymität. Um dies zu wahren, werden in den Berichtssystemen auch technische Vorkehrungen zur Informationsübermittlung getroffen. Jedoch gehen diese in den uns bekannten Systemen bislang nicht über die Anwendung klassischer Kommunikationsmittel wie Telefon, Fax oder den Postversand von anonymisierten Meldebögen hinaus (Wilpert et al., 1994).

Obwohl sich mit der Nutzung von Datennetzen, Email-Systemen oder von elektronischen Diskussionsforen zu sicherheitsrelevanten Ereignissen eine interessante Weiterentwicklung von Berichtssystemen anbietet, werden diese bislang nicht genutzt. Die einzige Ausnahme stellt unseres Wissens das Berichtssystem der amerikanischen Nuclear Regulatory Commission (NRC, September 1997) dar, das Berichte zu meldepflichtigen Ereignissen über das Internet veröffentlicht.

20.3.2 Computerunterstützte Ereignisanalyse (CEA)

Für die computerunterstützte Ereignisanalyse existieren unseres Wissens derzeit drei Systeme:

- Die umfangreichste und bisher einzige CEA-Software für die computer-unterstützte Ereignisanalyse in der Kerntechnik wurde von dem in Tokyo ansässigen Forschungsinstitut CRIEPI entwickelt. Das System JAESS (J-HPES Analysis and Evaluation System) dient zur Unterstützung von Ereignisanalysen mit dem Verfahren J-HPES (Japanese Human Performance Enhancement System; Takano, Sawayanagi, Iwai & Kabetani, 1994).

  In insgesamt fünfzehn Analyseschritten wird der Anwender von JAESS durch vier Abschnitte einer Analyse geführt: (1) „Correct Understanding of Events", (2) „Circumstantial Analysis", (3) „Causal Analysis" und (4) „Proposal of Countermeasures". Im Verlaufe der Analyse wird zunächst eine chronologische Darstellung des Ereignishergangs erarbeitet, die als Ausgangspunkt für die Ermittlung des beitragenden menschlichen Fehlers dient. Es wird immer dann von menschlichen Fehlern gesprochen, wenn beim Übergang des Systems in einen nicht-normalen Zustand menschliche Handlungen beteiligt waren.

  Um die Ursachen der menschlichen Fehler zu finden, wird zunächst der Arbeitsablauf der beteiligten Operateure nach inadäquaten oder nicht regelkonformen Handlungen untersucht. Anschließend wird ein Ursachenbaum erarbeitet, der auf verschiedenen Abstraktionsebenen Gründe für das Fehlschlagen der Handlung enthält. Dieser Baum dient danach als Ausgangspunkt für die Ableitung von abgestuften Gegenmaßnahmen. Eine Bewertung der Gegenmaßnahmen auf Effektivität und Durchführbarkeit beendet schließlich die eigentliche Analyse.

- Der Intelligent Safety Assistant (ISA) von Koornneef & Hale (1995) soll die Untersuchung von Ereignissen ermöglichen, die wegen geringer Bedeutung für die Systemsicherheit von den Sicherheitsabteilungen übergangen werden (Koornneef & Hale, 1995). Er ist als Ratgeber für lokale Experten konzipiert, die mit seiner Hilfe Verbesserungen in der Arbeitssicherheit erzielen sollen.

  ISA beruht auf der Methodik von MORT (Management Oversight and Risk Tree, Johnson, 1980). Dabei wird ein Fehlerbaum abgearbeitet, an dessen Spitze sich das Ereignis selbst befindet. Im Unterschied zu anderen Fehlerbäumen ist der Baum in MORT feststehend, d. h. er stellt eine Taxonomie von etwa 1500 möglichen Fehlern dar, über die das Management einer Organisation Kontrolle hat. Es ist Aufgabe des Untersuchers, diese auf das vorliegende Ereignis zu beziehen.

- Unter dem Namen REASON wird von der amerikanischen Firma DECISION Systems Inc. ein CEA-Softwarepaket vertrieben, mit dem sog. „root cause"-Analysen von Ereignissen in einem beliebigen organisationalen Kontext möglich sein sollen. Die REASON-Software ist nicht für ein bestimmtes Berichtssystem konzipiert; der Hersteller schlägt die Verwendung nicht nur für die Untersuchung von sicherheitsrelevanten Ereignisse vor, sondern auch zur Unterstützung von betrieblichem Qualitätsmanagement.

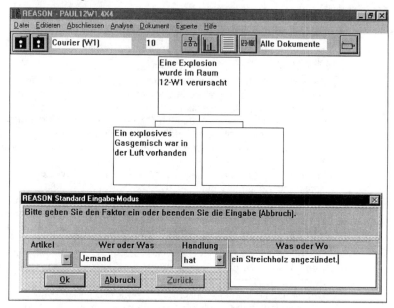

Abb. 2:   Erstellung eines Ursachenbaums mit der REASON-Software.

Der Anwender dieses Systems erstellt einen Ursachenbaum des Ereignisses, in dem er rückwärtsgerichtet danach fragt, warum es dazu kommen konnte. Sind als Antwort auf diese Fragen eine Reihe von Ursachen gefunden, so werden diese erneut hinterfragt usw., bis sich ein hierarchischer Baum entwickelt hat, der Auskunft über die dem Ereignis zugrunde liegenden Grundübel oder root causes erlaubt, an denen Maßnahmen angesetzt werden können. Um die wiederholten Warum-Fragen methodisch zu unterstützen, wird der Anwender zur Bildung von wohlgeformten Sätze angeleitet, indem Subjekt, Prädikat und Objekt getrennt eingegeben werden. Auf diese Weise kann die Software dann selbst Fragen formulieren, welche die Suche nach weiteren Ursachen unterstützen.

Ist der Ursachenbaum vollständig, kann auf Knopfdruck eine vollständige textuelle Schilderung des Ereignishergangs generiert werden. Während der Erarbeitung des Baums ist ständig eine graphische Darstellung verfügbar. Neben dem Ereignisbericht und zugehörigen Grafiken erstellt die Software Statistiken über das Ausmaß der Beteiligung einzelner Ursachen am Ereignis.

Alle drei CEA-Systeme wurden mit der Zielsetzung entwickelt, den Untersuchungsaufwand handhabbarer zu machen und Laien die Möglichkeit zu geben, systematische Ereignisanalysen durchzuführen. Zwei der Systeme wurden anhand vorliegender Papier-Bleistift-Verfahren erstellt, die REASON-Software ist dagegen eine völlige Neuentwicklung. Da alle Systeme erst relativ kurz verfügbar sind, liegen kaum verwertbare Informationen über den Einsatz in der Praxis vor. Daher kann noch nicht entschieden werden, ob sich die angestrebten Zielsetzungen realisieren lassen.

20.3.3 Datenbanken zur Speicherung und Auswertung von Ereignisberichten

Im Gegensatz zur recht neuen Anwendung von Computern bei der Ereignisanalyse werden computerunterstützte Hilfsmittel bereits in vielen Berichtssystemen zur Speicherung und Auswertung von Ereignisberichten eingesetzt (Wilpert et al., 1994). Dabei handelt es sich in der Regel um zentral gepflegte Datenbanken, deren Einträge anhand von schriftlichen Ereignisberichten oder fernmündlichen Meldungen erstellt werden. Informationen zur Beteiligung von HF werden aus der Analyse des Freitextes der Berichte oder aus besonderen HF-bezogenen Deskriptoren ermittelt (Wilpert et al., 1994).

- Für die HF-Datenbank SACRE (Systéme d'Analyse et d'identification Des Critéres Represèntatifs d'un Evénement) der EdF (Electricité de France, Colas, 1993) wurde ein hierarchischer Fragenalgorithmus mit insgesamt ca. 2000 Fragen entwickelt, der für eine umfassende Kategorisierung eingehender Ereignisberichte verwendet wird.
- Die HFIS-Datenbank der Nuclear Regulatory Commission (NRC) in den USA dient der umfassenden Orientierung von Mitarbeitern der NRC bei der Inspektion in einem Kernkraftwerk. HFIS enthält Berichte zu HF-bezogenen Ereignissen, Informationen über den Verlauf von Ausbildungsmaßnahmen und regelmäßigen Inspektionen sowie Genehmigungsdaten einer Anlage (NRC, 1996).
- Die Störfallmeldestelle der deutschen Kerntechnik, die vom Bundesamt für Strahlenschutz (BfS) betrieben wird, pflegt in Zusammenarbeit mit der Gesellschaft für Anlagen- und Reaktorsicherheit (GRS) eine computerisierte Datenbank. Die Kategorisierung eines Ereignisses im Hinblick auf HF erfolgt anhand der Deskriptoren der für Ereignisberichte vorgeschriebenen Meldebögen.
- Schließlich beschreibt Keil (1995) eine Ereignisdatenbank für Beinahe-Unfälle beim Chemiekonzern Dow Chemical, die seit einigen Jahren mit Computerunterstützung betrieben wird. Die Datenbank enthielt seinerzeit bereits einige tausend Ereignisberichte.

Insgesamt ist anzunehmen, daß in allen Industrien mit hohem Gefährdungspotential Datenbanken der beschriebenen Art in Betrieb sind, die für die Speicherung von Ereignisberichten eingesetzt werden. Da aber nur über einen Teil der Berichtssysteme Veröffentlichungen vorliegen, konnten lediglich Beispiele für die Verwendung von computerisierten Datenbanken bei der Speicherung von Ereignisberichten geschildert werden.

Für die Auswertung der gespeicherten Ereignisberichte werden von den meisten Berichtssystemen standardisierte Prozeduren eingesetzt, die in regelmäßigen Übersichten, Statistiken über die Kategorien und andere Analysen bestehen. Auch hier sind nur spärliche Informationen verfügbar, so daß eine ausführlichere Behandlung der verwendeten Darstellungstechniken nicht möglich ist.

20.3.4 Zusammenfassung

Wie die vorangegangene Bestandsaufnahme zeigte, basieren alle bekannten Berichtssysteme für die Meldung von Ereignissen auf der Verwendung von klassischen Kommunikationsmitteln. Bei der Ereignisanalyse ist erst ein allmähliches Vordringen des Computers zu verzeichnen, das hauptsächlich durch die zu erwartenden Arbeitserleichterungen motiviert ist. Alle Autoren solcher Programme äußern die Erwartung, daß sich mit Hilfe einer CEA-Software die Frequenz ereignisanalytischer Untersuchungen steigern läßt. Allerdings liegen noch keine verwertbaren praktischen Erfahrungen mit solchen Systemen vor. Bei der Ablage und Auswertung von Ereignisberichten haben sich computerunterstützte Datenbanken dagegen seit langem bewährt. Da alle uns bekannten Systeme mehr oder weniger „Insellösungen" für einzelne Funktionen der Berichtssysteme darstellen, kann noch nicht von einer nachhaltigen Synergiewirkung des Computereinsatzes in Berichtssystemen gesprochen werden.

20.4 Entwicklung einer Computerunterstützung für das Ereignisanalyseverfahren SOL

Im folgenden wird nun eine CEA-Software vorgestellt, die als Unterstützung für das Ereignisanalyseverfahren „SOL - Sicherheit durch Organisationales Lernen" der FSS konzipiert wurde.

SOL sieht die Analyse sicherheitsrelevanter Ereignisse sowie die systematische Ablage und Weitergabe des Wissens im Rahmen unternehmens- oder industrieweiter Berichtssysteme vor (Wilpert, Miller & Fahlbruch, 1995). Das Verfahren wurde mit dem Ziel entwickelt, Nachteile herkömmlicher Methoden bei der Identifikation von HF zu überwinden. So führt die „harte" Operationalisierbarkeit technischer Faktoren häufig dazu, daß „weich" operationalisierte HF als Ursachenkategorie vernachlässigt werden. Viele Ansätze lassen methodische Standards der Testkonstruktion außer Acht oder übersehen grundlegende Prozesse des menschlichen Problemlösens (Becker et al., 1995).

Die eigentliche Ereignisanalyse wird daher im Rahmen von SOL als Vorgang des kreativen menschlichen Problemlösens angesehen, der nicht von einem Computer übernommen werden kann. Expertensysteme sind folglich bei Ereignisanalysen nur begrenzt hilfreich, da sie die Untersucher dazu verführen, sich auf die vorgeschlagenen Ursachen zu verlassen und die Analysetiefe zu reduzieren. Daher sollte jegliche Software, die für die Unterstützung von Ereignisanalysen konzipiert wird, die beteiligten Fachleute nicht aus der Verantwortung für das Ergebnis entlassen.

Das SOL-Verfahren umfaßt drei Schritte der Ereignisanalyse, (1) Situationsbeschreibung, (2) Identifikation beitragender Faktoren, (3) Berichtslegung, die in der CEA-Software abzubilden sind (vgl. Abbildung 3):

1.   Die Ereignisanalyse beginnt mit der Erstellung einer graphischen Situationsbeschreibung, die alle verfügbaren Informationen über ein Ereignis mit Hilfe von chronologisch aufeinander folgenden Ereignisbausteinen darstellt.
     Das erste Modul der CEA-Software erhält dafür einen graphischen Editor, mit dem eine Situationsbeschreibung mit Hilfe von Ereignisbaustei-

nen erstellt werden kann. Das Modul soll durch Plausibilitätsprüfungen sicherstellen, daß die chronologische Abfolge oder andere prüfbare Merkmale der vom Untersucher erstellten Ereignisbausteine konsistent sind.

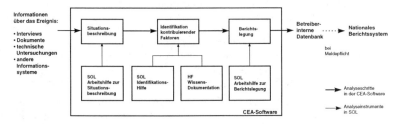

Abb. 3: Modulstruktur der CEA-Software

2. Als zweiten Schritt sieht SOL auf der Grundlage der Situationsbeschreibung die Identifizierung beitragender Faktoren des Ereignisses vor, d. h. den eigentlichen Analysevorgang. Um verfrühte Ursachenzuschreibungen zu vermeiden, sollte mit dieser jedoch erst dann begonnen werden, wenn die Situationsbeschreibung vollständig abgeschlossen wurde.

Zur Unterstützung des zweiten Schritts wurde für SOL eine Identifikationshilfe entwickelt, die 21 Bereiche beitragender Faktoren abdeckt. In dieser wird jeder Faktor durch eine Leitfrage repräsentiert und durch Beispiele weiter illustriert. Erweist sich ein Faktor für das untersuchte Ereignis als relevant, so wird er zur graphischen Situationsbeschreibung hinzugefügt. Verweise zu weiteren Faktoren, die ebenfalls als beitragend in Frage kommen können, sollen eine Fortsetzung der Suche nach möglichen Ursachen eines Ereignisses stimulieren. Erfahrene Untersucher werden ermutigt, der Identifikationshilfe eigene Faktoren hinzuzufügen.

Die CEA-Software erhält eine Übertragung dieser Identifikationshilfe, mit der eine einfache Navigation durch die angebotenen Faktoren und ihre Verknüpfungen möglich wird. Zusätzlich sollen in das zweite Modul unterstützende Informationen integriert werden, anhand derer das Verständnis der Faktoren vertieft werden kann; eine Nutzung als Online-Hilfesystem, als kurzgefaßtes Lehrbuch oder als Glossar ist vorgesehen. In jedem Fall ist darauf zu achten, daß die automatische Anwahl von Informationen nicht zu vorschnellen Urteilen zur Beteiligung eines Faktors an einem Ereignis führt.

3. Bei der Berichtslegung muß sichergestellt werden, daß alle wichtigen Informationen über das Ereignis im Bericht enthalten sind. In der Regel werden zusätzlich Deskriptoren vergeben, anhand derer Ablage und Auswertung der Berichte erfolgen können.

Das dritte Modul der CEA-Software soll die Arbeit der Berichtslegung nachhaltig vereinfachen, indem die graphische Situationsbeschreibung mit den gefundenen beitragenden Faktoren automatisiert in einen Text überführt wird, der anschließend vom Untersucher überarbeitet werden kann. Damit könnte das bislang aufwendige Erstellen von Berichten vereinfacht werden und somit mehr Ereignisse Eingang in ein Organisationales oder Inter-Organisationales Lernsystem finden.

Ereignisanalysen sollten mit SOL in Expertenteams von drei bis sechs Mitgliedern durchgeführt werden, da nicht auszuschließen ist, daß ein einzelner Untersucher wichtige Aspekte eines Ereignisses übersieht. Die Diskussion in einer Gruppe von Fachleuten fördert außerdem die unmittelbare Auseinandersetzung mit einem Ereignis innerhalb einer betroffenen Anlage. Dementsprechend sollen die ersten beiden Module der CEA-Software so gestaltet werden, daß Teamarbeit wirkungsvoll unterstützt wird. Dies erfordert, daß sich Teilnehmer einer Analysesitzung jederzeit einen Überblick über den Stand der Untersuchung verschaffen und aktive Beiträge dazu leisten können. Diese Anforderung wird über eine Projektion der Benutzungsoberfläche und individuelle Eingabemöglichkeiten realisierbar.

Die Realisierung der CEA-Software soll in Kürze beginnen. Der eigentlichen Entwicklung vorauslaufend werden Interviews mit Experten aus der Kerntechnik geführt, um festzustellen, welche Verfahren und Informationssysteme bereits zu anderen, verwandten Analyseaufgaben eingesetzt werden. Auf diese Weise soll sichergestellt werden, daß sich die mit der CEA-Software angestrebten Vereinfachungen bei der Ereignisanalyse realisieren lassen. Weitere Informationen zu diesem Vorhaben können Baggen, Wilpert, Fahlbruch & Miller (1997) entnommen werden.

20.5 Fazit und Ausblick

Die Darstellung im ersten Teil des Beitrags hat gezeigt, daß moderne Informationstechnologien bislang erfolgreich für die Speicherung und Auswertung von Ereignisberichten eingesetzt werden. Darüber hinaus wird derzeit ein zweites Einsatzgebiet, die computerunterstützte Ereignisanalyse (CEA), mit Hilfe neuer Softwaresysteme erschlossen. Für die Meldung von Ereignissen werden dagegen trotz einer Fülle technischer Optionen bislang nur konventionelle Kommunikationsmittel eingesetzt. Im zweiten Teil des Beitrags wurde ein Konzept für eine CEA-Software vorgestellt, mit der das von der FSS entwickelte Ereignisanalyseverfahren SOL unterstützt werden soll.

Es ist zu erwarten, daß die Nutzung des Computers in Berichtssystemen weiter fortschreitet, da sich dadurch die Handhabung der verwendeten Verfahren vereinfacht. Damit wird das grundlegende Anliegen von Berichtssystemen, nämlich eine Förderung des Organisationalen Lernens aus HF-bezogener Betriebserfahrung, nachhaltig unterstützt.

20.6 Literatur

Baggen, R., Wilpert, B., Fahlbruch, B. & Miller, R. (1997). Computer Supported Event Analysis in Industry with High Hazard Potential. In C. Guedes Soares (Ed.) *Advances in Safety & Reliability.* Vol. 1. Oxford: Pergamon.

Becker, G., Wilpert, B., Miller, R., Fahlbruch, B., Fank, M., Freitag, M., Giesa, H.-G., Hoffmann, S. & Schleifer, L. (1995). *Einfluß des Menschen auf die Sicherheit von Kernkraftwerken. Analyse der Ursachen von „menschlichem Fehlverhalten" beim Betrieb von Kernkraftwerken.* Schriftenreihe Reaktorsicherheit und Strahlenschutz (BMU-1996-454). Bonn: Bundesminister für Umwelt, Naturschutz und Reaktorsicherheit.

Colas, A. (1993). *Human Factors and Safety-Performance-Quality in Operations at Electricité de France's Power Nuclear Power Plants.* Paris: EdF Human Factors Group.

Fahlbruch, B. & Wilpert, B. (1995). Event Analysis as a Problem Solving Process. Paper presented at the *13th International NeTWork Workshop on „Event Analysis in the Context of Safety Management Systems",* 11-13 May 1995, Bad Homburg, Germany.

Johnson, W. (1980). *MORT Safety Assurance Systems.* New York: Marcel Dekker Inc.

Keil, U. (1995). *Die Eignung von Beinahe-Unfällen für die Gefährdungsanalyse.* Hamburg: Kovac.

Koornneef, F. & Hale, A. (1995). Organisational Feedback from Accidents at Work. Paper presented at the *13th International NeTWork Workshop on „Event Analysis in the Context of Safety Management Systems",* 11-13 May 1995, Bad Homburg, Germany.

NRC (1996). *Human Factors Information System [HFIS] - User's Manual Version 2.2.* Document 96-001-DC. March 1996. United States Nuclear Regulators Commission.

NRC (September, 1997). Daily Event Reports. [WWW-Dokument]. URL *http://www.nrc.gov/OPA.*

Schaaf, T. W. van der (1992). Near Miss Reporting in the ChemicalProcess Industry (Dissertation). Eindhoven: T.W. van der Schaaf.

Process Industry (Dissertation). Eindhoven: T.W. van der Schaaf.

Takano, K., Sawayanagi, K., Iwai, S. & Kabetani, T. (1994). Analysis and Evaluation System for Human Related Incidents at Nuclear Power Plants. Paper presented at the *First International Conference on HF-Research in Nuclear Power Operations (ICNPO),* 31 October - 2 November 1994, Berlin.

Wilpert, B., Fahlbruch, B., Miller, R., Baggen, R. & Gans, A. (im Druck). Interorganizational Development in the German Nuclear Safety System. In J. Misumi, B. Wilpert & R. Miller (Eds.), *Nuclear Safety: A Human Factors Perspective.* London: Taylor & Francis.

Wilpert, B., Fank, M., Becker, G., Fahlbruch, B., Freitag, M., Giesa, H.-G. & Miller, R. (1994). *Weiterentwicklung der Erfassung und Auswertung von meldepflichtigen Vorkommnissen und sonstigen registrierten Ereignissen beim Betrieb von Kernkraftwerken hinsichtlich menschlichen Fehlverhaltens.* Schriftenreihe Reaktorsicherheit und Strahlenschutz (BMU-1996-457). Bonn: Bundesminister für Umwelt, Naturschutz und Reaktorsicherheit.

Wilpert, B. & Klumb, P. (1993). Social Social Dynamics, Organisation and Management: Factors Contributing to System Safety. In B. Wilpert & T. Qvale (Eds.) *Reliability and Safety in Hazardous Work Systems: Approaches to Analysis and Design* (pp. 87-94). Hove, UK: Lawrence Erlbaum.

Wilpert, B., Miller, R. & Fahlbruch, B. (1995). Umsetzung und Erprobung von Vorschlägen zur Einbeziehung von Human Factors (HF) bei Meldung und Ursachenanalyse in Kernkraftwerken. In: H.-P. Willumeit & H. Kolrep (Hrsg.) *Verläßlichkeit von Mensch-Maschine-Systemen. 1. Berliner Werkstatt Mensch-Maschine-Systeme.* Berlin: Technische Universität Berlin.

21 SITUATIONSABHÄNGIGE AKQUISITION UND BEREITSTELLUNG VON BETRIEBSERFAHRUNGEN

Badi Boussoffara & Peter F. Elzer

Technische Universität Clausthal, Institut für Prozeß- und Produktionsleittechnik

21.1 Einleitung

Heutige technische Prozesse sind meist sehr komplex und somit nicht ohne weiteres überschaubar. Zur Erleichterung der Aufgaben des Bedieners bei der Überwachung und Führung solcher technischer Prozesse (wie z. B. Kraftwerke, chemische Anlagen usw.) und zur Vermeidung von Bedienfehlern werden Unterstützungssysteme eingesetzt, deren Ziel es im allgemeinen ist, Fehler bei der Erkennung und Klassifikation von Prozeßzuständen sowie Fehler bei der Planung und Ausführung der notwendigen Prozeßeingriffe zu verringern und - soweit möglich - zu vermeiden. Solche Systeme sollen die Bediener beim Verstehen des Geschehens im Prozeß, bei der Analyse sowie bei der Behebung von Störungen unterstützen.

Um ein Unterstützungssystem realisieren zu können, muß bisher Wissen z. B. durch Interviews mit den Bedienern und Ingenieuren oder durch eine gezielte Analyse bestimmter Situationen usw. erworben werden. Dieses erworbene Wissen muß anschließend formuliert werden. Diese Wissenserwerbs- und Wissensformulierungsprozedur ist arbeits- und kostenintensiv, da hierfür hochqualifiziertes und teueres Personal („Wisseningenieure") benötigt wird. Um den oben genannten Nachteilen entgegenzuwirken, wurde ein neuartiges Unterstützungssystem S^4 (Support System based on Situation Similarity) entwickelt, das in der Lage ist, neu auftretende Situationen während des Betriebs zu lernen. Damit werden Engineeringaufwand und Realisierungskosten eines solchen Unterstützungssystems deutlich verringert.

Im folgenden werden Situationen, besonders die, bei denen der Bediener auf eine Unterstützung angewiesen ist, vorgestellt. Anschließend wird beschrieben, wie S^4 in Abhängigkeit der vorliegenden Situationen Wissen erwirbt und bereitstellt. Abschließend wird eine neue Visualisierungsform, die „Dynamic Icon Interfaces", sowie ein kontextabhängiges mnemotechnisches Hilfsmittel, die „Prozeßnotiz", eingeführt.

21.2 Gliederung der Situationen bei der Führung und Überwachung technischer Anlagen

Die Art der Problemlösetätigkeit ist bekanntlich von der Art der vorliegenden Situation abhängig (Dörner, 1976; Kluwe, 1990). Es sind Situationen, die in den meisten Fällen einen oder mehrere unerwünschte Prozeßzustände beschreiben und Eingriffe in den Prozeß erfordern, um diesen wieder zu stabilisieren.

Die Situationen lassen sich nach deren Familiarität zum Bediener und deren Berücksichtigung seitens des Designers, wenn z. B. Expertensysteme eingesetzt werden, wie folgt gliedern (Vicente, 1992):

- dem Bediener vertraute Situationen. Der Bediener verfügt über die notwendige Routine, um Gegenmaßnahmen ergreifen zu können. Hierbei kennt der Bediener die nötigen Prozeßeingriffe, um den Prozeß wieder zu stabilisieren.
- dem Bediener nicht vertraute und vom Designer vorgesehene Situationen. Dies sind Situationen, in denen der Bediener nicht über die nötigen Erfahrungen verfügt, um die vorliegende Situation behandeln zu können. Der Designer hat aber die entsprechenden Maßnahmen, z. B. durch den Einsatz eines Expertensystems, vorgesehen, die dem Bediener bei der Behandlung der neuen Situation helfen können. Der Bediener kann die Hinweise des Expertensystems wahrnehmen und danach handeln.
- dem Bediener nicht vertraute, und auch vom Designer nicht vorgesehene Situationen. Hierbei muß der Bediener selbst einen Lösungsweg finden. Er muß dabei sein ganzes Wissen anwenden, um zu einer Lösung zu gelangen.

Diese Gliederung der Situationen ist plausibel, da der Designer nicht alle möglichen Situationen vorhersehen kann. Wenn Unterstützungssysteme eingesetzt werden, verfügen sie normalerweise über ein Wissen, das vorher erworben, verbalisiert und in ein Expertensystem eingegeben worden ist. Diese Methode ist unflexibel, da spätestens dann, wenn die Wissensbasis erweitert werden soll, die ganze mühsame Prozedur des Wissenserwerbs und der Wissensverbalisierung wiederholt werden muß. Diese Prozedur wird zusätzlich erschwert, wenn irgendwelche technischen Veränderungen im Prozeß vorgenommen werden. Außerdem ist die aufgebaute Wissensbasis auf andere Anlagen nicht übertragbar, selbst wenn die Verschiedenheiten klein sind (Mühlenfeld, 1989; 1991). Daher sollten andere, flexiblere Maßnahmen zum Wissenserwerb vorgesehen werden. In diesem Beitrag wird eine flexiblere und an neue Gegebenheiten adaptierbare Wissenserwerbsmethode angestrebt. Auf diesen Punkt wird später bei der Beschreibung des Systems eingegangen.

Weiterhin sollte man bei der Gliederung von Situationen den Aspekt der Unsicherheit seitens des Bedieners betrachten. Die Unsicherheit wird hier wie folgt definiert: Sie tritt auf in Situationen, die der Bediener nicht sofort klassifizieren kann. Unsicherheiten hinsichtlich der Klassifizierung liegen vor, wenn Wissen, das meistens „im Kopf des Bedieners" vorhanden ist, aber nicht im richtigen Moment auf die richtige Situation angewendet wird, oder wenn die Situation dem Bediener auf dem ersten Blick bekannt zu sein scheint, aber ihm eigentlich neu ist. Meistens reicht bei diesen Situationen ein Hinweis, um an eine Lösung zu gelangen. Berücksichtigt man den Aspekt der oben definierten Unsicherheit hinsichtlich der Klassifizierung, ergibt sich die unten aufgeführte Gliederung der Situationen. Aus den oben genannten Gründen über den Wissenserwerb wird zunächst der Designer absichtlich außer acht gelassen, und es gilt, sich auf den direkt Betroffenen zu konzentrieren, also auf den Bediener. Der Designer soll vor die Aufgabe gestellt werden, den Wissenserwerb flexibler zu gestalten und den Bediener erforderlichenfalls durch geeignete Maßnahmen bei der Überwachung und bei der Führung des Prozesses zu unterstützen. Dieser Punkt wird später ausführlicher diskutiert.

1. Die Situation ist dem Bediener bekannt, und er kennt die notwendigen Maßnahmen, um diese Situation zu behandeln. Er assoziiert die entsprechende Maßnahme mit der Situation und handelt wie gelernt oder gewohnt.

2. Die Situation ist „unsicher" klassifizierbar. Durch eine gezielte Suche nach bestimmten Informationen („brauche mehr Informationen hinsichtlich der Klassifikation") versucht der Bediener, die vorliegende Situation richtig zu klassifizieren. Bei dem Versuch der Klassifikation können sich wiederum die folgenden Situationen einstellen:

   a) Der Bediener erinnert sich (Abb. 1, 1 „schon mal gehabt"). Die Situation scheint dem Bediener zunächst unbekannt zu sein. Nach genauerem Hinsehen stößt er aber auf einen Hinweis, der ihm die richtige Klassifikation der Situation erlaubt.

   b) Er merkt, daß die Informationen seiner Hypothese („scheint bekannt zu sein") widersprechen und somit muß die Situation analysiert werden (Abb. 1, 2 „habe mich getäuscht" oder „bekannt, aber...").

   Es liegt also doch eine unbekannte Situation vor, die eine Analyse und eine neue Formulierung eines Vorgehensplanes erfordert.

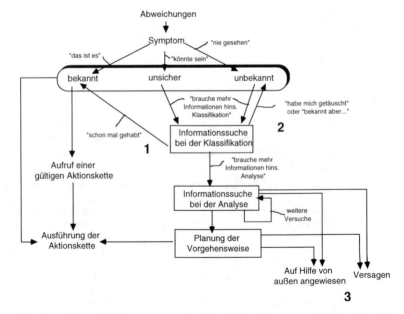

Abb. 1:   Zusammenfassung der Modelle, Verbalisierung möglicher kognitiver Operationen unter Berücksichtigung des Unsicherheitsaspektes

3. Die Situation ist dem Bediener von vornherein unbekannt. Hierbei muß nach Informationen gesucht werden („brauche mehr Informationen hinsichtlich der Klassifikation") und („brauche mehr Informationen hinsicht-

lich der Analyse"), die eine Analyse erlauben. Die Informationssuche wiederholt sich so lange („weitere Versuche"), bis die Ansprüche des Bedieners zufriedenstellend erfüllt sind. Man spricht hier von einem „Satisficing"-Verhalten (Brander u. a., 1989). Anhand der durchgeführten Analyse oder währenddessen muß ein neuer Vorgehensplan definiert werden, der auch später ausgeführt wird.

Gelingt es dem Bediener, die Situation zu analysieren und auch das System zu stabilisieren, ist das Problem gelöst. Unterlaufen ihm jedoch Fehler oder sein Wissen reicht nicht mehr aus, um eine Analyse durchführen zu können, so ist er entweder auf Hilfe von außen angewiesen. Im schlimmsten Fall versagt er (Abb. 1, 3).

Das in Abb. 1 dargestellte Modell basiert auf den Modellen von Rasmussen (1986) und von Reason (1986). Es werden hierbei lediglich die möglichen kognitiven Operationen sichtbar gemacht, wenn der Bediener sich erinnert, wenn er seine Anfangshypothese revidiert oder wenn der Bediener zusätzliche Informationen braucht, um eine Situation richtig zu klassifizieren oder zu analysieren (Boussoffara, 1996).

Wie man die oben beschriebenen Strategien der Informationsbeschaffung bei der Klassifikation, bei der Analyse und bei der Durchführung von Prozeßeingriffen unterstützen kann, ist die hauptsächliche Fragestellung bei der Realisierung eines solchen Unterstützungssystems wie S^4. Zunächst sollen die an S^4 gestellten Anforderungen vorgestellt werden.

21.3 Anforderungen an das Unterstützungssystem S^4

Anhand der Eigenschaften eines Unterstützungssystems, die auf dem in Kap. 21.2 vorgestellten Modell basieren, das die verschiedenen Vorgehensweisen eines Bedieners betrachtet und den Unsicherheitsaspekt sichtbar macht, wurden die Anforderungen an das hier realisierte Unterstützungssystem abgeleitet.

Nach einer Analyse menschlicher Fehler beim Umgang mit technischen Systemen hat Norman (1986) die folgenden Eigenschaften vorgeschlagen, die ein Unterstützungssystem aufweisen soll, um Fehler zu minimieren oder zu vermeiden:

- Hilfe beim Korrigieren einer falschen Diagnose und die Vermeidung der kognitiven Hysterese (Norman, 1986). Das Unterstützungssystem soll dem Bediener die kontinuierliche Bestimmung des Systemzustandes erlauben. Es soll außerdem die Aufmerksamkeit auf mögliche andere alternative Hypothesen und auf Diskrepanzen lenken.
- Hilfe zur Gewährleistung eines akkuraten mentalen Modells.
- Der Bediener soll in der Kontrollschleife eine aktive Rolle spielen.
- Das Unterstützungssystem soll eine Datenreduktion gewährleisten, damit, wie Kluwe (1990) schreibt, die Gefahr des ziellosen „Aktivismus" (datengesteuertes Verhalten) und die Fokussierung der Aufmerksamkeit auf nicht relevante Aspekte der Situation (Tunnel-vision) vermieden werden soll.

Wie schon eingangs erwähnt, soll S^4 den Bediener besonders beim Vorliegen von Unsicherheiten unterstützen. Spätestens da, wo der Bediener ein bestimmtes Symptom nicht sofort einordnen kann, soll S^4 in der Lage sein, die entsprechenden Vorschläge zu machen, um den Bediener zu führen. Diese Vorschläge sollen dazu dienen, ein akkurates mentales Modell zu gewährleisten und die Informationsbeschaffungswege zu verkürzen (s. Abb. 1). Außerdem soll anhand dieser Vorschläge, besonders beim Vorliegen ähnlicher Situationen, ein datengesteuertes Verhalten und die Tunnelvision vermieden werden. Das System soll auch dazu beitragen, daß der Bediener eine evtl. falsch gestellte Hypothese revidieren kann, d. h., die kognitive Hysterese soll vermieden werden.

Um dies realisieren zu können, wurden die folgenden Anforderungen an das Unterstützungssystem S^4 gestellt (Boussoffara, 1996):

- S^4 soll in der Lage sein, Prozeß und Bedienerverhalten zu beobachten und gegebenenfalls zu lernen.
- S^4 soll die Möglichkeit des flexibleren Wissenserwerbs unterstützen, damit es später in der Lage ist, Inkonsistenzen bei der Durchführung von Prozeßeingriffen aufzudecken und gegebenenfalls die Sichtweise des Bedieners zu korrigieren.
- S^4 soll dem Bediener dabei helfen, eine Situation in einem frühen Stadium richtig zu erkennen und zu klassifizieren.
- S^4 soll in der Lage sein, den Bediener beim Eingreifen in den Prozeß zu unterstützen.
- S^4 soll den Bediener bei der Analyse von Prozeßzuständen und bei der Navigation in dem komplexen Informationsraum unterstützen.

Um diese Anforderungen erfüllen zu können, sollen verschiedene Kooperationsmöglichkeiten zwischen Unterstützungssystem und Bediener geschaffen werden; d. h., S^4 soll in der Lage sein, situationsabhängig mit dem Bediener zu kooperieren. In den nächsten Kapiteln werden die möglichen Kooperationsformen zwischen System und Bediener aufgezeigt. Zunächst soll die Art, wie S^4 sein Wissen erwirbt und bereitstellt, kurz skizziert werden.

21.4 Beschreibung des Unterstützungssystems S^4

21.4.1 Wissenserwerb

Bildung eines Merkmalsprofils

Zu einem bestimmten Zeitpunkt t_x kann man das Prozeßverhalten durch einen Augenblicksprozeßvektor $P(t_x)$ Gl. 1 beschreiben. Er enthält alle Informationen über die aktuellen Prozeßwerte der Prozeßvariablen zu dem Zeitpunkt t_x.

$$P^T(t_x) = \left(p_1(t_x),\ p_2(t_x),\ \ldots\ldots\ldots,\ p_n(t_x) \right)$$

wobei n = Anzahl der Prozeßvariablen   (Gl. 1)

Um Abweichungen feststellen zu können, benötigt man einen Bezugspunkt, der einen Betriebspunkt beschreibt. Den Betriebspunkten der einzelnen Prozeßvariablen verfahrenstechnischer Anlagen werden anlagenabhängig die entsprechenden Toleranzbänder zugewiesen. Der untere bzw. obere Grenzwert des zugewiesenen Toleranzbandes beschreibt den minimalen nicht zu unterschreitenden bzw. den maximalen nicht zu überschreitenden Wert der jeweiligen Prozeßvariablen sowie deren Warn- und Alarmgrenzen. Für die Klassifikation und die Erkennung von Situationen werden beim Vorliegen von Abweichungen (bevor der Prozeßwert eine Warn- oder Alarmgrenze erreicht hat) Merkmalsvektoren gebildet. Bei der Merkmalsbildung werden den zugehörigen Prozeßvariablen die entsprechenden Merkmalswerte zugewiesen. Faßt man die Merkmalswerte der jeweiligen Prozeßvariablen in einem Vektor zusammen, bilden diese einen Augenblicksmerkmalsvektor $\underline{M}(t_x)$ (Gl. 2).

$$\underline{M}^{T}\!\left(t_x\right) = \left(m_1(t_x),\ \ m_2(t_x),\ \ \ldots\ \ldots\ .,\ \ m_n(t_x)\right)$$

$$(\text{Gl. 2})$$

Eine Situation läßt sich durch mehrere solcher gebildeten Merkmalsvektoren, die mit dem Auftreten der ersten Abweichungen über einen bestimmten Zeitraum beobachtet worden sind, beschreiben. Um die Situation später wieder erkennen zu können, müssen diese beobachteten Merkmalsprofile gespeichert und über einen bestimmten Zeitraum mit den Augenblicksmerkmalsprofilen verglichen werden. Es findet also eine Klassifikation statt.

Wahl eines Ähnlichkeitskoeffizienten für die Klassifikation und die Erkennung von Situationen

Um eine Klassifikation der Situationen durchzuführen, werden hier Ähnlichkeitskoeffizienten (Romesburg, 1984) eingesetzt. Zunächst wurden diese auf Erfüllung bestimmter Anforderungen, wie Wertebereich, Berücksichtigung von additiven oder multiplikativen Verschiebungen, überprüft. Nach der Durchführung eines anwendungsspezifischen Vergleichs stellte sich heraus, daß sich der Bray-Curtis-Koeffizient (Gl. 3) für die Klassifikation und für die Erkennung von Situationen am besten eignet (Boussoffara, 1996; Boussoffara & Elzer, 1996).

$$b\left(\underline{M}(t_x),\underline{M}_{j_{\Omega_k}}\right) = \frac{\sum\limits_{i=1}^{N}\left| m_i(t_x) - m_{i_{j_{\Omega_k}}} \right|}{\sum\limits_{i=1}^{N} m_i(t_x) + m_{i_{j_{\Omega_k}}}}$$

$$(\text{Gl. 3})$$

Der Bray-Curtis-Koeffizient ist aber eigentlich ein Unähnlichkeitskoeffizient. Ist er gleich Null, so liegen identische Merkmalsprofile vor. Eine maximale Ähnlichkeit ist erreicht. Ist er gleich eins, sind die Merkmalsprofile völlig verschieden. Diese Ähnlichkeitswerte sind kontraintuitiv, deshalb wird Gl. 3 leicht modifiziert und der Unähnlichkeitskoeffizient in einen Ähnlichkeitskoeffizienten (Gl. 4) umgewandelt.

$$b_a\left(\underline{M}(t_x), \underline{M}_{j_{\Omega_k}}\right) = 1 - \frac{\sum\limits_{i=1}^{N}\left| m_i(t_x) - m_{i_{j_{\Omega_k}}} \right|}{\sum\limits_{i=1}^{N} m_i(t_x) + m_{i_{j_{\Omega_k}}}}$$

(Gl. 4)

Der Wertebereich dieses Koeffizienten liegt wiederum zwischen null und eins, aber die Bedeutung der Wertegrenzen hat genau den umgekehrten Sinn wie bei Gl. 4, d. h. bei eins liegt vollkommene Ähnlichkeit vor und bei null sind die Merkmalsprofile völlig verschieden.

Entscheidungsmuster, Bildung einer Situationsklasse

Treten Abweichungen auf, wird zunächst das durch den Augenblicksmerkmalsvektor $\underline{M}(t_x)$ (Gl. 2) beschriebene Merkmalsprofil anhand des Bray-Curtis-Koeffizienten mit den anderen bekannten durch $\underline{M}_{j_{\Omega_k}}$ (Gl. 5) beschriebenen Situationsmerkmalsprofilen der Situationsmerkmalsklassen Ω_k aus der Vergangenheit verglichen.

$$\underline{M}^T_{j_{\Omega_k}} = \left(m_{1_{j_{\Omega_k}}} \cdot m_{2_{j_{\Omega_k}}} \cdot \ldots \ldots , m_{n_{j_{\Omega_k}}} \right)$$

wobei: $1 \leq k \leq K$; $1 \leq j_{\Omega_k} \leq N_{\Omega_k}$; $k, j_{\Omega_k} \in N$

Ω_k : bekannte Situationsmerkmalsklasse

K : Anzahl der bekannten Situationsklassen

N_{Ω_k} : Anzahl der Merkmalvektoren pro Klasse

(Gl. 5)

Die Klassifikation findet nach dem folgenden Muster statt:

$1 - \varepsilon \leq b_a(\underline{M}(t_x), \underline{M}_{k_{j_i}}) \leq 1 \Rightarrow \underline{M}(t_x) \in \Omega_k$; $1 \leq k \leq K$; $1 \leq j_{\Omega_i} \leq N_{\Omega_i}$; $k, j_{\Omega_i} \in N$

$b_a(\underline{M}(t_x), \underline{M}_{k_{j_i}}) < 1 - \varepsilon \Rightarrow \underline{M}(t_x) \in \Omega_{K+1}$

Ω_k : bekannte Situationsmerkmalsklasse

K : Anzahl der bekannten Situationsklassen

N_{Ω_i} : Anzahl der Merkmalvektoren pro Klasse

ε : Zulässige Ähnlichkeitsabweichung

Beim ersten Fall wird das vorliegende Merkmalsprofil einer bekannten Situationsklasse eindeutig zugeordnet. Wird die zulässige Ähnlichkeitsabweichung ε sehr klein gewählt oder gleich null gesetzt wird, reicht es schon aus, daß eine Prozeßvariable ein anderes Merkmal als erwartet aufweist, um die vorliegende Situation als unbekannt einzustufen und die Bildung einer neuen Situationsklasse vorzubereiten. Im zweiten Fall (d. h., die berechnete Ähnlichkeit ist kleiner als 1-ε) bereitet das System die Bildung einer neuen Situationsklasse vor. Eine Situationsklasse beschreibt eine Situationsmerkmalsklasse, die die nötigen Informationen enthält, um die Situation zu beschreiben, und eine zugehörige Prozeßeingriffsklasse die die Beschreibung der notwendigen Eingriffe enthält, um den Prozeß beim Auftreten einer solchen Situation zu stabilisieren (Boussoffara, 1996).

Beim Vorliegen einer unbekannten Situation werden alle dem Unterstützungssystem unbekannten Augenblicksmerkmalsvektoren protokolliert. Eine neue Situationsmerkmalsklasse wird zur Aufnahme in die Wissensbasis vorbereitet. Sobald der Bediener Eingriffe in den Prozeß durchzuführen beginnt, merkt sich das System diese Eingriffe und bereitet eine neue Prozeßeingriffsklasse vor. Die durchzuführenden Eingriffe werden mit den folgenden Attributen versehen:

- ein Zeitstempel, wann ein Prozeßeingriff stattgefunden hat,
- die betätigten Stellglieder und Komponenten sowie
- die dabei eingestellten Stellgrößen.

Bei der Ergänzung der Wissensbasis durch eine neue Situationsklasse verlangt das System nach einer "alphanumerischen" Bezeichnung der neuen Situationsklasse. Unter dieser Bezeichnung lernt das System alle Merkmalsvektoren, die die Situationsmerkmalsklasse beschreiben, und ordnet ihr die neugebildete Prozeßeingriffsklasse zu (Boussoffara, 1996).

21.4.2 Wissensbereitstellung bei der Erkennung von Situationen

Beim Vorliegen unbekannter Situationen setzt das Unterstützungssystem den Bediener davon in Kenntnis, daß es sich hier um eine neue Situation handelt (s. Abb. 2), und bereitet die Bildung einer neuen Situationsklasse vor. Ab jetzt muß der Bediener selbst herausfinden, welche Situation vorliegt. Er muß eine Analyse durchführen.

Abb. 2:   Meldung, wenn eine unbekannte Situation vorliegt

Nach der Durchführung der Analyse und der Stabilisierung des Prozesses kann der Bediener über die Aufnahme der neuen Situationsklasse in die Wissensbasis entscheiden. Sollte sich der Bediener für die Aufnahme der neuen Situationsklasse entscheiden, verlangt das System eine alphanumerische Bezeichnung der neuen Situationsklasse (s. Abbildung 3), die vom Bediener frei wählbar ist. Unter dieser Bezeichnung lernt das System die neue Situationsklasse.

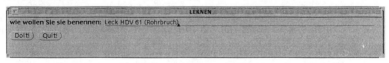

Abb. 3:   Frei wählbare Eingabe der Bezeichnung einer neuen Situationsklasse

Liegen jedoch eine oder mehrere dem System bekannte Situationen vor, werden die berechneten Ähnlichkeitswerte in Form eines Radialgraphen (s. Abb. 4) dem Bediener graphisch mitgeteilt. Diese Graphen stellen die on-line berechneten Ähnlichkeitswerte des momentanen Merkmalsprofils zu allen Merkmalsprofilen der bekannten Situationsklassen graphisch in einem Radialgraphen dar (Boussoffara, 1996).

Der Radialgraph erhält die Bezeichnung, unter der das System die Situationsklasse gelernt hat. Die Bediener finden ihre eigenen Bezeichnungen wieder, was sehr hilfreich ist, um diesen Hinweis schnell zu interpretieren. Diese Hinweise vom System sollen dazu dienen, den Bediener, besonders beim Vorliegen einer Unsicherheit seinerseits hinsichtlich der Klassifizierung einer Situation, schnell und ohne Umwege zu einer Entscheidung kommen zu lassen.

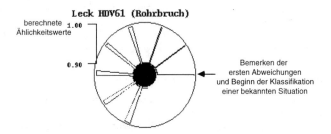

a)   Es wird ein Verdacht auf Leck in HDV 61 geschöpft

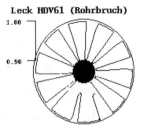

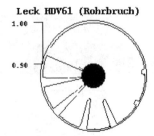

b)   der Verdacht bestätigt sich allmählich

c)   das System ist sicher, daß ein Leck vorliegt

Abb. 4:   Visualisierung der Entscheidung des Systems beim Vorliegen einer bekannten Situation

Die gezeigten Graphen sind maussensitiv. Beim Anwählen eines der Graphen werden die nötigen Prozeßeingriffe zur Stabilisierung des Prozesses vom Unterstützungssystem aufgelistet.

21.4.3 Wissensbereitstellung bei der Durchführung von Prozeßeingriffen

Liegen Prozeßzustände vor, die einen Handlungsbedarf erfordern, muß der Bediener die nötigen Prozeßeingriffe durchführen, um den Prozeß wieder zu stabilisieren. Anhand der Handlung - hier Aufschaltung eines Bedienfeldes zur Bedienung einer Komponente - wird dies vom System als der Beginn der Ausführung eines Prozeßeingriffes interpretiert. Das System bringt dieses in Relation zu dem ihm vorhandenen Wissen, um eventuelle Fehler beim Eingreifen in den Prozeß zu vermeiden oder den Bediener bei der Durchführung von Prozeßeingriffen zu unterstützen. Liegt dem System eine bekannte Situation vor, werden die Handlungen des Bedieners hinsichtlich eines Eingreifens in den Prozeß beobachtet und auf Konsistenz mit den früher erfolgreich durchgeführten Prozeßeingriffen geprüft. Dabei können die folgenden Inkonsistenzen oder Fehler aufgedeckt werden, die wie folgt klassifiziert werden (Hollnagel, 1991):

- Ausführung eines nicht vorgesehenen Prozeßeingriffes (Intrusion)
- Ersetzen eines Prozeßeingriffes durch einen anderen (Replacement)
- Versäumnis eines Prozeßeingriffes (Omission)
- Wiederholung eines Prozeßeingriffes (Repetition)
- Umkehrung der Reihenfolge von Prozeßeingriffen (Reversal)

Das System ist in der Lage, solche Fehler vermeiden zu helfen, indem es den Bediener bei der Durchführung von Eingriffen berät und korrigierend interveniert. Die dabei entstehenden Dialoge werden unten diskutiert. Ferner ist das System in der Lage, die Durchführung von Prozeßeingriffen, falls dies vom Bediener gewünscht wird, zu übernehmen und gegebenenfalls an neuere Gegebenheiten anzupassen. Der Bediener kann auch eine Hilfe bei der Durchführung von Prozeßeingriffen aufrufen. Hierbei kann das Unterstützungssystem alle nötigen Prozeßeingriffe auflisten oder vom Bediener gewünschte einzelne Prozeßeingriffe oder ganze Prozeduren übernehmen. Liegt jedoch eine unbekannte Situation vor, so meldet das System dem Bediener, daß es sich um eine neue Situation handelt. Unter diesen Umständen läßt das System Prozeßeingriffe zu und bereitet die Bildung der neuen Situationsklasse vor (Boussoffara, 1996).

Zur Vermeidung der oben genannten Fehler beobachtet das System die Handlungen des Bedieners und vergleicht sie chronologisch mit den für die Stabilisierung des Prozesses nötigen Prozeßeingriffen. Sollte bei der Durchführung von Prozeßeingriffen einer der oben genannten Fehler festgestellt werden, wird dies dem Bediener, wie in Abb. 5 dargestellt, mitgeteilt. Die Mitteilung enthält nicht nur die Warnung, daß Inkonsistenzen vorliegen, sondern auch einen alternativen Handlungsvorschlag (Boussoffara, 1996).

Sollte der Bediener immer noch der Meinung sein, daß weitere Eingriffe durchgeführt werden müssen - obwohl alle nötigen Prozeßeingriffe erfolgreich durchgeführt worden sind - meldet das System, daß er eigentlich mit der Behandlung der Situation fertig ist (s. Abb. 6), und fragt nach, ob er auch sicher ist, diesen Eingriff unternehmen zu wollen. Ist er jedoch dieser Meinung, weil er z. B. dazugelernt hat, daß dieser Eingriff notwendig ist, wird die Prozeßeingriffsklasse automatisch durch diesen neuen Prozeßeingriff ergänzt.

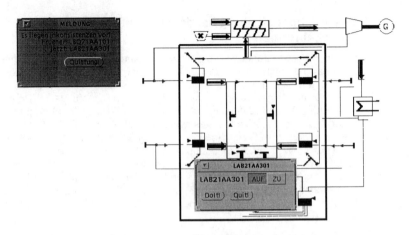

Abb. 5:   Eine Inkonsistenz bei der Durchführung von Prozeßeingriffen mit einem alternativen Handlungsvorschlag

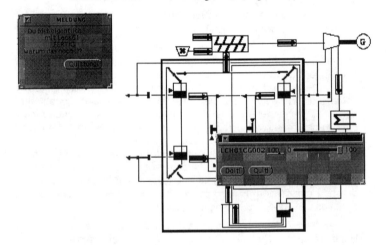

Abb. 6:   Aufdeckung einer Inkonsistenz, Dialog zur Ergänzung einer bekannten Prozedur

Liegen jedoch mehrere Situationen vor, so kann sich der Bediener kognitiv entlasten lassen, indem er dem System die Durchführung von bestimmten Eingriffen oder Prozeduren überläßt. Das Unterstützungssystem zeigt dem Bediener nicht nur seine Entscheidungen, sondern es bietet ihm Hilfe zur Übernahme einzelner Eingriffe oder ganzer Prozeduren an. Beim Anwählen der Anzeige des Entscheidungsweges zeigt das System dem Bediener die Art der durchzuführenden Eingriffe an, versehen mit den oben erwähnten Attributen.

21.5 Weitere Merkmale des Unterstützungsystems

21.5.1 Dynamic Icon Interfaces

Für die Visualisierung des Prozeßverhaltens wurden neuartige Symbole, „Dynamic Icons" (s. Abb. 7) genannt, eingesetzt (Boussoffara, 1996; Boussoffara & Elzer, 1996, 1997).

Um das Verhalten der einzelnen Prozeßvariablen zu visualisieren, werden die „Dynamic Icons" unter Berücksichtigung der Funktionalitäten der Teilsysteme untereinander verknüpft. Es ergibt sich, wie in Abb. 8 dargestellt ist, ein „Dynamic Icon Interface" (DII), das ein Detailbild des Hochdruckvorwärmers darstellt.

Diese Visualisierungform soll die Semantik von Anzeigen einzelner Prozeßgrößen verbessern. Der Bediener soll hierbei auf einem direkten Weg den Zustand einer Prozeßvariablen wahrnehmen und interpretieren. Um eine Aussage über den Zustand einer Prozeßkomponente beim Einsatz konventioneller Prozeßvisualisierung treffen zu können, muß der Bediener zunächst eine abweichende Prozeßgröße detektieren, sie der jeweiligen Komponente zuordnen und deren aktuellen Wert mit dem entsprechenden Sollwert vergleichen. Dadurch wird häufig seine Aufmerksamkeit überfordert. Bein Einsatz von DII ist das nicht der Fall. Es reicht schon aus, eine über den Sollwert befindliche Ikone (enthält eine verdichtete Information über eine Prozeßkomponente und deren aktuellen Prozeßwert) zu detektieren, um eine Aussage über deren momentanen Zustand der Prozeßkomponente treffen zu können.

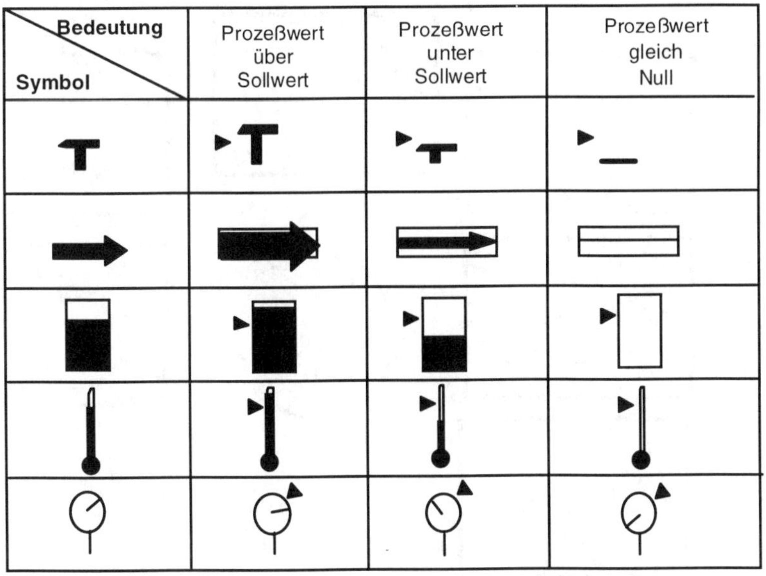

Bedeutung / Symbol	Prozeßwert über Sollwert	Prozeßwert unter Sollwert	Prozeßwert gleich Null

Abb. 7: „Dynamic Icons"

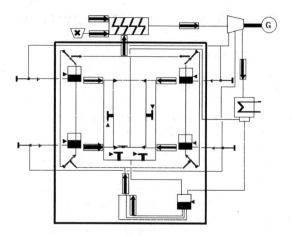

Abb. 8:   DII für den Hochdruckvorwärmer

Damit der Bediener bei der Informationsverarbeitung nicht überlastet wird, werden „Dynamic Icons" durch ein besonderes Polardiagramm ergänzt, das neue und besondere Eigenschaften besitzt. Es wird der Begriff "Prozeßnotiz" (s. Abb. 9) eingeführt (Boussoffara, 1996; Boussoffara & Elzer, 1996, 1997). Die „Prozeßnotiz" stellt hier ein mnemotechnisches Hilfsmittel dar. Sie soll den Bediener bei der Navigation in dem komplexen Informationsraum unterstützen, indem sie ihm erlaubt, frei wählbare Zusammenhänge

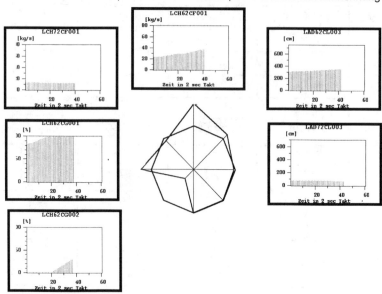

Abb. 9:   Die Prozeßnotiz

zu erstellen. Der Bediener wird in die Lage versetzt, aus dem komplexen Informationsraum für ihn und für die Beurteilung des Prozeßverhaltens wichtig
erscheinende Informationen „herauszupicken". Gegenüber dem Ansatz von
Woods (Woods u. a., 1981) bietet die "Prozeßnotiz" den Vorteil, daß sie vom
Bediener frei gestaltet werden kann und nicht vom Designer diktiert wird.

21.6 Zusammenfassung und Ausblick

In diesem Papier wurde eine Möglichkeit dargestellt, wie man Betriebserfahrungen während des Prozeßgeschehens flexibel und praktisch ohne Engineeringaufwand erwerben kann. Es wurde auch gezeigt, wie man erworbe-
nes Wissen dem Bediener bei der Erkennung und bei der Durchführung von
Prozeßeingriffen zur Verfügung stellen kann. Ferner wurde eine neue Visualisierungsform für die Prozeßgrößen eingeführt, die „Dynamic Icon Interfaces", die es erlaubt, semantische Informationen zwischen System und Bediener auszutauschen. Um den Bediener bei der Navigation im komplexen
Informationsraum unterstützen zu können, wurde ein mnemotechnisches
Hilfsmittel, genannt „Prozeßnotiz", entwickelt. Dieses Unterstützungssystem
soll andere Unterstützungssysteme ergänzen und mit ihnen kooperieren. Die
beschriebenen Techniken dienen der weiteren Erhöhung der Sicherheit von
Menschen und Anlagen und sollen eine Verbesserung der Prozeßführungs-
qualität bewirken.

21.7 Literatur

Boussoffara, B. (1996). Ein Verfahren zur Bereitstellung von Betriebserfahrungen zur Unterstützung der Bediener technischer Anlagen. Dissertation. Technische Universität Clausthal. Papierflieger Verlag.

Boussoffara, B. & Elzer, P. (1996). Ein Verfahren zum Erwerb und zur Bereitstellung von Betriebserfahrungen. Workshop über Realzeitsysteme,
PEARL ´96. Springer Verlag.

Boussoffara, B. & Elzer, P. (1997). A New Approach Supporting an Op-
erator to Understand and to Estimate Situations in Process Control.
AARTC ´97, 4th IFAC Workshop on Algorithms and Architectures for
Real-time Control. Faro, Portugal.

Dörner, D. (1976). Problemlösen als Informationsverarbeitung, Stuttgart:
Kohlhammer.

Hollnagel, E. (1991). The phenotype of erroneous actions: Implications for
HCI Design. In: Human Computer Interaction and Complex Systems.
G.R.S. Weir & J.L. Alty (Eds.). Academic Press: Harcourt Brace
Jonavich, Publishers. Chapter 4.

Kluwe, R.H. (1990). Problemlösen, Entscheiden und Denkfehler. In: Ingenieurpsychologie, C. Graf Hoyos, B. Zimolong (Hrsg.). Göttingen: Hogrefe, S. 121-147.

Mühlenfeld, E. (1989). Expertensysteme mit automatischem Wissenserwerb
für die Prozeßleittechnik. In: Festschrift, 25 Jahre Fachbereich MVT, TU-
Clausthal, Oktober.

Mühlenfeld, E. (1994). Signal Processing in Knowledge based Automation
Systems. In: 5th Int. Biennial Seminar on Intelligent Measuring Systems,
Budapest, July 1-4.

Norman, D.A. (1986). New Views of Information Processing: Implications for Intelligent Decision Support Systems. In: Intelligent Decision Support in Process Environments, E. Hollnagel (Ed.), NATO ASI Series Vol. F21. Berlin, Heidelberg: Springer Verlag , S. 123-136.

Rasmussen, J. (1986). Information Processing and Human Machine Interaction: An Approach to Cognitive Engineering. In: Series Volume 12. New-York, Amsterdam, London: Elsevier Science Publishing Co., Inc. North-Holland.

Reason, J. (1986). Recurrent Errors in Process Environments: Some Implications for the Design of Intelligent Support Systems. In: Intelligent Decision Support in Process Environments, E. Hollnagel (Ed.), NATO ASI Series Vol. F21. Berlin, Heidelberg: Springer Verlag , S. 255-270.

Romesburg, H.C. (1984). Cluster Analysis for Researchers. Belmont, California: Lifetime Learning Publications.

Vicente, K.J. & Rasmussen, J. (1992). Ecological Interface Design: Theoretical Foundation. In: IEEE Transaction on System, Man, and Cybernetics, 22, S. 589-606.

Woods, D.D., Wise, J.A. & Hanes, F.L. (1981). An Evaluation of Nuclear Power Plant Safety Parameter Display Systems. In: 5th Annual Meeting of the Human Factors Society, S. 1001-1014.

22 AKUSTISCHE EXPERTISE ALS GRUNDLAGE FÜR DEN AUFBAU UND DIE GESTALTUNG EINES MULTIMODALEN ENTSCHEIDUNGSHILFESYSTEMS

Jürgen Beimel

Technische Universität Berlin, Institut für Arbeitswissenschaften, FG Mensch-Maschine-Systeme

22.1 Einleitung

Der Einsatz moderner Maschinen in der Fertigung zieht einen mit der Komplexität der Fertigungsprozesse kontinuierlich steigenden Aufwand an Diagnose und Wartungskosten nach sich. Konradt (1992) geht von einem Anteil von ca. 10% des BSP der Bundesrepublik und einer jährlichen Steigung von 10-15% der Kosten für die Instandhaltung aus. Vorbeugendes Warten und Instandhalten von Produktionsanlagen wird daher zu einem wichtigen Produktionsfaktor. Die Durchführung von Fehlerdiagnosen in der Instandhaltung und Wartung komplexer Anlagen wird anhand unterschiedlicher Strategien ausgeführt. Neben der visuellen Überprüfung fehlerhafter Betriebszustände werden zur Fehlerdiagnose in der industriellen Fertigung und in der Qualitätskontrolle auch akustische Prüftechniken eingesetzt (Holroyd & Randall, 1993; Tandon & Nakra, 1990; Welke, 1994). Der Einsatz solcher Techniken vollzieht sich auf der Annahme, daß Geräuschemissionen direkt von der Struktur der fehlerhaften Bauteile bestimmt werden und daß eine Auswertung dieser Emissionen Rückschlüsse auf vorhandene Mängel erlaubt.

Betrachtet man den konzeptionellen Ansatz dieser Störungsidentifizierung so ist festzustellen, daß in einem Großteil der Untersuchungen, die sich bei der Fehlerdiagnose auf akustische Parameter stützen, ein Körperschallsignal (sein Amplituden- und/oder Phasenspektrum) einer automatisierten Fehleranalyse zugeführt wird (Kolb, 1993; Molitor, 1992; Ossig & Attia, 1993). Die Störungsursache wird mit Hilfe verschiedener Analysemethoden wie z. B. statistische oder konnektionistische Verfahren, Methoden der Prozeßmodellierung, Fuzzy-Logik etc. festgestellt. Die Nutzung akustischer Informationen zur Fehlerdiagnose durch erfahrenes Instandhaltungspersonal wird durch die Anwendung dieser Methoden vernachlässigt, obwohl sich zeigt, daß Facharbeiter und Instandhalter vor allem die akustischen Signale eines Bauteils als Grundlage und Orientierung ihrer Wahrnehmung nutzen (Martin, 1995).

Im folgenden wird deshalb ein Untersuchungsansatz in Anlehnung an (Null & Young, 1981) mit dem Ziel vorgestellt, die Grundlagen für ein rechnergestütztes Entscheidungshilfesystem mit einer akustischen Komponente zur Diagnose von Störungen an Kreiselpumpen zu bestimmen. Mit Hilfe eines solchen Entscheidungshilfesystems sollen Personen mit geringer Erfahrung (z. B. zu schulendes Wartungspersonal) in der Detektion von Störungen aufgrund akustischer Parameter durch die Implementierung der für Experten typischen Vorgehensweisen und Strategien unterstützt werden. Zur Bestimmung dieses Expertenwissens werden die Unterschiede in den verbalen Beschreibungen und im Klassifikationsvermögen von Schallereignissen fehlerhafter Betriebszustände zwischen Experten und Novizen untersucht. Mit Hilfe multivariater Methoden werden die Beziehungen zwischen den erhobenen verbalen Beschreibungen und der perzeptiven Struktur für Experten und Novizen getrennt analysiert, so daß für beide Gruppen jeweils die verbalen und mentalen Repräsentationen der zugrunde liegenden Schallereignisse vorliegen. Durch einen Vergleich dieser Repräsentationen können Gestaltungsempfehlungen für ein wissensbasiertes Entscheidungshilfesystem mit akustischem Feedback abgeleitet werden. Ein solches System, ausgestattet mit einer multimodalen Benutzungsoberfläche, ermöglicht es unerfahrenem Instandhaltungspersonal, sich die Besonderheiten der akustischen Wahrnehmung von Experten anzueignen, um somit ihre Diagnosekompetenz zu erweitern. Solcherart Qualifizierungsmaßnahmen können zu einer Erhöhung der MTBF (mean time between failure) von 10 auf 30 Monaten führen (de Wilde & Baeten, 1996) und somit die Verfügbarkeit komplexer, technischer Anlagen erhöhen.

22.2 Einsatz akustischer Prüftechniken zur Störungsdiagnose

In verschiedenen Untersuchungen konnte gezeigt werden, daß akustische Informationen zur Fehlerdiagnose genutzt werden können. So variierte z. B. Hildebrandt (1994) an einem Fahrzeuggetriebe, in dem geschädigte Lager und Zahnräder eingebaut wurden, die Parameter geschädigtes Bauteil, Art der Schädigung, Drehzahl, Drehmoment, Öltemperatur und Ort der Messung. In den durch Körperschallmessungen erhobenen Schadensfrequenzsignalen ließen sich alle induzierten Schäden sehr deutlich nachweisen. Die Schadensfrequenzsignale konnten je nach Art des vorliegenden Schadens differenziert werden. Mit Hilfe korrelativer Analysen zwischen katalogisierten Schadensfrequenzsignalen und den im Betrieb gemessenen Signalen konnte eine zuverlässige Fehlerdiagnose erstellt werden.

Auch für den hier vorliegenden Gegenstandsbereich der Pumpen können akustische Schallereignisse als Grundlage für eine Fehlerdiagnose eingesetzt werden (Friedrichsen, 1993; Kallweit, 1994). Schwarz (1990) ermittelte Beurteilungsparameter für die Diagnose von Hydraulikpumpen aus den Frequenzspektren des Körperschallsignals. Bereits für den störungsfreien Pumpenbetrieb konnte er feststellen, daß variable Betriebsparameter wie z. B. der Betriebsdruck, die Betriebstemperatur, die Drehzahl und der Volumenstrom das Schwingungsverhalten und damit das Frequenzspektrum einer Pumpe sehr stark beeinflussen. Zum Nachweis störungsbedingter Anteile im Frequenzspektrum wurden folgende Störungen untersucht: hydraulische Effekte, Defekte an den Wellenlagern, Defekte an den Reibeparametern und Fehler bei der Montage. Zusammenfassend zeigte sich, daß es mit Hilfe der Frequenzanalyse gelingt, kleine Änderungen der Pumpenumgebung und kleinste Defekte im Schallsignal nachzuweisen und als Grundlage einer Fehlerdiagnose einzusetzen.

22.3 Perzeptive Analysen komplexer Schallereignisse

Die Nutzung solcher akustischer Informationen durch erfahrenes Instand-haltungspersonal ist an bestimmte Voraussetzungen gebunden. So werden z. B. die perzeptiven Analysen komplexer Schallereignisse seitens des In-standhaltungspersonals bestimmt durch (1) das Auflösungsvermögen des peripheren auditiven Systems und (2) zentrale (kognitive) Verarbeitungspro-zesse.

Während durch die physikalische Struktur und die Funktionen des peri-pheren auditiven Systems absolute Begrenzungen im Auflösungsvermögen festgesetzt sind, werden die zentralen und kognitiven Verarbeitungsprozesse durch unterschiedliche Faktoren beeinflußt, welche die Extrahierung und perzeptive Isolierung informationstragender Anteile aus komplexen Schall-ereignissen ermöglichen. Dies sind (1) die spektralen und temporalen Bezie-hungen der relevanten und irrelevanten Komponenten der Schallereignisse, (2) Lern- und Gedächtnisprozesse und (3) die Erfahrung des Instandhal-tungspersonals mit einem Schallereignis.

Die Fähigkeit, Einzelheiten aus spektralen und temporalen akustischen Mustern zu extrahieren, wird primär beeinflußt durch das Wissen darüber, „worauf gehört" werden muß (Espinoza-Varas & Watson, 1989). Der Erwerb eines solchen Wissens erlaubt die Entwicklung von hoch aufgelösten kogni-tiven Repräsentationen, die als perzeptive Referenz genutzt werden.

In Studien zum Auflösungsvermögen einzelner Komponenten eines komplexen Schallereignisses finden sich zwei Themen wieder (Leek, 1987): (1) die Beschreibung negativer Effekte der Stimulusunsicherheit auf die Dis-krimination von Schallereignissen und (2) die Stärke der Effekte, die aus ei-nem Mangel an Wissen über den auditiven Stimulus existieren, verteilt sich interindividuell über die Hörer. Alle Effekte, die aus einem unvollständigen Wissen über das zugrunde liegende Schallereignis resultieren, werden durch die Verteilung der auditiven Aufmerksamkeit beeinflußt. D. h. die Manipula-tion und Kontrolle des Fokus der Aufmerksamkeit kann die Wahrnehmung komplexer Schallereignisse bedeutend verändern: Ist die Aufmerksamkeit z. B. auf die spektrale oder temporale Lokalisierung eines Zielreizes in einem Schallereignis gerichtet, so werden Veränderungen in diesem Teil sehr ge-nau entdeckt. Ist die auditive Aufmerksamkeit hingegen auf das ganze Schallereignis gerichtet, so bleiben selbst große Veränderungen unentdeckt (Leek, 1987). Eine fokussierte Aufmerksamkeit führt somit zu Verbesserun-gen in psychoakustischen Experimenten, wie z. B. die Entdeckung niedriger Intensitätskomponenten eines Schallereignisses oder die Diskrimination von Veränderungen eines komplexen Schallereignisses entlang verschiedener akustischer Dimensionen.

Der Erwerb von Wissen über ein akustisches Schallereignis durch Erfah-rung kann somit zu signifikanten Leistungsverbesserungen in der Erkenn-barkeit akustischer Schallereignisse führen. Allerdings erfordern solche Lei-stungsverbesserungen mehrere hundert Stunden Hörerfahrung mit dem ent-sprechenden akustischen Reiz (Watson, 1980; Watson & Foyle, 1985). Leek & Watson (1984) konnten feststellen, daß nach mehreren Wochen Umgang und Erfahrung mit einem Schallereignis, die Schwelle für die Erkennung von einzelnen Schallkomponenten um 40-50 dB sank. Die Autoren vermuten, daß die Hörer mit der Zeit eine interne Repräsentation des Schallereignisses aufbauen und diese als Hinweisreiz zur Lenkung ihrer Aufmerksamkeit einsetzen.

Green (1961) berichtet über Strategien, derzufolge „erfahrene" Hörer zur Entdeckung von informationstragenden Schallanteilen ein in seiner Breite verstellbares Frequenzband benutzen, das auf die von ihnen erwartete Frequenz abgestimmt ist. Ist die Frequenz unbekannt, so müssen sie einen breiten Bereich des möglichen Frequenzspektrums überwachen, mit dem Ergebnis, daß die Diskriminationsschwelle der informationstragenden Anteile leicht angehoben wird (Swets, 1963). Da die Diskriminationsschwelle für einen akustischen Stimulus in inverser Beziehung zu seiner Auftretenswahrscheinlichkeit steht, scheinen Experten ihr Wissen um die Auftretenswahrscheinlichkeit auf den wahrscheinlichsten Frequenzbereich zu legen (Sorkin, Patore & Gilliom, 1968). Die Ergebnisse von Greenberg & Larkin (1968) unterstützen die Annahme der Überwachung bestimmter Frequenzbänder.

Bei Prüftechniken und Verfahren der akustischen Instandhaltung ist der Einsatz von einem über mehrere Jahre ausgebildeten und erfahrenen Prüfer notwendig. Solcherart Expertenwissen kumuliert sich über einen langen Zeitraum intensiver Beschäftigung mit dem jeweiligen fachspezifischen Wissen. Nach Hacker (1992) unterschieden sich die Leistungsvoraussetzungen von Experten weniger in Einzelkenntnissen und -fertigkeiten, sondern vielmehr in Fähigkeiten, die sich als generalisierbare, ganzheitlich-strategische Vorgehensweisen beschreiben lassen. Der im folgenden dargestellte Ansatz soll die Unterschiede zwischen Experten und Novizen in diesen Vorgehensweisen im Rahmen der Nutzung auditiver Informationen zur Fehlerdiagnose herausstellen.

22.4 Paradigma zur Bestimmung akustischer Expertise

In Anlehnung an bekannte Unterschiede in der visuellen Mustererkennung zwischen Experten und Novizen (Chase & Simon, 1973; Church & Church, 1977; Milojkovic, 1982) soll mit Hilfe des vorzustellenden Untersuchungsansatzes ermittelt werden, inwieweit sich solche Unterschiede auch in der akustischen Wahrnehmung zum Zweck der Störungserkennung identifizieren lassen.

Schwerpunkt der hierfür notwendigen, exemplarischen Untersuchung stellen fehlerhafte Betriebszustände von Kreiselpumpen dar. Die Aufnahme der Schallereignisse mittels Luft- und Körperschall ermöglicht die Analyse und Klassifikation unterschiedlicher Schallereignisse, die Merkmale einer Störung enthalten. Durch einen Vergleich der akustischen Wahrnehmung von erfahrenen und weniger bzw. unerfahrenen Personen in der Störungsdiagnose lassen sich Unterschiede zwischen diesen Personengruppen aufzeigen, aus denen die Grundlagen für den Aufbau und die Gestaltung eines Entscheidungshilfesystems zur Störungsdiagnose von Kreiselpumpen unter Einbeziehung eines akustischen Feedbacks gewonnen werden sollen.

Die Bestimmung von Unterschieden in der akustischen Wahrnehmung störungsrelevanter Schallereignisse zwischen erfahren und unerfahrenen Instandhaltern erfolgt in sieben aufeinanderfolgenden Schritten (s. Abb. 1).

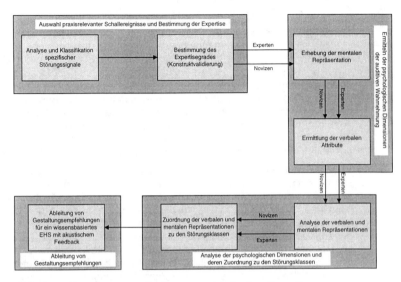

Abb. 1: Paradigma zur Bestimmung akustischer Expertise

Die Analyse und Klassifikation spezifischer Störungssignale erfolgt an einem Kreiselpumpenversuchsstand für radiale Kreiselpumpen. Aus der großen Anzahl möglicher Fehlerquellen an Kreiselpumpen werden in Anlehnung an die Fehlerklassifikation von Friedrichsen (Friedrichsen, 1993) folgende Störungen ausgewählt (s. Abb. 2).

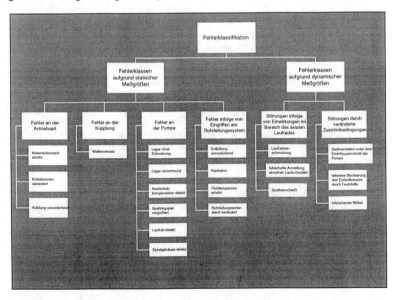

Abb. 2: Fehlerklassifikation von Pumpen (nach Friedrichsen, 1993)

Nach der Festlegung der einzelnen Fehler erfolgt in einem zweiten Schritt die Bestimmung des Expertisegrades von allen Probanden, um sicherzustellen, daß eine entsprechende Zuordnung der einzelnen Personen auf die Gruppe der Experten und Novizen valide Aussagen über den Gegenstandsbereich erlauben. Hierzu werden den Probanden akustische Schallereignisse einzelner Fehler und normaler Betriebsabläufe von Kreiselpumpen dargeboten mit der Aufgabe, diese entsprechend den Fehlern zuzuordnen. Die einzelnen Personen werden so auf einem Leistungskontinuum angeordnet, wobei die leistungsstarken Personen als Experten, die leistungsschwachen als Novizen gelten. Die Verteilung der einzelnen Personen auf die beiden Gruppen bleibt für die nachfolgenden Untersuchungen erhalten.

Zur Erhebung der mentalen Repräsentation werden die ausgewählten Schallereignisse den Experten und Novizen in einem paarweisen Vergleich zur Bewertung ihrer Ähnlichkeit vorgelegt. Dieser Paarvergleich ergibt eine komplette Matrix der verhältnisskalierten Distanzen zwischen den einzelnen Schallereignissen. Die Distanzwerte werden für die Experten und Novizen getrennt einer multidimensionalen Skalierung (MDS) unterzogen, um so den perzeptiven Raum und damit die mentale Repräsentation dieser Schallereignisse der beiden Gruppen darzustellen. Die fundamentale Annahme, die dem Modell der multidimensionalen Skalierung zugrunde liegt, ist die, daß die bewertete Ähnlichkeit durch eine montone Funktion der Distanz zwischen den einzelnen Schallereignissen beschrieben werden kann. D. h., je kleiner die Distanz zwischen den einzelnen Schallereignissen, desto größer ist ihre bewertete Ähnlichkeit. Für die so erhaltene Matrix von paarweisen Ähnlichkeitsurteilen wird mit Hilfe der MDS iterativ eine optimale geometrische Repräsentation der Schallereignisse entsprechend zuvor ausgewählter Dimensionen generiert. Diese Analyse wird nach einem Modell von Carroll & Chang (Carroll & Chang, 1970) durchgeführt, welches postuliert, daß Hörer Schallereignisse zwar auf der Grundlage gemeinsamer Merkmale wahrnehmen, daß die Gewichtung dieser Merkmale aber von Hörer zu Hörer variiert. Entsprechend wird die Distanz zwischen den einzelnen Schallereignissen durch einen Gewichtungsfaktor bestimmt, dessen Größe von der Hörerfahrung mit diesem Schall beeinflußt wird.

Nach diesem Modell ist anzunehmen, daß sich die Personen, die über eine langjährige Erfahrung mit den ausgewählten Schallereignissen verfügen, in der Wahrnehmung und der kognitiven Repräsentation akustischer Schallereignisse von solchen Personen unterscheiden, die nicht über diese Erfahrung verfügen. Als Ergebnis werden zwei, für Experten und Novizen unterschiedliche kognitive Repräsentationen der untersuchten Schallereignisse erwartet.

Zur Ermittlung der verbalen Attribute werden die gleichen Schallereignisse bzgl. ihrer verbalen Repräsentation zwischen den beiden Stichproben verglichen. Dazu werden die Personen gebeten, eine Liste der Attribute aufzustellen, die sie bei der Bewertung der Ähnlichkeit berücksichtigt haben. Sodann werden ihnen weitere Attribute zur Bewertung vorgegeben. Aus diesem Angebot sollen die Probanden das Attribut auswählen, das sie für das wichtigste erachten. Sie bewerten anschließend jedes Schallereignis nach diesem Attribut. Nachdem jedes Schallereignis bewertet worden ist, sollen die Probanden das ihrer Meinung nach zweitwichtigste Attribut und ebenso verfahren. Dieses Vorgehen wird mit max. fünf Attributen durchgeführt, um die Beanspruchung für die Personen auf einem angemessenen Niveau zu halten.

Aus den so erhaltenen Bewertungen werden jeweils getrennte Schätzungen für die Experten und Novizen berechnet. Durch einen Vergleich dieser Ergebnisse beider Gruppen läßt sich die sprachliche Repräsentation der untersuchten Schallereignisse bewerten.

Die Analyse der verbalen und mentalen Repräsentationen erfolgt mit Hilfe regressionsanalytischer Berechnungen. Aus den erhobenen Informationen wird ein Wahrnehmungsmodell der Schallereignisse getrennt für Experten und Novizen konstruiert. Dazu werden die Schätzungen der verbalen Attribute aus dem zweiten Experiment eingesetzt, um die aus dem ersten Experiment erhaltenen kognitiven Repräsentationen zu erklären. Mit Hilfe einer multiplen Analyse wird die Reihenfolge der einzelnen Schallereignisse auf den verbalen Dimensionen aufgetragen und die beste gewichtete Kombination der verbalen Attribute bestimmt. Die getrennte Durchführung dieser Analysen für die beiden Gruppen ergibt somit, durch welche verbalen Attribute die Schallereignisse am besten beschrieben werden.

In einem weiteren Analyseschritt werden die verbalen Attribute und die kognitiven Repräsentationen der den untersuchten Schallereignissen zugrunde gelegten Fehlern gegenübergestellt. Mit dieser Analyse sollen Systematiken in den verbalen und kognitiven Repräsentationen aufgezeigt werden, die sich aus der Fehlerklassifikation ableiten lassen. Läßt sich nachweisen, daß z. B. Fehler an der Antriebsart sprachlich und kognitiv gleichermaßen repräsentiert sind und zudem von anderen Fehlerklassen differenziert werden können, so lassen sich aus solchen Aussagen Empfehlungen für die Gestaltung eines wissensbasierten Entscheidungshilfesystems mit akustischem Feedback ableiten.

Aus den Ergebnissen lassen sich Gestaltungsempfehlungen ableiten, die Novizen in der Diagnose von Fehlern an Kreiselpumpen und ihnen zugeordneten Anlagen unterstützen. Da sich die Unterschiede zwischen Experten und Novizen in der Wahrnehmung komplexer akustischer Schallereignisse sowohl auf die verbalen Beschreibungen der Schallereignisse als auch auf deren kognitive Repräsentation beziehen, ergeben sich aus den Differenzen zwischen beiden Stichproben Ansätze, die Diagnosekompetenz für Novizen zu verbessern. So kann eine multimediale Benutzungsoberfläche eines wissensbasierten Entscheidungshilfesystems, aufbauend auf der Fehlerklassifikation, sowohl die spektralen Anteile eines Störungssignals visualisieren als auch deren verbale Beschreibungen. Weniger erfahrene Instandhalter können sich das hierin repräsentierte Wissen, aus denen Experten die für sie relevanten Diagnoseinformationen beziehen, aneignen. Ein solches, mit einer multimodalen Schnittstelle ausgestattetes System, kann jedoch zu einer umfassenden Nutzung von Erfahrungen des Instandhaltungspersonals führen und gleichzeitig eine Aussage zur Relevanz des Konzepts der „ökologischen Schnittstellengestaltung" (Rasmussen, 1995; Rasmussen & Vicente, 1990) liefern.

22.5 Literatur

Carroll, J.D. & Chang, J.J. (1970). Analysis of individual differences in multidimensional scaling via an N-way generalization of „Eckhart-Young" decomposition. *Psychometrika, 35,* 288-319.

Chase, W. & Simon, H.A. (1973). Perception in chess. *Cognitive Psychology, 4,* 55-81.

Church, R.M. & Church, K.W. (1977). Plans, goals, and search strategies for the selection of a move in chess. In P.W. Frey (Ed.), *Chess skill in man and machine.* New York: Springer.

De Wilde, A. & Baeten, J. (1996). Reduction of maintenance costs of pumps in a petrochemical plant. Pumpentagung, 30. September - 2. Oktober 1996, Karlsruhe.

Espinoza-Varas, B. & Watson, C.S. (1989). Perception of complex auditory patterns by humans. In R.J. Dooling & S.H. Hulse (Eds.), *The comparative psychology of audition. Perceiving complex sounds.* (pp. 67-94). Hillsdale: Lawrence Erlbaum.

Friedrichsen, U. (1993). *Untersuchungen zur Betriebsautomation von Schöpfwerken.* Düsseldorf: VDI-Verlag.

Green, D.M. (1961). Detection of auditory sinusoids of uncertain frequency. *Journal of the Acoustical Society of America, 33:*897-903.

Greenberg, G.Z. & Larkin, W.D. (1968). Frequency-response characteristics of auditory observers detectings signals of a single frequency in noise: The probe-signal method. *Journal of the Acoustical Society of America, 44:* (1513). 1523

Hacker, W. (1992). *Expertenkönnen.* Göttingen: Verlag für Angewandte Psychologie.

Hildebrandt, M. (1994). Schadensfrüherkennung an Wälzkontakten mit Körperschall- Referenzsignalen. Stuttgart: Universität Stuttgart, Institut für Maschinenelemente .

Holroyd, T.J. & Randall, N. (1993). Use of acoustic emission for machine monitoring. *British Journal of Non-Destructive Testing, 35,* (2), 75-78.

Kallweit, S. (1994). Untersuchungen zur Erstellung wissensbasierter Fehlerdiagnosesysteme für Kreiselpumpen. Berlin: Technische Universität Berlin, FB Konstruktion und Fertigung.

Kolb, H.J. (1993). Automatische Klassifikation akustischer Geräuschmuster in der Qualitätssicherung. 1068p. Fortschritte der Akustik, 19. Gemeinschaftstagung der Deutschen Arbeitsgemeinschaft für Akustik DAGA 1993, Frankfurt am Main, 19. März - 1. April 1993.

Konradt, U. (1992). *Analyse von Strategien bei der Störungsdiagnose in der flexibel automatisierten Fertigung.* Bochum: Universitätsverlag Dr. N. Brockmeyer.

Leek, M.R. (1987). Directed attention in complex sound perception. In W.A. Yost & C.S. Watson (Eds.), *Auditory processing of complex sounds.* (pp. 278-288). Hillsdale,: Lawrence Erlbaum.

Leek, M.R. & Watson, C.S. (1984). Learning to detect auditory pattern components. *Journal of the Acoustical Society of America, 76,* 1037-1044.

Martin, H. (1995). *CeA- Computergestützte erfahrungsgeleitete Arbeit.* Berlin: Springer.

Milojkovic, J.D. (1982). Chess imagery in novice and master. *Journal of Mental Imagery, 6,* 125-144.

Molitor, M. (1992). Fehlerfreiheit als Ziel. Akustische Wälzlagerfehlerdiagnose bei Schaltgetrieben. *Qualität und Zuverlässigkeit, 37, (12),* 735-739.

Null, C.H. & Young, F.W. (1981). Auditory Perception: Recommendations for a computer assisted experimental paradigm. In D.J. Getty & J.H. Howard (Eds.), *Auditory and visual pattern recognition.* (pp. 197-213). Hillsdale: Lawrence Erlbaum.

Ossig, R. & Attia, F. (1993). Akustische Fehlerdiagnose an industriellen Geräuschen mit dem Neuronalen Klassifikator BTC. 1076p. Fortschritte der Akustik, 19. Gemeinschaftstagung der Deutschen Arbeitsgemeinschaft für Akustik DAGA 1993, Frankfurt am Main, 19. März - 1. April 1993.

Rasmussen, J. (1995). The concept of human error and the design of reliable human-machine systems. In H.-P. Willumeit & H. Kolrep (Hrsg.), *Verläßlichkeit von Mensch-Maschine-Systemen.* Berlin: Zentrum Mensch-Maschine-Systeme, Technische Universität Berlin.

Rasmussen, J. & Vicente, K.J. (1990). Ecological interfaces: a technology imperative in high tech systems? *International Journal of Human Computer Interaction, 2, (2),* 93-11.

Schwarz, T. (1990). Schallanalyse zur Diagnose von Schäden an Hydraulikpumpem. Aachen: RWTH Aachen, Fak. f. Maschinenwesen.

Sorkin, R.D., Patore, R.E. & Gilliom, J.D. (1968). Signal probability and the listening band. *Perception & Psychophysics, 4,* 10-12.

Swets, J.A. (1963). Central factors in auditory frequency selectivity. *Psychological Bulletin, 60,* 429-440.

Tandon, N. & Nakra, B.C. (1990). The application of the sound-intensity technique to detect defection in rolling-element bearings. *Applied Acoustics, 29,* 207-217.

Watson, C.S. (1980). Time course of auditory perceptual learning. *The Annals of Otology, Rhinology and Laryngology, Suppl. 74,* 96-102.

Watson, C.S. & Foyle, D.C. (1985). Central factors in the discrimination and identification of complex sounds. *Journal of the Acoustical Society of America, 78,* 375-380.

Welke, M. (1994). Mißklänge aufspüren. Prüftechnik: Analyse von Geräuschen. *Industrieanzeiger, 13/94,* 46-47.

23 VORSCHLAG EINES ENTWURFS- UND BEWERTUNGSSCHEMAS FÜR AUS NUTZERSICHT KONSISTENTE ASSISTENZSYSTEME

Matthias Kopf

BMW AG, Fahrzeugforschung, München

23.1 Einleitung

Zu Beginn eine kurze Geschichte zum Thema „Fast wie im richtigen Leben":

Herr Sonnenfroh hat sich gerade einen neuen Taschenschirm mit der gekonnt plazierten Aufschrift „automatic" gekauft, um endlich seinen zerschlissenen alten, der immer umständlich mit beiden Händen zu bedienen war, zu ersetzen. Bei den ersten Regentropfen drückt er stolz auf den roten Knopf, und siehe da, der Schirm entfaltet sich prächtig. Als der Regen nach kurzer, fast zu kurzer, Zeit versiegt drückt er wieder auf den roten Knopf. Nichts passiert. Und wieder drückt er, diesmal kräftiger. Und immer noch passiert nichts. Sollte wohl der neue Schirm schon wieder kaputt sein, oder ...?

Im Lauf der technischen Entwicklung ging - und geht immer noch - der Trend aus verschiedensten Gründen (Sicherheit, Effizienz, Komfort, Wirtschaftlichkeit) zu immer mehr Automatisierung aller Lebensbereiche mit den inzwischen fast allgemein bekannten Problemen (z. B. Bainbridge, 1983):

- Entkopplung des Menschen vom Prozeß
- Wachsamkeitsprobleme
- Verschlechtertes Situationsbewußtsein
- Fertigkeitsverlust
- Kompetenzunsicherheit
- Frustration wegen Kompetenzverlust
- Versteckte Funktionalität
- Mißbrauch von Unterstützungsfunktionen

Ein weiteres Problem, und damit hatte Herr Sonnenfroh zu kämpfen, ist die Schwierigkeit des Nutzers teilautomatisierter Systeme, die Grenzen der Unterstützung zu kennen. Gerade im Bereich der Fahrerunterstützung werden die Assistenzsysteme in Zukunft immer mehr Funktionalität bekommen. Ausgehend vom bekannten Tempomaten über die momentan in Serienvorbereitung befindlichen ACC-Typen (Adaptive Cruise Control v. a. für den Autobahnbereich) bis hin zur erweiterten ACC-Funktionalität z. B. im innerstädtischen Bereich wird die Fahrerunterstützung durch ein immer komplexeres Zusammenspiel verschiedener Sensoren, Algorithmen und Mensch-Maschine-Schnittstellen geleistet. Das macht es für den Entwickler immer schwieriger, einen Unterstützungsumfang zu entwerfen, der für den Fahrer noch durchschaubar und aus Fahrersicht konsistent ist.

Ziel dieses Beitrags ist es daher, eine systematische Entwurfshilfe zur Diskussion zu stellen, die schon im frühen Entwicklungsstadium von Unterstützungssystemen den Blick auf die Nutzer- (und hier im speziellen die Fahrer-) Sicht richtet und damit Inkonsistenzen der gesamten Unterstützungsfunktionalität möglichst vermeidet.

Zunächst soll kurz auf einige wichtige systembeschreibende Begriffe und Kategorien eingegangen werden. Nach einem Blick auf den generellen Nutzen für den Entwickler eines Unterstützungssystems wird die Entwurfssystematik vorgestellt. Diese wird dann anhand des bekannten Tempomaten beispielhaft erläutert und zum Schluß wird noch kurz auf die Übertragbarkeit der Systematik auf andere Bereiche eingegangen.

23.2 Systembeschreibende Begriffe und Kategorien

Die Systemkomponenten

Allgemein wird das System mit den Komponenten Operateur (Nutzer), Prozeß und Umwelt betrachtet. Zu diesen drei Komponenten tritt nun das Unterstützungssystem als vierte Komponente hinzu, welches im allgemeinen von allen anderen Systemteilen Informationen benötigt. In manchen Fällen (z. B. unterlagerte Regelkreise wie DSC oder ASC im Fahrzeug) ist das Unterstützungssystem praktisch Teil des (damit modifizierten) Prozesses und vom Prozeß nicht ganz einfach abzugrenzen. Dies ist immer dann der Fall, wenn das Unterstützungssystem gegenüber dem Operateur nicht direkt in Erscheinung tritt. Im Bereich der Fahrerunterstützung heißen die Basiskomponenten Fahrer, Fahrzeug und Umwelt. Das Unterstützungssystem benötigt hier vom Fahrer Bedienkommandos und möglichst Informationen über seine Absichten, vom Fahrzeug Informationen über den Betriebszustand (z. B. Geschwindigkeit, Motordrehzahl) und aus der Verkehrsumgebung z. B. Daten über Fahrbahnverlauf, Wetter- und Sichtbedingungen und andere Verkehrsteilnehmer. Das kritischste Datum ist im allgemeinen die Fahrerabsicht, die, wenn es nicht gerade um die Ableitung der Spurwechselabsicht aus dem Blinkersignal geht, nur geschätzt werden kann oder explizit vom Fahrer eingegeben werden muß (z. B. Wunschgeschwindigkeit). Darüber hinaus muß in jedem Unterstützungssystem, in welcher Form auch immer, ein Modell des Fahrerhandelns implementiert sein, welches sich im Falle des Tempomaten auf die fest einprogrammierte angenommene Fahrerabsicht zur Konstanthaltung der Geschwindigkeit reduziert.

Technische Grenzen

Die Grenzen der Unterstützungssysteme sind hauptsächlich durch fehlende und/oder unvollständige Umweltinformationen und die fehlende oder nicht genau genug ermittelte Fahrerabsicht bestimmt. Außerdem gibt es natürlich im Hinblick auf Systemausfälle und physikalische Randbedingungen Sicherheitsaspekte, die teilweise ganz wesentlich die Systemauslegung beeinflussen. Die Kosten spielen im industriellen Einsatz und v. a. bei Massenprodukten die entscheidende Rolle als begrenzender Faktor. Auch das Zusammenspiel von Fahrer und Unterstützungssystem und damit die Gestaltung der Mensch-Maschine Schnittstelle, die insbesondere die menschlichen Eigenschaften und Begrenzungen (z. B. Reaktionszeit, Begrenzung der Informationsaufnahmekapazität) berücksichtigt, hat ebenfalls großen Einfluß auf die

Systemeigenschaften. All diese Begrenzungen sollen unter dem Begriff „Technische Grenzen" zusammengefaßt werden.

Situationsbeschreibung

Fahrerhandeln ist im Kern zielorientiert, geplant und situativ bedingt. Ein hierauf basiertes Handlungsmodell wird z. B. in Kopf & Nirschl (1997) angegeben.

Im Bezug auf die Beschreibung der handlungsbestimmenden Situation hat sich die Beschreibung aus Fahrersicht durchgesetzt (siehe z. B. Fastenmeier, 1995). In eine solche Beschreibung müssen die momentanen Zustände aller Systemkomponenten eingehen. Hilfreich ist die Vorstellung eines Situationsraums, der durch Dimensionen aufgespannt wird, die den einzelnen Zuständen der Systemkomponenten entsprechen (Kopf, 1994). Wenn der Begriff nicht schon umgangssprachlich etwas abgegriffen wäre, wäre es im Hinblick auf die Betonung der Fahrersicht sinnvoll, von Erlebnisdimensionen zu sprechen. Ein früher Vorschlag einer Liste von Situationsdimensionen zur Beschreibung der Umwelt aus Fahrersicht findet sich in v. Benda (1977). In Erweiterung und Modifikation dazu, und unter Hinzufügung der Dimensionen zur Beschreibung von Fahrer, Fahrzeug und Assistenzsystem hat sich bei der Arbeit mit dem in Kap. 23.3 vorgestellten Schema die im Anhang angegebene Dimensionsliste bewährt.

Die Dimensionen haben i. a. unterschiedliches Skalenniveau. Während die Eigengeschwindigkeit beispielsweise verhältnisskaliert ist, ist die Dimension „Typ interagierender Verkehrsteilnehmer" nominalskaliert.

Funktionalität <=> unterstützte Aufgaben

Zur Beschreibung der Tätigkeit eines Operateurs gibt es eine Fülle von Kategorien und Verfahren, die üblicherweise unter dem Begriff „Aufgabenanalyse" zusammengefaßt werden (s. z. B. Johannsen, 1993). Zur Fahrzeugführung gibt es eine äußerst umfangreiche Auflistung von Tätigkeiten, die ein Fahrer ausführen muß (McKnight & Adams, 1970). Zur Definition von Unterstützungsfunktionen ist dieses Werk jedoch nicht geeignet, da es hierfür zu wenig strukturiert ist. Eine Zusammenfassung von Aspekten zu Aufgabenbeschreibungen ist z. B. in Fastenmeier & Gstalter (1991) zu finden. Hilfreich für das in Kap. 23.4 vorgestellte Schema waren das klassische Rasmussen-Schema (Rasmussen, 1983) sowie die Sammlung prototypischer Fahraufgaben nach Jensch et al. (1978). Als wesentliche Fahraufgaben auf der Ebene des regelbasierten Verhaltens bzw. der Manöverebene werden hier vorgeschlagen:

- zu einem Objekt in der Eigenspur sicheren Abstand halten
- nicht mit in die Eigenspur einscherenden Verkehrsteilnehmern kollidieren
- nicht mit querendem Verkehr kollidieren
- nicht zu schnell fahren
- virtuelle Hindernisse (z. B. rote Ampeln und Stop-Stellen) nicht überfahren
- nicht aus der Spur kommen
- Spurwechsel kollisions- und behinderungsfrei ausführen
- in eine Parklücke hineinkommen und herauskommen

Diese Fahraufgaben lassen sich bei Bedarf noch in Unteraufgaben, etwa in Form eines Und/Oder-Graphen, zergliedern.

Was bedeutet nun die Funktionalität eines Unterstützungssystems in diesem Zusammenhang? Es ist die Summe der Funktionen, die ihrerseits den unterstützten (Teil-) Fahraufgaben entsprechen.

23.3 Nutzen des Schemas beim Entwickeln von Unterstützungssystemen

Das konventionelle Vorgehen bei technischen Neuentwicklungen und insbesondere von Unterstützungssystemen bestand üblicherweise aus einer Idee (die meist schon lange vorhanden war), dann dem Schaffen der technischen Voraussetzungen (worauf man teilweise lange warten mußte) und zuletzt der Definition und Realisierung eines meist technisch orientierten Systemkonzepts. Die im nächsten Kapitel vorzustellende Systematik ist als Hilfe für die Konzeptionierungsphase gedacht, die am Beginn der Entwicklung stehen sollte. Generell soll sie dem Entwickler helfen, das System aus Nutzersicht zu betrachten. Sie soll dazu führen, daß der Entwickler zur

- aus Nutzersicht klaren Definition des Funktionsumfangs
- Aufdeckung der Verbindungen zwischen den technischen Grenzen und den Grenzen der Funktionen
- Beurteilung der Erfahrbarkeit der Funktionsgrenzen

geführt wird. Außerdem soll sie vermeiden helfen, daß dem Nutzer ein Produkt vorgestellt wird, das im Unterstützungsumfang schlecht überschaubar und inkonsistent ist.

23.4 Vorschlag für eine Systematik

Die im folgenden vorgestellten Schritte sind als Teile eines iterativen Prozesses zu verstehen, an dessen Ende ein aus Nutzersicht möglichst konsistentes Unterstützungssystem stehen sollte.

Schritt 1: Festlegung der Funktionalität

Entsprechend den Bemerkungen in Kap. 23.2 orientieren sich die Funktionen an den zu unterstützenden Aufgaben, die der Operateur bei der Prozeßführung zu erledigen hat. Aufgabenanalytische Verfahren, verhaltenspsychologische Kategorien sowie Verhaltensbeobachtung müssen hier im Bezug auf den zu unterstützenden Prozeß angewandt werden. Dabei ist wichtig, daß für den Nutzer die einzelnen Funktionen erlebbar abgegrenzt sind. Für die Fahrzeugführung haben sich die in Kap. 23.2 definierten Aufgaben zur Festlegung der Funktionalität als nützlich erwiesen.

Schritt 2: Festlegung der Unterstützungsdomäne

Normalerweise decken Unterstützungssysteme nur einen Teil des in Kap. 23.2 eingeführten Situationsraums ab. Im Bereich der Flugführung kann das eine bestimmte Flugphase, im Bereich der industriellen Prozeßführung z. B. das Anfahren einer Anlage und im Bereich der Fahrzeugführung z. B. das

Fahren auf Autobahnen sein. Wichtig bei der Festlegung ist in jedem Fall, daß der Unterstützungsbereich vom Nutzer klar abgrenzbar ist. Wie in Schritt 6 sollte auch hier die Erfahrbarkeit der Bereichsgrenzen überprüft werden. Ist die Unterstützungsdomäne einmal festgelegt, kann damit auch der Wertebereich der Situationsdimensionen bestimmt werden. Wenn im Falle der Fahrerunterstützung die Domäne „Fahren auf Autobahnen" heißt, kann man daraus z. B. die zu erwartenden Fahrbahnlängs- und Querneigungen, Straßenkrümmungen und Fahrgeschwindigkeiten ableiten.

Schritt 3: Überprüfung der Abgrenzbarkeit der Funktionen

Hier muß geprüft werden, ob bzw. wie gut die unterstützten Funktionen von benachbarten, nicht unterstützten abgegrenzt werden können oder ob sie ggf. mit ihnen interferieren oder verwechselt werden können. An dieser Stelle hatte übrigens Herr Sonnenfroh sein Problem: Er ging davon aus, daß die beiden eng verwandten Tätigkeiten der Schirmbedienung, das Öffnen und das Schließen des Schirms, unterstützt werden. Falls für den Entwickler eine Restunsicherheit bei der Beurteilung der Abgrenzbarkeit der Funktionen aus Nutzersicht bleibt, muß er sich geeignete Maßnahmen überlegen, um die Grenzen dem Nutzer klar zu machen. Im einfachsten Fall sollte in der Betriebsanleitung darauf hingewiesen werden. Da aber Bedienungsanleitungen normalerweise nicht gelesen werden, wäre es für Herrn Sonnenfroh beispielsweise hilfreich gewesen, wenn der rote Knopf mit der Aufschrift „Öffnen" oder ähnlich versehen gewesen wäre.

Schritt 4: Identifikation der Unterstützungsgrenzen der einzelnen Funktionen

Im Kern besteht dieser Schritt darin, festzustellen, für welchen Wertebereich der Situationsdimensionen die Unterstützung gilt. Interessant ist hier auch, ob die Grenzen scharf sind, d. h. die Unterstützung bei Überschreiten der Grenzen schlagartig ausfällt oder ob etwa eine allmähliche Verringerung der Unterstützungsqualität oder des Unterstützungsgrades zu den Grenzen hin stattfindet. Viele Fahrerassistenzsysteme (z. B. ACC) unterstützen beispielsweise nur in einem bestimmten Bereich der Eigengeschwindigkeit oder nur in Kurven, die eine maximale Krümmung nicht überschreiten.

Schritt 5: Identifikation der technischen Grenzen

Für jede der in Schritt 4 gefundenen Funktionalitätsgrenzen sind die dafür verantwortlichen technischen Begrenzungen zu finden. Dieser Schritt ist entscheidend für die iterative Verbesserung des Systemkonzepts unter Anwendung des vorgestellten Schemas: Sind die für eine Funktionalitätsgrenze verantwortlichen technischen Grenzen identifiziert kann meistens relativ leicht entschieden werden, ob die Grenzen im Sinne einer möglichst vollständigen Unterstützung verschoben werden können oder ob aus wirtschaftlichen, sicherheitstechnischen, physikalischen oder anderen Gründen die Funktionalitätsgrenzen nicht veränderbar sind und notfalls „künstlich" erfahrbar gemacht werden müssen (vgl. Schritt 6).

Schritt 6: Beurteilung der Konsistenz und der Erfahrbarkeit der Funktionalitätsgrenzen

Zunächst ist zu überprüfen, ob die unterstützten Bereiche des Situationsraums einfach oder mehrfach zusammenhängend sind, wobei letzteres vom Nutzer im allgemeinen schlecht verstanden wird. In Bild 1 soll das anhand eines zweidimensionalen Situationsraums graphisch verdeutlicht werden.

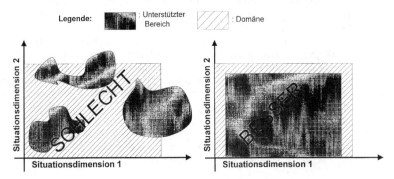

Bild 1: *Graphische Veranschaulichung der Konsistenzüberprüfung*

Ein Fahrerassistenzsystem, welches beispielsweise bei Trockenheit und starkem Regen, aber nicht bei schwachem Regen, und bei Tag und Nacht, aber nicht bei Dämmerung, unterstützt, würde in diesem Sinne als schlecht beurteilt werden. Bei Einsatz eines bildverarbeitenden Sensors könnte erstere Einschränkung durch eine tropfengrößenabhängige Störung auf dem Kamerafenster bedingt sein und letztere Einschränkung könnte z. B. daher kommen, daß die Sensorempfindlichkeit bei Tageslicht und nachts durch Einsatz der Fahrzeugscheinwerfer ausreicht, aber in der Dämmerung nicht. Desweiteren ist zu überprüfen, wie die unterstützten Bereiche im Bezug auf den Domänenbereich liegen. Schlecht ist, wenn, wie im linken Teil von Bild 1, der Domänenbereich nur sehr lückenhaft abgedeckt wird (Metapher: Schweizer Käse). Anzustreben ist eine vollständige Abdeckung, wobei jedoch ein Unterstützungsbereich, der über den Domänenbereich hinausgeht, beim Benutzer zur Verwirrung führen kann, so daß er die Domänengrenzen nicht mehr als relevant ansieht und damit zu falschen Annahmen verleitet werden könnte. Bei jedem Unterstützungssystem werden Funktionalitätsgrenzen übrig bleiben. Daher ist von entscheidender Wichtigkeit, daß diese Grenzen entweder

- intuitiv erfahrbar
- direkt vermittelbar

oder

- erlernbar

sind.

Intuitiv erfahrbar sind Grenzen dann, wenn deren Überschreitung auch bei der ununterstützten Tätigkeit des Benutzers zum Wechsel zwischen deutlich verschiedenen Handlungsstrategien führt. Ein Beispiel dafür wäre der Übergang von einer ein- zu einer mehrspurigen Straße, der unter anderem im Hinblick auf das Überholverhalten zu völlig anderen Strategien führt.

Direkt vermittelbar sind Grenzen dann, wenn das Überschreiten der Grenze im Moment der Überschreitung oder kurz zuvor dem Nutzer sinnfällig gemacht werden kann. Beispielsweise kann bei Unterschreitung der minimalen ACC-Wunschgeschwindigkeit das System mit Ausgabe einer akustischen oder optischen Meldung abschalten.

Zum Lernen von Grenzen kann man verschiedene Wege beschreiten: Im professionellen Umfeld (Luftfahrt, LKW-Verkehr) kann durch geeignetes situationsbezogenes Training einiges erreicht werden. Freizeitnutzern können Grenzen entweder über freiwillige Trainingsmaßnahmen oder aber über eingebaute Lernstufen z. B. mit zunehmender Kompetenz des Unterstützungssystems beigebracht werden. Wichtig ist auch die Arbeit von Marketing- und Werbeabteilungen im Verlauf der Einführungsphase eines Unterstützungssystems. Ob es z. B. als Komfort- oder als Sicherheitssystem eingeführt wird hat weitreichende Auswirkungen auf die Erwartungshaltung der künftigen Nutzer. Das rein intellektuelle Aufnehmen der Information über Grenzen, z. B. in Form einer Betriebsanleitung, ist in zweierlei Hinsicht problematisch: Erstens werden Betriebsanleitungen kaum gelesen und zweitens ist theoretisches Wissen noch nicht unbedingt Handlungswissen, so daß die Verfügbarkeit des Wissens in der konkreten Situation damit nicht sichergestellt ist.

Praktisches Vorgehen

Wie schon erwähnt laufen die angegebenen Schritte in iterativer Form, etwa nach Bild 2, ab.

Im Hinblick auf die Übersichtlichkeit bei den evtl. mehrfach notwendigen Vorwärts- und Rückwärtsschritten hat es sich als zweckmäßig erwiesen, die Schritte 4, 5 und 6 gem. Tabelle 1 zusammenzufassen.

23.5 Beispiel Tempomat

Als Beispiel wurde hier der Tempomat gewählt, da dieses System noch sehr übersichtlich ist. Das Verfahren hat sich jedoch auch schon bei einem sehr komplexen System mit mehreren Sensoren und verschiedenen parallelen Funktionen bewährt.

Schritt 1: Festlegung der Funktionalität

Aus der Zusammenstellung der Fahraufgaben in Kap. 23.2 unterstützt der Tempomat die Fahraufgabe „nicht zu schnell fahren". Diese ist nur im ungebundenen Verkehr relevant (im gebundenen Verkehr ist die Abstandhaltung die hauptsächliche Fahraufgabe). Sie kann untergliedert werden in die Unteraufgaben „Wunschgeschwindigkeit aufgrund von Kurvigkeit, Straßenbeschaffenheit, Geschwindigkeitsbegrenzungen und der momentanen Gefühlslage festlegen" UND „Wunschgeschwindigkeit erreichen" UND „Wunschgeschwindigkeit halten". Die Funktionalität des Tempomaten besteht nun aus den beiden Funktionen, die jeweils die Unteraufgaben „(Wunsch) Geschwindigkeit halten" und „Wunschgeschwindigkeit erreichen" unterstützen.

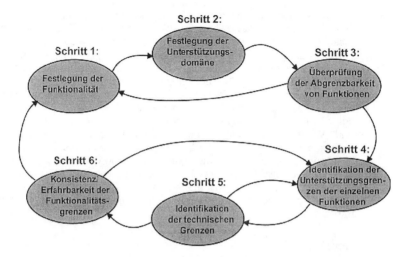

Bild 2: Iteratives Vorgehen

Tabelle 1: Übersichtstabelle zur Bearbeitung der Schritte 4, 5 und 6

Konsistenzüberprüfung bezüglich der Funktion XX für die Domäne YY				
Situations-dimension	Unterstüt-zungsgren-zen (Schritt 4)	Technische Grenzen (Schritt 5)	Erfahrbarkeit der Grenzen (Schritt 6)	Bemer-kungen
Situationsdimensionen bezüglich Umwelt:				
...				
...				
Situationsdimensionen bezüglich Prozeß:				
...				
...				
Situationsdimensionen bezüglich Operateur:				
...				
...				
Situationsdimensionen bezüglich Unterstützungssystem:				
...				
...				

Schritt 2: Festlegung der Unterstützungsdomäne

Der Tempomat soll möglichst in allen Verkehrsumgebungen einsetzbar sein. Es gibt also hier a priori keine Domäneneinschränkung.

Schritt 3: Überprüfung der Abgrenzbarkeit der Funktionen

Hier kann problematisch sein, daß bei den meisten Fahrern die Fahraufgabe „nicht zu schnell fahren" bezüglich der internen Repräsentation nicht bewußt in die o. a. Unteraufgaben aufgegliedert ist. Es ist daher möglich (und anekdotisch auch schon berichtet worden), daß intuitiv von einem solchen System erwartet wird, daß es beispielsweise in Kurven die Geschwindigkeit zurücknimmt. Etwas unwahrscheinlicher, aber sicher nicht ausgeschlossen, ist, daß ein Fahrer intuitiv auch erwartet, daß der Tempomat hinter einem langsameren Fahrzeug abbremst. Da aber aus der rechtlichen Erfahrung mit dem schon lange eingeführten Tempomaten keine Klagen bekannt geworden sind, hat man es offensichtlich von Herstellerseite aus geschafft, die Funktionalität des Tempomaten hinreichend „rüberzubringen". Die gegenseitige Abgrenzung der beiden Funktionen „Wunschgeschwindigkeit erreichen" und „Wunschgeschwindigkeit halten" kann abhängig vom Bedienkonzept problematisch sein. Je nachdem, ob beim Einschalten des Tempomaten als Wunschgeschwindigkeit die momentan gefahrene Geschwindigkeit oder die zuletzt eingestellte Wunschgeschwindigkeit genommen wird, wird die Funktion „Wunschgeschwindigkeit halten" oder „Wunschgeschwindigkeit erreichen" ausgeführt. Das kann zu Kollisionen mit der Erwartungshaltung des Fahrers führen.

Schritte 4, 5, 6

Der zugrundeliegende Situationsraum ergibt sich aus dem Anhang. Zur Zustandsbeschreibung des Tempomaten kommen die Dimension „Einschaltzustand" mit den Werten „Ein" und „Aus" sowie die Dimension „Zuletzt eingestellte Wunschgeschwindigkeit" hinzu. Die Schritte 4 - 6 sind in der Tabelle nach Tabelle 2 zusammengefaßt. Es sind hier nur diejenigen Dimensionen des Situationsraums behandelt, bei denen Unterstützungseinschränkungen bestehen.

Gesamtbeurteilung:

Insgesamt ist das System sowohl von der Abgrenzbarkeit der Funktionalität als auch von den situativen Einschränkungen her als eher unproblematisch einzustufen. Herr Sonnenfroh sollte also mit diesem System gut zurechtkommen.

23.6 Schlußbemerkung

Die Systematik wurde im Kapitel 23.4 schon mit allgemeinen Begriffen eingeführt, so daß eine Anwendung auf Unterstützungssysteme aus anderen Bereichen wie Prozeßführung, Luftverkehr oder auch Expertensysteme bzw. ähnliche Systeme im Prinzip leicht möglich sein sollte. Erfahrungsgemäß schwierig ist jeweils zunächst die klare Abgrenzung der Funktionen. Das erfordert in jedem Fall Wissen über die operateur-interne Repräsentation der zu erledigenden Aufgaben. Ein weiterer zentraler Punkt ist das Finden der relevanten Situationsdimensionen. Insgesamt ist notwendig, daß das vorgestellte Schema in der Praxis in möglichst vielen Bereichen erprobt wird. Für die Weitergabe von Erfahrungen und Verbesserungen sowie die Identifikation von k. o.-Kriterien wäre der Autor dankbar. Sollte sich das Schema in breiterem Umfang als nützlich erweisen wäre eine Vision für die Zukunft, daß für jeden Bereich durch Zusammenarbeit verschiedenster Experten eine allgemein anerkannte Liste der relevanten Situationsdimensionen aus Nutzersicht entsteht.

Tabelle 2: Tabelle für die Schritte 4, 5 und 6 am Beispiel Tempomat

Konsistenzüberprüfung bezüglich der Funktion „Geschwindigkeit halten" für die Domäne „Gesamter Verkehrsbereich"

Situations- dimension	Unterstüt- zungsgren- zen (Schritt 4)	Technische Grenzen (Schritt 5)	Erfahrbarkeit der Grenzen (Schritt 6)	Bemer- kungen
Situationsdimensionen bezüglich Verkehrsumgebung::				
Vertikalverlauf	bei 1.starken Steigungen 2.starken Gefällen kann Ge- schwindigkeit nicht gehalten werden	1.begrenzte Motorlei- stung 2.kein Brems- eingriff, ggf. auch kein Herunter- schalten des Auto- matikge- triebes	1.Das Phä- nomen „Be- grenzte Mo- torleistung" ist dem Fahrer be- kannt => in- tuitiv erfahr- bar 2.auch ohne Tempomat muß der Fahrer bei starkem Ge- fälle ggf. selbst zu- bremsen oder den Gang er- niedrigen => intuitiv erfahrbar	
Situationsdimensionen bezüglich Fahrzeug:				
Eigen- geschwindigkeit	Tempomat arbeitet nur oberhalb ei- ner Mindest- geschwindig- keit	Regelungs- güte, bedingt durch das dynamische Motorver- halten	Eine niedri- gere Wunschge- schwindigkeit als die Min- destge- schwindigkeit kann nicht eingegeben werden => di- rekt vermittel- bar	
Situationsdimensionen bezüglich Fahrer: (hier keine Einschränkungen)				
Situationsdimensionen bezüglich Tempomatzustand: (hier keine Einschränkungen)				

23.7 Referenzen

Bainbridge, L. (1983). Ironies of Automation. In: Automatica, Vol 19, No. 6.

Benda, H. v. (1977). Die Skalierung der Gefährlichkeit von Straßenverkehrssituationen. Teil I: Ein Klassifikationssystem für Verkehrssituationen aus Fahrersicht. FP 7320 im Auftrag der Bundesanstalt für Straßenwesen. Lehrstuhl für Psychologie der TU München.

Fastenmeier, W. (1995). Die Verkehrssituation als Analyseeinheit im Verkehrssystem. In: Fastenmeier (Hrsg.) Autofahrer und Verkehrssituation. Verlag TÜV Rheinland, Köln.

Fastenmeier, W. & Gstalter, H. (1991). Review on studies and research work about driving task analysis. DRIVE-Bericht, Diagnose & Transfer, München.

Jensch, M., Spoerer, E. & Utzelmann, H.D. (1978). Verkehrsverhaltenslehre. Unfall- und Sicherheitsforschung Straßenverkehr, Heft 20, Bundesanstalt für Straßenwesen, Köln.

Johannsen, G. (1993). Mensch-Maschine-Systeme. Springer Verlag Berlin, Heidelberg, New York.

Kopf, M. (1994). Ein Beitrag zur modellbasierten, adaptiven Fahrerunterstützung für das Fahren auf deutschen Autobahnen. VDI-Fortschrittberichte, Reihe 12, Nr. 203. VDI Verlag, Düsseldorf

Kopf, M. & Nirschl, G. (1997). Driver-Vehicle Interaction while Driving with ACC in Borderline Situations. To be published at the 4th World Congress on Intelligent Transport Systems, Berlin, October 1997

McKnight, A.J. & Adams, B.B. (1970). Driver education task analysis. Vol 1: Task descriptions. Human Resources Research Organisation (HumRRO), Alexandria

Rasmussen, J. (1998). Skills, Rules and Knowledge: Signals, Signs and Symbols and Other Distinctions in Human Performance Models. IEEE Transactions on Systems, Man and Cybernetics. SMC-13, pp. 257-267

Anhang

Vorschlag zu den Dimensionen des Situationsraums für die Fahrzeugführung

(ohne Anspruch auf Vollständigkeit, ggf. noch zu untergliedern)

Umwelt:

- Verkehrsart (Einbahn/Gegenverkehr)
- Kurvigkeit
- Vertikalverlauf
- Geschwindigkeit potentiell relevanter Objekte
- Relativdynamik zu relevanten Objekten
- Ort und Ausdehnung potentiell relevanter Objekte
- Typ interagierender Verkehrsteilnehmer
- Allgemeine Sichtbedingungen
- Besondere Sichtbedingungen
- Fahrbahnverschwenkungen und Engstellen
- Hindernisse
- Straßenzustand
- Geltende Verkehrsregeln
- Befolgung von Verkehrsregeln (hier gibt es eine direkte Wechselwirkung mit den Zuständen des Fahrzeugs)
- Verkehrsdichte

Fahrer:

- Fahrtzweck
- Fahrtdauer
- Vigilanz
- Wille zur Befolgung von Verkehrsregeln
- aktuelle Wunschgeschwindigkeit
- aktuelles Fahrmanöver
- aktuelle Bedienhandlung
- Gefühlslage

Fahrzeug:

- Eigengeschwindigkeit
- aktuelle Reichweite der Tankfüllung
- (Teil-) Ausfall von Fahrzeugkomponenten

Unterstützungssystem:

Dimensionen nicht allgemein angebbar

24 EVALUATION UND AKZEPTANZ VON UNTERSTÜTZUNGSSYSTEMEN

Bernhard Zimolong

Ruhr-Universität Bochum, Arbeits- und Organisationspsychologie

24.1 Wissensbasierte Unterstützungssysteme

Wissensbasierte Unterstützungssysteme sollen helfen, komplexe, schlecht strukturierte und unspezifizierte Problembereiche zu erschließen, für die bislang keine Algorithmen zur Verfügung stehen (Simon, 1960). Timpe, Rothe & Gaßner (1997) unterscheiden zwischen Entscheidungshilfesystemen und wissensbasierten Diagnosesystemen und verweisen zu Recht auf die fehlenden Übereinstimmungen in den Definitionsversuchen verschiedener Autoren. Engel & Zimolong (1997) unterscheiden zwischen modellgestützten oder automatisierten und benutzerorientierten Systemen. Modellgestützte Systeme z. B. für die Instandhaltung in der Fertigung haben die Grundidee, die Diagnoseaufgaben soweit wie möglich ohne Einbezug der Benutzer nur vermittelt durch die Sensortechnik auszuführen. Lediglich in Fällen, in denen das System versagt und keine Lösung bestimmen kann, muß der Benutzer eingreifen. Ein typisches Beispiel ist das Expertensystem MOLTKE (Pfeifer & Richter, 1993). Auch in teilautomatisierten Systemen, die Dialoge mit dem Benutzer vorsehen, kann die Problemlösung im wesentlichen beim System liegen. Der Benutzer muß nur die benötigten Daten eingeben oder übernimmt andere Restfunktionen. Die meisten der für den Bereich der Störungsdiagnose entwickelten Systeme sind diesem Ansatz zuzuordnen, z. B. die Systeme HYDIAS (Noe, 1991) und DESIS (Storr & Wiedmann, 1990).

Übergeordnetes Ziel benutzerorientierter Systeme ist es, Entscheidungsträgern Informationen zur Verfügung zu stellen, die sie zum Verständnis des Problems und möglicher Lösungen benötigen. Sie sollen dem Benutzer interaktiv und adaptiv bei der Wahrnehmung, Analyse und Strukturierung von Problemen, der Informationsverarbeitung, der Hypothesen- und Urteilsbildung und der Bestimmung geeigneter Maßnahmen helfen. Hierunter kann auch eine selbständige Problemlösung durch das System fallen. Außerdem sollen Unterstützungssysteme (US) die Urteilsbildung und die Entscheidungsfindung durch Fakten, Trenddaten und Vorhersagen erleichtern, aber auch „intuitive" Entscheidungsprozesse fördern. Häufig findet sich eine Abgrenzung nach der Art des Einsatzbereichs: Im Management-Bereich werden sie als Managerial Support Systems bezeichnet und können auf der Basis ihres hauptsächlichen Einsatzgebietes in Systeme für eine Einzelunterstützung und eine Gruppenunterstützung unterteilt werden.

Der Entwurf eines solchen Systems setzt die Analyse der individuellen Vorgehensweisen voraus. Beispielsweise unterscheiden sich erfahrene Instandhalter und Anfänger deutlich hinsichtlich ihrer Strategien, mit denen sie eine Störungsdiagnose beginnen (Konradt, 1995). Entsprechend unterschiedlich sind ihre Informationsbedarfe. Die Bochumer Arbeitsgruppe

(Konradt, Majonica, Engel & Zimolong, 1996) hat ein benutzerorientiertes US für Maschinenbediener und Instandhalter entwickelt und evaluiert. Dieses System unterstützt die unterschiedlichen Strategien von Anfängern und erfahrenen Instandhaltern, erlaubt assoziative Problemlösungen und fördert durch multimediale Unterstützung den arbeitsimmanenten Qualifizierungsprozeß. Realisiert wurde das Programm auf der Grundlage der Verbindung von Elementen eines Hypertext- und Expertensystems (Engel, 1996).

24.2 Usability-Konzept

Im wesentlichen umfassen die Kriterien eines Usability-Konzepts die in Tabelle 1 genannten Faktoren Effizienz, Erlernbarkeit, Flexibilität und Einstellung / Akzeptanz der Benutzer (Shackel, 1991). Weitere softwareergonomische Kriterien sind in der ISO 9241, Teil 10 und der DIN 66 234, Teil 8 formuliert. Sie können über Merkmalslisten wie z. B. mit dem EVADIS Leitfaden bewertet werden (Oppermann, Murchner, Reiterer & Koch, 1992). Das Urteil über ein System hängt jedoch nicht nur von der Benutzungsfreundlichkeit, sondern auch von der Einschätzung anderer Faktoren wie z. B. den finanziellen, sozialen und organisatorischen Kosten ab. Rauterberg (1991) und Konradt (1996) sprechen von gebrauchstauglichen Systemen.

Tabelle 1: Liste der Evaluationskriterien

Effizienz	Zahl der Lösungen im Vergleich mit anderen Systemen. Güte bzw. Vollständigkeit der erzeugten Arbeitsergebnisse. Zeit und Fehler bei der Aufgabenbearbeitung. Die verschiedenen Kriterien können im Konflikt miteinander stehen, z. B. Schnelligkeit und Fehlerreduzierung stehen in einem Menge-Güte-Austausch.
Flexibilität	Berücksichtigung unterschiedlicher individueller Bedürfnisse und Arbeitsstile. Grundlage sind unterschiedliche Qualifikationen, sich verändernder Wissens- und Erfahrungsstand, sowie individuelle Denk- und Handlungsstrategien.
Vielfältigkeit	Angebot an verschiedenen Auswahlmöglichkeiten.
Individualisierbarkeit	Veränderungsmöglichkeiten des Systems durch den Nutzer.
Erlernbarkeit	Schnelligkeit und Leichtigkeit, mit der das System beherrscht wird.
Lernförderlichkeit	Förderung des arbeitsimmanenten Lernprozesses bei der Nutzung des Systems.

In den Normen wird nicht von Flexibilität, sondern von Steuerbarkeit (ISO 9241, Teil 10, DIN 66 234, Teil 8) gesprochen. Steuerbarkeit ist dann realisiert, wenn Arbeitsabläufe individuell, z. B. über die Beeinflussung der Ablaufgeschwindigkeit oder die Gestaltung von Ein- und Ausgaben gestaltet werden können. Die Flexibilität geht insofern darüber hinaus, als sie in besonderem Maß die kognitiven Fähigkeiten und Eigenschaften des Nutzers betrachtet. Darin integriert sind die Individualisierbarkeit und die Vielfältigkeit. Aus der Sicht des Designers wird von der Adaptivität eines Systems gesprochen.

Erlernbarkeit und Lernförderlichkeit sind zwei unterschiedliche Konzepte. Die Erlernbarkeit eines Systems wird im wesentlichen durch den Aufbau und die multimediale Unterstützung der Bearbeitungsschritte gefördert. Ob der Aufbau und die Befehle eines Systems vom Benutzer verstanden werden, hängt von den Kriterien der Flexibilität, Individualisierbarkeit, Vielfältigkeit und Steuerbarkeit ab. Lernförderlichkeit wird realisiert durch das Aneignen von Wissen und Erfahrungen, um eine arbeitsimmanente Qualifizierung bei der Nutzung eines Systems zu ermöglichen (Majonica, 1996).

24.3 Systementwurf

Der Entwurf von Software-Systemen gliedert sich in aller Regel in die Phasen der Anforderungsanalyse, des Entwurfs, der Implementation und der Evaluation. Zum Durchlaufen der Phasen des Entwicklungsprozesses existieren unterschiedliche Vorgehensmodelle. Für das vorliegende Gestaltungsprojekt, dem Entwurf eines Diagnose-Informationssystems (DIS) für Maschinenbediener und Instandhalter in der Fertigung, wurde ein Spiralmodell mit integriertem Prototyping gewählt (Konradt et al., 1996). Gegenstand der Anforderungsanalyse waren einerseits die funktionalen Anforderungen, die Analyse des soziotechnischen Systems und andererseits die Erfassung und Modellierung des bereichsspezifischen Wissens der Instandhalter: die psychologische Anforderungsanalyse (Tabelle 2).

Tabelle 2: Anforderungsanalyse

Diagnose-Informations-System	
Anforderungsanalyse	
funktionale Anforderungen	Fehlerdiagnose, -behebung, Wartung, Instandhaltung
organisatorische Anforderungen	Einzel-, Team-, Gruppenarbeit, AV, QS, Materialwesen
psychologische Anforderungen	Qualifikation, Informations-bedarf, Strategien

Aus der Ermittlung der funktionalen Anforderungen und der Handlungsstrategien der Instandhalter wurden die damit verbundenen Informationsbedarfe und ihre Verknüpfungen unmittelbar in einen objekt-orientierten Entwurf umgesetzt. Eine ausführliche Analyse der Handlungsstrategien liefert Konradt (1995), die Beschreibung des Entwurfs ist u. a. in Engel & Zimolong (1997) dokumentiert. Insgesamt besteht das DIS aus vier Modulen: Das Informationsmodul enthält alle technischen Zeichnungen und Unterlagen des

CNC-Bearbeitungszentrums. Im Diagnose-Modul sind die Fehler, die Symptome und die Ursache-Wirkungsbeziehungen aufgeführt. Im Logbuch-Modul findet der Nutzer Daten über kürzliche Änderungen an der Maschine, eine Fehlersystematik der bislang aufgetretenen Störungen und ihre Häufigkeiten. Das System-Modul ist die Startseite und verweist auf die anderen Module. Der lauffähige Prototyp wurde einer umfassenden Evaluation unterzogen, deren Methode und Ergebnisse in Majonica (1996) beschrieben sind.

24.4 Evaluationsstudie

Während der Entwurfs- und Implementationsphase wurden prozeßbegleitende Evaluationsschritte durchgeführt, teils als heuristische Evaluation mit Experten, teils als empirische Evaluationen mit zukünftigen Benutzern. Der lauffähige Prototyp des DIS wurde einer umfassenden Ergebnisevaluation unterzogen. Die Evaluationskriterien sind in Tabelle 3 wiedergegeben. Zum Vergleich wurde ein Handbuch (Manual) mit denselben Informationen hergestellt, wie sie im DIS enthalten und aufbereitet waren. Von den Teilnehmern an der Evolutionsstudie mußten fünf Aufgaben mit 25 Lösungsmöglichkeiten entweder mit Unterstützung des DIS oder des Manuals gelöst werden. Die zugrundeliegende technische Anlage war das Bearbeitungszentrum 'nb-h 90' der Fa. Hüller-Hille.

Tabelle 3: Die in der Untersuchung eingesetzten Evaluationskriterien

Kriterium	Art der Messung/Bewertung
1. Systemdaten	
Effektivität	Zahl der Lösungen, max. 25
Systemflexibilität	Häufigkeit der Aufrufe einzelner Module, Klassen Seiten. Zeiten in den Bereichen, Wechsel zwischen den Bereichen
Adaptivität	Zahl der Lösungen als Funktion der Qualifikationen und Erfahrungen
2. Nutzerdaten und -beurteilungen	
Lernförderlichkeit	Zuwachs im Wissenstest
Akzeptanz	Zufriedenheitsmessung mit der Kunin-Skala
Systembewertung	Gestaltbarkeit, Flexibilität, Verständlichkeit, Einheitlichkeit, Zweckmäßigkeit, Erlernbarkeit

Im Wissenstest wurden Fragen zur Kühlmittelanlage, zum Spindelstock, Werkzeugsystem, zur Tischgruppe und Hydraulik gestellt. Drei Kategorien wurden gebildet: die richtige Nennung von Elementen der Maschinenkomponenten (Elemente), die richtige Lokalisierung von Elementen in Abbildungen (Grafiken), die richtige Nennung von Symptomen/Fehlern in Maschinenkomponenten (Symptome). An der Untersuchung nahmen 60 Zerspanungsmechaniker teil. Sie kamen aus zwei Betrieben der metallverarbeitenden Industrie (n=15), der Automobilindustrie (n=4), zwei Berufsföderungszentren (n=22) und verschiedenen Werkstätten der Ruhr-Universität Bochum (n=19).

Das Alter variierte zwischen 17 und 62 Jahren, der Mittelwert betrug 29 Jahre. Voraussetzung für die Teilnahme waren Basiswissen im Zerspanungsbereich und zumindest geringe Computerkenntnisse. Erfahrung mit CNC-Maschinen und Bearbeitungszentren hatten 21 Personen, jedoch war keiner der Teilnehmer mit dem Bearbeitungszentrum 'nb-h 90' vertraut. Als Teil der Untersuchung erhielten alle Teilnehmer eine 20-minütige Einführung in das System.

Die Untersuchung erfolgte in den Schulungsräumen der beteiligten Institutionen. Zur Bearbeitung der fünf Aufgaben standen für jeden Teilnehmer ein PC mit Farbmonitor, auf dem das DIS implementiert war, zur Verfügung. Die Daten wurden als logfiles mit dem PC aufgezeichnet. In der Handbuchbedingung wurde die Bearbeitung mit einer Videokamera gefilmt und danach ausgewertet.

Die Untersuchung bestand aus fünf Phasen und erstreckte sich über eine Dauer von 3 Stunden: 1. Einführungs- und Übungsphase, 2. Erster Wissenstest, 3. Bearbeitung der Aufgaben. Für jede der fünf Aufgaben, für die es zwischen drei und fünf Lösungsmöglichkeiten gab, standen max. 15 min zur Verfügung. 4. Zweiter, identischer Wissenstest, 5. Fragebogen zur Akzeptanzprüfung und Systembewertung.

24.5 Ergebnisse

24.5.1 Effektivität und Adaptivität

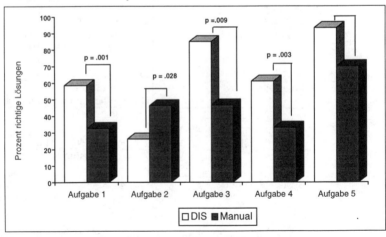

Abb. 1:   Effizienz: Zahl der Aufgabenlösungen in Prozent

Bis auf Aufgabe 2 lösten die Teilnehmer ihre Aufgaben besser mit dem DIS als mit dem Manual (Abbildung 1). Von den 25 Lösungen wurden mit dem DIS 61% gefunden, mit dem Manual 46%. Die Unterschiede wurden varianzanalytisch geprüft und waren statistisch signifikant. In den beiden Versuchsbedingungen DIS und Manual wurden die Gruppen nach Alter, Computererfahrung und Erfahrung mit Wartungs- und Instandhaltungsarbeiten zusammengestellt und es wurde geprüft, ob die Variablen einen Einfluß auf die Zahl der Lösungen hatten: es konnte kein Einfluß statistisch nachgewiesen werden (Mann-Whitney-U-Test). In der Versuchsbedingung DIS wurden die Teilnehmer in drei Gruppen mit unterschiedlicher Berufserfahrung geteilt: 0-5 Jahre, 6-19 Jahre und mehr als 20 Jahre Berufserfahrung. Zwischen den drei Gruppen konnte kein Unterschied in der Zahl der Lösungen nachgewiesen werden (Kruskal-Wallis Test). Beide Unterstützungssysteme scheinen demnach sowohl Anfänger als auch Experten, Personen mit und ohne Computer- und Wartungserfahrung gleich gut zu unterstützen. Da in beiden Versuchsbedingungen, dem DIS und dem Manual, die Informationen identisch sind, müssen die Unterschiede in der Zahl der Lösungen auf die hypermediale Struktur des DIS im Vergleich zur sequentiellen Struktur des Manuals zurückgeführt werden.

24.5.2. Flexibilität

In Tabelle 4 sind die Unterschiede in der Häufigkeit der Wechsel innerhalb eines Moduls und zwischen den Modulen aufgeführt. Mit Unterstützung des DIS wechselten die Teilnehmer häufiger innerhalb und zwischen den Modulen. Das Flexibilitätsverhältnis ist die Häufigkeit der Wechsel von einem Modul dividiert durch die Häufigkeit der Wechsel innerhalb des Moduls (Wert aus Zeile 2, Tabelle 4). Die Wechsel ausgehend von einem Modul sind nicht identisch mit den Wechseln zwischen den Modulen (Wert aus Zeile 1). Zu erwarten ist, daß eine zielorientierte Suche zu mehr Wechseln innerhalb des Moduls als zwischen den Modulen führt. Im umgekehrten Fall läge ein zielloses 'Umherirren' vor. Wie die Ergebnisse in Tabelle 4 zeigen, führt das DIS in allen Modulen zu einem höheren Flexibilitätswert im Vergleich mit dem Handbuch.

Tabelle 4: Systemflexibilität:
1. Häufigkeit der Interaktionen zwischen und innerhalb der Module
2. Verhältnis der Interaktionszeiten zwischen und innerhalb der Module

	System-Modul		Diagnose-Modul		Informations-Modul		Logbuch-Modul		Summe	
	DIS	Man	DIS	Man	DIS	Man	DIS	Man	DIS	Man
zwischen Modulen [a]	4.90	3.53**	6.33	1.27**	6.58	2.20*	2.57	0.27	20.38	7.27*
innerhalb Modulen [a]	6.43	8.01*	21.74	7.17*	14.36	10.84	2.58*	1.23	45.10	27.25**
Flexibilitäts-verhältnis [b]	.84 F(1,59)	.71** =28.32	.38 F(1.59)	.17** =35.23	.59 F(1.54)	.38** =14.28				

[a] t-test * = 0.05 Signifikanzniveau;   [b] ANOVA ** = 0.01 Signifikanzniveau;

Um die unterschiedlichen Arbeitsstile der Teilnehmer zu identifizieren, wurden die individuellen Lösungsmuster der 10 erfolgreichsten Teilnehmer (die alle Aufgaben lösten) für die Aufgabe 3 auf der log-file Ebene analysiert (Engel, 1996). Um die drei Lösungsmöglichkeiten in Aufgabe 3 zu finden, wurden von den Bearbeitern zwischen 18-90 Wechsel zwischen den Objekten vollzogen. Von den 10 Teilnehmern suchten sechs nur innerhalb des Diagnose-Moduls nach den Informationen, während vier zwischen dem Informations- und Diagnose-Modul wechselten. Die erste Gruppe suchte nur nach Fehlersymptomen und Ursache-Wirkungs-Folgen, die im Diagnosemodul enthalten war. Diese Strategie wurde von Rasmussen (1981) als symptomatische Strategie eingeführt. Die 2. Gruppe folgte einer topographischen Strategie: sie suchte nach Informationen über die Komponenten der Maschine, nach Informationen im hydraulischen und pneumatischen System und nach den Ursache-Wirkungsverhältnissen. Keiner der Teilnehmer schaute im Log-Buch Modul der Maschine nach. Das wäre ein Beispiel für eine fallbasierte Strategie (Konradt, 1995) gewesen. Sie setzte allerdings die Vertrautheit des Nutzers mit der Maschine und den Störungen voraus, die in diesem Fall nicht gegeben war.

24.5.3 Lernförderlichkeit

Der Wissenszuwachs wurde als Zahl der Lösungen im 2. Wissenstest im Vergleich zum 1. Test bestimmt. Mit beiden Systemen erfolgte ein Wissenszuwachs. Unter der DIS Bedingung lag er um 38% höher als im Vergleich mit dem Manual (Abbildung 2). Bis auf die Wissenskategorie 'Elemente' ist der Unterschied auf dem 5 Prozent Niveau statistisch signifikant.

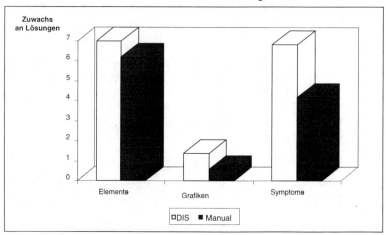

Abb. 2:   Wissenszuwachs gemessen in drei Wissenskategorien

24.5.4 Benutzungsfreundlichkeit

Insgesamt gaben 72.5 Prozent der Benutzer auf einer fünfstufigen Kunin-Skala an, mit dem System „zufrieden" oder „sehr zufrieden" zu sein. Die detaillierte Systembewertung wurde mit einem in Tabelle 5 aufgeführtem

Fragebogen untersucht. Er enthielt fünfstufige Skalen mit bipolaren Adjektivpaaren zur Bewertung der software-ergonomischen Eigenschaften Gestaltbarkeit (Individualisierbarkeit), Flexibilität, Verständlichkeit, Einheitlichkeit, Zweckmäßigkeit und Erlernbarkeit. In Tabelle 6 sind die Werte für das DIS mit Navigationshilfen angegeben.

Tabelle 5: Bewertung der softwareergonomischen Systemgestaltung

Kriterien	Adjektivpaar	Skalen-Mittelwert (n=40)
Gestaltbarkeit	festgelegt - frei gestaltbar	3.50
Flexibilität	flexibel - starr	3.50
Verständlichkeit	mehrdeutig - eindeutig	3.50
	übersichtlich - unübersichtlich	3.73
	unverständlich - verständlich	4.17
Einheitlichkeit	uneinheitlich - einheitlich	3.83
Zweckmäßigkeit	umständlich - einfach	3.85
Erlernbarkeit	schwer - leicht erlernbar	4.40

Die 40 Teilnehmer der DIS-Bedingung stuften die Eigenschaften zwischen dem Minimalwert von 1 und dem Maximalwert von 5 ein. Für die Skala 'umständlich - einfach', 'schwer - leicht erlernbar' betrug der Minimalwert 2. Am besten schnitt das DIS im Hinblick auf Erlernbarkeit ab. Die Teilnehmer beurteilten die Verständlichkeit sehr unterschiedlich. Während die Systemgestaltung allgemein als eindeutig und verständlich bewertet wurde, gab es Kritik bezüglich der mangelnden Übersichtlichkeit des Systems. Die Gestaltbarkeit und Flexibilität des Systems liegen mit dem Mittelwert von 3,5 noch deutlich über dem Skalenmittelwert von 2,5. Über weitere Ergebnisse zur Akzeptanz und der subjektiven Systembewertung des DIS informiert Majonica (1996).

24.6 Bewertung und Ausblick

Die kombinierte Anwendung von Systemdaten und subjektiven Einschätzungen der Nutzer zeichnet ein differenziertes Spektrum der Gebrauchstauglichkeit des Systems. Ohne auf Einzelheiten eingehen zu wollen, vgl. dazu Engel (1996) und Majonica (1996), scheint die psychologische Anforderungsanalyse und ihre Umsetzung in einen objektorientierten Entwurf den gewünschten Erfolg erzielt zu haben. Die Effektität des Systems ist besser als die eines Handbuchs, unterschiedliche Nutzergruppen mit Hintergrunderfahrungen werden gleich gut unterstützt und das System fördert die individuelle Nutzung der enthaltenen Informationen. Die Erlernbarkeit des Systems schneidet überdurchschnittlich gut ab.

Aber auch einige Einschränkungen im Evaluationsansatz müssen genannt werden: mangels vergleichbarer Systeme wurde die Effektität, aber nicht die Effizienz gemessen. Die Effizienz im Einsatz müßte zeitkritische Parameter bei der Störungssuche und Reparatur berücksichtigen: Schnelligkeit und Genauigkeit sind die eigentlichen Faktoren, an denen die Qualität der Arbeit von Instandhaltern gemessen wird. Weiter blieben die organisatorischen Anforderungen weitgehend unberücksichtigt. Sie können aber gerade beim Einsatz des Systems in Arbeitsgruppen oder bei der Ferndiagnose von räumlich entkoppelten Anlagen eine wichtige Rolle spielen.

In Zukunft werden wissensbasierte Systeme mit benutzerorientierten Eigenschaften, die auf den Kompetenzen der jeweiligen Mitarbeiter aufbauen und diese unterstützen und fördern, stärker gefordert werden. Solche Entwicklungen gewinnen deshalb an Bedeutung, weil die Eigenverantwortlichkeit von Mitarbeitern und die Transparenz von Prozessen in dezentralen Organisationsstrukturen einen zunehmend höheren Stellenwert erhalten. Bislang stehen aber keine gebrauchstauglichen Entwicklungswerkzeuge für den Informatiker oder Ingenieur zur Verfügung, mit denen benutzerorientierte Systeme entworfen und gestaltet werden können (Konradt, 1996). Es fehlen kognitiv orientierte Verfahren für die Anforderungsanalyse, um aus diesen Ergebnissen eine direkte Verknüpfung beispielsweise mit den Objekten des Systementwurfs vornehmen zu können. Einen ersten Ansatz liefert die von der Bochumer Arbeitsgruppe vorgestellte psychologische Entwurfsmethodik. Neben einer stärkeren Berücksichtigung von Eigenschaften und Informationsbedürfnissen von Nutzern, zugrundeliegenden mentalen Modellen (Rothe & Timpe, 1997) und Akzeptanzfragen rückt aber auch die Auslegung der Systeme für multipersonale Entscheidungssituationen in den Vordergrund (Computer Supported Cooperative Work; Elke, Konradt, Majonica & Zimolong, 1993; Oberquelle, 1991).

Die Ausweitung von Dienstleistungen und ihr globales Angebot in den weltumspannenden Informationsnetzen wird die Arbeit mit elektronischen Medien dramatisch intensivieren und beschleunigen. Das erzeugt nicht nur Bedarfe nach Hilfe und Unterstützung beim Suchen, Finden und Integrieren von Informationen, sondern auch bei der Filterung von Information. Die virtuelle Zusammenarbeit, basierend auf einer räumlichen und zeitlichen Entkopplung von Personen, muß auf neue, flexibel aushandelbare Geschäftsgrundlagen gestellt werden, die bei anderen Gelegenheiten und für andere virtuelle Arbeitsgruppen jederzeit übertragbar und veränderbar sein müssen. Die virtuelle Zusammenarbeit wird ohne wissensbasierte und benutzerorientierte Unterstützungssysteme nicht mehr auskommen. So werden beispielsweise der Zugriff auf Informationen, das Recht Veränderungen durchzuführen und die Informationsweitergabe bestimmende Parameter sein.

24.7 Literatur

Elke, G., Konradt, U., Majonica, B. & Zimolong, B. (1993). Problemfelder und Perspektiven kooperationsfördernder Software. In U. Konradt & L. Drisis (Hrsg.), *Software-Ergonomie in der Gruppenarbeit* (S. 9-22). Opladen: Leske & Budrich.

Engel, J. & Zimolong, B. (1997). Wissensbasierte Unterstützungssysteme zur Störungsdiagnose in der flexiblen Fertigung. In K. Sonntag & N. Schaper (Hrsg.), *Störungsmanagement und Diagnosekompetenz*. Zürich: vdf Hochschulverlag an der ETH Zürich.

Engel, J. (1996). *Entwicklung eines wissensbasierten Informationssystems zur Unterstützung der Störungsdiagnose*. Düsseldorf: VDI-Verlag.

Konradt, U. (1995). Strategies of failure diagnosis in computer-controlled manufacturing systems: Empirical analysis and implications for the design of adaptive decision support systems. *International Journal of Human-Computer Studies, 43*, 503-521.

Konradt, U. (1996). *Gestaltung gebrauchstauglicher Anwendungssysteme.* Wiesbaden: Deutscher Universitäts-Verlag.

Konradt, U., Majonica, B., Engel, J. & Zimolong, B. (1996). Jetzt helfen wir uns selbst! Entwicklung eines flexiblen Diagnosesystems. In B. Zimolong (Hrsg.), *Kooperationsnetze, flexible Fertigungsstrukturen und Gruppenarbeit (S. 248-276).* Opladen: Leske + Budrich.

Konradt, U., Zimolong, B. & Majonica, B. (1997). User-centered Software Development. Methodology and Usability Issues. In W. Karwowski (Ed.), Handbook of Occupational Ergonomics. London, Taylor & Francis.

Majonica, B. (1996). Evaluation eines Informations-Systems für die Unterstützung von Instandhaltungsaufgaben. Münster, Waxmann.

Noe, T. (1991). *Rechnergestützter Wissenserwerb zur Erstellung von Überwachungs- und Diagnoseexpertsystemen für hydraulische Anlagen.* Karlsruhe: Institut für Werkzeugmaschinen und Betriebstechnik der Universität Karlsruhe.

Oberquelle, H. (1991). *Kooperative Arbeit und Computerunterstützung. Stand und Perspektiven.* Göttingen: Verlag für Angewandte Psychologie.

Oppermann, R., Murchner, B., Reiterer, H. & Koch, M. (1992). *Softwareergonomische Evaluation.* Der Leitfaden EVADIS II. Berlin, de Gruyter.

Pfeifer, T. & Richter, M.M. (Hrsg., 1993). *Diagnose von technischen Systemen.* Wiesbaden: Deutscher Universitätsverlag.

Rasmussen, J. (1981). Models of mental strategies in process plant diagnosis. In J. Rasmussen & W.B. Rouse (Eds.), Human Detection and Diagnosis of System Failures (pp. 241-258). New York, Plenum Press.

Rauterberg, M. (1991). Benutzungsorientierte Benchmark-Tests: eine Methode zur Benutzerbeteiligung bei Standardsoftware-Entwicklungen. In D. Ackermann & E. Ulich (Hrsg.). Software-Ergonomie '91 (S. 96-107). Stuttgart, Teubner.

Rothe, H.-J. & Timpe, K.-P. (1997). Wissensanforderungen bei der Störungsdiagnose an CNC-Werkzeugmaschinen. In K. Sonntag & N. Schaper (Hrsg.), *Störungsmanagement und Diagnosekompetenz.* (S. 137-154). Zürich: vdf Hochschulverlag.

Shackel, B. (1991). Usability - context, framework, definition, design and evaluation. In B. Shackel & S.J. Richardson (Eds.), Human Factors for Informatics Usability (pp. 21-37). Cambridge, University Press.

Simon, H.A. (1960). *The new science of management decision.* New York: Harper.

Storr, A. & Wiedmann, H. (1990). DESIS - Eine Expertensystemshell für die technische Diagnose. In H. Krallmann (Hrsg.), *CIM Expertensysteme für die Praxis (S. 380-394).* München: Oldenbourg.

Timpe, K.-P., Rothe, H.-J. & Gaßner, K. (1997). Entwicklung eines wissensbasierten entscheidungshilfesystems zur Störungsdiagnose bei CNC-Werkzeugmaschinen. In K. Sonntag & N. Schaper (Hrsg.), *Störungsmanagement und Diagnosekompetenz.* (S.279-298). Zürich: vdf Hochschulverlag.

25 ARBEITSKREIS: ASSISTENZSYSTEME IN STRASSEN-, SCHIENEN- UND LUFTVERKEHR

Reiner Onken[1], André Wattler[2] & Marita Irmscher[2]

[1] Universität der Bundeswehr München, Institut für Systemdynamik und Flugmechanik
[2] Technische Universität Berlin, Zentrum Mensch-Maschine-Systeme

25.1 Funktionaler Grundaufbau von Assistenzsystemen

Die Funktionsstruktur eines generischen, wissensbasierten Assistenzsystems als kognitivem System wird in der Abbildung 1 gezeigt. Gleichzeitig wird damit im Sinne einer *ersten These* gezeigt, in welcher Richtung sich die funktionale Komplettierung der Assistenzsysteme in Zukunft entwickeln wird.

Die Grundlage für die Wirksamkeit der Kernfunktion eines Assistenzsystems bilden die Daten- und Wissensbasen. Online- und Offline-Lernfähigkeit sichert den bestmöglichen Wissensstand über das Zusammenwirken in dem System Mission / Operateur / Fahrzeug / Fahrzeugumwelt.

Zentrales funktionales Element des Assistenzsystems ist die Situationsanalyse, die Absichten, Fehler, Konflikte, aber auch günstige Gelegenheiten im Hinblick auf die Fahr-, bzw. Flugaufträge (Ziele) diagnostiziert. Fehler, die den Zielen (z. B. Sicherheit) entgegenstehen, werden angemahnt, bei Konflikten und „Opportunities" werden Lösungsvorschläge selbständig generiert, auf Plausibilität überprüft und dem Operateur, situationsangepaßt mit Erklärungen versehen, angeboten.

Werden neue Absichten des Operateurs festgestellt, wird die Zielhierarchie nach Verifikation angepaßt und eventuelle Hilfestellung zur Erreichung der modifizierten Ziele angeboten.

Die Mensch / Maschine Kommunikation, z. B. Aktivierung von Hilfestellungen oder Abgleich im Situationsverständnis, erfolgt möglichst mit natürlichen Kommunikationsformen und unter möglichst wenig Ressourcenbeanspruchung des Operateurs.

Ein Assistenzsystem ist gekennzeichnet durch folgende mindestens zu berücksichtigenden Teilkomponenten:

- eine Wissensbasis, die alle im Zusammenspiel befindlichen Komponenten des Wirkungsfeldes des Assistenzsystems umfaßt,
- die Funktion der Situationsanalyse,
- den situationsangepaßten Dialog mit dem Operateur.

Assistenzsysteme sind als technische Systemkomponente im MMS eingebunden.

Abbildung 2 zeigt die herkömmliche Vorstellung von Unterstützungssystemen im MMS mit Unterscheidung zwischen Unterstützungssystem und Automatisierungssystem.

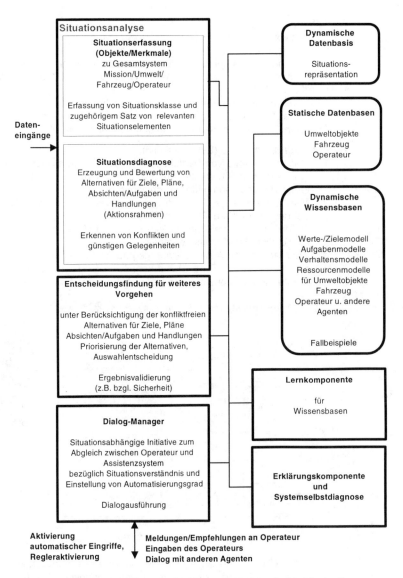

Abb. 1:   *Funktionaler Grundaufbau von wissensbasierten Systemen*

Im folgenden werden an die Entwicklung von kognitiven Systemen mit Integration von Automatisierungs- und Unterstützungssystem in kognitivem System (Abbildung 2 und 3) angepaßte Definitionen von „Automatisierung" und „Automatisierungsgrad" gegeben:

- Automatisierung:
  Einsatz von technischen Mitteln im MMS zur maschinellen Durchführung von Aufgaben, die ansonsten der Operateur als Mensch allein wahrzunehmen hätte. Das heißt, daß Assistenzsysteme einen direkten Prozeßzugriff besitzen und Aufgaben unter Umgehung des Operateurs selbständig durchführen.
  Eine vollständige Verlagerung von entsprechenden Aufgaben des Operateurs auf die Maschine muß nicht notwendigerweise damit einhergehen (parallele Aufgabenabdeckung durch Mensch und Maschine).
- Automatisierungsgrad (2-dimensional):
  1. Maß für Umfang von Fähigkeiten des technischen Systemteils, Aufgaben durchzuführen, die ansonsten der Operateur als Mensch allein wahrzunehmen hätte. (Kognitionsgrad).
  2. Maß des Umfangs direkter Einwirkung des technischen Systemteils auf den im MMS zu führenden Prozeß.
  3. Unterscheidung bei Automatisierungs- und Unterstützungssystemen hinsichtlich des Kognitionsgrades.
  4. Ausprägung von Automatisierungsgrad (Umfang direkten Einwirkens auf zu führenden Prozeß) bei kognitiven Systemen (Ausschließlich beratende Assistenzsysteme bis zu Autonomen Systemen).

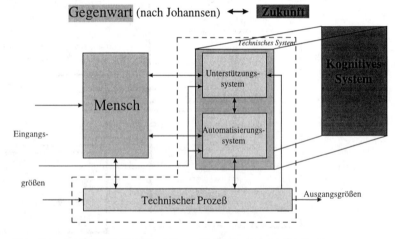

Abb. 2: *Interaktion des Menschen mit „Technischem System"*

Zukünftige Entwicklungen in Assistenzsystemen werden sich in Richtung eines verstärkten Kognitionsgrades verlagern. Gegenwärtig ist bereits eine ausgereifte Sensorik verfügbar, Schwachstellen liegen in den Bereichen Plangenerierung und Situationsanalyse.

Ausgehend von den o. g. Thesen wurde im Rahmen des Arbeitskreises von den Teilnehmern die Diskussion folgender Inhalte priorisiert:

- Anforderungsanalyse bzgl. Assistenzfunktionen;
- Begrenzte Sensorik und Situationserkennung;
- Dialogmanagement und Interfacegestaltung sowie

- Integration von Assistenzsystemen in das Mensch-Maschine-Gesamtsystem.

Konventionelle Systeme ↔ Kognitive Systeme

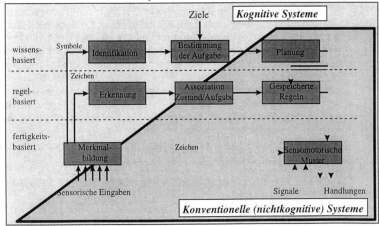

Abb. 3: *Situationsverständnis in Automatisierungs- und Unterstützungssystemen*

25.2 Anforderungsanalyse von Assistenzfunktionen

Im Rahmen der Anforderungsanalyse stellt sich zuerst die Frage, wo und in welchem Umfang der Mensch überhaupt Assistenz haben möchte. Einerseits kann die Einführung eines Assistenzsystems Freiräume schaffen und die Möglichkeiten des Bedieners erweitern, andererseits möchte der Bediener aber die Kontrolle behalten. Hierbei spielen im Freizeitbereich gerade bei Fahrzeugen die emotionale Komponente (Freude am Fahren) sowie der Wunsch nach mehr Komfort bedeutende Rollen.

Im Freizeitbereich lassen sich deshalb Anforderungen an neue Assistenzsysteme nur schwer definieren, und letztendlich beurteilt der Kunde fertig entwickelte Produkte. Bei professionell eingesetzten Systemen in der Arbeitswelt ist dies prinzipiell anders. Hier stehen Fragen der Sicherheit, Aufgabenerfüllung und Wirtschaftlichkeit an erster Stelle. Je nach Einsatzgebiet des Assistenzsystems lassen sich Ziele definieren, auf die ein Assistenzsystem fixiert werden kann. Dazu gehören:

- Sicherheit,
- Aufgabenerfüllung/Zielerreichung,
- Arbeitseffektivität und damit Wirtschaftlichkeit,
- Akzeptanz und
- Komfort.

Generell nimmt die Funktionsteilung zwischen Mensch und Maschine und damit die Delegation von Aufgaben des Menschen an die Maschine einen besonderen Stellenwert in der Anforderungsanalyse ein. Dabei werden

Aufgaben, die vom menschlichen Bediener eher als lästig oder monoton empfunden werden, gern dem technischen System überlassen. Delegation von Aufgaben ist aber nicht die Hauptaufgabe eines Assistenzsystems, dies fällt eher in den Bereich der Automatisierung.

Vielmehr ist eine flexible, parallele Funktion des technischen Systems mit dem Operateur anzustreben, wie beispielsweise auch ein Beifahrer den Autofahrer bei der Routenfindung unterstützt. Bei der Definition der Funktionen in einem MMS sollte das Assistenzsystem nicht allein der Realisierung eines „Hintergrundsystems" für kritische Fälle dienen (backup), sondern als Unterstützung des Menschen in Bereichen, wo Maschinen bessere Leistungen bringen. Hier ist zu klären, inwieweit der Operateur eine aktive oder passive Rolle einnimmt und dabei von einem Assistenzsystem u. U. sogar kontrolliert wird. Eine wichtige Rolle spielt auch die Sinnfälligkeit von Assistenzsystemen insbesondere in kritischen Situationen.

Im Sinne der Zielerreichung können Anforderungen an ein Assistenzsystem folgendermaßen zusammengefaßt werden:

- Es muß ein Situationsbewußtsein beim Operateur und Assistenzsystem vorhanden sein.
- Ist das Situationsbewußtsein vorhanden und der Operateur trotzdem überfordert, so wird Assistenz durch automatische Funktionen notwendig.
- Sowohl Über- als auch Unterforderung des Operateurs sind zu vermeiden.
- Das Vorhandensein einer dissimilaren Redundanz durch die Parallelität von Mensch und Maschine in einem Gesamtsystem und der damit verbundenen Flexibilität ist anzustreben.
- Die Gestaltung der Schnittstelle ist wesentlich für die Beurteilung des Assistenzsystems.

25.3 Begrenzte Sensorik und Situationserkennung

Wie bereits mit der Funktionsstruktur eines wissensbasierten Assistenzsystems gezeigt wurde (s. Abbildung 1) ist die Situationsanalyse und damit die Situationserfassung ein zentrales funktionales Element. Die Gesamtsituationserfassung ist beim Menschen schlecht ausgeprägt. Sowohl dem Menschen als auch technischen Systemen stehen zur Situationsanalyse nur begrenzte Datenströme zur Verfügung. Unzureichende Situationserkennung und damit verbundene potentielle Fehler, die der o. g. Zielerreichung abträglich sind, sind oft auf die begrenzte menschliche oder technische Sensorik zurückzuführen. In diesem Zusammenhang stellen sich die Fragen .

- nach der Relevanz der aufgenommenen Daten,
- nach der wirklich notwendigen Information und entsprechenden Sensorik,
- nach Methoden, mit denen auch mit wenigen Sensordaten akzeptable Assistenzsysteme machbar sind,
- wie weit bei begrenzter Sensorik und Situationserkennung eine Automatisierung gehen kann und beherrschbar bleibt.

Eine Optimierung der Situationserfassung in einem MMS führt zu der Fragestellung, welche künstliche Sensorik hinsichtlich einer Ergänzung und Erweiterung der menschlichen Sensorik für sinnvoll erachtet wird. Desweiteren ist zu klären, ob menschliche Sensorik und die nachgeordnete Datenverarbeitung, die der Extraktion relevanter Informationen dient und sich auch durch biologische Tricks (wissensbasierte, innere (mentale) Muster) auszeichnet, überhaupt nachgebildet werden soll und kann. Beispielsweise könnte ein komplementärer Ansatz von einer Kooperation mehrerer Assistenzsysteme in unterschiedlichen Fahrzeugen ausgehen, die autark eine Situationserfassung vornehmen.

Als Beispiel hierfür ist hier z. B. das sog. TCAS (Traffic Collision Avoidance System) in der Luftfahrt zu nennen, bei dem Avionikkomponenten an Bord der jeweiligen Luftfahrzeuge den Luftraum auf potentielle Konfliktpartner analysieren und den Piloten darüber informieren. Auch im Straßenverkehr könnten Assistenzsysteme in den Fahrzeugen untereinander sowie mit einem Leitsystem kommunizieren und dem Fahrzeugführer auf diese Weise zu einem weitergehenden Situationsverständnis jenseits seines sensorischen Raums verhelfen, beispielsweise über den großräumigen Verkehrsfluß.

Im Sinne der bereits genannten Zielerfüllung läßt sich die Forderung aufstellen, daß weniger eine perfekte technische Sensorik anzustreben ist als das Verständnis des Operateurs über die technische Situationserfassung und -bewertung. Die Entwicklung eines Systemverständnisses ist zu fördern, was durch ein verbessertes Dialogmanagement zwischen Mensch und Maschine geschehen kann, um damit die Akzeptanz zu erhöhen. Das heißt auch, daß der Bediener wissen muß, welche Art von Unterstützung er von dem System erwarten kann, insbesondere in Situationen, wo der Mensch typischerweise versagt.

25.4 Dialogmanagement und Interfacegestaltung

Das Dialogmanagement zwischen Operateur und Assistenzsystem sowie die Schnittstellengestaltung können zu operationellen Konsequenzen führen, die in Abhängigkeit vom Automatisierungsgrad und der Funktionalität, insbesondere bei Assistenz in sicherheitskritischen Domänen, juristische Fragen im Zusammenhang mit der Zulassung und Haftung aufwerfen. Die Rolle des Operateurs, beispielsweise eines Fluglotsen, wird grundsätzlich verändert, wenn potentielle Konflikte durch technische Systeme zuverlässiger erkannt werden. In letzter Konsequenz könnte das auf einen Verzicht auf menschliche Fluglotsen hinauslaufen, was juristisch aber nicht möglich ist. Die Auswirkungen einer solchen Entwicklung für den Gesamtprozeß beispielsweise im Flugverkehr müssen im vorhinein untersucht und überprüft werden.

Aufgrund der Produkthaftung besteht die Forderung nach größtmöglicher Transparenz des technischen Systems, so daß Konsequenzen abschätzbar sind. Assistenzsysteme sind in sicherheitskritischen Bereichen nur durchsetzbar, wenn Menschen die Verantwortung für Entscheidungen überlassen bleibt.

Einerseits kann der Einsatz eines Unterstützungssystems die Rolle des Bedieners entscheidend verändern und ihn damit überfordern, andererseits ist in einem Team von Operateuren die Kommunikation untereinander aufgrund von Emotionen, Mißverständnissen und festen Rollenverteilungen oft schwieriger als die mit einer Maschine. Der mögliche Verlust von Erfahrungen, Lerninhalten und Kompetenz des Operateurs ist als weitere denkbare und möglicherweise gefährliche Folgeerscheinung zu beachten, so daß Untersuchungen zu den operationellen Konsequenzen mit einem geeigneten Methodeninventar notwendig werden. Idealerweise unterstützt das System in erkannten kritischen Situationen, wobei aber dem Operateur die letzte Entscheidung überlassen bleibt. Im Normalbetrieb soll das System die Arbeit des Operateurs nicht stören, beispielsweise durch Fehlwarnungen. Dies gilt gleichermaßen für Autofahrer, Fluglotsen oder Betreiber großtechnischer Anlagen.

Die Aktivierung bzw. Deaktivierung von Assistenzsystemen durch den Operateur in hochdynamischen Prozessen muß zwar prinzipiell gewährleistet sein, ist in der Realität jedoch wahrscheinlich nur schwer möglich aufgrund der Abhängigkeit zum Grad der gewählten Automatisierung und im Hinblick auf die Situationsanalyse durch ein MMS auch nicht unbedingt vorteilhaft.

Es gilt zu klären, ob bei Berücksichtigung aller Konsequenzen der Gesamtprozeß durch den Einsatz von Assistenzsystemen sicherer wird und wie das Risiko der Einzelteilnehmer (Operateur(e), Assistenzfunktion(en)) bzgl. des Nichterreichens der Zielsetzung abzuschätzen ist. Die menschliche Ausfallrate wird sich durch den Einsatz neuartiger Systeme nicht ändern, die Konsequenzen menschlichen Fehlverhaltens können aber durch den Einsatz eines Assisstenzsystems verstärkt werden, indem dem Betreiber größere Sicherheitsreserven suggeriert werden als tatsächlich vorhanden sind. Das Vertrauen auf das technische System ist außerdem ein Grund für mehr Risikobereitschaft, wie man es bei Fahrzeugen beobachten kann, wo Technologien wie ABS eine riskantere Fahrweise ermöglichen und den Fahrer über echte Fahrgrenzen im unklaren lassen. Ein Assistenzsystem muß auf derartige Verhaltensweisen des Operateurs reagieren können

25.5 Integration von Assistenzsystemen in das Mensch-Maschine-Gesamtsystem

Die Integration und damit das Zusammenwirken einzelner Assistenzfunktionen innerhalb eines Assistenzsystems wurde bereits in Abb. 1 dargestellt. Auch hier sind wiederum die Wechselwirkungen und ihre Auswirkungen auf die Zielerreichung zu identifizieren.

Eine situationsadaptive Assistenz, die eine möglichst umfassende Situationserfassung gewährleisten muß, trägt zu einer zielkonformen Integration aller Komponenten eines MMS bei. Aufgrund begrenzter Sensorik sind die Möglichkeiten des Systems zur Erfassung eines Gesamtbildes allerdings sehr beschränkt. Die vorhandene bzw. erfaßbare Information muß also zur Gewinnung einer für die Aufgabenstellung ausreichenden Darstellung der Betriebssituation ausgeschöpft werden. Ein Problem ist hier die Auswahl der beschreibenden Parameter, da eine Situation durchaus durch verborgene Parameter determiniert werden kann, die einer Erfassung nicht zugänglich sind.

Fehleranalysen durch Assistenzsysteme lassen deren Eingriffe in die im vorhinein definierte kausale Fehlerkette zu, wodurch Präventivpotential entsteht, das die Entstehung kritischer Situationen minimiert. Das sollte nicht dazu führen, daß das System entscheidet, ob der Operateur im Regelkreis bleiben kann oder nicht und in Situationen eingreift, in denen dies vom Operateur nicht gewünscht wird.

Untersuchungen an bestehenden Systemen lassen a posteriori durch Vergleich der System- und Bedienerfehler sowie der Diskrepanzen im Verhalten zwischen Assistenzsystem und Betreiber Aussagen über Zuverlässigkeit und Risiko beim Einsatz von Assistenzsystemen zu. Idealerweise findet eine gegenseitige Kontrolle von Operateur und Assistenzsystem statt, so daß auftretende Fehler jeweils kompensiert werden können. Durch komplementäre Arbeitsweisen (dissimilare Redundanz), die sich quasi symbiotisch ergänzen, können so extreme Situationen vermieden und damit die Gesamtausfallwahrscheinlichkeit reduziert werden

26 *ARBEITSKREIS:* ASSISTENZSYSTEME IN DER PRODUKTIONS- UND ANLAGENTECHNIK

Eckhard Hohwieler[1], Bernd Mahrin[2], Burkhard Schallock[1] & Joachim Kriesel[2]

[1] Fraunhofer Institut für Produktionsanlagen und Konstruktionstechnik, Berlin
[2] Technische Universität Berlin, Institut für berufliche Bildung

Assistenzsysteme im Sinne informationsverarbeitender Systeme existieren in der Produktions- und Anlagentechnik in den sechs zentralen Feldern Fabrikplanung, Konstruktion, Arbeits- und Prozeßplanung, Auftragssteuerung, Logistik und Mensch/Werkzeugmaschine (Abbildung 1). Sie wirken in jedem Fall prozeß- und aufgabenbegleitend, übernehmen aber im Gegensatz zu automatisierten Systemen keine prozeßbestimmende Rolle, sondern unterstützen die mit Ihnen arbeitenden Menschen bei Entscheidungen sowie bei der Vor- und Nachbereitung.

Im Rahmen der *Fabrikplanung* - ein übergeordneter, den Geschäftsprozessen vorgelagerter Bereich - unterstützen derartige Systeme bei der Planung von Anordnung von Maschinen, Anlagen, Funktionsbereichen und Ver- und Entsorgungskonzepten (Material, Energie). Wegen des determinierenden Einflusses solcher Entscheidungen auf Ablauforganisation, Logistik und Flexibilität des Gesamtsystems „Fabrik" können Assistenzsysteme hier die beste Wirkung entfalten, wenn sie in der Lage sind, die Auswirkungen konzeptueller Entscheidungen, beispielsweise zu Fließ-, Werkstatt- oder Inselprinzip auf nachgelagerte Entscheidungen plausibel (Mensch-Maschine-*Kommunikation*) und mit ausreichender Validität darzustellen durch diskrete stochastische Simulation[3].

In der *rechnerunterstützten Konstruktion und Entwicklung* werden wissensbasierte Unterstützungssysteme, die auf Modellen von Wirklichkeitsausschnitten und von Problemlösefähigkeiten menschlicher Experten basieren (Krause et al., 1993), erst seit den neunziger Jahren eingesetzt. Bis dahin hatten wissensbasierte Systeme eher im Vorfeld der Konstruktion Bedeutung, vor allem in der Schaffung von Entwicklungs*umgebungen* und bei algorithmisierbaren *Methoden* systematischen Konstruierens (ebd.). Der Herstellungsprozeß, erwartete Produktnutzungsszenarien einschließlich notwendiger Instandhaltung und Entsorgungsfragen für Derivate des Produktionsprozesses sowie für das Produkt selbst nach Ende seiner Nutzungsdauer geraten immer früher und - nicht zuletzt unter Marketingaspekten - immer drängender bei der Entwicklung und Konstruktion ins Blickfeld. Um hierzu Hilfestellungen geben zu können, sollten Assistenzsysteme letztlich Ent-

---

[3] Hiermit sind Simulationen gemeint, bei denen eine feste Anzahl von möglichen Eingabevariablen und eine diskrete Zahl von Ausgabewerten miteinander über feste Verknüpfungen oder mathematische Algorithmen in Wechselwirkung gebracht werden können. Da der Aussagewert eine hohe Wahrscheinlichkeit bezüglich der Realität besitzen soll (er wird kaum wirklich absolut wahr sein können bei der Notwendigkeit, Parameter einzugrenzen), erscheinen Adaptionen des Assistenzsystems an die individuelle betriebliche Situation unverzichtbar.

scheidungshilfen zu den Betriebsmitteln, zu Werk- und Schneidstoffen, zur Gestaltung und Montage von Bauteilen und Baugruppen und zu prozeß- und produktbezogenen Kriterien anbieten und im Sinne einer Entscheidungsoptimierung miteinander verknüpfen können.

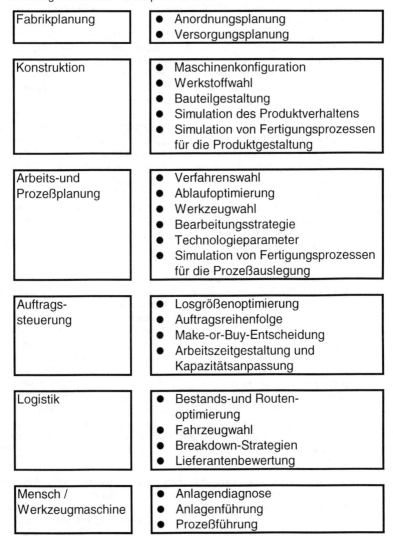

Fabrikplanung	• Anordnungsplanung • Versorgungsplanung
Konstruktion	• Maschinenkonfiguration • Werkstoffwahl • Bauteilgestaltung • Simulation des Produktverhaltens • Simulation von Fertigungsprozessen für die Produktgestaltung
Arbeits-und Prozeßplanung	• Verfahrenswahl • Ablaufoptimierung • Werkzeugwahl • Bearbeitungsstrategie • Technologieparameter • Simulation von Fertigungsprozessen für die Prozeßauslegung
Auftrags-steuerung	• Losgrößenoptimierung • Auftragsreihenfolge • Make-or-Buy-Entscheidung • Arbeitszeitgestaltung und Kapazitätsanpassung
Logistik	• Bestands-und Routen-optimierung • Fahrzeugwahl • Breakdown-Strategien • Lieferantenbewertung
Mensch / Werkzeugmaschine	• Anlagendiagnose • Anlagenführung • Prozeßführung

Abb. 1:   *Assistenzsysteme in der Produktions- und Anlagentechnik*

Die rechnerunterstützte, zentrale oder dezentrale Arbeits- und Prozeß-planung stellt ähnliche inhaltliche Ansprüche an Assistenzsysteme, wenngleich sie in diesem Zusammenhang stärker auf die Prozeßparameter fokussiert sein müssen, als in der Konstruktion. Nach getroffenen Entscheidungen

über Fertigungsverfahren und Bearbeitungsabläufe stehen „harte" Prozeßparameter wie Werkzeuge, Technologiewerte und Bearbeitungsstrategien, die
sich bei rechnerunterstützter Produktion in Programmcodes abbilden lassen,
im Mittelpunkt. Programmiersysteme, die einerseits die Daten der Konstruktion verwerten können, andererseits aber für die arbeitenden Menschen in
der Werkstatt durchschaubar bleiben - durch wenig abstrakte Programmco-
dierung an der Systemoberfläche und umfassende grafische Unterstützung
mit einfacher Zugangsmöglichkeit - haben sich in Verbindung mit dynamischen Simulationen bewährt. Sie sind allerdings gegenüber alphanumerisch
orientierten Programmiersystemen, die für zentralistische Planung konzipiert
wurden, noch immer unterrepräsentiert. Hersteller und Anwender derartiger
Systeme im deutschen Markt zeigen eine innovationshemmende Trägheit,
obwohl der Übergang zu dezentralen Strukturen der Fertigung mit wieder
stärkerer Gewichtung ganzheitlicher Facharbeit unverkennbar ist. Unterstützungssysteme bleiben in ihrer Konzeption noch zu oft dem Strategieprinzip
der Kontrolle an Stelle der konsequenten, verantwortlichen Kompetenzver-
teilung verhaftet. Selbst wegweisende aktuelle, teilweise gar im Rahmen fis-
kalisch geförderter Modellversuche entwickelte Ansätze für werkstattgerechte Assistenzsysteme gewinnen hier nur schwer das Vertrauen potentieller Systemhersteller[4]. Dabei besteht gerade durch die aktuellen Leistungssteigerungen von werkstattorientierten CNC-Steuerungen und Werkstatt- beziehungsweise Produktionssteuerungssystemen eine gute Chance, den
Handlungsspielraum in der Werkstatt und damit die Attraktivität von Facharbeit ein Stück weit wiederherzustellen (Erbe, 1995 und 1996).

Für die Unterstützung der lang-, mittel- und kurzfristigen Auftrags- und
Werkstattsteuerung an Fertigungsleitständen wie an dezentralen Werkstatt-
arbeitsplätzen reicht die Palette der verfügbaren Assistenzsysteme von umfangreichen, vornehmlich von den betriebswirtschaftlichen Aspekten der Geschäftsprozesse geprägten PPS-Systeme bis zu kleinen, auf Arbeitsgruppen
zugeschnittene Planungshilfen, die auf den Anspruch von Universalität zu
Gunsten von Überschaubarkeit und Flexibilität verzichten und konsequent
auf die Synergieeffekte bei der Integration von verteilt im Unternehmen vorhandenen spezifischen Erfahrungen in die Entscheidungsprozesse setzen.
Die größte Kompetenz in Fragen der betriebswirtschaftlich optimalen Ferti-
gungstiefe (make or buy) haben eher kaufmännische Bereiche, während zu
Entscheidungen über konkrete Belegungsplanungen, Einlastungsfolgen,
Prozeßsicherung und integrierte Instandhaltung sicher in den Arbeitsgruppen
der Werkstatt die umfangreichsten und wertvollsten Erfahrungen vorhanden
sind.

Die Logistik-Unterstützung umfaßt notwendig die Verwaltung von Be-
ständen (Halbzeuge, Werkstücke und Baugruppen mit unterschiedlichem
Fertigungsfortschritt, Werkzeuge u. ä.) und allen Materialflußvorgängen. Assistenzsysteme können hier zur Optimierung beitragen bei der Art der Palet-
tierung, der Transportmittel, der Verwaltung von objektbezogenen Informa-

---

[4]   Das werkstattgerechte Steuerungs- und Programmiersystem CNCplus Drehen der Firma
       Keller kam zum Beispiel nur durch eine Kooperation mit dem französischen Partner NUM
       zur Produktionsreife, obwohl die späteren Verkaufszahlen des (deutschen)
       Werkzeugmaschinenherstellers Boehringer mit derart gesteuerten Werkzeugmaschinen die
       Marktfähigkeit der Innovation belegen.

tionen, der Unterstützung für außerplanmäßige Situationen (Breakdown-Strategien) und ähnlichem.

Schließlich erfüllen Assistenzsysteme wichtige Aufgaben an der unmittelbaren Schnittstelle zwischen Menschen und Werkzeugmaschinen. Im Vordergrund stehen neben Hilfen zur Prozeß- oder Anlagenführung diagnostische Funktionen, sowohl im Regelbetrieb - beispielsweise zur Sicherung von Prozeßfähigkeit und Qualität -, als auch in vorhandenen oder sich ankündigenden Schadensfällen.

Assistenzsysteme in der Werkstatt weisen partielle Auswege aus dem Abhängigkeitsdilemma primärer Bereiche (direkt wertschöpfende Fertigung) von sekundären Bereichen (Arbeitsplanung, Instandhaltung, Qualitätssicherung, ...), die im Zuge der Arbeitsteilung entstanden sind. Die Reintegrationsbemühungen versprechen bei komplexer gewordener Technik mehr Erfolg, wenn arbeits- und betriebsorganisatorische Veränderungen flankiert werden durch personenunabhängige Bereitstellung allen verfügbaren Prozeß-Know-hows in intuitiv zugänglichen, wissens- und erfahrungsbasierten Systemen. So läßt sich kumuliertes Handlungswissen zu situationsspezifischen Instandhaltungsanforderungen zum Beispiel in der Steuerung von Werkzeugmaschinen abbilden, um Menschen von unnötigem systemspezifischen Faktenlernen im Vorfeld seiner Anwendung zu entlasten (Lerman, 1995). Abbildung 2 veranschaulicht prinzipiell die Vielschichtigkeit der nichtlinearen und selten eindeutigen Wechselbeziehungen zwischen subjektiven Wahrnehmungen, auftretenden Störungen, potentiellen Störungsursachen sowie erforderlichen präventiven oder reaktiven Maßnahmen. Je realitätsnäher diese Querbezüge informationstechnisch abgebildet werden, desto besser sind damit reale Arbeitsprozesse zu unterstützen und desto höher ist auch ihr Wert bezüglich der Erfahrungsbildung und Kompetenzentwicklung, zweier originärer Kennzeichen qualifizierter Facharbeit (Mahrin, 1995).

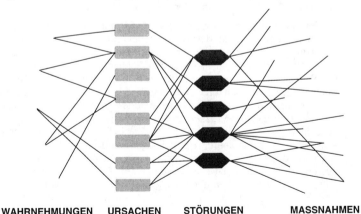

WAHRNEHMUNGEN   URSACHEN   STÖRUNGEN   MASSNAHMEN

Abb. 2:   Beziehungsgeflecht in der technischen Instandhaltung

Wie in zahlreichen anderen technischen Lernfeldern ist auch in der Instandhaltung mit einer wachsenden Bedeutung von *Simulationen* zu rechnen. Ein sehr wesentlicher Unterschied zu diskreten Simulationssystemen, wie sie etwa für die CNC- bzw. SPS-Programmierung oder den Aufbau pneumatischer bzw. hydraulischer Steuerungen seit Jahren erfolgreich eingesetzt werden, besteht darin, daß sich in der technischen Instandhaltung nicht durchgängig sicher verifizierbare kausale Ketten bestimmen lassen. Das Auftreten bestimmter Fehler unterliegt stochastischen Regeln: Das Unterlassen einer fälligen Inspektion, Wartung oder eines prophylaktischen Austausches eines Verschleißteils führt nicht notwendigerweise zu einem Ausfall der Anlage, ebenso wie umgekehrt die Ausführung der entsprechenden Arbeiten keinen sicheren Schutz davor bietet. Empirische Daten über die Ausfallursachen einzelner technischer Systeme, die eine solide Basis für mathematische Modelle von Systemzusammenhängen darstellen, liegen nur für praxisbewährte technische Standardsysteme und Komponenten vor. In solchen Fällen ist das Erstellen brauchbarer Algorithmen für Simulationszwecke leistbar. Wo aus technischen oder betriebswirtschaftlichen Gründen sich eine direkte Erfassung einzelner Maschinendaten verbietet, die frühzeitig auf eine bevorstehende Störung hinweisen könnten, lassen sich Prognosen über mittelbare Größen bilden. So sind Reibungskoeffizienten verläßliche Indikatoren für die Funktion von Maschinenachsen und sich anbahnende Probleme (Krüger & Suwalski, 1993a u. b).

Über Simulationen im Umfeld der Werkzeugmaschine kann dem Anwender der Zusammenhang zwischen einer gemessenen, vom „Normalbereich" abweichenden Größe und möglichen Ursachen plausibel gemacht werden. Danach kann der Facharbeiter auf dem Hintergrund seines Erfahrungswissens über gegebenenfalls einzuleitende Maßnahmen entscheiden. Mögliche Störungsursachen erfordern, falls sie nicht oder nur schwer wahrnehmbar sind und / oder fatale Folgen haben können, präventive Maßnahmen. Störungen dagegen, denen üblicherweise wahrnehmbare akustische, optische und andere Signale vorausgehen, lassen sich oft noch nach dem Auftreten der ersten Signale vermeiden, wenn erfahrungsgeleitet, schnell und sicher reagiert wird (Abbildung 3).

Realisierte Assistenzsysteme in der Produktions- und Anlagentechnik folgen je nach ihrer intendierten Hauptwirkung drei verschiedenen Ansätzen (Abbildung 4). Die *system- oder anlagenorientierten* Unterstützungssysteme zielen vor allem auf die friktionsarme Funktion und den optimalen Einsatz der Betriebsmittel. Sie geben bedarfsweise Hinweise auf mögliche Konfigurationsverbesserungen und zum Handling und stellen betriebsbegleitende Diagnosefunktionen bereit, die als Grundlage für anlagenbezogene Entscheidungen dienen. *Prozeßorientierte* Assistenzsysteme helfen im Gegensatz dazu - oder darüber hinaus - bei der Erfüllung von auftragsbezogenen Aufgaben im unmittelbaren Herstellungsprozeß oder an dessen Peripherie. Kompetenzförderlich sind am ehesten die *anwenderorientierten* Assistenzsysteme, deren Hauptzweck darin besteht, Arbeitsprozesse und Betriebsmittel durch Systematisierung oder Visualisierung so transparent zu machen, daß Erfahrungen und Kompetenzen individuell und kollektiv gewonnen und gesichert werden können.

Multiagentensysteme schließlich sind in der Lage, verschiedene Assistenzsysteme, auch unterschiedlicher Grundtypen kommunikativ und bezüglich ihrer individuellen Datenbasen so miteinander zu verweben, daß Zielkonflikte und wesentliche Wechselwirkungen bei der Entscheidungsvorbereitung erkannt und berücksichtigt werden (vgl. Timpe & Spur, 1997).

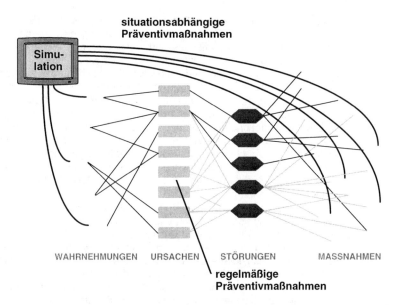

Abb. 3:   *Störungsvermeidung durch Wahrnehmung, Simulation und erfahrungsgeleitetes präventives Handeln*

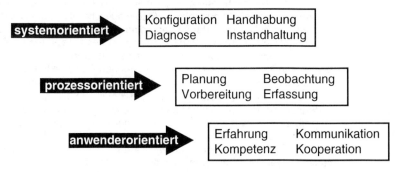

Abb. 4:   *Grundtypen von Assistenzsystemen in der Produktions- und Anlagentechnik*

Nach der Art der Unterstützung für die mit ihnen arbeitenden Menschen und nach ihrer technischen Realisierung sind in der Produktions- und Anlagentechnik folgende Varianten von Unterstützungssystemen zu unterscheiden, die allerdings auch in Kombinationen vorkommen:

• *Informationssysteme:* Die Stärke von Informationssystemen liegt hauptsächlich darin, auch große und komplexe Datenbestände anwendungsfreundlich verfügbar und nutzbar zu machen. In einfachen Fällen handelt es sich hierbei um integrierte Handbücher, Parameterlisten und Anweisungen für spezielle Situationen. Assistenzsysteme anderer Typen greifen, sofern eine entsprechende kommunikative Verbindung der Einzelsysteme gegeben ist, auf die Datenbestände von Informationssystemen zurück und bieten zur Entscheidungsunterstützung nicht deren Rohinformationen, sondern bereits selektierte oder aufbereitete Daten an (vgl. wissensbasierte Systeme). Wieweit die Art der Aufbereitung der Daten für die Anwender plausibel und nachvollziehbar bleibt, dürfte sich als bestimmend für ihre Akzeptanz und Kompetenzförderlichkeit erweisen.

- *Wissensbasierte Systeme:* Über die Möglichkeiten von Informationssystemen hinaus sind wissensbasierte Systeme kontextsensitiv ausgelegt und können situationsbezogene Hilfen geben. Deshalb erfüllen eigentlich erst derartige Systeme die Anforderungen, die an *Assistenz*systeme zu stellen sind, die mehr sind, als mächtige Datensammlungen vom Charakter elektronischer Tabellenbücher. Gerade ihr Situationsbezug verlangt effektive Rückkopplungsmechanismen zum System, damit es nicht schnell an Aktualität verliert.

- *Simulationssysteme:* Zur Unterstützung der Vorbereitung, Beurteilung oder Optimierung von Prozessen und Abläufen werden häufig Simulationen eingesetzt. Ihr wachsender Einsatz ist allerdings auch Anzeichen für die Entfremdung der Arbeit von gegenständlicher Wertschöpfung. Direkte, erfahrungsgeleitete Eingriffe in die Materialbearbeitung - traditionelles Kennzeichen gewerblich-technischer Facharbeit - werden verdrängt durch Manipulation von Software oder stützen sich zumindest zunehmend auf Simulationsergebnisse. Jede Simulation enthält Aspekte von Substitution (ein realer Zusammenhang wird ersetzt durch ein mathematisches Modell) und Reduktion auf (Zahl und Querbezüge der Parameter werden nach ihrer angenommenen Relevanz für das Simulationsergebnis auf ein handhabbares Maß eingeschränkt). Die Qualität des Modells, die Zulässigkeit der vorgenommenen Vereinfachungen bezogen auf die antizipierte Aussagefähigkeit des Systems für den realen Prozeß und nicht zuletzt die äußere Erscheinungsform der Simulation bestimmen ihren Nutzwert für die zu treffenden Entscheidungen, die Akzeptanz durch und die Kompetenzförderlichkeit für Facharbeiter.

- *erfahrungssichernde Systeme:* Sind Änderungen und Ergänzungen der Wissens- und Informationsbasis durch die Benutzer zugelassen und mit vertretbarem Aufwand möglich. Erst mit der rückbezogenen Verwertung und Aufarbeitung von Erfahrungen, die mit den Empfehlungen eines Assistenzsystems gemacht wurden, kann es mittel- und langfristig den stetig steigenden Erwartungen mit guter Erfolgswahrscheinlichkeit gerecht werden. Ein wichtiges beispielhaftes Aufgabenfeld füllen in diesem Zusammenhang alle werkstattorientierten Planungswerkzeuge, die ohne solche Rückmeldungen kaum Kompetenzzuwächse bei den Anwendern bewirken würden. Die Planungsprozesse müßten an Flexibilität und spezifischem Kunden-/Projektbezug verlieren. Ein vielversprechendes Konzept für erfahrungssichernde wissensbasierte Systeme stellt das Domänenmodell für das betriebliche Wissensmanagement dar (Mertins, Schallock & Arlt, 1994). Es wurde für die Fertigungsorganisation entwickelt mit dem Ziel, „einmal zusammengetragenes Wissen mehrfach nutzbar zu machen, um Aufwände zu reduzieren, die Entscheidungen zu verbessern und konsistente Entscheidungsprinzipien zu haben" (ebd.).

Die folgenden dreizehn Fragen wurden im Arbeitskreis Assistenzsysteme in Produktions- und Anlagentechnik zur Diskussion gestellt mit dem Anspruch, aus dem Erfahrungsbereich der Teilnehmerinnen und Teilnehmer

Antwortskizzen zu entwerfen oder zumindest Anregungen und Hinweise für die weitere Arbeit und künftigen Handlungs- und Forschungsbedarf zu erhalten. Insofern bleiben die den Fragen jeweils zugeordneten Anmerkungen aus dem Diskussionskreis auf der Ebene von Ideensammlungen und Erinnerungshilfen. Um den Aussagen diesen offenen Charakter auch in aller Widersprüchlichkeit zu lassen, wurde darauf verzichtet, durch nachträgliche Systematisierungen, Verifizierungen, Wertungen und sonstige Abwägungen den Eindruck eines geschlossenen Ganzen zu vermitteln. Der gewollte Werkstattcharakter der gesamten Veranstaltung soll offensichtlich bleiben und gerade durch mögliche Angriffsflächen die weitere Diskussion beflügeln. Die folgenden Aussagen decken sich deshalb auch nicht durchgängig mit den Ansichten der Verfasser dieses Beitrages.

1. **Führt der Einsatz von Assistenzsystemen in der Produktionstechnik eher zu einer Kompetenzerweiterung oder zur Dequalifizierung?**

   Der verstärkte Einsatz von Assistenzsystemen in der Fertigung führt zu einer Verlagerung von Aufgabenbereichen in der Werkstatt mit stärkerer Betonung von „Stellvertretertätigkeiten" (z. B. Softwaremanipulation statt direkte Materialbearbeitung). Damit einher geht ein Abbau von praktischen Fertigkeiten, Geschicklichkeit (de-skilling). Der Bedarf an Qualifikationen (kognitiv), Urteils- und Entscheidungsfähigkeit sowie Kreativleistungen bleibt dagegen hoch oder nimmt zu.

   Wieweit menschliche Erfahrungen in den Assistenzsystemen kumulativ berücksichtigt werden können, ist letztlich entscheidend dafür, ob die weitere Entwicklung qualifikationssteigernd oder -mindernd wirkt. Die Frage ist auch kaum pauschal zu beantworten, sondern nur bezogen auf Situationen, Individuen und Arbeitsgruppen.

   Dequalifizierend wirken Systeme, die die Menschen letztendlich zu Erfüllungsgehilfen automatisch generierter Entscheidungen machen. Qualifikationsfördernd sind solche, die anpassungsfähig bleiben und ausreichende Entscheidungsspielräume bei den Menschen belassen.

   Die bestimmenden Faktoren für die Frage nach Qualifizierung oder Dequalifizierung durch Einsatz von Assistenzsystemen sind noch nicht ausreichend geklärt.

   Wenn beispielsweise der Umgang mit einer Simulationssoftware den Einsatz eines Trainingssystems erforderlich macht, werden ohne Zweifel zusätzliche Lernprozesse in Gang gesetzt. Diese haben aber keinen fachlichen Qualifikations- oder allgemeinen Bildungsgehalt und sind zu einem guten Teil Selbstzweck. Dequalifizierung ist hierdurch zwar kaum zu befürchten, Kompetenzerweiterungen jedoch ebenfalls kaum zu erreichen (allenfalls methodische Kompetenzen).

2. **Nimmt die Akzeptanz von Assistenzsystemen eher zu oder ab, und gibt es dabei signifikante Unterschiede zwischen betrieblichen und gesellschaftlichen Funktions- und Hierarchieebenen?**

   Die Akzeptanz von Unterstützungssystemen hängt ganz wesentlich davon ab, ob die Abläufe innerhalb dieser Systeme durch die Anwender nachvollziehbar und an deren eigener Erfahrung überprüfbar[5] sind (und diese Erfahrung eventuell rückwirkend bereichern können).

---

[5] Der eigenen Erfahrung widersprechende Ergebnisse oder Empfehlungen des Systems sind der Akzeptanz kaum abträglich, solange die Gründe dafür im Nachhinein ersichtlich und plausibel sind.

Die Wege der Entscheidungsfindung durch das Unterstützungssystem müssen transparent sein. Erforderlichenfalls sind Zwischenschritte und Teilergebnisse darzustellen.

Ein Problem stellt die Zunahme von Standardsoftware im Verhältnis zu adaptierter oder Individualsoftware dar. Mangelhafter Zuschnitt auf die eigene spezielle Situation läßt die Akzeptanz sinken.

Assistenzsysteme werden immer dann gut durch die Anwender akzeptiert, wenn sie partizipativ entwickelt worden waren, wenn also bereits in der Phase der Konzeptionierung und Strukturbildung spätere potentielle Nutzer eingebunden waren.

Wesentlich für die Akzeptanz von Assistenzsystemen ist die nutzergerechte und aufgabenangepaßte Gestaltung des Zugangs über die Mensch-Maschine-Schnittstelle. Hier spielt die Reduktion der Information für den Benutzer eine große Rolle. Die Komplexität des Systems und seines Funktionsumfangs darf kein Maßstab für Anwenderfreundlichkeit / -unfreundlichkeit sein.

3. **Was sind die Hauptintentionen bei der Entscheidung zum Einsatz von Assistenzsystemen und welche Bedeutung hat der gegebenenfalls damit verbundene Job-Killer-Effekt?**

Produktions- und Geschäftsprozesse sowie logistische Abläufe und dergleichen sollen dadurch besser beherrscht werden.

Arbeitsergebnisse sollen besser dokumentiert werden können.

Folgekosten senken durch Vermeidung oder Minimierung von Fehlern der Anlagenführer.

Die Assistenzsysteme sollen, je nach individueller Situation in Standard- und/oder Sondersituationen Hilfestellungen geben, die möglichst genau an die eigenen Voraussetzungen angepaßt sind.

Assistenzsysteme sollen es allen Mitarbeitern erleichtern, ihre Aufgaben besser, leichter oder schneller zu erledigen. Darüber bekämen sie die Chance zu mehr Partizipation an betrieblichen Abläufen und Entscheidungen.

4. **Gibt es gelungene Beispiele für die partizipative / kooperative Entwicklung von Unterstützungssystemen (unter Einbezug der späteren Nutzer)?**

Gelungene Beispiele gibt es besonders dort, wo Assistenzsysteme in besonderer Weise an konkrete Erfordernisse spezieller Arbeitsplätze anzupassen sind, um überhaupt zu positiven Ergebnissen zu kommen. Die fertigungsintegrierte Instandhaltung ist hierfür ein besonders eindrucksvolles Beispiel.

In einem beschriebenen Beispiel in der Diskussion war ein Facharbeiter in die Systementwicklung so intensiv eingebunden worden, daß er hinterher glaubte, er habe das System selbst entwickelt (mit der Folge höchster Akzeptanz).

Schwer einzuschätzen, weil nicht eindeutig quantifizierbar sei die Wirtschaftlichkeit solcher Entwicklungsbeteiligung durch spätere Nutzer, die ja umfängliche Freistellungen erfordere. Der betriebswirtschaftliche Nachweis der Auswirkungen der entstehenden Akzeptanzsteigerung ist nur schwer zu führen.

Den Beispielen partizipativ entwickelter Individuallösungen stehen zunehmend Standardlösungen gegenüber, die für verallgemeinerte Aufgabenstellungen konzipiert und entwickelt wurden. Dies hilft Entwicklungs- und Systemkosten in Grenzen zu halten. Wichtig ist bei derartigen Systemen dann die Möglichkeit der Projektierbarkeit auf die spezifische Applikation und das Anwendungsumfeld.

5. **Welche Rolle spielen die Qualifikationsstruktur, die Persönlichkeitsbildung der Mitarbeiter und die Konzepte betrieblicher Bildung bei der Gestaltung effektiver und menschenzentrierter Assistenzsysteme?**

   Instandhaltung soll Bestandteil von Facharbeit sein. Die entsprechenden Qualifikationen und Einstellungen sind teilweise verloren gegangen und müssen wieder erworben werden. Assistenzsysteme müssen diese Integration primärer und sekundärer Fertigungsaufgaben selbst verkörpern und durch ihren Leistungsumfang fördern.

   Wenn Käufer und Nutzer der Systeme nicht identisch sind, kann es passieren, daß das System nur eingeschaltet wird, wenn das Management zu Besuch kommt.

6. **Hat der produktionsnahe Einsatz von Assistenzsystemen Rückwirkungen auf den Bildungs-, Kompetenz- und Qualifikationsbedarf der Werkstatt-Mitarbeiter?**

   Sofern hier entsprechende Rückwirkungen bestehen, sollte der entsprechende Bedarf weitestgehend durch (kooperative) Selbstqualifikation gedeckt werden können. Ansonsten führen sich die Systeme selbst ad absurdum.

7. **Werden die technische und informationstechnische Entwicklung (z. B. Intranet / Internet) weitere Impulse geben für die Entwicklung von Assistenzsystemen? Falls ja, welche Grobtrends sind dabei zu erwarten?**

   Aufgrund von Erfahrungen wird ein Modell erstellt, mit dem sich die Abnutzung einer Anlage beziehungsweise von deren Komponenten vorhersehen läßt und sich so rechtzeitig korrigierende Maßnahmen einleiten lassen.

   Standardsoftware wird als Basis für Individuallösungen verstärkt genutzt und angepaßt werden. Komplette Einzelentwicklungen werden die Ausnahme darstellen.

   Assistenzsysteme werden zunehmend „lernfähig" sein, Informationen ortsunabhängig aus Netzen beziehen und über Netze verteilen. Einzelne Assistenzsysteme werden über Multiagenten verknüpft, um durch Berücksichtigung von Wechselwirkungen die Aussagen und Empfehlungen der Systeme besser zu fundieren.

8. **Welches sind die arbeitsorganisatorisch günstigsten Voraussetzungen für erfolgreichen Einsatz von Assistenzsystemen?**

   Bestehende verhärtete Strukturen in einem Unternehmen können die erfolgreiche Nutzung von Assistenzsystemen be- oder verhindern. Wenn ein solches System über bestehende Organisationsstrukturen mit unveränderten mentalen Modellen gestülpt wird, werden die Möglichkeiten der neuen Technik nicht ausgeschöpft, der Nutzwert ist nicht erkennbar.

   Eine wichtige Voraussetzung für die effektive Nutzung von Assistenzsystemen auch im Interesse der Nutzer selbst ist die Abschaffung von tradierter Arbeitsvorbereitung und statt dessen die flächendeckende Einführung von eigenverantwortlicher und selbstbestimmter Gruppenarbeit.

Bei unzureichender oder zu später Einbindung der Nutzer in Entscheidungs- und Entwicklungsprozesse zu Assistenzsystemen und nicht adäquater Arbeitsorganisation besteht die Gefahr, daß alte Arbeitsformen in neuer Technik weiterleben.

9. **Woran läßt sich in der Produktions- und Anlagentechnik der Erfolg des Einsatzes von Assistenzsystemen messen?**

Merkmale für den erfolgreichen Einsatz von Assistenzsystemen wären ein verbessertes Verhältnis von Haupt- und Nebenzeiten, höhere Verfügbarkeit der Betriebsmittel, gleichmäßigere Auslastung bei gleichzeitig steigender Einsatzflexibilität sowie eine anlagenbezogene Überprüfung der life cycle costs.

Eine erweiterte Wirtschaftlichkeitsrechnung über die Systemlebensdauer könnte vorgenommen werden. Ein geschlossenes Konzept für den Wirtschaftlichkeitsnachweis von Assistenzsystemen ist derzeit nicht in Sicht. Es könnte wegen der starken Diversifikation zwischen den Systemen auch wahrscheinlich nur partiell standardisiert / verallgemeinert werden.

10. **Haben Globaltrends, Rechtsvorschriften und ähnliche äußere Rahmenbedingungen Einfluß auf die Gestaltung sowie auf Art und Umfang des Einsatzes von Assistenzsystemen?**

Veränderungen in Urheberrechtsregeln, Datenzugriffsrechten u. ä., sowie weltweit deutlich höhere Datenübertragungsraten bei nicht oder nur marginal steigenden Kommunikationskosten werden dazu beitragen, daß attraktive Unterstützungssysteme nicht weiterhin lediglich stationär genutzt werden.

Die Systeme werden auf verteilte Datenbasen mit hoher Aktualität zugreifen können, zum Beispiel auf Herstellerdaten von Anlagen und Betriebsmitteln.

Durch Netzkommunikation entsteht auch in der Werkstatt vermutlich eine neue Offenheit und eine völlig geänderte Kommunikationskultur. Formalisierte Kommunikation wird sich zu Gunsten informeller Kontakte rückläufig entwickeln.

11. **Welche Möglichkeiten und Chancen bestehen, künftig Assistenzsysteme so zu konzipieren, daß sie nicht lediglich passiv-rezeptiv benutzt werden können, sondern im Sinne „lebender" und „lernender" Systeme aktiv an wechselnde Bedingungen adaptiert und erfahrungsbezogen erweitert werden können?**

Assistenzsysteme müssen sich umfassend an Anlagenänderungen anpassen oder anpassen lassen.

12. **In welcher Form wirkt der Einsatz von Assistenzsystemen in der Produktionstechnik positiv oder negativ zurück auf die Prozesse oder Auftragsregelkreise selbst? Gibt es dafür kennzeichnende Beispiele?**

Auch unter weiterem Zuwachs der rechnerunterstützten Unterstützungssysteme wird nur ein Mix mit konventionellen, manuellen Systemen sich erfolgreich bewähren können.

Durch die schnelle Reaktionsfähigkeit idealisierter rückgekoppelter Assistenzsysteme können sich begründet auf Fertigungserfahrungen aus der Werkstatt konstruktive Änderungen am Produkt erst ergeben oder ihre Umsetzung deutlich beschleunigt werden.

In diesem Zusammenhang kann auch wichtiges, künftig verwertbares operatives Wissen schnell an die Konstrukteure gelangen.

13. **Welcher weitere, noch nicht befriedigte Bedarf an Assistenzsystemen besteht in der Produktions- und Anlagentechnik und wie ist der weitere Forschungs- und Entwicklungsbedarf - auch gegebenenfalls interdisziplinär - zu beschreiben?**

Es sollte eine Datenbank zur Erfassung des Änderungsbedarfes erstellt werden.

Wie können Assistenzsysteme kooperatives Arbeiten unterstützen?

In welchem Umfang und in welchem Rahmen werden selbstlernende Systeme als Assistenzsysteme künftig eingesetzt werden können und welche Sensorik, Aktorik und Ergebnisdarstellung ist dazu erforderlich?

Wie können Assistenzsysteme so entwickelt werden, daß sie auf unbekannte Situationen auch dann aufmerksam machen, wenn sie keine inhaltliche Hilfe dazu anbieten können?

Welche Gestalt und Bedeutung werden Multiagentensysteme künftig haben, gibt es Komplexitätsgrenzen, die nicht überschritten werden sollten?

Literatur

Erbe, H.-H. (1995). Maintenance Integrating Skilled Work in Production Islands. Vortragsmanuskript zum 5th IFAC Symposium on Automated Systems Based on Human Skill, 25. und 26. September 1995, Berlin.

Erbe, H.-H. (1996). Technology and Human Skills in Manufacturing. In: Camarinha-Matos, L.M. & Afsarmanesh, H. (Eds.): Balanced Automation Systems; Implementation Challenges for Anthropocentric Manufacturing. London, Chapman & Hall.

Krause, F.-L. et al. (1993). System und Entwicklungstendenzen zur wissensbasierten Unterstützung in der Produktentwicklung. VDI Berichte Nr. 1079.

Krüger, J. & Suwalski, I. (1993a). Ohne Sensoren geht's auch. Computergestützte Maschinendiagnose, Teil 1. Industrie Meister (9), 52-55.

Krüger, J. & Suwalski, I. (1993b). Mit dem PC Fehler beheben. Computergestützte Maschinendiagnose, Teil 2. Industrie Meister (11), 44-47.

Lerman, S.R. (1995). Some Criteria for the Evaluation of Multimedia Computer Applications. In: Bertelsmann Foundation (Hrsg.): School Improvement through Media in Education. A German-American Dialogue (S 135-151). Gütersloh: Bertelsmann Foundation Publishers.

Mahrin, B. (1996). Simulierte Arbeits- und Lernwelten in der Instandhaltung. Vortragsmanuskript zur Arbeitstagung „Simulationen in multimedialen Lernsystemen" des Bundesinstituts für Berufsbildung am 16. und 17.11.1995 in Berlin.

Mertins, K., Schallock, B. & Arlt, R. (1994). Ein Domänenmodell für das betriebliche Wissensmanagement. ZWF CIM 89 (1994) Nr.10, S. 512-513.

Timpe, K.-P. & Spur, G. (1997). Gestaltung von kompetenzförderlichen Multiagentensystemen zur Unterstützung bei Diagnosetätigkeiten an CNC-Werkzeugmaschinen. Bewilligter Förderantrag der DFG.

27 ARBEITSKREIS: COMPUTERUNTERSTÜTZTE GRUPPENPROBLEMLÖSUNG UND BERATUNGSSYSTEME

Helmut Jungermann[1], Gregor Poschmann[2] & Sebastian E. Schmid[2]

[1] Technische Universität Berlin, Institut für Psychologie
[2] Technische Universität Berlin, Zentrum Mensch-Maschine-Systeme

27.1 Problemstellung

Ein Entscheidungsprozeß erstreckt sich von der Analyse und Strukturierung des Entscheidungsproblems über die Informationsaufbereitung und -verarbeitung bis hin zur Urteilsbildung und abschließenden Bewertung der zur Auswahl stehenden Entscheidungsalternativen. In Abbildung 1 sind die einzelnen Schritte eines Entscheidungsprozesses an Hand eines Beispiels dargestellt.

Die Bearbeitung dieser einzelnen Teilaufgaben innerhalb eines Entscheidungsprozesses läßt sich softwaretechnisch durch Entscheidungshilfesysteme unterstützen. Allerdings richten sich die meisten der existierenden Entscheidungshilfesysteme nur an den einzelnen Entscheider. Bei Entscheidungsprozessen, an denen mehrere Personen beteiligt sind, lassen sie sich nicht oder nur sehr bedingt einsetzen.

Ein wesentlicher Grund hierfür besteht darin, daß in einer Gruppe von Personen unterschiedliche Wertvorstellungen und Interessen vorhanden sein können, die zu Meinungsverschiedenheiten führen können. Dies ist im Unternehmen zum Beispiel dann der Fall, wenn Mitarbeiter aus unterschiedlichen Funktionsbereichen, wie zum Beispiel dem Controlling, der Fertigung und der Forschung und Entwicklung, in einer Arbeitsgruppe zusammengefaßt sind. Meinungsverschiedenheiten treten zum Beispiel bei der Festlegung von Entscheidungskriterien sowie insbesondere bei der Bestimmung ihrer Bedeutung auf. Ein Mitarbeiter aus dem Controlling wird beispielsweise mehr Wert auf Kostenaspekte legen als ein Mitarbeiter aus dem Bereich Forschung und Entwicklung. Solche Meinungsverschiedenheiten können mit den existierenden Systemen nicht erfaßt und bei der Entscheidungsfindung berücksichtigt werden.

Im Hinblick auf die Bedeutung, die die Gewichtung der Entscheidungskriterien innerhalb eines Entscheidungsprozesses besitzt, und unter Berücksichtigung der zur Verfügung stehenden Zeit wurde im Arbeitskreis die Diskussion auf die folgenden drei Fragen fokusiert:

1. Welche Probleme treten bei der Gewichtung von Entscheidungskriterien in Gruppen auf?
2. Wie sollte die Gewichtung der Entscheidungskriterien von den Gruppenmitgliedern vorgenommen werden?

3. Wie könnte die Gruppe bei der Gewichtung der Entscheidungskriterien softwaretechnisch durch ein Entscheidungshilfesystem unterstützt werden?

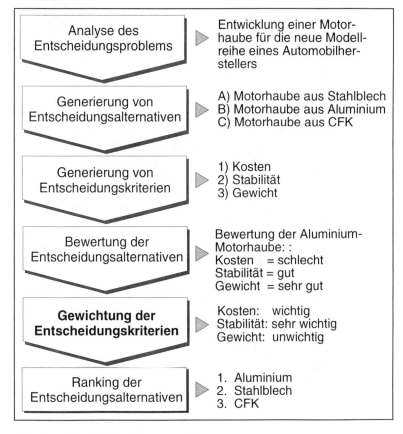

Abb. 1: *Der Entscheidungsprozeß*

27.2 Diskussionsergebnisse

27.2.1 Entscheidungsprozesse in der Praxis

In der Praxis - insbesondere in den technischen Bereichen - werden Entscheidungsprozesse häufig iterativ verlaufen. Hierbei wird versucht, eine als suboptimal erkannte Lösungsmöglichkeit bezüglich verschiedener Attribute zu optimieren, bis sie von der Gruppe als akzeptabel angesehen wird. Im Gegensatz dazu stehen Entscheidungsprozesse, bei denen zwischen mehreren feststehenden Alternativen die „beste" auszuwählen ist. Das Problem, Entscheidungskriterien gemäß ihrer Bedeutung zu gewichten, tritt nur bei der letzteren Kategorie von Entscheidungsprozessen auf.

27.2.2 Erhebung von Gewichten in Gruppen

Die quantitative Gewichtung von Entscheidungskriterien kann dabei grundsätzlich nach zwei Verfahren durchgeführt werden. Zum einen kann die Gewichtung von den einzelnen Teilnehmern individuell vorgenommen werden. Eine Gesamtgewichtung läßt sich dann beispielsweise durch Mittelwertbildung bestimmen. Zum anderen kann die Gewichtung durch einen Diskussionsprozeß erfolgen, in dem sich die Teilnehmer im Konsensverfahren auf numerische Gewichte einigen.

Innerhalb des Arbeitskreises wurden beide Verfahren kritisiert und als wenig praktikabel angesehen, da sie einen hohen Grad an Formalisierung aufweisen. In der Praxis tendieren Gruppen hingegen dazu, nicht mit harten Zahlen, sondern eher qualitativ zu arbeiten und zu argumentieren.

Außerdem wurden Zweifel geäußert, ob die Aufdeckung und Dokumentation der individuellen Gewichtungen sinnvoll sind, da nicht immer davon ausgegangen werden kann, daß jedes Gruppenmitglied die explizite Offenlegung seiner Präferenzen wünscht.

Als Ausweg wurde vorgeschlagen, die Gewichtung zunächst von jedem Teilnehmer individuell vornehmen zu lassen und die jeweiligen Ergebnisse - anonymisiert - den anderen Teilnehmern zukommen zu lassen. Treten Differenzen zwischen den einzelnen Gewichtungen auf, so können die Teilnehmer ihre eigenen Bewertungen noch einmal überprüfen und gegebenenfalls anpassen. Durch diesen iterativen Prozeß, der eng an den Ablauf der DELPHI-Methode angelehnt ist, sollen die Gewichte innerhalb der Gruppe angeglichen und es soll ein Konsens erreicht werden.

27.2.3 Anforderungen an die Funktionalität von Entscheidungshilfesystemen

Im Arbeitskreis wurden zahlreiche Anforderungen an die Funktionalität eines Entscheidungshilfesystems, das in Gruppen eingesetzt werden kann, aufgestellt. Es wurde besonders hervorgehoben, daß existierende Systeme nur ungenügend die Dokumentation der „Geschichte", das heißt der evolutionären Entwicklung des Entscheidungsprozesses unterstützen.

Auch wenn es unter Umständen nicht wünschenswert ist, bei der Bestimmung der Gewichte die Präferenzen der einzelnen Gruppenmitglieder zu explizieren, so ist eine abschließende Dokumentation der Gewichtungen und ihrer Begründungen vor allem dann sinnvoll und erforderlich, wenn die Gruppe die Entscheidung nur vorbereitet hat, die Entscheidung selbst aber dem Entscheider, zum Beispiel einem Vorstandsmitglied, vorbehalten bleibt. In diesem Fall muß sichergestellt werden, daß der Entscheider in der Lage ist, das Urteil der Gruppe nachzuvollziehen, um es gegebenenfalls Dritten gegenüber mit Hilfe der dokumentierten Argumente vertreten zu können.

Weiterhin wurde im Arbeitskreis auf die Bedeutung der graphischen Aufbereitung von Daten hingewiesen. Den Anwendern sollte zum Beispiel unmittelbar gezeigt werden, welchen Einfluß ihre Gewichtung auf die Rangreihenfolge der Alternativen ausübt. Das System sollte dabei nach Möglichkeit die Unterschiede zwischen den verschiedenen individuellen Gewichtungen graphisch transparent werden lassen. In diesem Zusammenhang wurde angemerkt, daß es wahrscheinlich vorteilhaft ist, ein Entscheidungshilfesystem nicht als Stand-Alone-System mit umfassender Funktionalität zu entwickeln, sondern statt dessen in Kombination mit anderen Medien, wie beispielsweise Metaplan oder Flipchart einzusetzen.

Die Teilnehmer sollten dabei parallel mit den Systemen arbeiten können, wodurch erreicht wird, daß jeder zu jeder Zeit weiß, wie sich die anderen, das heißt die Gruppe, verhält. Auf diese Weise ließe sich zum Beispiel die Diskussion unter den Teilnehmern über die Gewichtungen stimulieren und sicherstellen, daß alle Gruppenmitglieder in die Diskussion eingebunden sind. Hierbei sollte ein Entscheidungshilfesystem allerdings die Kommunikation unter einzelnen Teilnehmern unter Ausschluß der übrigen erlauben, um auf diese Weise Absprachen für gemeinsames Handeln zu ermöglichen.

In der Diskussion wurde außerdem gefordert, daß ein Entscheidungshilfesystem auf keinen Fall einen starren Verlauf des Entscheidungsprozesses vorgeben sollte. Es sollte vielmehr flexibel und bezüglich der Eigenheiten des jeweiligen Entscheidungsproblems adaptierbar sein.

Zusammenfassend wurde festgestellt, daß es offensichtlich noch ein weiter Weg bis zur Entwicklung wirklich benutzerfreundlicher und leistungsfähiger Entscheidungshilfesysteme ist.

28 ARBEITSKREIS: WISSENSERFASSUNG UND WISSENSMODELLIERUNG

Fritz Wysotzki[1] & Thomas Jürgensohn[2]

[1] Technische Universität Berlin, Institut für Angewandte Informatik
[2] Technische Universität Berlin, ISS Kraftfahrwesen

Die Problematik der Wissenserfassung oder Wissensrepräsentation ist für Assistenzsysteme aus dreierlei Hinsicht von besonderer Bedeutung. Zum einen kann ein Assistenzsystem als Ersatz eines Experten dienen. Hier ist Expertenwissen in eine formale, maschinell verarbeitbare Form transformiert. In adaptiven Assistenzsystemen oder Unterstützungssystemen, die sich auf unterschiedliche Nutzer einstellen sollen, wird ein Wissensmodell des Nutzers benötigt, wobei es sich dabei sowohl um deklaratives als auch prozedurales Wissen handeln kann. Schließlich finden wir maschinell erzeugtes Wissen bei Problemen, die wegen ihrer Komplexität vom Menschen nicht mehr ohne Rechnerunterstützung gelöst werden können.

Ziel des Arbeitskreises war ein Erfahrungsaustausch in Bezug auf den Umgang mit Wissen in Assistenzsystemen. Im folgenden sind zunächst die Einführung von F. Wysotzki und im Anschluß die wesentlichen Punkte der Diskussion wiedergegeben.

28.1 Einführung von F. Wysotzki

28.1.1 Problematik der Wissensrepräsentation und Wissenserfassung für Assistenzsysteme

- Bei den meisten klassischen Expertensystemen wird Wissen in Form von Fakten und Regeln (Produktionsregeln, logische Implikationen) dargestellt, über denen ein Inferenzmechanismus abläuft. Dazu sind entsprechende Programmiersprachen in der KI entwickelt worden (z. B. OPS5, FRL, Prolog). Die Hauptschwierigkeit beim Aufbau einer derartigen Wissensbasis besteht in der Gewinnung des Expertenwissens, da menschliches Wissen i. a. nicht in dieser formalisierten Form vorliegt. Beispielsweise erfolgt eine medizinische Diagnose durch den Arzt in vielen Fällen durch eine gewichtete Verrechnung von Symptomen, die sich schwer auf logische Regeln reduzieren läßt. Die dabei ablaufenden menschlichen „Schlußprozesse" folgen i. a. nicht den Regeln der mathematischen Logik, unscharfe (fuzzy) oder wahrscheinlichkeitslogische Erweiterungen lösen das Grundproblem nicht (z. B. schwer objektivierbare Subjektivität von Entscheidungen, z. B. auf Grund subjektiv unterschiedlicher Erfahrungen).

- Die Experten beherrschen i. a. die Umsetzung (Formalisierung) nicht, die dann immer vom „Wissensingenieur" vorgenommen werden muß, desgleichen die Wartung und laufende Erweiterung. Sog. „leere" Expertensysteme (shells) oder die großen Werkzeugsysteme haben hier keine Abhilfe geschaffen, die o. g. Spezialsprachen haben sich z. T. auch aus Laufzeitgründen bei Anwendung im Routinebetrieb nicht bewährt.

- Expertensysteme geraten dort in Schwierigkeiten, wo es um die Beschreibung kontinuierlicher Prozesse (z. B. Interpretation von Zeitkurven) und die zusätzliche Benutzung von Allgemeinwissen geht (z. B. ein hypothetisches Expertensystem für die Kriminalistik).

- Sie haben sich dort bewährt, wo es um eng umschriebene spezielle Wissensdomänen geht und wo der Nutzer durch den Rechner bei der Durchmusterung eines großen verzweigten Suchraumes von potentiellen Möglichkeiten unterstützt wird (z. B. Synthese organisch-chemischer Verbindungen, spezielle Konstruktionsaufgaben).

28.1.2 Data Mining und Maschinelles Lernen

- Als ein Ausweg aus einigen der o. g. Schwierigkeiten wird heute das sog. Data Mining angesehen. Hierbei werden mit Verfahren des Maschinellen Lernens automatisch Regeln aus großen Datenbasen extrahiert, die dann gewissermaßen den Charakter objektivierten Wissens haben. Beispielsweise gibt es große Mengen von Fernerkundungsdaten, die erst zu einigen Prozent ausgewertet sind, bzw. vom Menschen gar nicht vollständig ausgewertet werden können. Weitere Beispiele sind chemische, Protein- und Konstruktionsdatenbanken. Die gewonnenen Regeln können direkt zur Entscheidungsunterstützung dienen (bzw. indirekt über die Entdeckung von Ursache-Wirkungsbeziehungen) oder zum Aufbau von Wissensbasen für Assistenzsysteme verwendet werden.

- Künstliche Neuronale Netze leisten die o. g. gewichtete Verrechnung von Merkmalen und ermöglichen in vielen Fällen bessere Entscheidungen bzw. Prädiktionen verglichen mit der Anwendung von logikbasierten Regeln. Ihr Nachteil ist demgegenüber, daß die Ergebnisse schwer für den Menschen interpretierbar sind, was beim Data Mining (und bei vielen Assistenzsystemen) gerade gewünscht ist. Eine Entscheidung über das zu benutzende Verfahren (Lernen interpretierbarer Regeln oder neuronales Netz) hat also in Abhängigkeit von der Aufgabenstellung zu erfolgen.

- Als ein Kompromiß zeichnet sich gegenwärtig die Entwicklung sog. hybrider Systeme ab, z. B. neuronale Netze mit nur einer belehrbaren Schicht und einer symbolischen (z. B. Booleschen) Entscheidungsebene. Durch Kopplung mit statistischen Verfahren kann auch das aufwendige Architekturoptimierungsproblem (Zahl der Neuronen und Schichten) weitgehend umgangen werden.

28.1.3 Diagnose und Optimierung schwer modellierbarer Prozesse

- Beim sog. Behavioral Cloning wird versucht, die Zustandsdiagnose und Steuerung schwer modellierbarer Prozesse (z. B. Biotechnologien, Energieerzeugung, Fahrzeugbedienung) dadurch zu verbessern, daß Prozeßzustände anhand objektiv meßbarer Parameter im On-Line-Betrieb registriert und zugehörige Steuerhandlungen des Operators beobachtet bzw. gemessen werden. Daraus werden dann Regeln für Optimalverhalten

(z. B. Qualitätssicherung) abgeleitet, die zusätzlich Einblicke in Ursache-Wirkungszusammenhänge (i. S. von partiellen Prozeßmodellen) ermöglichen. (Wegen der objektivierten Zustandsbeschreibungen und des beobachteten Verhaltens handelt es sich hier also nicht um von den Experten erhobenes Wissen!) Ein Hauptproblem bei diesem Ansatz sind ev. vorhandene nicht meßbare („verborgene") Prozeßparameter.

• Noch mehr im Stadium der Grundlagenforschung sind Ansätze, bei denen die Beobachtung des Experten durch einen automatischen Problemlöser ersetzt wird, der optimale Steueraktionen anhand eines Gütefunktionals berechnet.

28.2 Diskussion

In der Diskussion wurde zunächst die Problematik des Wissensingenieurs erneut aufgegriffen. Warum ist es nicht möglich, daß der Wissende sein Wissen selbst in eine formale Form überführt? Die Erfahrung der Diskussionsteilnehmer bestätigte die Notwendigkeit und Wichtigkeit eines Experten, der einen Mittler zwischen Expertenwissen und Entwickler des Assistenzsystems einnimmt. Der wissende Experte kann in der Regel selbst nur Laie bezüglich der Formalisierung seines Wissens sein. Es wurde betont, daß auch für die Datenpflege ein Wissensingenieur notwendig ist.

In der weiteren Diskussion wurden die Gründe für die Schwierigkeiten bei der Wissenserfassung erörtert. Die größten Probleme herrschen offensichtlich bei der Nachbildung von subsymbolischem und nichtverbalisierbarem Wissen. In diesem Zusammenhang wurde auf die Mehrdeutigkeit des Wissensbegriffs hingewiesen und es wurden die Unterschiede deutlich gemacht zwischen einem sensorisch-motorischen Wissen, das sich z. B. in dem oft nicht bewußten Beherrschen einer Maschinenbedienung zeigt und dem bewußten kognitiven Wissen über den Prozeß.

Letzteres ist nur sehr schwer darstellbar, da eine verbale Formulierung von Wissen immer klassenbildend ist. Als Möglichkeit der Abbildung kontinuierlichen Wissens wurde auf eine Fuzzy-Modellierung hingewiesen . Betont wurde die Notwendigkeit, die Modellierung an das Ziel der Fragestellung anzupassen.

In der Diskussion herrschte Konsens darüber, daß eine Modellierung von kontinuierlichem Bedienerwissen noch in den Kinderschuhen steckt und erheblicher Forschungsbedarf besteht. In einem Vorschlag wurde deshalb schließlich gefordert, aus pragmatischen Gründen auf eine Modellierung zu verzichten und eine Entwicklung des Assistenzsystems auf Basis normativer Verhaltensannahmen durchzuführen.

29 ARBEITSKREIS: AKZEPTANZ UND VALIDIERUNG

Hartmut Wandke[1] & Matthias Rötting[2]

[1] Humboldt-Universität zu Berlin, Institut für Psychologie, Kognitive Ergonomie / Ingenieurpsychologie
[2] Technische Universität Berlin, Zentrum Mensch-Maschine-Systeme

Vorbemerkung

Dieser Text basiert auf dem Thesenpapier, das zur Vorbereitung des Arbeitskreises und Einstimmung der Diskutierenden verfaßt wurde. Es wurden wichtige Punkte der Diskussion im Arbeitskreis eingearbeitet.

29.1 Ausgangspunkt

Akzeptanz bezeichnet die Bereitschaft der mit Innovationen konfrontierten Personen oder Personengruppen, diese anzunehmen (Charwat, 1992). Für Assistenzsysteme kann „annehmen" auf einer molaren Ebene durch „verwenden" oder „benutzen" und auf einer molekularen Ebene mit „berücksichtigen" oder „befolgen" präzisiert werden. Ausgangspunkt für die Diskussion sind die folgenden Thesen:

- Ein Assistenzsystem hat – auch wenn es funktional adäquat ist - keinen (oder nur einen geringen Nutzen), wenn es nicht (oder nicht richtig) verwendet wird.
  Dabei sollen vor allem Ursachen der Akzeptanz / Nichtakzeptanz diskutiert werden, die in dem System selbst liegen, weniger Ursachen, die in der Person des Benutzers oder im organisatorischen Umfeld angesiedelt sind.
- Der Handlungsvorschlag eines Assistenzsystems - auch wenn er sachlich angemessen ist - hat keinen Nutzen, wenn er ignoriert wird.

Die Validierung von Assistenzsystemen sollte beide Aspekte berücksichtigen: Aufgaben- oder Problemangemessenheit und Akzeptanz.

29.2 Was sind Assistenzsysteme?

Unabhängig davon, daß diese Frage in verschiedenen Beiträgen der Tagung behandelt wurde (vgl. z. B. den Beitrag von Timpe, S. 1), wurden in dem Kontext des Arbeitskreises sowohl separate Assistenzsysteme behandelt, als auch Assistenzfunktionen, die in Mensch-Maschine-Systemen integriert sind, wobei sich die Frage stellt, wodurch sich Assistenzfunktionen gegenüber einer „normalen" Funktionsteilung und dem Informationsaustausch in einem Mensch-Maschine abgrenzen lassen und ob solch eine Abgrenzung möglich und sinnvoll ist.

Als Vorschlag wurde unterbreitet: Assistenzsysteme lassen sich „nach unten" von reinen Informationssystemen abgrenzen. Informierende Systeme unterstützen zwar auch den Menschen bei Entscheidungen, ohne allerdings Handlungsvorschläge zu machen, so unterstützt z. B. die Anzeige der Außentemperatur im Auto bei der Entscheidung, ob Glatteis vorliegt oder nicht und nachfolgende Handlungsalternativen.

„Nach oben" können Assistenzsysteme von automatischen Systemen abgegrenzt werden, die von sich aus in den Prozeß eingreifen (Automatikgetriebe, Tempomat, Bremsassistenten, Spurhaltungssysteme, „elektronische Deichsel" bei Lkws).

Assistenzsysteme im engeren Sinne liegen genau zwischen den beiden Stufen. Sie verarbeiten die Information soweit, daß sie daraus eine oder mehrere handlungsbezogene Aussagen ableiten und dem Menschen anbieten (ohne jedoch schon selbst diese entsprechende Aktion auszuführen). Ein Beispiel aus dem Alltag ist ein Fotoapparat, bei dem bei nicht ausreichender Beleuchtungsstärke der Hinweis „Blitz einschalten" gegeben wird.

Allerdings integrieren viele Assistenzsysteme sowohl informations-bezogene als auch automatische Funktionen, sie sollten deshalb mit berücksichtigt werden. Das Assistenzsystem einer Kamera kann z. B. auf einer Skala im Sucher die aktuelle gemessene Beleuchtungsstärke anzeigen (informierende Funktion) und/oder den Blitz selbständig einschalten (automatische Funktion). Ein anderes typisches Beispiel könnte ein Assistenzsystem zur Abstandhaltung im Straßenverkehr sein: Im Normalzustand ist es inaktiv, bei Annäherung an ein vorausfahrendes Fahrzeug hat es eine reine Informationsfunktion (der Abstand wird angezeigt), bei weiterer schneller Annäherung wird dem Fahrer der Hinweis gegeben, die Geschwindigkeit zu reduzieren (das ist die eigentliche Assistenzfunktion), schließlich kann das System von sich aus eine Geschwindigkeitsreduktion vornehmen und z. B. die Bremsen aktivieren (Automatikfunktion).

29.3 Assistenz als Metapher

Ein weiterer Ausgangspunkt für die Diskussion war die Assistenzmethaper selbst: inwieweit kann die Assistenz durch eine *Person* als Muster für *technische* Assistenzleistungen dienen und kann durch die Anwendung dieser Metapher (und durch ihre möglichst weitgehende Erfüllung) ein Beitrag zu einer Akzeptanzerhöhung bzw. Validierung geleistet werden?

Es wurde in der Diskussion darauf hingewiesen, daß beim menschlichen Assistenten in der Regel allerdings nicht nach der Akzeptanz gefragt wird.

Auch unter Berücksichtigung dieser Metapher lassen sich informations-bezogene und automatische Funktionen nicht ausschließen, da auch menschliche Assistenten in einigen Fällen nur informieren und die Schlüsse auf Handlungen ihrem Auftraggeber überlassen, in anderen dagegen vollständig autonom (aber immer im Sinne ihres Auftraggebers) handeln.

29.4 Assistenz auf molarer oder molekularer Ebene

Es ist zu klären, wann welche Ebene bei der Akzeptanz und Validierung betrachtet werden sollte: Unter welchen Bedingungen ist die molare Ebene interessant, z. B. ob jemand ein Navigationsunterstützungssystem für sein Auto kauft, wann er es einschaltet und wann aus. Wann ist die molekulare

Ebene interessant, in der z. B. nach der Akzeptanz ganz konkreter Vorschläge („in 200 m nach rechts abbiegen") gefragt wird? In der Regel, so ein Beitrag zur Diskussion, wird Akzeptanz nur untersucht, wenn ein System nicht akzeptiert wird.

In dem Arbeitskreis wurden dementsprechend folgenden Themengruppen diskutiert:

29.4.1 Wann stellen sich welche Fragen bei der Vorhersage der Akzeptanz?

Die Akzeptanzfrage stellt sich sicher dann, wenn Personen die Wahl haben, ein Assistenzsystem bzw. Assistenzfunktionen zu nutzen oder es sein zu lassen, aber auch dann, wenn einzelne Funktionen mit Assistenzcharakter zu- und abschaltbar sind (z. B. im Konsumgüterbereich, bei der Haustechnik, Fahrzeugtechnik).

Wenn die Personen durch technische Gegebenheiten oder durch organisatorische Regeln gezwungen werden, dann *müssen* sie Assistenzsysteme benutzen. Aber machen sie das gern, sind sie zufrieden? Steigt ihre Motivation? Nutzen sie die Assistenzfunktionen in optimaler Weise? Ist mangelnde Akzeptanz nur ein zeitlich begrenztes Problem? Müssen die Personen „zu ihrem Glück gezwungen" werden? Damit verbunden ist die Frage: wie (und zu welchem Zeitpunkt) soll die Akzeptanz gemessen werden?

Es wurde in der Diskussion darauf verwiesen, daß Akzeptanz unterschiedlich diskutiert werden muß, abhängig davon, ob es sich um ein System aus dem Konsumbereich handelt oder ob es sich um Systeme im Arbeitszusammenhang handelt. Ein Konsument hat die *Wahl* zwischen ähnlichen Systemen, demgegenüber hat z. B. ein Pilot keine Wahl bei den Assistenzsystemen.

Bei der Vorhersage der Akzeptanz besteht ein Unterschied, ob es sich um die Weiterentwicklung schon bestehender Systeme oder die Schaffung neuer Systeme handelt.

Es wurde darauf hingewiesen, daß sich der Akzeptanzbegriff in anderen Gegenstandsbereichen, z. B. der Software-Ergonomie, als nicht sehr hilfreich erwiesen hat, weil er zu allgemein ist. Dort wird er heute kaum noch verwendet.

Es wurde generell zu dem Begriff „Akzeptanz" im Deutschen angemerkt, daß nicht genau zwischen dem Zustand und der Prozeßcharakteristik der Akzeptanzentstehung unterschieden wird. Im englischen gibt es für den Zustand das Wort „satisfaction", das mit „Zufriedenstellung" übersetzt werden kann. Dieser Begriff kennzeichnet (im Gegensatz zur eher statisch aufgefaßten Zufriedenheit) die Prozeßhaftigkeit des Akzeptierens eines Assistenzsystems.

29.4.2 Wie verändert sich die Akzeptanz mit dem Ausmaß der Assistenz?

Zunächst müßte diskutiert werden, wie das Ausmaß der Assistenz bestimmt werden kann. Das Ausmaß der Assistenz hat mindestens zwei Dimensionen:

Anzahl der übernommenen (Teil)-Funktionen und Grad der Übernahme von (Teil)-Funktionen. Die Anzahl der übernommenen Teilfunktionen läßt sich leicht am Beispiel der Fahrzeugsteuerung verdeutlichen: Ein „Assistenzsystem" kann dem Fahrer beim Kuppeln, Schalten, Tempo-, Abstand- und Spurhalten, Bremsen, Einparken, Einstellen von Sitzen und Spiegeln, bei der Wegfindung, bei der Beurteilung der Fahrbahnbeschaffenheit (Glatteis) und weiteren Funktionen unterstützen.

Der Grad der Übernahme kann gut durch eine an Sheridan (1988) angelehnte Abstufung beschrieben werden:

- (Der Mensch macht alles selbst.) Als Basissituation
- Das Assistenzsystem stellt mehrere Alternativen für Entscheidungen zur Verfügung.
- Das Assistenzsystem stellt mehrere Alternativen für Entscheidungen zur Verfügung und schlägt eine vor.
- Das Assistenzsystem schlägt eine Alternative vor.
- Das Assistenzsystem schlägt eine Alternative vor und führt sie aus, wenn es die Anweisung dazu erhält.

Bis zu dieser Stufe handelt es sich um Assistenzsysteme im engeren Sinne, d. h. Systeme, die informieren und beraten, aber nicht von sich aus in einen Prozeß eingreifen. Alle darüber hinausgehenden Stufen sind eigentlich keine Assistenzsysteme mehr, sondern automatische Systeme. Dennoch werden sie hier aufgeführt, weil sie gerade gegenwärtig in starkem Maße entwickelt und unter Stichworten wie „Bremsassistent" auch in einer breiten Öffentlichkeit diskutiert werden:

- Das Assistenzsystem schlägt eine Alternative für Entscheidung vor und führt sie anschließend aus, wenn es nicht in einer bestimmten Zeit gestoppt wird. Der Mensch wird informiert.
- Das Assistenzsystem führt eine Alternative aus, wenn es nicht in einer bestimmten Zeit gestoppt wird. Der Mensch wird informiert.
- Das Assistenzsystem führt eine Alternative aus und informiert den Menschen darüber, wenn es abgefragt wird.
- Das Assistenzsystem führt eine Alternative aus und informiert den Menschen darüber, wenn das im Assistenzsystem vorgesehen ist.
- Das Assistenzsystem führt eine Alternative aus.

Wie werden die einzelnen Abstufungen akzeptiert? Findet maximale Assistenz die größte Akzeptanz? Welche Faktoren beeinflussen innerhalb einer Abstufung die Akzeptanz? Im Arbeitskreis bestand nicht die Gelegenheit, die hier angesprochenen Punkte zu vertiefen.

29.4.3 Mangelnde Akzeptanz auf der molaren Ebene: wodurch wird sie erzeugt?

Wenn eine hohe Akzeptanz vorherrscht, dann fragt meist niemand danach, warum das so ist. Problematisch ist es jedoch, wenn die Akzeptanz zu gering ist. Meist wird die Frage nach der Akzeptanz überhaupt nur gestellt, wenn nach den Ursachen für eine eingetretene *mangelnde* Akzeptanz geforscht wird?

Ist nicht etwas, was unterstützend wirkt, per se eine feine Sache? Wer sollte so was ablehnen und warum? Welche Faktoren könnten dagegen wirken? Können Erfahrungen aus anderen Technikbereichen auf Assistenzsysteme übertragen werden? Welche Faktoren wirken potentiell – im positiven wie negativen Sinne - auf die Akzeptanz?

Folgende Faktoren können die Akzeptanz / Nichtakzeptanz beeinflussen:

- Konvention
- Stolz und Eitelkeit
- Aufwand zur Benutzung
- Interaktionswissen
- Spaß an der eigenständigen Ausführung
- Erhalt der Aktivität
- Furcht vor Kontrollverlust
- Mangelnde Flexibilität
- Mangelnde Adaptivität (Furcht vor -)
- Big Brother Syndrom
- Furcht vor Kompetenzverlust
- Zweifel an der Funktionalität des Assistenzsystems
- Mangelndes Wissen über Vorzüge eines Systems (*Werbung kann Wissen und damit Akzeptanz vermitteln*)
- Mangelndes Bedürfnis

In der Diskussion wurde nochmals deutlich gemacht, daß Assistenz-Technologien oft Video- und Überwachungstechnologien sind, daß Unterstützung oft Überwachung bedingt. Dies wurde als Grund für eine generelle Ablehnung solcher Systeme benannt.

29.4.4 Was sind Kriterien der Akzeptanz? Wie kann man die Höhe der Akzeptanz messen?

Folgenden Möglichkeiten sind denkbar

- Grob: Wird das System / die Funktion benutzt?
- Wie häufig wird das System / die Funktion benutzt?
- Wofür wird das System / die Funktion benutzt? (Für Zwecke, für die es gedacht ist oder für andere Zwecke?)
- Wird das System redundant zu anderen Vorgehensweisen benutzt?
- Macht die Benutzung Spaß?
- Würde man das System weiterempfehlen?
- Was empfindet man beim Benutzen des Systems (siehe die obigen Kriterien: Entlastung, Sicherheit, Stolz, Flexibilität, Kompetenzverlust, Anstrengungsreduktion,...)

Die entscheidende Frage ist: Wie kann man die Akzeptanz in frühen Phasen der Entwicklung vorhersagen? Welche Maßnahmen kann man treffen, um *von vornherein* ein hohe Akzeptanz zu erreichen?

Die Diskussion im Arbeitskreis stellte darüber hinaus die folgenden Punkte heraus:

- Die Kriterien der Akzeptanz verändern sich mit der Zeit ebenso, wie sich die Akzeptanz mit der Zeit verändert. Eine Klassifizierung der Kriterien kann nach Phasen der Anschaffung/Nutzung erfolgen:
  - Bedürfnis
  - Tolerieren (soziales Ansehen)
  - wenn angeschafft: Ausprobieren, Handhabung
- Die bisher genannten Kriterien sind nur „rationale" Kriterien. Es werden allerdings auch Systeme mit „nutzlosen" Funktionen gekauft. Der Nutzen kann also auch Status oder Prestige etc. sein. Die Kriterien sollten dementsprechend um rationale, soziale und emotionale Aspekte erweitert werden. Diese sind auch meßbar, wie in dem Beitrag von Timpe (vgl. S. 1) ausgeführt wurde.
- Woher sind Kriterien ableitbar? Sind die Kriterien eventuell aus den Grundbedürfnissen der Menschen ableitbar?

Es wurde in der Diskussion gefragt, wie sinnvoll es ist, über Kriterien für Akzeptanz zu sprechen, wo doch Akzeptanz selber ein Kriterium (neben z. B. Verläßlichkeit) ist. Ein anderer, besserer Begriff für Kriterium könnte z. B. „Gründe" sein.

Es wurde aber auch festgestellt, daß die Kriterien für Akzeptanz eigentlich bekannt seien. Schwierig sei die jeweils richtige Gewichtung der Kriterien.

29.4.5 Wie können Systeme gestaltet werden, die akzeptiert werden?

Dieser Punkt ergab sich aus der Diskussion während des Arbeitskreises, da festgestellt wurde, daß Akzeptanz ein „Überraschungsmoment" hat. Offensichtlich werden Entwickler dazu „verführt", Systeme zu entwickeln, die dann „floppen". In den frühen Phasen der Entwicklung werden Ziele der Entwicklung und die Funktionalität beeinflußt, daher sollten Kriterien für diese Phase entwickelt werden. Diese könnten u. a. sein:

- Wer soll das System benutzen bzw. damit umgehen?
- Was soll das System tun?
- Will der Mensch, daß das System die entsprechenden Aufgaben übernimmt?

Es wurde aber auch darauf hingewiesen, daß

- Akzeptanz nur ein Zielkriterium unter vielen ist und das oftmals monetäre Gesichtspunkte überwiegen.
- Nutzer und Gestalter sich über die Zeit verändern.
- eine Analyse der „gegenwärtigen Welt" nicht ausreicht und die Zukunft vorhergesehen werden muß. Dies ist schwierig, wie ein Zitat von Ken Olsen (Gründer und Präsident von Digital Equipment) belegt, der 1977 feststellte: „Es gibt überhaupt keinen Grund, warum irgend jemand einen Computer bei sich zu Hause haben will."
- das Kosten/Nutzen Verhältnis eine Rolle spielt. Kosten sind nicht nur monetär, sondern auch emotional und sozial. Neues erfordert die Anpassung des Menschen, also Kosten beim Menschen.

- Geräte oft für andere Zwecke genutzt werden, als die, für die sie primär entwickelt wurden.
- eine Vision wichtig ist. Der einführende Videofilm (Assistenzsystem für einen Hochschullehrer, Apple, 1992) hat ein positives Bild vermittelt. Es sind positive und negative Visionen zu betrachten.

Ein Weg zu einer höheren Akzeptanz ist, Assistenzsystem frühzeitig zu implementieren, dabei einen ganzheitlichen Ansatz zu verfolgen und die „Soft-Faktoren" zu berücksichtigen. Interdisziplinarität im Designprozeß ist dazu notwendig. Allerdings braucht Interdisziplinarität Zeit, da es in den Disziplinen unterschiedliche Sprachen gibt und erst eine gemeinsame Sprache definiert werden muß.

Ebenso müssen die Nutzer frühzeitig in den Designprozess eingebunden werden. Eine Studie von Brodbeck (1994) zeigt, daß die Einbeziehung der Benutzer allein keine Verbesserung bringt, sondern daß nur bei intensiver und erfolgreicher Kommunikation eine hohe Qualität und Akzeptanz der Produkte erreicht wird. Grote et al. (in diesem Band, S. 238) berichten positiv über einen 5-tägigen Workshop, der mit einem Kommunikationstraining eingeleitet wurde.

29.4.6 Wenn alle Mängel abgestellt sind, ist dann die Akzeptanz hoch?

Ist dies überhaupt eine realistische Perspektive? Ist allein Mängelfreiheit ausreichend? Muß nicht etwas hinzukommen, das einen wirklichen Benefit für den Benutzer verspricht: z. B. seine Leistung verbessert sich, seine Anstrengung reduziert, seine Sicherheit erhöht? Können das nicht schon Kriterien für eine Validierung sein? Welche anderen Vorteile können erwartet werden (z. B. Sozialprestige)? Lassen sich Beispiele für einen hohe Akzeptanz finden? Wo hat ein Assistenzsystem einen wirklichen Siegeszug angetreten?

Umgekehrte Beispiele: wo sind technische Lösungen aufgrund mangelnder Akzeptanz gescheitert? Können Erfolge und Mißerfolge erklärt werden?

29.5 Wie kann die Validität von Assistenzsystemen geprüft werden?[6]

Die Hauptfrage ist: Unterstützen Assistenzsysteme das, was sie zu unterstützen vorgeben?

Wie kann man mit verschiedenen Validierungstechniken Überprüfungen vornehmen? Es geht immer um eine oder mehrere Leistungsvariable, die durch ein Assistenzsystem unterstützt werden sollen.

Die Leistung kann je nach Gegenstandsbereich operationalisiert werden. Es können einfache Leistungsmaße sein, wie z. B. Zeit (etwas geht mit einem Assistenzsystem schneller als ohne), Fehler (ein Vorgang verläuft mit weniger Fehlern mit einem Assistenzsystem als ohne), aber auch komplexe

---

6 Aus Zeitgründen konnte auf die Validierung im Rahmen des Arbeitskreises nicht eingegangen werden.

Leistungsmaße, wie Qualität einer Problemlösung, Ausgewogenheit einer Entscheidung (wenn sich diese Maße operationalisieren lassen).

Neben der Leistung spielt der Aufwand, den der Benutzer treiben muß, eine Rolle: so kann etwas mit einem Assistenzsystem leichter als ohne gehen (im physischen Bereich: Lenkhilfe, im sensomotorischen Bereich: ABS, im perzeptiven Bereich: Abstandswarnanzeige, im kognitiven Bereich: Navigationssystem). Der Aufwand kann vor allem durch Erlebnisqualitäten beschrieben werden, z. T. aber auch objektivierbare Größen (z. B. physiologische Parameter). Weitere Erlebnisqualitäten könnten sein: das Gefühl der Sicherheit, des Unterstützt-Werdens, des Sich-Verlassen-Könnens, der Geborgenheit.

Mit einem Assistenzsystem sollte man hohen Anforderungen gelassen entgegensehen können, während man in der gleichen Situation ohne Assistenzsystem Streß und Angstgefühle erleben würde.

Welche Verfahren kommen zur Validitätsprüfung in Frage?

Die test-diagnostische und methodische Literatur bietet folgende Verfahren an:

29.5.1 Inhaltliche Validität (Augenscheinvalidität)

Sie reicht wahrscheinlich für eine große Klasse von Assistenzfunktionen aus, ist aber nicht immer trivial. Insbesondere sollte geprüft werden, welche Rolle Entwickler und Benutzer von Assistenzsystemen bei der Bestimmung der inhaltlichen Validität spielen.

Für welche Art von Assistenzsystemen ist dieses Verfahren geeignet? M. a. W. wann ist es nicht notwendig, eine explizite Validierung, also eine die über die inhaltliche hinausgeht, vorzunehmen?

29.5.2 Kriteriumsorientierte Validität

Für welche Arten von Assistenzsystemen und -funktionen lassen sich diese Validierungsformen sinnvoll einsetzen?

innere vs. äußere Kriterienvalidität

Innere Validität heißt, Personen erzeugen mit einem Assistenzsystem ähnliche Ergebnisse (Leistung, Erleben, physiologische Daten), wie dieselben Personen mit einem anderen nachgewiesenermaßen guten Assistenzsystem.

Äußere Validität könnte heißen,

a) wenig kompetente Personen (Anfänger, Unerfahrene) erzeugen mit einem Assistenzsystem ähnliche Ergebnisse, wie hoch kompetente Personen ohne Assistenzsystem

b) Personen erzeugen mit einem technischen Assistenzsystem ähnliche Ergebnisse wie mit einem kompetenten menschlichen Assistenten (Analogie zum Turing-Test)

konkurrierende vs. prognostische Kriterienvalidität

Konkurrierend heißt, daß die inneren und äußeren Kriterien zeitgleich betrachtet werden. Dies ist in der Regel der Fall. Prognostische Validität bezieht sich auf die Vorhersage eines (meist wesentlich) später erhobenen Erfolgskriteriums. In diesem Falle könnte es in die Frage münden: wie gut sagen die Ergebnisse bei der erstmaligen Benutzung eines Assistenzsystems die Ergebnisse bei einer späteren Benutzung (nach einem Jahr oder mehreren Jahren) voraus?

konvergente vs. diskriminante Kriterienvalidität

Konvergente Validierung heißt (in Übereinstimmung mit den bisher angeführten Validierungsverfahren), daß ein hohes Maß an Übereinstimmung zwischen den Kriterien für eine hohe Güte des Assistenzsystems spricht. Diskriminante Validierung heißt, daß eine Nichtübereinstimmung zwischen den Ergebnissen bei der Benutzung eines Assistenzsystems und anderen Kriterien, die außerhalb des Validitätsbereiches liegen. Allerdings ist dabei offen, wie der Validitätsbereich eingegrenzt werden kann. So würde man z. B. erwarten, daß die Ergebnisse bei der Benutzung eines Assistenzsystems nicht mit dem Geschlecht, der Intelligenz oder der sozialen Stellung eines Benutzers korrelieren, ebensowenig mit der Tageszeit oder der An/Abwesenheit anderer Personen. Natürlich kann die Auswahl der diskriminanten Kriterien nicht beliebig sein, sondern sollte sich aus begründeten Hypothesen zum Einsatzbereich des Assistenzsystems herleiten. Damit erfolgt schon die Überleitung zum m. E. Erachtens wichtigsten Validierungsverfahren, der

Konstruktvalidität

Hierbei muß eine Theorie über die Wirkungsweise eines Assistenzsystems vorliegen. Aus der Theorie werden Hypothesen abgeleitet, die experimentell überprüft werden können.

Die allereinfachste Hypothese bestünde darin, daß mit einem Assistenzsystem bessere Ergebnisse erreicht werden als ohne. Diese Hypothese läßt sich leicht überprüfen (mit Kontrollgruppendesign). Schwieriger ist es, mögliche Verbesserungen der Ergebnisse in ihren Ursachen zu erklären.

Wie hängen Akzeptanz und Validierung zusammen?

Kann Akzeptanz auch unter der Bedingung nicht ausreichender Validität erreicht werden oder ist Akzeptanz eine Bedingung sine qua non für die Validität? Reicht eine hohe Validität allein schon aus, um die Akzeptanz zu gewährleisten? Welchen Bedingungen (z. B. Freiwilligkeit der Nutzung, Aufgaben, Typ des Assistenzsystem, Art der Unterstützung, ...) beeinflussen die Art des Zusammenhangs zwischen Akzeptanz und Validierung?

29.6 Literatur

Apple Computer Inc. (1992). Knowledge Navigator. CHI' 92 Special Video Program. ACM Siggraph Video Review, Issue 79.

Brodbeck, F.C. (Hrsg., 1994). Produktivität und Qualität in Software-Projekten psychologische Analyse und Optimierung von Arbeitsprozessen in der Software-Entwicklung, München u. a.: Oldenbourg.

Charwat, H.J. (1992). Lexikon der Mensch-Maschine-Kommunikation. München und Wien : R. Oldenbourg Verlag

Grote, G., Wäfler, T., Ryser, C. & Windischer, A. (1997). Unterstützung menschlicher Kontrolle in hochautomatisierten Arbeitssystemen durch komplementäre Systemgestaltung. In H.-P. Willumeit & H. Kolrep (Hrsg.). Wohin führen Unterstützungssysteme? - Entscheidungshilfe und Assistenz in Mensch-Maschine-Systemen. 2. Berliner Werkstatt Mensch-Maschine-Systeme, Berlin, 7. bis 9. Oktober 1997. Sinzheim: Pro Universitate.

Sheridan, T.B. (1988). Trustworthiness of command and control systems. In Man-Machine Systems: Analysis, Design and Evaluation, preprints of the IFAC/IFIP/IEA/IFORS Conference, Oulu, Finland, 14-16 June 1988, 151-155.

Timpe, K.-P. (1997). Unterstützungssyteme als interdiszipllnäre Herausforderung - Einführung in die Tagung „Wohin führen Unterstützungssysteme? In H.-P. Willumeit & H. Kolrep (Hrsg.). Wohin führen Unterstützungssysteme? - Entscheidungshilfe und Assistenz in Mensch-Maschine-Systemen. 2. Berliner Werkstatt Mensch-Maschine-Systeme, Berlin, 7. bis 9. Oktober 1997. Sinzheim: Pro Universitate.

30 ARBEITSKREIS: DATENAKTUALISIERUNG IN HILFESYSTEMEN

Udo Konradt[1] & Oliver Gaedeke[2]

[1] Christian-Albrechts Universität zu Kiel, Institut für Psychologie
[2] Technische Universität Berlin, Zentrum Mensch-Maschine-Systeme

30.1 Einführung

Unter Datenaktualisierung werden alle systematischen und zweckgerichteten Veränderungen, Löschungen und Hinzufügungen von Zeichen zu einem Zeichenvorrat mit dem Ziel der Steigerung der Arbeits- und Aufgabenangemessenheit verstanden. Aktuelle Datenbestände sind nicht nur notwendige Voraussetzung für die Zuverlässigkeit und Effektivität von Unterstützungssystemen, insbesondere in solchen Entscheidungssituationen, in denen ein hohes Fehlerrisiko besteht oder Fehlhandlungen hohe Kosten verursachen können. Der Aktualisierungsgrad der Daten und Informationen bestimmt darüber hinaus über die Akzeptanz der Systembenutzer mit.

Im Zuge der Beschäftigung mit dem Thema „Datenaktualisierung" mag man den Eindruck gewinnen, daß es ein eher nebensächliches Problem im Zusammenhang mit Unterstützungssystemen darstellt. Dieser Schluß drängt sich zumindest auf, betrachtet man die Anzahl der Publikationen, die in diesen Themenbereich fallen. In jedem Fall gilt aber, daß das Thema kein eigenständiger und isolierbarer Aspekt darstellt. Aspekte der Auswahl, Aktualisierung und Kontrolle entsprechender Daten können nur sinnvoll beantwortet werden, indem die Datenaktualisierung in einen Arbeits- und Aufgabenzusammenhang gestellt werden. Die fehlende Eigenständigkeit sollte deshalb nicht mit einer Nebensächlichkeit verwechselt werden.

Die Teilnehmer der Arbeitsgruppe kamen aus sehr unterschiedlichen Anwendungsfeldern, wie der Flugführung und der maschinellen Fertigung. Die Diskussion machte diese Unterschiede hinsichtlich der erforderlichen Datenmenge, der Dringlichkeit von Entscheidungen, der gesetzlich geforderten Zuverlässigkeit und Sicherheitsauflagen immer wieder deutlich. Im Einzelnen wurden folgende Aspekte im Rahmen der Datenaktualisierung als gemeinsam wichtig anerkannt und diskutiert:

- Zuverlässigkeit von Daten
- Datenpflege
- Vertrauen und Akzeptanz
- Verantwortlichkeit für die Daten

30.2 Zuverlässigkeit und Aktualität von Daten

Im Zentrum der Diskussion über den Zusammenhang zwischen der Aktualität von Daten und der Zuverlässigkeit von Entscheidungen stand weniger die Frage, wie sichergestellt werden kann, daß Datenbestände einen hohen Grad an Zuverlässigkeit aufweisen. Vielmehr wurde davon ausgegangen, daß stets mit einer Unzuverlässigkeit der systemgestützten Entscheidungen aufgrund mangelhafter Aktualität in den Datenbeständen auszugehen ist. Deshalb ist sicherzustellen, daß der Benutzer organisatorisch über die Kompetenzen sowie über hinreichende Qualifikationen verfügt, um seine Entscheidung gegen die des Unterstützungssystems durchzusetzen. Dies gilt besonders in dynamischen und/oder sicherheitskritischen Systemen, wie z. B. in der Flugführung oder in der Steuerung und Überwachung in prozeß- und verfahrenstechnischen Anlagen. Ein Pilot muß den Navigationscomputer als Hilfesystem auf die aktuelle Flugposition vor- oder zurückstellen können, falls er z. B. beim Überfliegen eines Funkfeuers eine Abweichung feststellt. Fehlt eine solche Adaptionsmöglichkeit, ist das Hilfesystem für folgenden Arbeitsschritte und damit für den weiteren Prozeßablauf teilweise oder vollständig unbrauchbar geworden.

Ausgehend von diesem Problem steht der Benutzer eines Unterstützungssystems vor dem Problem, die Zuverlässigkeit der Daten als Grundlage der Entscheidungen des Hilfesystems einzuschätzen. Um eine aktuelle Fehlerüberprüfung des Hilfesystems zu ermöglichen, sind weitere, redundante Informationsquellen, die parallel und unabhängig zum Hilfesysteme abrufbar sind, notwendig. Bei Navigationsaufgaben in der Flugführung kann z. B. der Navigationscomputer über Positionsbestimmungen anhand von Funkfeuern oder GPS überprüft werden. An computergestützten Bearbeitungsmaschinen in der Fertigung stehen primär weitere optische und akustische Informationen zur Verfügung, die gegebenenfalls auch durch verschiedene Meßverfahren oder Qualitätskontrollen ergänzt werden können.

30.3 Datenpflege

In diesem Zusammenhang wurde das Thema der Datenpflege durch die Frage aufgegriffen: Welche Hilfen zur Erfassung von Abweichungen gibt es? Es wurde die Möglichkeit eines technischen Logbuchs erörtert, in dem alle kritischen Abweichungen notiert werden können. Eine solche offene Sammlung aufgetretener kritischer Zustände und Fehlern von Hilfesystemen kann auch durch einen entsprechenden Zugriff auf die zugrundeliegende Datenbank realisiert werden, indem die jeweiligen Daten als fehlerhaft markiert werden oder durch den Benutzer direkt aktualisiert werden. Bei der Datenaktualisierung sollte zwischen einer temporären und einer permanenten Aktualisierung unterschieden werden. Es wurde deutlich, daß nicht alle Formen der Fehlererfassung bis hin zur Fehlerbeseitigung in allen Anwendungsbereichen praktikabel sind. Bei der Arbeit an Bearbeitungsmaschinen ist die temporäre bzw. permanente Datenaktualisierung bei der Erstellung eines neuen Bearbeitungsprogrammes auf verschiedenen Hierarchieebenen üblich und notwendig. Dagegen wird der Flugkapitän von seinem Cockpit aus niemals eine permanente Änderung in den Daten des Navigationscomputers vornehmen, da es ihm zum einen an der Qualifikation und zum anderen an der Befugnis hierfür fehlt. Der Pilot kann deshalb nur eine temporäre, also den aktuellen Flug begrenzte Datenaktualisierung vornehmen. Jedoch muß er beim nächsten Flug mit denselben Abweichungen rechnen. Ihm bleibt lediglich die schriftliche Eintragung in das technische Logbuch oder eine elektronische Markierung der fehlerhaften Daten. An dieser Stelle wurde noch darauf hingewiesen, daß es zur Komplexitätsreduktion sinnvoll ist, die markierten oder notierten Systemfehler nach ihrer Dringlichkeit zu sortieren.

30.4 Vertrauen in Daten eines Hilfesystems

Insbesondere bei der Diskussion über Entscheidungsfehler von Hilfesystemen wurden Vertrauens- und Akzeptanzprobleme der Benutzer erörtert. Aus dem Maschinenbaubereich wurde berichtet, daß das Vertrauen in ein Hilfesystem entweder sehr hoch oder sehr niedrig ausgeprägt ist. Es wurde diskutiert, daß diese Kontrastierung zum einen mit einer fehlenden Redundanz über Systemdaten und zum anderen mit einer fehlenden Transparenz des Systems oder Qualifikation des Benutzers erklärt werden kann. Liegen mehrere unabhängige Informationsquellen zur Beurteilung eines Systemzustandes vor, kann der Benutzer mit einer höheren Wahrscheinlichkeit die Zuverlässigkeit des Hilfesystems einschätzen. Ein weiterer wichtiger Faktor stellt die Meldung über vollzogene Änderungen im System dar. Das Feedback durch das System selbst oder durch den Systempfleger kann dazu beitragen, das Vertrauen der Benutzer in die Datengrundlage wiederherzustellen.

30.5 Verantwortlichkeit für die Daten eines Hilfesystems

Schließlich wurde noch das Thema der Verantwortlichkeit für die Daten eines Hilfesystems erörtert, da es insbesondere im Luftverkehr eine entscheidende Rolle spielt. In der Luftfahrt hat der Flugkapitän die Verantwortung für die Passagiere und die Crew und kann die technischen Unterstützungssysteme an die von ihm wahrgenommenen situativen Umstände anpassen. Dies gilt gleichermaßen im Bereich der Fertigung. Es wurde angemerkt, daß bei der Datenaktualisierung eine Signierung hilfreich sein kann, um die ggf. Rücksprachen über Änderungen abzuhalten. Abschließend wurden juristische Aspekte der Verantwortlichkeit von Fehlentscheidungen aufgrund von nicht aktuellen Daten angesprochen.

SACHVERZEICHNIS

PERSONENVERZEICHNIS

AUTOREN DIESES BANDES

Robert Baggen
TU Berlin, Institut für Psychologie
Franklinstr. 28, D-10587 Berlin

Jürgen Beimel
TU Berlin, Institut für Arbeitswissen-
schaften, FG Mensch-Maschine-Systeme
Steinplatz 1, D-10623 Berlin

Badi Boussoffara
TU Clausthal, Institut für Prozess- und
Produktionsleittechnik
Julius-Albert-Str. 6, D-38678 Clausthal-
Zellerfeld

Rolf Cremers
Valeo Borg Intruments GmbH & Co. KG
Benzstraße 6, D-75196 Remchingen

Peter F. Elzer
TU Clausthal, Institut für Prozess- und
Produktionsleittechnik
Julius-Albert-Str. 6, D-38678 Clausthal-
Zellerfeld

Holger Enigk
Daimler-Benz AG, Mensch und Fahrzeug
Daimlerstr. 143, D-12274 Berlin

Heinz-H. Erbe
TU Berlin, Institut für berufliche Bildung
Franklinstr. 28-29, D-10587 Berlin

Boris Fairlie
TU Berlin, Institut für
Maschinenkonstruktion, FG
Konstruktionslehre
Straße des 17. Juni 135, D-10623 Berlin

Wolfgang Fastenmeier
Diagnose & Transfer - Institut für
Angewandte Psychologie
Thalkirchnerstr. 76, D-80337 München

Alexander Fay
TU Braunschweig, Institut für Regelungs-
und Automatisierungstechnik
Langer Kamp 8, D-38106 Braunschweig

Oliver Gaedeke
TU Berlin, Zentrum Mensch-Maschine-
Systeme
Gustav-Meyer-Allee 25, D-13355 Berlin

Hans-Gerhard Giesa
TU Berlin, Zentrum Mensch-Maschine-
Systeme
Gustav-Meyer-Allee 25, D-13355 Berlin

Stephan Grashey
Universität der Bundeswehr München,
Institut für Systemdynamik und
Flugmechanik
Werner-Heisenberg-Weg 39, D-85577
Neubiberg

Gudela Grote
ETH Zürich, Institut für Arbeitspsychologie
Nelkenstr. 11, CH-8092 Zürich

Herbert Gstalter
Diagnose & Transfer - Institut für
Angewandte Psychologie
Thalkirchnerstr. 76, D-80337 München

Werner Hamberger
Valeo Borg Intruments GmbH & Co. KG
Benzstraße 6, D-75196 Remchingen

Eckhard Hohwieler
Fraunhofer Institut für Produktionsanlagen
und Konstruktionstechnik
Pascalstr. 8-9, D-10587 Berlin

Gerhard Hüttig
TU Berlin, Institut für Luft- und Raumfahrt
Marchstr.12, D-10587 Berlin

Marita Irmscher
TU Berlin, ISS-Fahrzeugtechnik
Gustav-Meyer-Allee 25, D-13355 Berlin

Thomas Jürgensohn
TU Berlin, ISS-Fahrzeugtechnik
Gustav-Meyer-Allee 25, D-13355 Berlin

Helmut Jungermann
TU Berlin, Institut für Psychologie
Franklinstr. 5-7, D-10587 Berlin

René Knorr
TU Berlin, Institut für Luft- und Raumfahrt
Marchstr.12, D-10587 Berlin

Werner Knorr
Deutsche Lufthansa AG
Flughafen, D-60546 Frankfurt / Main

Harald Kolrep
TU Berlin, Zentrum Mensch-Maschine-
Systeme
Gustav-Meyer-Allee 25, D-13355 Berlin

Udo Konradt
Christian-Albrechts Universität zu Kiel,
Institut für Psychologie
Olshausenstr. 40, D-24098 Kiel

Matthias Kopf
BMW AG, EW-11
Knorrstr. 147, D-80788 München

Karl-Friedrich Kraiss
RWTH Aachen, Lehrstuhl für Technische
Informatik
Ahornstr. 55, D-52074 Aachen

Joachim Kriesel
TU Berlin, Institut für berufliche Bildung
Franklinstr. 28-29, D-10587 Berlin

Bernd Mahrin
TU Berlin,Institut für berufliche Bildung
Franklinstr. 28-29, D-10587 Berlin

Jörg Marrenbach
RWTH Aachen, Lehrstuhl für Technische
Informatik
Ahornstr. 55, D-52074 Aachen

Heinz Mertens
TU Berlin, Institut für
Maschinenkonstruktion, FG
Konstruktionslehre
Straße des 17. Juni 135, D-10623 Berlin

Hans-Georg Metzler
Daimler-Benz AG, Fahrzeug-
Informationstechnik (F1M/I)
T 728, D-70546 Stuttgart

Günther Nirschl
Fraunhofer Institut Informations- und
Datenverarbeit. IITB, Interaktionssysteme
Fraunhoferstr. 1, D-76131 Karlsruhe

Reiner Onken
Universität der Bundeswehr München,
Institut für Systemdynamik und
Flugmechanik
Werner-Heisenberg-Weg 39, D-85577
Neubiberg

Gregor Poschmann
TU Berlin, Zentrum Mensch-Maschine-
Systeme
Gustav-Meyer-Allee 25, D-13355 Berlin

Matthias Rötting
TU Berlin, Zentrum Mensch-Maschine-
Systeme
Gustav-Meyer-Allee 25, D-13355 Berlin

Stephan Romahn
c/o RWTH Aachen, Lehrstuhl für
Technische Informatik
Ahornstr. 55, D-52074 Aachen

Cornelia Ryser
ETH Zürich, Institut für Arbeitspsychologie
Nelkenstr. 11, CH-8092 Zürich

Burkhard Schallock
Fraunhofer Institut für Produktionsanlagen
und Konstruktionstechnik
Pascalstr. 8-9, D-10587 Berlin

Fred Volker Schick
Deutsche Forschungsanstalt für Luft und
Raumfahrt (DLR), Institut für Flugführung
Lilienthalplatz7, D-38108 Braunschweig

Sebastian E. Schmid
TU Berlin, Zentrum Mensch-Maschine-
Systeme
Gustav-Meyer-Allee 25, D-13355 Berlin

Hans-Werner Schmidt
Elpro Leit- und Energietechnik
Marzahner Str. 34, D-13053 Berlin

Eckehard Schnieder
TU Braunschweig, Institut für Regelungs-
und Automatisierungstechnik
Langer Kamp 8, D-38106 Braunschweig

Peter Schoepe
RWTH Aachen, Lehrstuhl für Technische
Informatik
Ahornstr. 55, D-52074 Aachen

Frank Schreiner
Universität der Bundeswehr München,
Institut für Systemdynamik und
Flugmechanik
Werner-Heisenberg-Weg 39, D-85577
Neubiberg

Josef Schumann
TU Berlin, Institut für Luft- und Raumfahrt
Marchstr.12, D-10587 Berlin

Steffen Szameitat
TU Berlin, Institut für Psychologie
Franklinstr. 28, D-10587 Berlin

Stefan Tenoort
Deutsche Forschungsanstalt für Luft und
Raumfahrt (DLR), Institut für Flugführung
Lilienthalplatz7, D-38108 Braunschweig

Klaus-Peter Timpe
TU Berlin, Zentrum Mensch-Maschine-Systeme
Gustav-Meyer-Allee 25, D-13355 Berlin

Toni Wäfler
ETH Zürich, Institut für Arbeitspsychologie
Nelkenstr. 11, CH-8092 Zürich

Hartmut Wandke
Humboldt-Universität zu Berlin, Institut für Psychologie
Oranienburger Str. 18, D-10178 Berlin

André Wattler
Reichsstr. 72, D-14052 Berlin

Elke Wetzenstein
Humboldt-Universität zu Berlin, Institut für Psychologie
Oranienburger Str. 18, D-10178 Berlin

Hans-Peter Willumeit
TU Berlin, Zentrum Mensch-Maschine-Systeme
Gustav-Meyer-Allee 25, D-13355 Berlin

Anna Windischer
ETH Zürich, Institut für Arbeitspsychologie
Nelkenstr. 11, CH-8092 Zürich

Fritz Wysotzki
TU Berlin, Institut für Angewandte Informatik
Franklinstr. 28, D-10587 Berlin

Bernhard Zimolong
Ruhr-Universität Bochum, Arbeits- und Organisationspsychologie
Universitätsstraße 150, D-44780 Bochum